国家哲学社会科学成果文库

NATIONAL ACHIEVEMENTS LIBRARY
OF PHILOSOPHY AND SOCIAL SCIENCES

元代地方行政运作研究：
以黑水城文献为中心

杜立晖　著

上海古籍出版社

作者简介

杜立晖 男，1976年生，2014年毕业于首都师范大学历史学院，获历史学博士学位，2018年山东大学历史文化学院中国史博士后流动站出站，现任山东师范大学教授，博士生导师，主要从事历史文献学、隋唐史、宋西夏金元史等研究。主持国家社科基金重点项目1项，国家社科基金一般项目、青年项目、重大项目子课题等4项，教育部人文社会科学青年项目1项，中国博士后基金面上一等资助、特别资助各1项，山东省社科规划重点项目2项，在《历史研究》、《中国史研究》、《光明日报》、《文史》等期刊、报纸发表论文60余篇，获山东省社科优秀成果二、三等奖5项，合作出版《黑水城元代汉文军政文书研究》等著作8部。

《国家哲学社会科学成果文库》
出版说明

  为充分发挥哲学社会科学研究优秀成果和优秀人才的示范带动作用，促进我国哲学社会科学繁荣发展，全国哲学社会科学工作领导小组决定自2010年始，设立《国家哲学社会科学成果文库》，每年评审一次。入选成果经过了同行专家严格评审，代表当前相关领域学术研究的前沿水平，体现我国哲学社会科学界的学术创造力，按照"统一标识、统一封面、统一版式、统一标准"的总体要求组织出版。

全国哲学社会科学工作办公室
2021年3月

目 录

序　言 ·· 孙继民　1

绪　论　黑水城文献与元代地方行政运作研究 ···················· 1
　　一、选题释义 ·· 1
　　二、学术史回顾 ··· 4
　　三、研究思路、方法及主要内容 ······························ 15

第一章　黑水城文献所见元代派出机构运作研究 ·············· 17
　第一节　元代朵思麻宣政院研究 ·································· 17
　　一、关于 M1·0801 文书的说明 ······························ 18
　　二、关于朵思麻宣政院的设置情况 ··························· 21
　　三、余论 ··· 24
　第二节　关于元代河西陇北道肃政廉访司分司的设置与运作 ··· 27
　　一、河西陇北道肃政廉访司分司的设置及其印信问题 ····· 28
　　二、河西陇北道肃政廉访司分司录囚活动的实施 ·········· 33
　　三、河西陇北道肃政廉访司及其分司与亦集乃路总管府之
　　　　关系 ··· 37

第二章　黑水城文献所见元代路总管府等行政机构运作研究 ···· 40
　第一节　元代亦集乃路的机构建制与运行机制 ················ 40
　　一、亦集乃路中层行政机构的建制 ··························· 41
　　二、亦集乃路基层组织机构的建制 ··························· 49

三、亦集乃路行政机构的运行机制 …………………………… 56
　第二节　元代录事司文书研究 …………………………………… 62
　　　一、关于元代录事司文书的内容与性质 …………………… 63
　　　二、录事司文书的价值及意义 ……………………………… 65
　第三节　关于元代巡检司的几个问题 …………………………… 72
　　　一、黑水城元代巡检司文书的数量构成及其类型 ………… 73
　　　二、黑水城文献所见元代巡检司的职责 …………………… 80
　　　三、黑水城文献所见元代巡检的民族构成 ………………… 87
　　　四、关于元代巡检的选任途径 ……………………………… 91

第三章　黑水城文献所见元代地方财政机构运作研究 ……………… 95
　第一节　关于元代税使司的几个问题 …………………………… 95
　　　一、元代税使司起解课程的程序 …………………………… 96
　　　二、元代路税使司与其下级税收机构的关系 ……………… 102
　　　三、关于元代税使司收税人员"栏头"的选任 …………… 104
　第二节　元代仓库纳粮流程研究 ………………………………… 107
　　　一、关于F193：W13文书的性质 ………………………… 108
　　　二、黑水城文献所见元代仓库收纳税粮的运作 …………… 115

第四章　黑水城文献所见元代站赤管理研究 ………………………… 121
　第一节　元后期站户签补问题研究 ……………………………… 122
　　　一、F116：W434签补站户文书的复原 ………………… 122
　　　二、F116：W434文书所见元后期的站户签补问题 …… 135
　第二节　元代亦集乃路站赤的马料管理 ………………………… 144
　　　一、关于亦集乃路站赤马料的放支数量 …………………… 144
　　　二、关于亦集乃路站赤马料的放支时限 …………………… 147

第五章　黑水城文献所见元代地方行政制度运作研究 ……………… 151
　第一节　元代地方仓库官选任制度的内容与变化 ……………… 151

一、从 F114：W3 文书看元代的"仓库官例" …………… 152
　　二、F114：W3 文书所见元代地方仓库官选任制度的内容 …… 156
　　三、F114：W3 文书所见元代地方仓库官选任制度的变化 …… 159
　第二节　关于元代官吏俸禄制度的运作 ………………………… 165
　　一、关于 F79：W46 文书的内容、时间与定名 …………… 166
　　二、从黑水城文献看元代官吏俸禄制度的运作 …………… 171
　第三节　元代钱粮考较制度实施考 ……………………………… 180
　　一、关于 F116：W555 考较钱粮文书的说明 ……………… 181
　　二、关于 F116：W555 考较钱粮文书的定名 ……………… 183
　　三、黑水城文献所见元代钱粮考较制度的实施 …………… 186

第六章　黑水城文献所见元代公文运作机制研究（上） ………… 194
　第一节　元代付身文书考 ………………………………………… 194
　　一、关于黑水城文献中元代付身类文书的说明 …………… 195
　　二、元代付身的性质及渊源 ………………………………… 199
　　三、元代付身的发放机构与授予对象 ……………………… 202
　　四、余论：关于宋元付身制度的承袭与变化 ……………… 208
　第二节　关于元代的札子 ………………………………………… 210
　　一、关于黑水城元代札子的说明 …………………………… 211
　　二、元代札子的类型 ………………………………………… 215
　　三、黑水城元代札子的书式 ………………………………… 220
　　四、余论：宋元札子制度的变化 …………………………… 222
　第三节　关于元代解由文书的运作 ……………………………… 223
　　一、关于黑水城元代解由文书的说明 ……………………… 223
　　二、从黑水城文献看元代解由文书的运作流程 …………… 227

第七章　黑水城文献所见元代公文运作机制研究（下） ………… 236
　第一节　关于元代的信牌文书 …………………………………… 236
　　一、关于黑水城元代信牌文书内容的说明 ………………… 237

  二、黑水城元代信牌文书性质的确认 …………………………… 242
  三、从黑水城文献看元代信牌"粘连文字"的特征与书式 ……… 244
  四、元代信牌制度的渊源、特点及其施行情况………………… 247
 第二节 元代勘合文书的形态、特征与运作流程 ……………………… 251
  一、黑水城元代勘合文书原件的确认 …………………………… 252
  二、从黑水城文献看元代勘合文书的形态与特征 ……………… 263
  三、从黑水城文献看元代勘合文书的使用流程 ………………… 268
 第三节 元代公文结尾的类型与公文运作 ……………………………… 273
  一、黑水城元代公文结尾的类型与特征 ………………………… 274
  二、黑水城元代公文结尾所见公文运作机制 …………………… 285

结　语 ………………………………………………………………………… 295

附　录 ………………………………………………………………………… 299
 一、黑水城元代《肃州路官员名录》文书研究 ………………………… 301
 二、黑水城元代府学文书及其相关问题 ……………………………… 312
 三、关于几件黑水城元代文书性质的再探讨 ………………………… 329

索　引 ………………………………………………………………………… 340

参考文献 ……………………………………………………………………… 356

后　记 ………………………………………………………………………… 378

Contents

Preface ·· Jimin Sun 1

**Introduction: The Manuscripts from Khara-Khoto and the Operation of
　　　　　　　Local Administration in the Yuan Dynasty** ···················· 1
　1. Topic Selection and Explanation ·· 1
　2. Review of the Academic History ··· 4
　3. Research Idea, Method and Content ··· 15

**Chapter One: The Manuscripts from Khara-Khoto and the Operation of
　　　　　　　Organizations Sent in the Yuan Dynasty** ······················ 17
　Section One: Study on the Duosima Xuanzhengyuan of the Yuan
　　　　　　　Dynasty ··· 17
　　1. The Instruction about Document M1 · 0801 ······························· 18
　　2. The Arrangement of Duosima Xuanzhengyuan ··························· 21
　　3. Summary ·· 24

　Section Two: Set Up and Operation of the Suzhenglianfangsi Stationed on
　　　　　　　the Hexi-Longbei ·· 27
　　1. The Set Up and Belief of the Suzhenglianfangsi Stationed on
　　　 the Hexi-Longbei ·· 28
　　2. The Operation of Prison-checking of the Suzhenglianfangsi
　　　 Stationed on the Hexi-Longbei ·· 33
　　3. The Relation among the Suzhenglianfangsi Stationed on the
　　　 Hexi-Longbei, Its Own Divided Organization and Yijinai Road
　　　 Mansion ··· 37

Chapter 2: The Study on the Operation of Administrative Organization including Mansions in the Yuan Dynasty Found in the Manuscripts from Khara-Khoto ············· 40

Section One: The Institutional Framework and Operation Mechanism of the Yijinai Road in the Yuan Dynasty ············· 40

1. The Establishment of the Middle Executive Branch of the Yijinai Road ············· 41
2. The Establishment of the Basic Level Executive Branch of the Yijinai Road ············· 49
3. The Operation Mechanism of the Executive Branch of the Yijinai Road ············· 56

Section Two: The Textual Research on Documents of Lushisi in the Yuan Dynasty ············· 62

1. The Instruction on the Contents and Charaters of the Lushisi Document in the Yuan Dynasty ············· 63
2. The Value and Significance of Lushisi Document Used to Study Questions about Lushisi in the Yuan Dynasty ············· 65

Section Three: Questions on the Xunjiansi in the Yuan Dynasty ············· 72

1. The Quantity and Types of the Xunjiansi Documents in the Yuan Dynasty Found in City of Heishui ············· 73
2. The Duties and Responsibilities of the Xunjiansi in the Yuan Dynasty Found in the Literature on City of Heishui ············· 80
3. National Composition of the Xunjiansi in the Yuan Dynasty Found in in the Literature on City of Heishui ············· 87
4. The Selection Channels of the Inspection in the Yuan Dynasty ············· 91

Chapter Three: The Study on the Operation of Local Financial Institutions of the Yuan Dynasty Found in the Manuscripts from Khara-Khoto ············· 95

Section One: Questions about the Tax Authority of the Yuan

Dynasty ·· 95
1. The Tax Program of the of the Yuan Dynasty ······················ 96
2. The Relation between the Higher Tax Authority and Its
   Subordinate ·· 102
3. The Selection of the Officials in the Tax Authority of the
   Yuan Dynasty ·· 104

Section Two: Study on the Process of Tax Grain Collection to
   Warehouse in the Yuan Dynasty ······················ 107
1. The Judgement of the Nature of Document F193:W13 ·········· 108
2. The Operation of the Tax Grain Collection to Warehouse
   Discovered in the Manuscripts from Khara-Khoto ················ 115

Chapter Four: The Study on How Yuan Dynasty Government Manage
   the Courier Station Found in the Manuscripts from
   Khara-Khoto ·· 121

Section One: The Study of Sighing Questions about the Courier Residents
   in the Late Yuan Dynasty ······························ 122
1. The Recovery of the Documents F116:W434 ······················ 122
2. The Sighing Questions about the Courier Residents in the Late
   Yuan Dynasty Discovered by the Documents F116:W434 ······ 135

Section Two: The Management of the Horses Feed at the Courier Station
   of Yijinai Road in the Yuan Dynasty ······················ 144
1. The Quantity of the Horses Feed at the Courier Station of
   Yijinai Road ·· 144
2. The Time of the Horses Feed at the Courier Station of
   Yijinai Road ·· 147

Chapter Five: The Study on the Operation of Local Administrative System
   in the Yuan Dynasty Found in the Manuscripts from
   Khara-Khoto ·· 151
Section One: The Content and Changement of the Selection System of

the Local Warehouse Officer in the Yuan Dynasty ········ 151
1. The Warehouse Officer Found in Document F114:W3 ············ 152
2. The Content of the Selection System of the Local Warehouse Officer in the Yuan Dynasty Found in Document F114:W3 ······ 156
3. The Changement of the Selection System of the Local Warehouse Officer in the Yuan Dynasty Found in Document F114:W3 ······ 159

Section Two: The Operation of the Official Salary System in the Yuan Dynasty ·· 165
1. The Contents, Time and Name of the Document F79:W46 ······ 166
2. The Operation of the Official Salary System in the Yuan Dynasty Discovered by the Literature on City of Heishui ···················· 171

Section Three: The Operation of the Money-Grain System of the Yuan Dynasty ·· 180
1. The Instruction of the Document F116:W555 ····················· 181
2. The Name of the Document F116:W555 ·························· 183
3. The Operation of the Money-Grain System of the Yuan Dynasty ·· 186

Chapter Six: The Study on the Operation Mechanism of the Official Document System in the Yuan Dynasty (1) ···················· 194

Section One: The Textual Research of the Fushen Documents in the Yuan Dynasty ·· 194
1. The Instruction of the Fushen Documents in the Yuan Dynasty Found in the Manuscripts from Khara-Khoto ····················· 195
2. The Nature and Source of the Fushen in the Yuan Dynasty ········· 199
3. The Distributed Institution and Object of the Fushen in the Yuan Dynasty ·· 202
4. Conclusion: the Inheritance and Change of the Fushen in the Song and Yuan Dynasties ·· 208

Section Two: Notes of the Yuan Dynasty ····································· 210

1. Explanations on the Notes in the Yuan Dynasty from Khara-Khoto ·· 211
2. The Types of the Notes in the Yuan Dynasty ···················· 215
3. The Written Style of the Notes in the Yuan Dynasty from Khara-Khoto ·· 220
4. Summary: The Transformation of the Notes System in the Song Dynasty ·· 222

Section Three: The Operation of the Jieyou Documents in the Yuan Dynasty ·· 223
1. The Instruction of the Jieyou Documents in the Yuan Dynasty ·· 223
2. The Operation Process of the Jieyou Documents in the Yuan Dynasty Found in the Literature on City of Heishui ············· 227

Chapter Seven: The Study on the Operation Mechanism of the Official Document System in the Yuan Dynasty Found in the Manuscripts from Khara-Khoto (2) ···················· 236

Section One: The Textual Research of the Letter Card Documents in the Yuan Dynasty ··· 236
1. The Instruction of the Contents of the Letter Card Documents in the Yuan Dynasty ··· 237
2. The Nature of the Letter Card Documents in the Yuan Dynasty ·· 242
3. The Characters and Formats of the Letter Card Documents in the Yuan Dynasty ··· 244
4. The Source, Character and Operation of the Letter Card Documents in the Yuan Dynasty ······································· 247

Section Two: The Form, Character and Operation Process of the Combined Documents in the Yuan Dynasty ················· 251
1. The Confirmation of the Combined Documents in the Yuan Dynasty Found in the Manuscripts from Khara-Khoto ············ 252

2. The Form and Character of the Combined Documents in the Yuan Dynasty Found in the Manuscripts from Khara-Khoto ··· 263

3. The Operation of the Combined Documents in the Yuan Dynasty Found in the Manuscripts from Khara-Khoto ·············· 268

Section Three: The Ending Types and Operation of the Official Document System in the Yuan Dynasty ················ 273

1. The Ending Types and Characters of the Official Document System in the Yuan Dynasty Found in Khara-Khoto ············ 274

2. The Operation Mechanism of the Official Document System in the Yuan Dynasty Found in Khara-Khoto ························ 285

General Conclusion ··· 295

Appendix ··· 299

1. Study on the Document Directory of SuZhou Road Officials in the Yuan Dynasty Found in Khara-Khoto ························ 301

2. The Documents and Related Questions of FuXue in the Yuan Dynasty Found in Khara-Khoto ································ 312

3. Further Discussions on the Characer of Several Documents in the Yuan Dynasty Found in Khara-Khoto ·························· 329

Index ·· 340

Bibliography ··· 356

Postscript ·· 378

序　言

得知立晖同志的《元代地方行政运作研究——以黑水城文献为中心》一书马上就要出版，而且经过同行专家严格评审，被收入饮誉学界的《国家哲学社会科学成果文库》，真从内心为他高兴。

立晖从事学术研究多年，我感觉他有两个突出的优点：一是好学慎思，善于发现问题；二是眼光敏锐，勇于探索新域。在善于发现问题方面，我可以举两个实例加以说明。第一个实例是立晖开始跟我读研时，我对他的印象是为人诚实肯钻研，但属于非史学专业出身，年龄稍嫌偏大，说实话没有在学术上寄予厚望。但后来的两件事很快改变了我的看法。一次立晖就《俄藏黑水城文献》第六册编号为"Инв. No. 4484"的《毛克下正军编册》文书向我请教，问我毛克文书是否涉及金代的猛安谋克制度，而我从新世纪之初开始从敦煌吐鲁番文书研究转向黑水城文献的整理研究，起步阶段关注的重点一直是其中的宋西北边境军政文书，其他辽、西夏、金、元文书等统统未暇顾及。立晖的提问霎时间使我突然意识到，除了宋西北边境军政文书之外，黑水城文献中的金代文书也同样重要，且更因数量稀少而弥足珍贵。这就是立晖起草、由我修改，二人合作在《历史研究》2007年第4期发表《俄藏黑水城所出金毛克文书初探》一文的缘起。这是我在黑水城文献研究领域从宋代文书扩展到西夏文书、金元文书迈出的重要一步，也是我在《历史研究》发表的第一篇论文。而我迈出的这一步，与立晖的这一提问密不可分。第二个实例与第一个实例类似且相关，这就是有关《俄藏黑水城文献》第六册编号为"Инв. No. 5176"的《西北诸地马步军编册》文书的再整理再研究。这件文书原编者判定为"西夏写本"，后来杨浣先生撰文《黑城〈西北诸地马步军编册〉考释》发表在《中国史研究》2006年第1期，他根据文书出现的人名不少为女真人姓名，官名万户为金代官职等，认为本件文书为金代文书而非西夏写本,在文书的释读和内涵的理解方面多有发覆。但立晖在阅读杨文后告诉我,该件文书的理解仍有错误待纠,文书内涵仍有开掘的空间。立晖的话又促使我再次将注意力集中到《西北诸地马步军编册》上来,这次也是由立晖完成初稿而后由我修改并合作署名,最后成文《俄藏黑水城所出一件金代军事文书再探》并发表于《中国史研究》2007年第4期。这两篇论文的学术意义,其实更在于揭示了金史研究领域文书材料方面发现的突破。因为在辽宋金元史研究领域,传世材料较少的是辽金两朝,其中金代更少。金史新文献的发现,长期以来几乎全部依赖于石刻文献,因此黑水城文献中金代文书的识别与阐释,至少暗示了金代纸质文书存世的可能和现实,提醒学界注意开辟金史文献来源的新通道。

在勇于探索新域方面,我觉得立晖有两个方面的开拓值得称道:第一个方面是对黑水城文献中元代文书研究领域的拓展和深掘;第二个方面是对古籍公文纸背文献海外文献资源的开拓。

在黑水城元代文书的研究中,亲身参加发掘中国藏黑水城文献的李逸友先生当然非开拓者莫属。而在文书刊布前后,元史学界一批前辈学者如陈高华、邱树森等先生,以及继之而起的中生代学者刘晓、陈广恩等先生,都以极大的热情投入元代文书的解读和研究中,取得了筚路蓝缕的开创性成就,他们都堪称黑水城元代文书研究的开拓者。立晖则在诸位先生的研究基础上,重点对黑水城元代军政文书、行政运作文书进行了持续性的拓展,如在本书中其利用黑水城相关文书对元代地方行政机构、行政制度、行政公文等运作情况的探索,就在很多方面都有深掘和突破。

立晖这一届硕士研究生共四名,是我所带历届研究生中最多的一批。他们的学位论文的选题,我当时是这样安排的:一位做唐代碑刻研究,一位做吐鲁番文书研究,两位做古籍纸背文书研究。立晖就是做唐代碑刻研究的那位。一般来说,硕士论文选题的确定也是一段时间内研究方向和研究范围的选择,但立晖的读书和思考并没有囿于学位论文的限定,他还将目光投向了唐代碑刻之外,投向了金代文书(以上所举两例金代文书的发现就是实证)、元代文书的研读。毕业之后立晖在家乡滨州学院工作期间,尤其是读博师从郝春文先生之后,得益于郝先生的开明,允其继续选择黑水城文献作为博士论文选题。立晖在元代文书园地耕耘垦辟的成绩虽然有目共睹,但我印象最深的是他对元代勘合文书研究的突破。记得他向我出示《中国藏黑水城汉文文献》的《广积仓支黄米文书》等文书，认为这应是元代勘合文书的原件，勘合就是指文书中出现的半字、半印以及与"元发号簿"是否相符的验证过程。当时我的眼睛为之一亮，立刻意识到这堪称元代文书识别的一大突破。因为我知道传世元明清史籍常见"勘合"一词，此语在黑水城所出元代文书中也不时见到，但对勘合的认识，尤其是对黑水城元代文书中勘合文书的识别，以往不少研究或似是而非，或隔靴搔痒，而在我组织的小范围讨论中，也曾涉及勘合文书究指何物的问题，但均不得其解。听了立晖有关勘合文书的见解后，我感觉很有道理，当即建议他独立撰文，很值得投稿给《历史研究》。立晖这篇文章后来就以《元代勘合文书探析——以黑水城文献为中心》为题，发表在 2015 年第 2 期的《历史研究》上，并最终收入本书。立晖在元代勘合文书研究等方面取得的突破，与他勇于探索、善于探索的精神不无关联。

立晖对古籍公文纸背文献海外资源的开拓，最能体现其探索精神的是对美国哈佛大学燕京图书馆所藏几种明代古籍纸背文献的发现。著名古籍版本目录学家沈津先生曾撰文介绍在哈佛大学燕京图书馆发现的几种公文纸本明代古籍，分别是公文纸印本《重刊并音连声韵学集成》和《直音篇》以及公文纸抄本《明文记类》和《观象玩占》四种文献。对此，我们从事搜集、整理和研究纸背文献的几位学者也都心知肚明，一清二楚，但当我们都集中精力搜集、整理国内纸背文献渐有进展而发愁下一步海外纸背文献搜集无门之际，忽然传来立晖在哈佛大学燕京图书馆网站上发现四种公文纸本古籍全有的消息，我们都大吃一惊，真的是"踏破铁鞋无觅处，得来全不费工夫"。当然，我这里的所谓"发现"可能有些夸大其词，立晖与我们的不同之处无非是上网查阅了一遍。但一个肯上网亲自去查，一个想不到网上会有而没有去查，二者之间其实还是体现了些许践行精神的差异，而勇于探索、勤于探索正是立晖的长处。

行文至此，我也顺便向立晖提一点期望，希望今后他能在古籍纸背文献海外资源的开掘上发挥更大的作用。

古籍纸背文献的数量，周广学先生《古代的公牍纸书及其价值》一文所列常见和已知的宋元明公文纸本有 17 种，日本学者竺沙雅章先生《汉籍纸背文书の研究》一文所列中国内地与台湾地区和日本在内的宋元明公文纸本共计 35 种，瞿冕良先生《略论古籍善本的公文纸印、抄本》一文中所列各代公文纸本总计

101种。2013年我写过一篇短文《现存古籍公文纸本数量概说》,曾综采各家之说与各种书目记载,计海内外现存宋元明清公文纸本总数不下于138种。近几年,我为配合完成承担的国家社科基金重大招标项目《上海图书馆藏明代古籍公文纸背文献整理与研究》,曾与课题组成员先后到北京、上海、天津、辽宁、黑龙江、吉林、山东、江苏、浙江、安徽、福建、河南、湖北、广东、广西、海南、青海、甘肃、新疆、陕西、重庆、四川等地,走访了相当数量的地方图书馆、博物馆和大学图书馆,尽管所获数量不是太多,但还是在一些图书馆搜集到了所藏纸背文献的新信息,例如上海图书馆是除国家图书馆之外收藏公文纸本古籍最多的单位,根据各种书目得知共有20种,而我们通过入馆实查馆藏目录卡片,居然又新发现3种,连该馆工作人员都为之惊奇。再如烟台市图书馆、厦门市图书馆、厦门大学图书馆、柳州市图书馆、广西师大图书馆、四川大学图书馆、河北大学图书馆等,各种古籍书目都未曾著录过公文纸本信息,而我们通过走访都见到或得知至少有一种以上的公文纸本古籍。此外,我们还屡屡在私人藏书中见到公文纸本古籍,例如我们目前承担的国家社科基金冷门绝学项目《新见三种古籍纸背文书"清康熙早期行省奏销册"整理与相关财政问题研究》中的三种清代奏销册,就是今人藏书家韦力先生的藏书。过去,我曾估计国内现存的公文纸本古籍总数不下200种,现在根据我所掌握的信息,国内现存的公私公文纸本古籍总数应在大几百种以上,很有可能逼近千种。

  国外图书馆收藏纸背文献的情况,过去我们通过竺沙雅章先生的介绍,对日本的情况多少有些了解,然而显然有失全面,立晖去年日本访学期间大有斩获就是明证。韩国作为古代汉字文化圈的构成之一,藏有一定量的公文纸本古籍应在预料之中,复旦大学藏明代万历公文纸印本《历代将鉴博议》,所用纸张实即朝鲜庆尚道彦阳县公文。我前几年也在一私家藏书中见到过一种相当于清代的封皮褙纸型朝鲜公文纸本古籍。除了韩日之外,欧美国家藏有汉籍不在少数,其中的公文纸本古籍目前只知道美国哈佛大学有四种,芝加哥大学远东图书馆有一种,其余的完全不知。据说美国国会图书馆收藏的汉籍仅善本就有三千种,可以试想,包括普通版本在内的总量一定很可观。有学者推测全美所藏汉籍多则90万册少则70万册,其中的公文纸本古籍绝不只仅仅5种。欧洲国家藏汉籍目前缺乏统计,如果仅就欧洲汉学重地法国国家图书馆所藏有两万多种推算,欧洲所藏总量至少也不会低于美国,其中也必定会有一定量的公文纸本古籍。由此可见,公文纸本古籍资源的调查和搜集相对于整理研究是一个多么艰巨的工作,而海外资源的调查搜集尤其难上加难。这一切对于像我这样内陆型的学者几乎是一个不可能完成的任务,而对于当今互联网大数据背景之下的年轻一代似乎并非天方夜谭,这也是我寄厚望于立晖同志以及一切乐意从事纸背文献整理研究的年轻一代的原因所在。

孙继民
2020 年 11 月

绪 论
黑水城文献与元代地方行政运作研究

一、选题释义

元代的地方行政运作问题,是元代国家治理的重要内容之一。然而此前因受传世文献所限,学界少有涉及,而黑水城文献的发现则为此问题的研究突破提供了难得机遇。众所周知,黑水城文献是我国近代以来继殷墟甲骨文、秦汉魏晋简牍、敦煌文献、内阁大库档案等"四大"考古新材料之后的又一重大发现,业师孙继民先生则指出,黑水城文献可与上述考古新材料堪称"中国近代学术史的五大发现"。[①] 黑水城文献主要由"俄藏""英藏"和"中国藏"等三大部分构成,是研究唐、五代、宋、西夏、辽、金、伪齐、元代(包括北元),甚至包括清代政治、经济、军事、司法、文化、社会、宗教和语言文字、艺术等多方面内容的珍贵资料。黑水城文献大多数为西夏文,西夏文约占总量的90%左右,其余为汉文、回鹘文、藏文、蒙古文、波斯文等。黑水城文献的总数约在10万件以上。[②] 这批新资料的出现,吸引了来自中外多个领域、多门学科间学者的关注,并因之催生了一门新兴的国际性学科"西夏学",或称为"黑城学"。[③] 进行黑水城文献研究,或据之以研求相关问题,业已成为当下学界之新潮流之一。

在黑水城文献中,汉文文献相对于西夏文文献虽然只属于"少数",其数量不足总量的10%,但由于黑水城文献体量巨大,故其汉文文献的数量亦非

[①] 孙继民:《敦煌学视野的下黑水城文献研究》,《南京师大学报(社会科学版)》2009年第3期。
[②] 白滨:《被遗忘的旷世奇珍——黑水城与西夏遗书》,《瞭望新闻周刊》1999年第51期。
[③] 参见孙继民:《黑城学:一个更为贴切的学科命名》,《河北学刊》2007年第4期。

常可观。而在黑水城汉文文献中,元代的相关文献数量又最多,其次则为西夏、宋、金、伪齐、辽等时期的文献。目前,黑水城元代汉文文献主要收藏于"中国藏"中,其次则为"俄藏"和"英藏"之中,且绝大部分相关文献均已出版。其中,"中国藏"元代汉文文献主要收录于《中国藏黑水城汉文文献》《黑城出土文书(汉文文书卷)》两书,以及陈炳应先生所撰《黑城新出土的一批元代文书》①一文中。它们共载录相关汉文文献4000余件,与元代地方行政直接相关者,不下于700件。②"俄藏"元代汉文文献主要收录于《俄藏黑水城文献》《俄藏敦煌文献》两书,前者载有元代地方行政类公文40余件,后者则载有混入的元代地方行政文书16件。"英藏"元代汉文文献主要收录于《斯坦因第三次中亚考古所获汉文文献(非佛经部分)》一书,该书载录元代地方行政公文60余件。此外,在黄文弼先生的《吐鲁番考古记》一书中,还收录了疑似与黑水城元代地方行政相关的文书3件。该书公布了出土地点为吐鲁番雅尔湖旧城的多件文书,其中《杨真宝奴残状》中载有"真宝奴年卅一岁无病系狼心站户口在耳八(据图版此字实为"卜"字——笔者案)渠住坐(该字此处释作一符号"㞢")"等语,③且该书指出"站赤之制,创于蒙古窝阔台汗"。④ 目前已知,元代的亦集乃路总管府所辖蒙古八站之一,即名曰"狼心站",⑤而亦集乃路所辖诸渠道之一,则名为"耳卜渠"。⑥ 又,其中的《屠行哈三批示》文书中载有"右仰六月 日批行"等语,该件的书写格式、内容、文字笔迹等,均与黑水城元代信牌文书非常相似。⑦ 由此推测,以上两件文书很有可能是原出土于黑水城遗址的元代亦集乃路文书。另外,《吐鲁番考古记》中还载有《至元三年文书残件》一件,该件亦有可能为黑

---

① 陈炳应:《黑城新出土的一批元代文书》,《考古与文物》1983年第1期。
② 李逸友:《黑城出土文书(汉文文书卷)》(科学出版社,1991年)载有文书录文;塔拉等:《中国藏黑水城汉文文献》(国家图书馆出版社,2008年)载录文书图版,无录文。《中国藏黑水城汉文文献》中的《军事与政令文书》《人事与选官文书》《官用钱粮文书》《官私钱粮物帐》《勘合文书》《其它公文》《户籍与赋税文书》《提调农桑文书》《畜牧管理文书》《俸禄文书》《分例文书》《大德十一年税粮文卷》《至正十一年考校钱粮文卷》《提调站赤文书》《签补站户文书》《至正二十四年整点站赤文书》等几乎都是元代公文。《中国藏》中的元代行政类文书总量当不会少于700件。
③ 黄文弼:《吐鲁番考古记》,中国科学院印行,1954年,第47页。
④ 同上。
⑤ 李逸友:《黑城出土文书(汉文文书卷)》,第30页。
⑥ 李逸友:《黑城出土文书(汉文文书卷)》,第110页。
⑦ 详见本书第七章第一节。

水城元代文书。①

　　总体来看，黑水城文献中至少有800余件汉文文书涉及元代的地方行政问题，该批珍贵的一手资料是本书研究的重要对象。

　　另外，就黑水城元代文献而言，其除了包含上述汉文文献外，还涉及部分蒙古文文献，亦有用其他民族语言文字，如阿拉伯文等所写的文献，这些元代的多民族文献，主要收录于《ハラホト出土モンゴル文書の研究》一书中。该书共收录西夏文、汉文之外的相关文书228件，辨识出135件，可分为双语文献和单语文献两类。所谓单语者，主要是指用蒙古语及突厥语等单一民族语言文字所书写的文献；所谓双语者，则是指由汉文与其他民族语言文字共同书写而成的文献。② 上述双语文献中的汉文部分，有一些已在前文相关著作中收录，但相关民族语言文字的内容，上述诸书则多不载录，而这些内容对于认识相关汉文文献具有重要价值。此外，该书中的单语文献，对于认识元代的相关制度也有裨益，因此，亦将该书纳入本书的研究范围。

　　目前已知，出土相关黑水城文献的地区，在西夏时为黑水镇燕军司，也即黑水城所在地。在元代时，该地区划归为甘肃行中书省所辖，属于该行省之下的亦集乃路总管府。"亦集乃"一名，是从西夏语的"黑水"一词音译而来，后来则被讹称为"额济纳"，该地今属于"额济纳旗"所管，其蒙古语呼之为"哈拉浩特"（Khara-Khoto）。不难得见，本书的研究对象——黑水城元代行政文书，主要涉及元代的甘肃行省、亦集乃路等地区，但由于相关文书所反映的内容往往并非为该地区所独有，或者并非仅仅针对上述地区，故该批文书所涉及的有关内容，对于认识整个元朝（包括北元）范围之内的相关历史问题，都具有启发意义。就文书的内容而言，黑水城元代行政文书提供了元代的地方行政机构、行政管理、行政制度以及公文制度等多方面的细节资料，充分展现了元代地方行政运作的真实状态，相关记载多为传世史料所不载，因此，该批文书具有非常重要的补史

---

① 黄文弼：《吐鲁番考古记》，第48页。以上关于三件文书出土地点的判定，首先得到了荣新江先生的提示，在此深表感谢。党宝海先生在《黄文弼先生所获元代汉文文书浅识》一文中，虽未明确说明以上文书即为黑水城文书，但已经指出文书所涉及地点在亦集乃路，很可能是由于交通往来的原因这些文书在吐鲁番地区发现。详见荣新江、朱玉麒主编：《西域考古・史地・语言研究新视野：黄文弼与中瑞西北科学考查团国际学术研讨会论文集》，科学出版社，2014年，第312—314页。

② ［日］吉田顺一、チメドドルジ（齐木德道尔吉）：《ハラホト出土モンゴル文書の研究》，雄山閣，2008年，第8页。

价值和意义。

就"行政"一词而言,虽然国内外学术界多有不同的认识和理解,但从总体来看,其主要有"广义"和"狭义"两种概念。就其"广义"而言,主要指国家行政机关,包括行政、司法、立法等部门所从事的管理业务;其"狭义",则往往专指"政府机关"对公共事务的管理。[①] 本书名"元代地方行政运作研究"中的"行政",主要指"广义"上的"行政"。本书即以黑水城元代相关文献为中心,并结合传世文献等,通过专题探讨,以期认识元代地方行政机构、行政管理、行政制度以及公文运作等的多个侧面。

二、学术史回顾

(一) 起步阶段

黑水城文献的发现,可追溯至1908—1909年,在此两年间,俄国军官、地理学家科兹洛夫受俄国皇家地理学会派遣,率探险队两次到我国内蒙古额济纳旗地区的黑水城遗址进行"考察",挖掘、发现了大量珍贵的西夏文、汉文文献和其他文物,并将这些文献、文物运至俄罗斯。继科兹洛夫之后,英国的斯坦因于1914年第三次中亚探险考古期间到黑水城进行了盗掘,所获得的文献现存于英国国家图书馆。科兹洛夫在黑水城遗址所盗掘的藏品,因为俄国一直秘不示人,故国人尚难见及"俄藏"相关的黑水城文献。斯坦因的藏品,也即"英藏"黑水城文献,则由马伯乐在1953年出版的《斯坦因第三次中亚探险所得汉文文书》公布了部分内容,在这些刊布的文书中,即包含非常重要的"亦集乃路河渠司文书"在内的元代行政文书60余件。[②]

黑水城元代文献研究的真正起步,是进入20世纪60年代之后。1964年,日本学者岩村忍等首先对黑水城元代"亦集乃路河渠司文书"进行了探讨,对此件所保留的公文样式的价值进行了发覆。[③] 因为这一时期学界所获取的黑水城文献的信息量非常有限,相关元代地方行政文书的研究寥寥无几。

进入七八十年代之后,中国学者开始在黑水城文献研究领域进行耕耘。这

[①] 高小平:《行政学》,上海人民出版社,2003年,第1页。
[②] [法] 马伯乐:《斯坦因第三次中亚探险所得汉文文书》,英国博物馆董事会刊行,1953年,第197—216页。
[③] [日] 岩村忍、田中谦二:《校定本元典章刑部》第1册,京都大学人文科学研究所、《元典章》研究班,1964年,第8—11页。

一时期的发轫之作,当属陈高华先生(以"高华"之名)就"亦集乃路河渠司文书"所刊《"亦集乃路河渠司"文书和元代蒙古族的阶级分化》一文。① 在该文中,陈先生不仅纠正了前人释录的错误,还重点探讨了文书的性质,以及其所反映的元代社会问题等。这一时期还有一重要事件,即1983年至1984年,国内考古工作者联合对黑水城遗址进行了两次系统性发掘,出土了大量文献和文物,这些资料以考古发掘报告的形式得以刊布。② 该份报告不仅公布了有关黑水城考古发掘的信息,还指出这批文献中存在元代公文等多种类型,并对其中的一件元代地方行政文书进行了释录。此文的刊发,进一步扩大了黑水城文献的影响。此后,曾参与黑水城遗址发掘的李逸友先生对发掘所获的相关元代"纳怜道"站赤文书进行了研究,③为学界了解亦集乃路站赤的名称、数量以及马料的放支信息等提供了帮助。此外,陈炳应先生在这一阶段还将其收集的20余件黑水城元代文书予以公布,并对相关文书所反映的亦集乃路的建制、交通、驿站管理等问题进行了有益探索。④ 除中国学者外,俄国学者也开始进入黑水城文献研究领域,如孟列夫先生通过《哈拉浩特特藏中汉文部分叙录》一书,对包括元代文献在内的部分俄藏黑水城汉文文献进行了说明。⑤

总体看来,20世纪60年代至80年代,是黑水城元代地方行政文书研究的起步阶段,该阶段学界可资利用的相关文献非常有限,故有关研究成果较为稀少。

(二) 发展阶段

20世纪90年代,是黑水城元代行政类文书研究的发展阶段。这一阶段学界可资利用的黑水城文献不断增多,黑水城文献研究受到了学界的更多关注。

李逸友先生出版了《黑城出土文书(汉文文书卷)》一书,该书整理出1983年和1984年在黑水城遗址考古发掘的760余件汉文文献,这些文献均属于元代或北元时期,且有许多文书与元代地方行政相关,见于其中的"卷宗类""礼仪类""人事类""军政事务类""民籍类"等相关类别。该书不仅对相关文书进行了

---

① 陈高华:《"亦集乃路河渠司"文书和元代蒙古族的阶级分化》,《文物》1975年第9期。
② 内蒙古文物考古研究所、阿拉善盟文物工作站:《内蒙古黑城考古发掘纪要》,《文物》1987年第7期。
③ 李逸友:《黑城文书所见的元代纳怜道站赤》,《文物》1987年第7期。
④ 陈炳应:《黑城新出土的一批元代文书》,《考古与文物》1983年第1期。
⑤ [俄] 孟列夫:《哈拉浩特特藏中汉文部分叙录》,苏联科学出版社,1984年。

录文,还附载部分文书的图版,同时,还对相关文书反映的元代亦集乃路的机构建制、财政管理、站赤设置等进行了说明。《黑城出土文书(汉文文书卷)》一次性刊布了数量如此之多的文献,对于黑水城元代行政文书研究而言,无疑注入了强大活力,故在该书的推动下,黑水城元代文献的研究,包括相关行政类文书研究,逐渐成为学界关注的热点。

李逸友先生在这一时期还撰写了多篇论文,涉及黑水城元代军粮文书、律令文书等,对黑水城文书所反映的军事、司法、公文制度、驿站管理等问题进行了深入探讨,[①]为学界认识相关问题提供了帮助。

这一时期除"中国藏"黑水城文献有所刊布外,"英藏"黑水城文献亦继续整理出版,如郭锋先生对马伯乐《斯坦因第三次中亚探险所得汉文文书》一书中未刊布的斯坦因所获黑水城文献进行了钩稽、补充,并将之整理出版,[②]其中收录有元代地方行政类文书2件。这一时期,王克孝先生将孟列夫的前著译作中文出版。[③] 该书中文版的问世,对于学界了解"俄藏"黑水城文献的大致状况非常有益。

这一时期,有关"俄藏"黑水城文献的出版工作也有了较大进展。从1996年开始至2000年之间,在中俄双方的共同努力之下,《俄藏黑水城文献》汉文部分,即该书第1—6册全部出版完毕。该书刊布了绝大部分"俄藏"黑水城汉文文献的图版,其中包括了元代地方行政相关文书。除此之外,《俄藏敦煌文献》也在这一时期相继推出,在第17册及其他册中,载录了混入敦煌文献中的黑水城元代地方行政文书10多件。

这一阶段,除中国学者在黑水城文献的出版、研究方面做出了积极贡献外,日本学者也紧扣学术前沿,开展了黑水城元代行政类文书研究的相关工作,其中池内功先生根据黑水城所出的元代祭祀文书,对元代祭祀费用的管理及其来源问题等进行了探讨。[④] 松井太先生则通过对一件黑水城双语残件文书的分

---

① 李逸友:《元大德四年军粮文卷》,《文物天地》1991年第4期;李逸友:《黑城出土的元代律令文书》,《文物》1991年第7期;李逸友:《元代文书档案制度举隅——记内蒙古额济纳旗黑城出土元代文书》,《档案学研究》1991年第4期等。

② 郭锋:《斯坦因第三次中亚探险所获甘肃新疆出土汉文文书——未经马斯伯乐刊布的部分》,甘肃人民出版社,1993年。

③ [俄]孟列夫著,王克孝译:《黑城出土汉文遗书叙录》,宁夏人民出版社,1994年。

④ [日]池内功:《元朝郡县祭祀における官费支出について——黑城出土祭祀费用文书の检讨》,《四国学院大学论集》第85辑,1994年,第33—68页。

析,研究了元代税粮交纳制度等问题。①

这一阶段,大量黑水城文献的刊布是重要的成就之一。随着相关文献的公布,学界可资利用的文献资源大为增加,黑水城元代行政类文书的研究成果也因之不断增多,相关研究领域在中、日等多国学者的共同努力下不断拓展,有关研究不断走向深入。

(三) 繁盛阶段

进入21世纪以来,黑水城元代行政文书的研究迎来了崭新的阶段。这一阶段的第一个重要特征,即大量黑水城文献的不断刊布。截至目前,"英藏""中国藏"绝大部分黑水城汉文文献均已出版,尤其是《中国藏黑水城汉文文献》一书,用高清彩色图版将相关文献刊出,极大方便了学者利用。相关文献的大量刊布,也预示着黑水城元代行政文书研究繁荣时期的到来。

与黑水城文献刊布同步,学界对黑水城文献的整理工作也不断取得新的成果。如关于黑水城文献中的元代多民族文献,经过日本学者吉田顺一等人的整理、研究,识读出其中的蒙古文元代行政文书39件,②在黑水城元代民族文献整理方面实现了突破。另外,业师孙继民先生带领团队,经过十几年的努力,将所有"俄藏""英藏""中国藏"黑水城汉文文献(佛经除外)整理完毕,并予以出版,③为学界提供了精良的文献校录本,这对于推动黑水城文献研究无疑起了积极作用。当然,在整理文献的同时,孙先生及其团队还对相关元代行政文书进行了研究,具体研究情况将在下文详述。此外,杜建录先生著有《中国藏黑水城汉文文献整理研究》④一书。该书分为整理、研究两部分,整理篇按照《中国藏黑水城汉文文献》的原始类别,对其中的"农政文书""钱粮文书"等十个类别的文书分别进行了"叙录",研究篇则是对相关职官文书、契约文书等进行的有益探讨。杜建录先生主编的《中国藏黑水城汉文文献释录》一书,⑤则对《中国藏黑水城汉

---

① [日]松井太:《カラホト出土蒙漢合璧税糧納入簿断簡》,《待兼山論叢》第31号,大阪大学文学部,1997年,第25—49页。
② [日]吉田顺一、チメドドルヅ(齐木德道尔吉):《ハラホト出土モンゴル文書の研究》。
③ 孙继民等:《俄藏黑水城汉文非佛教文献整理与研究》,北京师范大学出版社,2012年;《英藏及俄藏黑水城汉文文献整理》,天津古籍出版社,2015年;孙继民等:《中国藏黑水城汉文文献的整理与研究》,中国社会科学出版社,2016年;孙继民等:《俄藏黑水城汉文佛教文献(佛经除外)整理》,天津古籍出版社,2018年。
④ 杜建录:《中国藏黑水城汉文文献整理研究》,人民出版社,2016年。
⑤ 杜建录编:《中国藏黑水城汉文文献释录》,中华书局、天津古籍出版社,2016年。

文文献》所收录的全部文书逐一进行了录文、叙录、校勘和注释。该书的出版，也为学界进一步利用这批文献提供了很大帮助。

这一阶段，除黑水城文献的公布及文献整理取得一系列重要突破之外，在具体的元代地方行政文书研究方面更是成就斐然。如关于黑水城元代户籍文书的研究，刘晓先生对黑水城文献所收录的元代户籍残件进行了探讨，并据之讨论了元代户籍的登记造册程序以及元代户籍管理的缺陷等问题，使学界首次认识了真实的元代户籍制度。[①] 吴超对黑水城元代"牌子文书"进行了探讨，分析了元代相关制度与金代制度的渊源关系，以及元代牌子户性质的变化等问题。[②] 陈瑞青则对黑水城"牌子头""牌下"文书进行了全面研究，指出黑水城文献中实际存在两种类型的牌子头文书，而牌子头是元代基层组织和军队编制的最小细胞，其源于金代猛安谋克制中的"牌子头"，而非"蒲里衍"。[③]《黑城出土文书（汉文文书卷）》共收录元代民籍类文书21件，目前的研究还很不充分，尤其随着上海图书馆藏公文纸本《增修互注礼部韵略》纸背元代户籍文书的发现，[④]黑水城户籍文书研究，以及其与《增修互注礼部韵略》纸背元代户籍文书的结合研究等，还大有文章可做。

再如，关于黑水城元代站赤文书的研究，陈高华先生对其中的两件甘肃行省宁夏路"支面酒肉米钞文书"进行了探讨，确认这两件文书的性质属于站赤往来使臣登记簿，对文书所反映的元代站赤管理等问题进行了深入讨论。[⑤] 王亚莉撰写了《黑水城出土元末〈签补站户文卷〉之"急递铺户"考证》等多篇文章，就元代亦集乃路驿站系统的设站情况、站赤的整点、站赤的祗应等问题进行了有益讨论。[⑥]

再如，关于黑水城元代行政机构文书的研究，邱树森先生借助黑水城所出

[①] 刘晓：《从黑城文书看元代的户籍制度》，《江西财经大学学报》2000年第6期。
[②] 吴超：《〈黑城出土文书〉所见"牌子"考》，《北华大学学报（社会科学版）》2009年第4期。
[③] 杜立晖等：《黑水城元代汉文军政文书研究》，天津古籍出版社，2015年，第69—86页。
[④] 王晓欣等：《元湖州路户籍册初探——宋刊元印本〈增修互注礼部韵略〉第一册纸背公文纸资料整理与研究》，《文史》2015年第1辑；王晓欣等：《元代湖州路户籍文书——元公文纸印本〈增修互注礼部韵略〉纸背公文资料》，中华书局，2021年。
[⑤] 陈高华：《黑城元代站赤登记簿初探》，《中国社会科学院研究生院学报》2002年第5期。
[⑥] 王亚莉：《黑水城出土元末〈签补站户文卷〉之"急递铺户"考证》，《西夏学》第11辑，上海古籍出版社，2015年，第290—295页；王亚莉：《黑水城文书所见元代两份整点站赤文书考释》，《内蒙古师范大学学报（哲学社会科学版）》2008年第1期；王亚莉：《黑城出土元代签补站户文书F116：W543考释》，《宁夏社会科学》2009年第3期。

的三件元代文书,对于元代的"回回哈的司"进行了探讨,分析了该机构从唐至元的形式演变和机构的行废等多方面问题。① 陈志英则通过对一件黑水城元代亦集乃路刑房文书的考释,分析了亦集乃路刑房判决意见的处理过程。② 朱建路对一件黑水城元代河渠司文书进行了研究,分析了该司的职责及其设置情况。③ 陈瑞青对一件元代甘肃行省丰备库的牒文进行了研究,进一步判定了该件文书的性质,以及元代财政制度在地方的实施情况。④ 许生根先生在《英藏黑水城出土四件元代军政文书初探》一文中谈及亦集乃路"广积仓"的设置情况,对该仓的设置时间提出了新见。⑤

另外,侯爱梅通过黑水城文献研究了亦集乃路的司法机构,认为该路存在五种司法机构,机构间的职能不同,但又相互分工,共同配合。⑥ 高仁则对黑水城文献所见的"支持库"进行了研究,认为该机构并非元初随路而设的"平准行用库",而是类同于集庆路、庆元路的"永丰库"。⑦ 高仁等还依据黑水城文献,以亦集乃路为例,探讨了元代地方粮仓的设置及其在基层社会中发挥的作用。⑧ 对于黑水城文献所记载的元代派出机构"分省",马顺平、杨彦彬、朱建路等学者先后进行了探讨,如马顺平首次发现元代还存在"亦集乃路分省"这一机构。⑨ 杨彦彬探讨了甘肃分省的设置,以及分省与行省之间,分省与路总管府之间的相互关系。⑩ 朱建路在前两者研究的基础上,进一步探讨了甘肃行省等与亦集乃路分省的关系,提出元末存在中书省分省及行中书省分省的机构设置的观点。⑪

---

① 邱树森:《从黑城出土文书看元"回回哈的司"》,《南京大学学报(哲学·人文科学·社会科学)》2001年第3期。
② 陈志英:《〈元皇庆元年(公元1312年)十二月亦集乃路刑房文书〉初探》,《内蒙古社会科学(汉文版)》2004年第5期。
③ 朱建路:《从黑城出土文书看元代亦集乃路河渠司》,《西夏学》第5辑,上海古籍出版社,2010年,第85—91页。
④ 陈瑞青:《黑水城所出元代甘肃行省丰备库钱粮文书考释》,《宁夏社会科学》2012年第2期。
⑤ 许生根:《英藏黑水城出土四件元代军政文书初探》,《宁夏社会科学》2008年第2期。
⑥ 侯爱梅:《从黑水城出土文书看元代亦集乃路的司法机构》,《商丘师范学院学报》2015年第8期。
⑦ 高仁:《元代亦集乃路钞库探析——以黑水城出土文书为中心》,《西夏研究》2015年第3期。
⑧ 高仁、杜建录:《元代地方粮仓探析——以亦集乃路为例》,《中国经济史研究》2015年第5期。
⑨ 马顺平:《北元"宣光二年甘肃等处行中书省亦集乃分省咨文"考释》,《内蒙古大学学报(哲学社会科学版)》2008年第2期。
⑩ 杨彦彬:《试析元末至北元初期甘肃地区的分省设置——以三件黑城出土文书为中心》,《西夏学》第4辑,宁夏人民出版社,2009年,第153—156页。
⑪ 朱建路:《元末与北元初期的分省设置》,《西夏研究》2011年第3期;朱建路:《黑水城所出〈亦集乃分省元出放规运官本牒〉考释》,《宁夏社会科学》2012年第2期。

关于黑水城文献所见有关元代地方行政制度的研究也多有创获。金滢坤、郭兆斌、吴超、宋坤等诸位学者先后撰文,对黑水城文献所见的元代养济院制度进行了专门研究。其中金滢坤首次通过黑水城文献发掘了该制度的有关细节。[1] 郭文重点探讨了黑水城文书所见的元代孤老收养程序问题。[2] 吴超通过对数件黑水城孤老救济文书的研究后认为,文书反映出元代养老救济孤老制度确实得到较好执行的事实。[3] 宋坤的《俄藏黑水城所出〈天历二年呈亦集乃路官府文〉考释》一文,则利用黑水城文献研究了元代孤老收养及衣粮的发放程序等问题。[4]

张国旺、苏力等学者则讨论了黑水城文献所见的元代官吏俸禄制度问题。其中张国旺不仅讨论了元代俸禄制度在地方的执行情况,[5]还利用黑水城文献探讨了元代蒙古教授、司狱司官吏、路级吏员、地方官员俸额的变化情况。[6] 苏力则重点关注了元代蒙古教授的俸禄落实情况。[7] 两位学者通过黑水城文献,将元代俸禄制度的研究不断向前推进。

关于黑水城文献所展现的元代礼仪祭祀制度问题,也有部分学者对此加以关注。其中蔡伟政通过三件黑水城相关文书,探讨了文书在元代亦集乃路礼仪祭祀研究方面的重要价值。[8] 孔德翊、屈耀琦等学者则撰有多篇论文,通过黑水城文献对元代祭祀的民族性、祭祀费用、时间等问题进行了有益的讨论。[9] 此外,张红英对黑水城文献所见元代基层孔子祭祀情况进行了研究,认为元代基层对孔子的祭祀,既受到了中原祭祀文化的影响,又有自身的民族特色。[10]

---

[1] 金滢坤:《从黑城文书看元代的养济院制度——兼论元代的亦集乃路》,《中央民族大学学报(哲学社会科学版)》2003年第2期。

[2] 郭兆斌:《黑水城所出两件与养老制度有关的文书研究》,《西夏学》第8辑,上海古籍出版社,2011年,第250—255页。

[3] 吴超:《〈黑水城出土文书〉所见亦集乃路的孤老救济初探》,《西夏研究》2012年第1期。

[4] 宋坤:《俄藏黑水城所出〈天历二年呈亦集乃路官府文〉考释》,《元史论丛》第14辑,天津古籍出版社,2014年,第437—444页。

[5] 张国旺:《俄藏黑水城TK194号文书〈至正年间提控案牍与开除本官员状〉的定名与价值》,《西域研究》2008年第2期。

[6] 张国旺:《黑水城文书所见元代地方官吏俸额考论》,《隋唐辽宋金元史论丛》第4辑,上海古籍出版社,2014年,第355—371页。

[7] 苏力:《元代亦集乃路蒙古字学补证》,《东北师大学报(哲学社会科学版)》2012年第1期。

[8] 蔡伟政:《黑水城所出元代礼仪文书考释三则》,《西夏学》第8辑,第256—263页。

[9] 孔德翊、屈耀琦:《元代亦集乃路祭祀初探》,《西夏研究》2011年第1期;屈耀琦:《对黑城出土的一件祭祀文书的考释》,《西夏研究》2011年第4期。

[10] 张红英:《黑水城文书所见元代基层孔子祭祀》,《图书馆理论与实践》2014年第7期。

关于黑水城文献所反映的元代肃政廉访司照刷制度,孙继民师、郭兆斌专门进行了探讨。他们不仅发现黑水城文献中存在稀见的元代刷尾文书,还复原了肃政廉访司刷尾的运作流程,对该制度的渊源及相关细节进行了深入考证,多发前人之未发。① 日本学者舩田善之先生通过黑水城文献探讨了元代的圣旨开读制度,充分展现了黑水城文献在保存元代圣旨开读制度的过程、形式、内容等方面的重要价值。②

围绕黑水城文献所展现的元代职官制度问题,学界也进行了多方面的探讨。郑彦卿先生关注了一件编号为F61∶W4的文书,利用此文书研究了传世典籍所未载的多个职官,如"宣政同""瑞典使"等。③ 潘洁、吴超等几位学者则关注到了黑水城文献中的元代官员选任文书,潘洁据之探讨了元代官员选任的条件问题,④吴超则讨论了元代达鲁花赤等的选任特色问题。⑤ 张笑峰对一件黑水城《肃州路官员名录》文书重新进行了研究,提出此件文书撰拟时间应为至正三十年(1370)八月之后的观点,并对元末肃州等路的官员迁转、增设原因、背景等进行了新的探索。⑥ 另外,郭兆斌对黑水城F9∶W101《宣光元年更换亦集乃路儒学教授》文书进行了研究,探讨了元代肃政廉访司更换官吏的程序及其在北元时期的变化等问题。⑦

对于黑水城文献中的经济文书及其所展现的经济制度,多位学者也给予了关注。潘洁关注到了其中的"票据"文书,据之对元代税收制度以及税粮征收制度等进行了研究。⑧ 白玉冬对黑水城所出蒙古文文书F61∶W6以及另外一件汉文文书F193∶W13进行了解析,其中涉及元代的地税征收问题。⑨ 李春园的

---

① 孙继民:《黑水城文献所见元代肃政廉访司"刷尾"工作流程——元代肃政廉访司文卷照刷制度研究之一》,《南京师大学报(社会科学版)》2012年第5期;孙继民、郭兆斌:《从黑水城出土文书看元代的肃政廉访司刷案制度》,《宁夏社会科学》2012年第2期。
② [日]舩田善之:《元代の命令文書の開読について》,《東洋史研究》第六十三卷第4号,2005年,第36—67页。
③ 郑彦卿:《黑水城所出一件元代职官文书考释》,《宁夏社会科学》2007年第5期。
④ 潘洁、陈朝辉:《黑水城出土元代亦集乃路选官文书》,《宁夏社会科学》2009年第3期。
⑤ 吴超:《〈黑水城出土文书〉所见亦集乃路达鲁花赤》,《阴山学刊》2011年第2期。
⑥ 张笑峰:《黑水城所出〈肃州路官员名录〉新考》,《元史及民族与边疆研究集刊》第29辑,上海古籍出版社,2015年,第83—89页。
⑦ 郭兆斌:《由黑水城文书看北元时期肃政廉访司更换官吏中的作用》,《元史论丛》第14辑,第490—495页。
⑧ 潘洁:《元代亦集乃路赋税考——黑水城出土税票考释》,《中国经济史研究》2011年第1期。
⑨ 白玉冬:《关于元代地税征收的一篇蒙古文文献——释黑城出土F61∶W6文书》,《元史论丛》第14辑,第413—421页。

《黑水城文书所见元代亦集乃路物价》一文,对于元代亦集乃路的货币形式、借贷利率、商品价格的地区特点等问题进行了研究。①

关于黑水城文献所见的元代文书制度问题也是学界关注较多的领域。王铭先生研究了黑水城文献中的元代"呈状",对其源流、变化以及用途、功能等进行了卓有成效的探讨,将该种文书所涉及的基本问题讨论清楚。②潘洁关注到黑水城文献中有关的元代"勘合文书",对其类别等进行了分析。③刘广瑞对元代的"白帖"文书、"解由"文书等进行了探讨。④宋坤发表了《黑水城所出识认状问题浅谈》一文,⑤对黑水城识认状文书的性质进行了确认,并对宋元识认状进行了比较研究。朱建路通过对黑水城F116：W552文书研究后认为,此件由两部分构成,除刷尾外,另一部分为元代的议札文书,而该文书是元代重要政治制度"圆议连署制"的有关记录。⑥ 这一判断对于黑水城文献中相关文书性质的认定,提供了新的思路。

笔者与陈瑞青、朱建路等人合撰有《黑水城元代汉文军政文书研究》一书,该书是在对相关文书释录和文献学分析的基础上,开展的有关黑水城元代军政类文书的专题性探索。⑦

这一时期,国内高校的部分研究生还以黑水城文献为研究对象,撰写了硕士学位论文。如王艳梅的《元代亦集乃路地方政府建制研究》,对以亦集乃路为中心的地方政府机构的设置、政府职能等相关问题进行了探讨。⑧ 王亚莉的《黑城出土元代站赤文书研究》,是对黑水城签补站户、提调站赤、整点站赤等相关文书进行的综合性研究(包括其前文内容)。⑨ 刘广瑞的《黑水城所出元代带编号文书初探》,以黑水城文献具有千字文编号的文书为研究对象,在对其进行整理的基础上,对相关文书类别进行了划分,对其价值意义及出土地点等进行了

---

① 李春园：《黑水城文书所见元代亦集乃路物价》,《中国经济史研究》2016年第2期。
② 王铭：《亦集乃路河渠司上总管府具保结呈》考辨》,《南京晓庄学院学报》2002年第2期。
③ 潘洁：《黑水城出土勘合文书种类考》,《内蒙古社会科学(汉文版)》2013年第4期；潘洁：《试述黑水城出土勘合文书》,《西夏学》第10辑,上海古籍出版社,2014年,第210—214页。
④ 刘广瑞：《黑水城所出元代"白帖"文书初释》,《内蒙古农业大学学报(社会科学版)》2012年第2期；刘广瑞：《黑水城所出元代解由文书初探》,《河北民族师范学院学报》2012年第1期。
⑤ 宋坤：《黑水城所出识认状问题浅探》,《西夏研究》2014年第3期。
⑥ 朱建路：《黑水城所出元代议札文书探研》,《宁夏社会科学》2018年第2期。
⑦ 杜立晖等：《黑水城元代汉文军政文书研究》。
⑧ 王艳梅：《元代亦集乃路地方政府建制研究》,宁夏大学硕士学位论文,2008年。
⑨ 王亚莉：《黑城出土元代站赤文书研究》,宁夏大学硕士学位论文,2008年。

探析。① 尤桦的《从黑水城文献看元代亦集乃路地方文书制度》,对黑水城文献反映的元代文书制度进行了概括、分类,对文书的传递、审查、保存等问题进行了研究。② 朱建路的《黑水城所出元代粮食相关文书研究》,研究了黑水城文献所载的元代河渠司、广积仓等机构文书,对亦集乃路的粮食流通和经济状况问题进行了研究(前文其相关论文有部分即与此相关)。③ 郭兆斌的《元代肃政廉访司研究——以黑水城出土文献为中心》,探讨了元代肃政廉访司弹劾举荐官吏制度、刷案制度、廉访司在农业管理中的职责问题。④ 蔡伟政的《黑水城所出元代礼仪祭祀文书初探》,对黑水城元代礼仪祭祀文书的类型重新进行了划分,并探讨了其中多件礼仪文书的价值(即其前文),分析了元代郡县祭祀费用的申请程序、祭祀经费等问题。⑤ 周永杰的《元代亦集乃路的物价问题——以黑城出土文书为中心》,则是对黑水城文献反映的元代价格形态、计价钞种、市场物价管理等相关问题进行的探讨。⑥ 薄嘉对黑水城所出元代诸王妃子分例文书进行了整理与研究。⑦ 张淮智对黑水城文献中的《大德十一年税粮文卷》进行了专门整理研究。⑧ 等等。

以上硕士学位论文,从不同角度对黑水城文献反映的相关地方行政问题进行了探讨,为推动黑水城文献研究的深入发展,进一步丰富对元代行政问题的认识,无疑都具有积极意义。

当然,黑水城文献所涉及的一些元代地方行政问题,学界曾通过传世文献进行了探讨,并取得了非常丰硕的研究成果。如陈高华等先生在元代行政制度方面的通史性著作《中国政治制度通史·元代卷》中,探讨了元代的地方人事管理、官吏俸禄等诸多问题。⑨ 另外,陈先生等所撰的《元史研究论稿》⑩《元史研究

---

① 刘广瑞:《黑水城所出元代带编号文书初探》,河北师范大学硕士学位论文,2009年。
② 尤桦:《从黑水城文献看元代亦集乃路地方文书制度》,宁夏大学硕士学位论文,2008年。
③ 朱建路:《黑水城所出元代粮食相关文书研究》,河北师范大学硕士学位论文,2009年。
④ 郭兆斌:《元代肃政廉访司制度研究——以黑水城出土文献为中心》,河北师范大学硕士学位论文,2012年。
⑤ 蔡伟政:《黑水城所出元代礼仪祭祀文书初探》,河北师范大学硕士学位论文,2011年。
⑥ 周永杰:《元代亦集乃路的物价问题——以黑城出土文书为中心》,宁夏大学硕士学位论文,2015年。
⑦ 薄嘉:《黑水城出土元代诸王妃子分例文书整理与研究》,河北师范大学硕士学位论文,2013年。
⑧ 张淮智:《黑水城出土〈大德十一年税粮文卷〉整理与研究》,河北师范大学硕士学位论文,2015年。
⑨ 陈高华、史卫民:《中国政治制度通史·元代卷》,人民出版社,1996年。
⑩ 陈高华:《元史研究论稿》,中华书局,1991年。

新论》[①]《中国经济通史·元代经济卷》[②]等多部著作,对元代税粮制度、役法、货币制度等相关研究,也多有启发和借鉴意义。专门对元代地方行政制度进行研究的专家,有李治安、张金铣等先生。李先生撰有《元代行省制度》《元代分封制度研究(增订本)》《元代政治制度研究》等专著多部,[③]张先生则撰有《元代地方行政制度研究》一书,[④]及《元代路总管府的建立及其制度》[⑤]等相关论文。许凡先生专门针对元代的"吏制"进行了探讨。[⑥] 高树林先生的《元代赋役制度研究》一书,对元代财政制度进行了专题讨论。[⑦] 张云先生的《元代吐蕃地方行政体制研究》一书,则是有关元代在吐蕃地区所设宣政院的研究。[⑧] 党宝海先生所撰《蒙元驿站交通研究》一书,是对于元代驿站问题进行的深入探讨等。[⑨] 上述研究著作,对于本书的研究,无疑都具有非常重要的参考价值和意义。另外,元史学者们还撰有许多与元代地方行政问题相关的研究论文,这些论文也多有可资借鉴之处。因其数量众多,今暂举几例,如蔡美彪先生关于元代牌符的研究,[⑩]张帆、刘晓等先生关于元代公文制度的研究,[⑪]爱宕松男、王民信等学者关于元代录事司制度的研究等。[⑫] 此类研究成果将在下文加以详述,不再一一赘列。

总体看来,目前学界对于黑水城有关元代行政文书的研究,涉及领域已经非常宽广,研究内容已有深入推进。但也应该注意到,当前的研究仍然存在诸多的薄弱环节,如学界截至目前尚未有对所有黑水城元代行政文书做一全面、系统的研究,该批文书所涉及的诸多地方行政问题也至今尚无人问津。如关于黑水城文献所见的元代派出机构"朵思麻宣政院",关于元代的钱粮考较制度,

---

[①] 陈高华:《元史研究新论》,上海社会科学院出版社,2005年。
[②] 陈高华、史卫民:《中国经济通史·元代经济卷》,中国社会科学出版社,2007年。
[③] 李治安:《元代行省制度》,中华书局,2011年;李治安:《元代分封制度研究(增订本)》,中华书局,2007年;李治安:《元代政治制度研究》,人民出版社,2003年。
[④] 张金铣:《元代地方行政制度研究》,安徽大学出版社,2001年。
[⑤] 张金铣:《元代路总管府的建立及其制度》,《中国史研究》2001年第3期;张金铣:《元代庐州路总管考述》,《合肥学院学报(综合版)》2020年第4期。
[⑥] 许凡:《元代吏制研究》,劳动人事出版社,1987年。
[⑦] 高树林:《元代赋役制度研究》,河北大学出版社,1997年。
[⑧] 张云:《元代吐蕃地方行政体制研究》,中国社会科学出版社,1998年。
[⑨] 党宝海:《蒙元驿站交通研究》,昆仑出版社,2006年。
[⑩] 蔡美彪:《元代圆牌两种之考释》,《历史研究》1980年第4期。
[⑪] 张帆:《元朝诏敕制度研究》,《国学研究》第十卷,北京大学出版社,2002年,第107—157页;刘晓:《元代公文起首语初探——兼论〈全元文〉所收顺帝诏书等相关问题》,《文史》2007年第3辑。
[⑫] [日]爱宕松男:《元代的录事司》,《日本学者研究中国史论著选译》第五卷,中华书局,1993年,第608—635页;王民信:《元朝的"录事司"考》,《宋史研究集》第5集,中华丛书编审委员会,1970年。

关于元代付身、信牌等公文制度等。而已有的研究成果,即使对相关文书有所关涉,对有关问题有所注意,但却很少从"动态"的视角去做相关研究。且由于一些青年学者因缺乏中国古文书学及元史的学术背景,很多研究不仅还很不充分,且多有可商、可探之处。因此,有关黑水城元代行政文书,还需进行专门探讨。另外,也应当看到,元史学界前辈们或曾利用传世典籍对黑水城文献所涉及的有关问题进行过探讨,对元代地方行政问题的研究也已经取得了不错的成绩,但一方面,学界对于元代地方行政的"运作"问题却少有关注,而另一方面,在对有关元代地方行政问题的讨论中,又对黑水城文献鲜有利用,颇为遗憾。黑水城文献作为未经史官裁切、过滤的第一手资料,其包含着相关制度等运作的大量细节材料,具有重要的补史价值,是研究元代地方行政运作的绝佳素材。有鉴于此,本书将在全面占有相关研究资料、全面借鉴以往研究成果的基础上,对黑水城文献等所反映的元代地方行政运作情况,分专题进行系统研究。

三、研究思路、方法及主要内容

本书主要借鉴比较成熟的中国古文书"敦煌吐鲁番文书"的研究思路和方法,以准确的文书释录,细致、深入的文献学分析为基础,以元代的历史为背景,以传世史料为依托,通过"动""静"结合、以"动"为主的研究视角,开展对文书所见有关问题的专题讨论,争取"以小见大",展现元代地方行政运作的多个侧面。同时,力图在较长时段的视域下,去探寻、发掘元代相关行政制度在历史长河中的传承与变化,以期进一步认识元代地方行政运作的时代特色。

在研究方法方面,本书首先采用中国古文书学的方法,对黑水城元代行政文书等进行全面收集,先做好相关文书的"集合",然后再结合元代典章制度的特点,对相关文书进行释录、定性、定年、缀合、复原等各项整理工作,对文书的文本进行详细解读,分析其层次和结构,探讨其所蕴含的文献学信息。

其次,采用历史学的方法,将相关文书与传世典籍、石刻文献、方志以及其他出土材料、民族文献等相结合,从元代的历史背景出发,对多重材料进行互证研究,以期达到解决文书所反映问题之目的。

最后,运用比较研究法,一方面探讨相关文书在文体、结构、形态、应用范围等方面的差异和特色;另一方面,通过对文书所反映的元代相关问题与唐、宋、金、明、清等时代所见相关问题的比较,探析相关制度的发展与变化,进一步认识元代地方行政运作的特点。

本书研究的主要内容可分为如下几部分：其一，关于黑水城文献所见元代地方行政机构的运作研究。该部分又分为三个方面：第一，对文书所见元代派出机构的运作研究，涉及在吐蕃地区设置的"朵思麻宣政院"，以及河西陇北道肃政廉访司的派出机构"分司"，主要对相关机构的设置、运作机制等进行探讨；第二，对路总管府等地方行政机构的运作情况进行研究，涉及亦集乃路总管府的机构设置及运行机制，录事司的建制、职能、案件审理程序，巡检司的职责，巡检的民族构成及其选任途径等问题；第三，对元代地方财政机构的运作情况进行研究，涉及税使司解送课程的程序，广积仓收纳税粮的运作流程等内容。其二，对黑水城文献所见元代地方行政管理的运作进行研究。主要以站赤管理为中心，研究站户的签补过程以及站赤马料的放支实态等问题，据之进一步加强对元代地方行政管理情况的认识。其三，对黑水城文献所见元代地方行政制度运作程序进行研究。涉及仓库官选任制度、地方官员俸禄制度、钱粮考较制度等几个方面，通过研究，探讨相关制度的变化过程，复原有关制度的运作流程。其四，关于黑水城文献所见元代公文运行机制的研究。主要涉及元代付身文书、札子、解由文书、信牌文书、勘合文书以及有关公文结尾等。该部分不仅探讨相关文书的形态、特征、类型，还着重研究有关文书的运作机制，或其在实际中的应用情况。其五，附录有关黑水城元代行政文书研究论文三篇。这几篇论文虽涉及元代地方行政问题，且与本书的主题相关，但颇难糅入上述研究的体系之中，姑以"附录"记之。

本书所征引黑水城文献，为保留原貌，释文中的异体字、俗写字等一体保留，行文叙述时则采用规范汉字，特此说明。

第一章
黑水城文献所见元代派出机构运作研究

为加强对地方的控驭,我国古代王朝创造性地设置了"派出机构"这一特殊建制。这类机构的渊源,最早可追溯至汉代的"刺史","刺史属于中央官,是御史机构派往地方的监察官员"。[①] 有元一代不仅继承了前代的相关做法,且将该制度进一步发展,如元代不仅设置有中央派出机构"行省""行枢密院""行御史台""行宣政院""行詹事院"等,且在一些地方官府、部门中也设置了相应的派出机构,如"行省分省""肃政廉访司分司"等建制。总体看来,元代的派出机构涉及的部门较多,且其前后期亦处于不断变动、调整之中。本章主要是针对黑水城文献所见的元代两类派出机构"朵思麻宣政院"和"河西陇北道肃政廉访司分司"开展研究,对相关机构的设置、管理、运作以及其与当地官府的关系等问题,进行专题讨论,以期增进学界对元代派出机构的认识。

第一节 元代朵思麻宣政院研究

黑水城文献中有一件编号、拟题为 M1·0801[84H·F16:W5/0523]《朵思麻宣政院》的文书残件(为行文方便,以下简称"M1·0801"),此件虽然残缺较甚,且所存文字数量非常有限,但其所记载的"朵思麻宣政院"这一机构,却不见于其他文献,因之,此件文书无疑具有非常重要的文献学价值,值得专门探讨。当前,学界虽已对元代的宣政院、行宣政院等机构进行了非常

[①] 张小稳:《派出机构、王朝兴衰与统县政区——历代中央政府派出机构的演进规律与历史影响》,《四川师范大学学报(社会科学版)》2012年第1期。

深入的研究，①但对于"朵思麻宣政院"这一机构却未予关注。因此，笔者拟在前人研究的基础上，就此机构展开初步的探讨。

一、关于 M1·0801 文书的说明

为研究方便，今据 M1·0801 文书图版，将其释录如下：②

M1·0801 文书图版③

---

① 如韩儒林：《元朝中央政府是怎样管理西藏地方的》，《历史研究》1959 年第 7 期；陈庆英：《元代宣政院对藏族地区的管理》，《青海社会科学》1990 年第 4 期；照那斯图：《关于"宣政院印"》，《民族研究》1995 年第 1 期；张云：《关于元代宣政院的几个问题》，《中国藏学》1995 年第 2 期；张云：《元代宣政院历任院使考略》，《西北民族研究》1995 年第 2 期；张云：《元代吐蕃地方行政体制研究》，中国社会科学出版社，1998 年；邓锐龄：《元代杭州行宣政院》，《中国史研究》1995 年第 2 期等。

② 对此件文书所作的录文，系根据敦煌吐鲁番文书的整理规范进行的。本书以下章节所使用的文书录文，均系按此方法进行释录，特此说明。

③ 转引自塔拉等：《中国藏黑水城汉文文献》，第 1029 页。

1. 朵①思麻宣政院 差②　　　　　　
2. 正马弍疋，正 壹③ 拾(?)壹　　　　
3. 　　　依例　　　　　　　
4. 　　至正廿六年　　　　　

此件首尾完整，上完下残，现存文字4行，其中第4行所载的"至正廿六年"(1366)无疑当是文书的形成时间。"至正"为元顺帝妥懽帖木儿使用的最后一个年号，据此可知，此件应为一件元后期的文书。又，根据元代公文首行往往书写发文机关的行文惯例推断，"朵思麻宣政院"这一机构很可能就是此件文书的发文机关。元代为"掌释教僧徒及吐蕃之境"事务，在"至元初，立总制院，而领以国师。二十五年，因唐制吐蕃来朝见于宣政殿之故，更名宣政院"。④ 故不难得见，"朵思麻宣政院"当与"宣政院"有关。

对于此件文书的性质及内容，可根据其残存文字加以推断。由上文得见，文书第2行与第3行所载者为此件的主体内容。第2行所载"正马弍疋"，当是朵思麻宣政院的有关人员需要配备或是已经配备马匹的类型及数量，其中"正马"一词对于认识此件的性质至关重要。有元一代，"正马"往往专指在站赤中使用的服役马匹。如元通政院臣曾言："随路站赤三五户，共当正马一匹，十三户供车一辆，自备一切什物公用。"⑤此外，《经世大典·站赤九》也载："今后站赤但有宣使人员到站，依验札子应付正马。"⑥站赤中除配有服役的正马外，常常还配有备用马匹，此类备用马匹被称为"贴马""备马"或"副马"等，如《经世大典·站赤七》载："杭州路所辖站一十处……在城站，马一百八十匹，正马九十匹，贴马同。庙山站，马七十匹，正马三十五匹，贴马同。新城站，马七十匹，正马五十五匹，贴马同……"⑦《至顺镇江志》卷十三载：云阳驿"马八十匹。正马四十匹，备马四十匹"，吕城驿"马八十匹。正马四十匹，备马四十匹"。⑧《元文类》卷四

---

① "朵"，原件作"朶"，今释作"朵"。
② "差"，据残笔画补。
③ "壹"，该字书写潦草，今暂释作"壹"。
④ (明) 宋濂等：《元史》卷八十七《百官志三》，中华书局，1976年，第2193页。
⑤ (明) 宋濂等：《元史》卷一〇一《兵志四》，第2586页。
⑥ 《永乐大典》卷一九四二四《经世大典·站赤九》，中华书局，1986年，第7269页。
⑦ 《永乐大典》卷一九四二二《经世大典·站赤七》，第7247页。
⑧ (元) 俞希鲁编纂，杨积庆等点校：《至顺镇江志》卷十三《驿传》，江苏古籍出版社，1999年，第552页。

十一"驿传"条载:"驿传之在汉地者兵部领之……民之役驿中者,复其地四顷,不输租,与兵士同,然出马供使客,马死,辄买补之,有正马、副马。"①

据以上可见,"正马弎疋"的性质,当为某站赤提供的服役马匹。另,因此件属于黑水城的元代文书,而在元代,黑水城地区为亦集乃路总管府所在地,故推断,此"正马弎疋"很可能是由亦集乃路所辖某站赤供应的。据黑水城文献所载,亦集乃路所辖站赤有八,即"在城站、盐池站、普竹站、狼心站、即的站、马木兀南子站、山口站、落卜剋站",②为朵思麻宣政院有关人员提供服役马匹者,或为其中之一。

另外,文书第2行中的"正 壹 拾(?)壹"等字,除"正"字外,其余文字较难辨识,所以尚不能确知此几字为何意。但据本行所载的"正马弎疋"推断,同处一行的"正 壹 拾(?)壹",其性质应与之相类,即这些文字可能是亦集乃路某站赤需要为朵思麻宣政院有关人员提供,或已经提供的有关物品或工具之类。

文书第3行的"依例"二字,当是"依在先体例"之简称。"依例"之后的文字虽然残缺,但可以根据有关记载做出推断。如在元代典籍所载官文书及黑水城元代文书中,"依例"二字之后,往往是对前面所述问题如何进行处置的说明,其后或跟"施行",或跟如何"施行"等语。如《俄藏黑水城文献》第4册第196—197页所载编号为"TK194"文书的第一部分,第3行、第10行分别载有"依例施行"等语。《中国藏黑水城汉文文献》第1001页编号为"M1·0776［F114：W3］"的文书第9、10行则载有"依例于路府请俸司吏,或有相应钱谷官内抵业物力高强、通晓书算者点差"等语。在黑水城元代站赤类文书中,"依例"之后往往跟"应付施行"等文字,如《至正二十四年整点站赤文卷》中编号为F116：W558的文书尾部第18、19行有"依例应付施行"之语。③ 同时,属于该文卷的F116：W396文书,其第20、21行则作"依例应付　　　"④云云,该文卷的F116：W220文书则有"依例应付者"等语。⑤ 由于本节所探讨的M1·0801文书,很可能是亦集乃路某站赤提供站马等物的文书,故文中的"依例"二字其后缺的文字,应与黑水城站赤类文书中所载内容相似,似为"应付施行"或"应付者"之类。

---

① （元）苏天爵:《元文类》卷四十一《征伐·驿传》,商务印书馆,1958年,第600页。
② 李逸友:《黑城出土文书(汉文文书卷)》,第30页。
③ 李逸友:《黑城出土文书(汉文文书卷)》,第178页。
④ 同上。
⑤ 同上。

既然第 3 行之文字应为"依例应付施行"或"依例应付者"之类,则说明第 2 行的"正马式定"等还尚未向朵思麻宣政院有关人员提供。故据以上推断,此件之性质,可能是朵思麻宣政院要求亦集乃路站赤为其人员提供站马、物品等,类似于作为站赤给驿凭证的"铺马札子"类的文书。当然,也不能完全排除此件是亦集乃路站赤向朵思麻宣政院有关人员提供站马、物品等的记录单。总之,此件当与亦集乃路站赤为朵思麻宣政院有关人员提供站马等物有关。

二、关于朵思麻宣政院的设置情况

(一) 何谓"朵思麻宣政院"

M1·0801 文书中所载的"朵思麻宣政院"这一机构,未见诸传世典籍,但对于"朵思麻"这一地名,学界却探讨已多。"朵思麻"又称为"朵哥麻思、脱思麻、脱思马、秃思马"[①]等。元朝中期时,青藏高原被划分为三个行政区,分别为"朵思麻""朵甘思"和"乌思藏阿里",其中朵思麻地区,辖今青海省大部、甘肃省南部及四川省阿坝一带,设置有"吐蕃等处宣慰使司都元帅府(亦称朵思麻宣慰司)";朵甘思地区,辖今青海省玉树、四川省甘孜、云南省迪庆和西藏自治区昌都以及那曲专区的东部,设"吐蕃等路宣慰使司都元帅府(亦称朵甘司宣慰使司)";乌思藏阿里地区,辖今西藏自治区所辖区域的大部,设置"乌思藏纳里速古鲁孙等三路宣慰使司都元帅府(亦称乌思藏宣慰司)"。[②] 由此可知,朵思麻是元朝在吐蕃地区设立的三大行政区之一,其地理位置位于吐蕃的最东端,与甘肃、陕西、四川等行省接壤。

元朝在吐蕃境内设立的三个宣慰司均隶属于宣政院。当吐蕃遇到较大的动乱时,"因当地的都元帅府、元帅府等没有足够的力量对付,便设置临时的权力机构行宣政院并委派官吏担任院使前往镇压"。[③] 如《元史》卷八十七《百官志三》"宣政院"条载:"遇吐蕃有事,则为分院往镇,亦别有印。"[④]该条显示,在吐蕃遇到动乱之时,元宣政院往往设分院,即设行宣政院"往镇"。显而易见,"行宣政院"当是宣政院临时派驻吐蕃地区的分支机构。邓锐龄先生也指出:"据文献

---

① 仁庆扎西:《元代经营朵思麻地区概述》,《元史论丛》第 4 辑,中华书局,1992 年,第 249 页。
② 陈庆英 高淑芬:《西藏通史·前言》,中州古籍出版社,2003 年,第 2 页。
③ 仁庆扎西:《元代经营朵思麻地区概述》,《元史论丛》第 4 辑,第 253 页。
④ (明) 宋濂等:《元史》卷八十七《百官志三》,第 2193 页。

记载,宣政院也如中书省、枢密院、御史台,可设分院或行院于外地,这种派出机构有两类:一类设在西北西南宣政院所辖的藏族地区、带有军事镇抚使命者,始立于顺帝至元三年(公元1337年),名'行宣政院'……此类机构大概随藏事而撤销;另一类设立在杭州,也名'行宣政院'……经数次撤销,又行恢复,迄于元亡,前后存在约六十三年,基本上是一所常设机构。"① 足见,M1·0801文书中所载的冠以"朵思麻"之名的"朵思麻宣政院",不应是元中央之宣政院,而应与宣政院在吐蕃地区设立的派出机构"行宣政院"有关。然而,在现存的文献中,却未发现"朵思麻宣政院"设置的直接记载。即便如此,笔者却发现一条可以间接证实该机构曾经设置的材料,即《元史》卷一四〇《太平传附也先忽都传》载:至正十九年(1359),"也先忽都当贬撒思嘉之地,道由朵思麻。行宣政院使桓州间素受知太平,因留居其地。执政知其故,奏也先忽都违命,杖死之。年四十四"。② 也先忽都被贬撒思嘉路过朵思麻时,行宣政院使桓州间将其"留居其地",不难得见,此处所载的"其地"当指"朵思麻"。据此材料,张云先生敏锐地指出,"行宣政院有其治地或治所",③但张先生并未进一步指出元廷在吐蕃所设行宣政院的治地何在。笔者推测,该条中所载的行宣政院,很有可能是设置于"也先忽都"所路过的"朵思麻"之地。同时,因此条材料所载时间为"至正十九年"(1359),其距M1·0801文书的形成时间"至正廿六年"(1366)不远。故据之推断,"朵思麻宣政院"有可能即上条所载在朵思麻地区设立过的行宣政院。

另有资料显示,在至正十九年(1359)之前,元廷还曾在吐蕃地区设置过行宣政院,如《元史》卷三十九《顺帝本纪二》所载:至元三年(1337)五月,"西番贼起,杀镇西王子党兀班。立行宣政院,以也先帖木儿为院使,往讨之"。④《元史》卷四十三《顺帝本纪六》载:至正十四年(1354)正月"丙戌,以答儿麻监臧遥授陕西行省平章政事,实授行宣政院使,整治西番人民"。⑤ 虽然这两条记载均没有直接点明行宣政院在吐蕃的设置地点,但由于这些记载与上文至正十九年(1359)的记载均出现于元顺帝时期,故推测,这两处在吐蕃设立的行宣政院,似与至正十九年(1359)在朵思麻地区设立的行宣政院为同一性质的机构。

---

① 邓锐龄:《元代杭州行宣政院》,《中国史研究》1995年第2期。
② (明)宋濂等:《元史》卷一四〇《太平传附也先忽都传》,第3372页。
③ 张云:《关于元代宣政院的几个问题》,《中国藏学》1995年第2期。
④ (明)宋濂等:《元史》卷三十九《顺帝本纪二》,第840页。
⑤ (明)宋濂等:《元史》卷四十三《顺帝本纪六》,第913页。

综上，可以对"朵思麻宣政院"这一机构的性质做出大致判断，即该机构很可能是宣政院于元末在朵思麻地区设置的派出机构，其或为相关"行宣政院"的别称。之所以将相关"行宣政院"称之为"朵思麻宣政院"，可能与元代在朵思麻地区设立的"吐蕃等处宣慰司"又称为"朵思麻宣慰司"同理，即因为该机构设立于此地，故名之。由此，"朵思麻宣政院"与至正年间元廷在吐蕃所设行宣政院应属于同一性质的机构。

(二) 朵思麻宣政院的设置时限

因传世文献不载"朵思麻宣政院"这一机构，故其设置时间更无从得知，但据 M1·0801 文书的形成时间判断，该机构至少存在于"至正廿六年"(1366)之前，这一时间无疑可视作"朵思麻宣政院"设置的时间下限。而这一时间，也是目前所知有关元代宣政院派出机构在吐蕃地区设置的最晚记载。

关于朵思麻宣政院设置的时间上限，据上文有关朵思麻宣政院与元廷在吐蕃地区所设行宣政院关系的考证，似可以将在此地设立行宣政院的最早时间作为朵思麻宣政院设置的时间上限。关于元廷最早在吐蕃设立行宣政院的记载，即上文《元史》卷三十九《顺帝本纪二》所载后至元三年(1337)五月所设行宣政院的材料。前文已述，邓锐龄先生将这一时间确定为元朝在西北西南地区设立行宣政院之始。然而《元史》卷九十二《百官志八》"行宣政院"条又载："至元二年五月，西番寇起，置行宣政院，以也先帖木儿为院使往讨之。"[①]同一事件，《元史·顺帝本纪》和《元史·百官志》的所载时间却相差一年，可知这两处记载必有一误，但无论哪一个时间，我们将上述时间称之为"后至元初年"应当是没有问题的。故后至元初期，当是目前所见吐蕃地区设置行宣政院的最早时间，这一时间可视作朵思麻宣政院设置的时间上限。

综上可见，朵思麻宣政院设置的时间范围，当在元末顺帝一朝，但该机构作为宣政院的派出机构，当与其他行宣政院相类，也属于临时性质的机构，即前文《元史》"宣政院"条所载的"遇吐蕃有事，则为分院往镇"。邓锐龄先生也指出，此类行宣政院是需要"随藏事而撤销"的。因此，朵思麻宣政院在其设置的时限内，也应该是因事则立，事止而销的。

---

① （明）宋濂等：《元史》卷九十二《百官志八》，第 2335 页。

三、余论

通过前文,现已对 M1·0801 文书的性质、所载内容,以及文中涉及的"朵思麻宣政院"的性质、设置情况等有了大致的认识,但围绕此件文书仍有诸多疑窦待解,如宣政院为何在元末将其派出机构设置于朵思麻地区而非其他地方?朵思麻宣政院的相关人员为何会现身于亦集乃路的驿站?下面结合有关文献的记载,试对上述问题做出探析。

首先,关于元末设置行宣政院于朵思麻地区的原因。

元代之所以在朵思麻地区设置行宣政院,这应与该地区的重要战略地位有关。除设有朵思麻宣政院外,元廷在该地区还设有吐蕃等处宣慰司等机构。对于"吐蕃等处宣慰司"设置的重要意义,张云先生指出:"吐蕃等处宣慰司,地接陕西、甘肃、四川等行省,是蒙古经略吐蕃较早涉及的地区,在对蕃事务中占着重要的地理位置。大蒙古国在这一带的建制施政直接影响了在整个吐蕃地区的行政建置。"① 可见,吐蕃等处宣慰司的重要性无疑正是朵思麻地区在整个吐蕃战略地位的一个缩影。

由前文已知,朵思麻地区毗邻甘肃、陕西、四川等行省,地处番汉结合部,是元廷治理吐蕃的门户。樊保良等先生考证,在治理吐蕃之初,元廷曾令"答失蛮入藏清查户口,设置驿站。答失蛮一行是沿朵思麻——朵甘思——萨迦一线入藏"。② 而又有学者考证,元代入藏的驿道有南、北两条,其中北线需经过朵思麻地区入藏,而南线中的出发地之一则在朵思麻地区的治所河州附近,不管通过哪条驿道入藏,朵思麻地区都是必经之地。③ 如此足见"朵思麻"在元廷治理吐蕃地区时占据着非常重要的地位。

不仅元朝,明代在治理西藏时,朵思麻地区也是重要的突破口,如洪武三年(1370),邓愈曾"分兵自临洮进克河州,招谕吐蕃诸酋长,宣慰何锁南普等皆纳印请降。追豫王至西黄河,抵黑松林,破斩其大将。河州以西朵甘、乌斯藏诸部悉归附"。④ 此处所载的"河州",是吐蕃等处宣慰司的治所、脱思麻路的治地,是

---

① 张云:《元代吐蕃地方行政体制研究》,中国社会科学出版社,1998 年,第 179 页。
② 樊保良、水天长:《阔端与萨班凉州会谈》,甘肃人民出版社,1997 年,第 126 页。
③ 庞琳:《元代入藏驿道考述》,《西藏研究》1999 年第 4 期。
④ (清)张廷玉:《明史》卷一二六《邓愈传》,中华书局,1974 年,第 3750—3751 页。

朵思麻地区的重要城市。当明军在河州实现突破之后，便顺利地征服了整个吐蕃。可见，非但元朝，朵思麻地区亦为明代治理吐蕃地区的咽喉要禁。

另外，朵思麻地区不仅是进入吐蕃的前沿阵地，该地区还有强大的军事存在，是元廷在吐蕃地区所设军区的驻地。据仁庆扎西先生研究，元世祖七子奥鲁赤"'领西方之地'驻于吐蕃地方，成为吐蕃地区的实际最高统治者"，①"奥鲁赤被封西平王之后，统帅西北地区的各王及蒙古、吐蕃军对藏区进行过多次军事征讨"。②而"朵思麻的地理位置在今甘、青与汉区交界的地区，与藏文《汉藏史集》中'奥鲁赤受命领西方之地，驻于汉藏交界处'的记载相符"。③且"从至元六年起到元末，西平王奥鲁赤及子孙铁木儿不花，搠思班等袭吐蕃及西北封地几十年"。④另外，沈卫荣先生也指出，"西平王的采邑仅在屯驻的朵思麻地区，而不包括乌思藏，平日屯驻于汉蕃边境的朵思麻地区，只是在乌思藏出现骚乱时，才举兵入藏尽其镇戍之责"。⑤

如此可知，从奥鲁赤受封西平王以来，朵思麻地区一直是整个吐蕃的军事大本营及最高领导的驻跸之所。由于行宣政院的设置，主要是为了实现"往镇"吐蕃的军事目的，且"行宣政院可以调动藏区以及邻省的兵力，行使中央的权力"，⑥故元廷设置行宣政院，无疑会综合考虑吐蕃各地战略地位的重要性及军事存在。设若行宣政院置于朵甘思，甚至乌思藏阿里地区，不仅不利于行宣政院调度驻扎于朵思麻地区用以统治吐蕃的主力部队，也难以实现调遣邻省兵力之目的。故上文提及的元廷于后至元三年（1337）（或后至元二年）、至正十四年（1354）在吐蕃所设行宣政院，其最理想的设置地点当是朵思麻地区，而不应为其他两地。

其次，朵思麻宣政院的有关人员出现于亦集乃路的原因蠡测。

在元代，朵思麻地区与亦集乃路之间距离遥远，当不下三千里，甚至更为遥远。据《元史》卷六十《地理志三》"亦集乃路"条载："亦集乃路，下。在甘州北一千五百里。"⑦亦集乃路距离甘州达一千五百里。据谭其骧先生所撰《中国历史地

---

① 仁庆扎西：《元代经营朵思麻地区概述》，《元史论丛》第 4 辑，第 254 页。
② 仁庆扎西：《仁庆扎西西藏学研究文集》，天津古籍出版社，1989 年，第 64 页。
③ 仁庆扎西：《元代经营朵思麻地区概述》，《元史论丛》第 4 辑，第 254 页。
④ 仁庆扎西：《仁庆扎西西藏学研究文集》，第 65 页。
⑤ 沈卫荣：《元代乌思藏十三万户行政体制研究（一）》，《西藏研究》1988 年第 1 期。
⑥ 仁庆扎西：《仁庆扎西西藏学研究文集》，第 68 页。
⑦ （明）宋濂等：《元史》卷六十《地理志三》，第 1451 页。

图集》第7册元代地图所见,甘州与朵思麻地区的出口"河州"之间,还间隔有永昌路、西宁州等地,河州距离甘州路的距离亦不在一千五百里之下。由此推测,从朵思麻地区至亦集乃路之间的距离当在三千里以上。两地之间的距离如此之遥,但朵思麻宣政院的有关人员却出现在了亦集乃路,其个中原因可能如下:

元代有一条重要的驿道,即设置于甘肃行省的"纳怜道",该驿道是"专备军情急务"而设。"纳怜",即蒙古语中"小"的意思。平时岭北行中书省与腹里的交通,主要经由兀鲁思两条驿道,即"东、西两道站赤",只有出现重要军情而不便经由上述两条驿道时,才行经这条小道。这条驿路以木怜道上的丰州西约50公里的东胜州为起点,溯黄河而西,经甘肃行中书省辖境东北部,在甘州折而北行,经亦集乃路至和林。由于这条驿路主要是在甘肃行中书省境内,故又称甘肃纳怜驿。亦集乃路地处甘州与和林之间,纳怜道经由这里。[①] 亦集乃路所辖的诸站赤,正是在纳怜道上所设置的诸站。至正二十六年(1366)六月,朵思麻宣政院的有关人员出现于亦集乃路,很有可能是道经甘州至亦集乃路的。当然也有可能是经亦集乃路再道经甘州后返回朵思麻地区。总之他们所走的可能就是甘肃纳怜驿"甘州——亦集乃路"这一条路线。

另外,元代对于经由驿站的公差官员所配备的马匹数量等有一定的规定,如《经世大典·站赤二》记载至元八年(1271)规定:"三品五匹。四品、五品四匹。六品、七品三匹。八品以下止给二匹。"[②]另,《至正金陵新志》卷六《官守志》则云:"行宣政院,从一品衙门。"[③]据之可见,M1·0801文书中所记载的朵思麻宣政院相关官员,当不大可能是宣政院使等官,而更可能的则是较"宣政院使"职位低的照磨之类的首领官,因为按照元代的规定,宣政院需设"照磨一员,管勾一员,并正八品"。[④] 行宣政院当与宣政院在人员设置上有一定的相似之处。当然,文书中所涉及的朵思麻宣政人员,也不能完全排除是朵思麻宣政院所派遣的僧侣的可能。

之所以肩负着"往镇"任务的朵思麻宣政院在元末之时,令其相关人员出现在遥远的亦集乃路地区,这或与元末政治局势的动荡有关。至正二十六年

---

① 李逸友:《黑城出土文书(汉文文书卷)》,第29页。
② 《永乐大典》卷一九四一七《经世大典·站赤二》,第7198页。
③ (元)张铉撰,田崇校点:《至正金陵新志》卷六《官守志》,南京出版社,1991年,第267页。
④ (明)宋濂等:《元史》卷八十七《百官志三》,第2194页。

(1366)距元亡仅有两年之隔,这一时期全国各地的起义浪潮已风起云涌,吐蕃地区虽地处西陲,但似乎亦不能免。故在此情形之下,朵思麻宣政院派遣有关人员,道由亦集乃路去往他处汇报情况、调遣军队也是有可能的。

第二节　关于元代河西陇北道肃政廉访司分司的设置与运作

作为元代重要监察机构的肃政廉访司,学界已经对其进行了非常深入的讨论,并取得了一系列重要研究成果,[①]但元史学界在探讨该机构时,对于黑水城文献的有关记载少有利用,比较遗憾。近年来,对于黑水城文献中所反映的肃政廉访司的一些问题,一些学者已开始予以专门关注,如孙继民师和郭兆斌,他们或单独、或联合撰文,对黑水城文献所见的元代廉访司在农业管理中的监督职权、该司刷尾时的运作流程,以及相关照刷制度、弹劾制度等,进行了卓有成效的讨论,推进了对元代肃政廉访司职能的认识。[②] 然而,由于黑水城文献中有关元代以及北元肃政廉访司的记载非常丰富,且涉及的文书数量较多,故上述学者的研究尚有未逮。如其中有关元代河西陇北道肃政廉访司的派出机构,该司的"分司"等,即未涉及。黑水城文献记载了有关该司实际运行的大量细节,且这些细节多为传世文献所缺,这无疑为认识该类派出机构提供了难能可贵的资料。有鉴于此,本节将在前人研究的基础上,以相关黑水城文书为中心,再结合其他文献资料,对文书所见的元代河西陇北道肃政廉访司分司的设置及其运行情况等问题,进行粗浅的探析。

[①] 如[日]丹羽友三郎:《元代における地方監察官の分巡について》,《名古屋商科大学論集》第十卷,名古屋商科大学商学会,1966 年;[日]丹羽友三郎:《元代における地方監察機構の成立過程について》,《三重法経》16 号,1965 年;[日]丹羽友三郎:《元代における監察官制の特色について》,《三重法経》17 号,1966 年;洪金富:《元代監察制度的特色》,《成功大学历史系历史学报》1975 年第 2 期;郝时远:《元代監察制度概述》,《元史论丛》第 3 辑,中华书局,1986 年;郝时远:《元代監察机构设置辑考》,《中国民族史研究》第 1 辑,中央民族学院出版社,1987 年;李治安:《元代政治制度研究》,人民出版社,2003 年;李治安:《元代行省制度》,中华书局,2011 年;等等。

[②] 孙继民:《黑水城文献所见元代肃政廉访司"刷尾"工作流程——元代肃政廉访司文卷照刷制度研究之一》,《南京师大学报(社会科学版)》2012 年第 5 期;孙继民、郭兆斌:《从黑水城出土文书看元代的肃政廉访司刷案制度》,《宁夏社会科学》2012 年第 2 期;郭兆斌:《元代肃政廉访司研究——以黑水城出土文献为中心》,河北师范大学硕士学位论文,2012 年;郭兆斌:《由黑水城文书看北元时期肃政廉访司更换官吏中的作用》,《元史论丛》第 14 辑。

一、河西陇北道肃政廉访司分司的设置及其印信问题

元朝立国后,逐步在全国建立起"自成系统的,独立的,与行政、军事系统鼎足而三"的监察系统(此处之"行政"当指狭义的行政概念——笔者案),"御史台是监察系统的最高机构,下面是行台和提刑按察司(后改肃政廉访司)"。① 其中,"陕西诸道行御史台,设官品秩同内台。至元二十七年,始置云南诸路行御史台,官止四员。大德元年,移云南行台于京兆,为陕西行台,而云南改立廉访司"。② 河西陇北道肃政廉访司,即为隶属于陕西行御史台的四道廉访司之一,其前身为巩昌按察司,元廷于至元十一年(1274)"分陕西陇右诸州,置提刑按察司,治巩昌"。③ 至元二十年(1283)又"移巩昌按察司治甘州",并于同月改"巩昌按察司为河西陇北道"。④ 关于陕西行御史台,也即西台所辖廉访司的监察范围,陈高华等先生指出:"西台所辖四道,包括四川行省(一道)、陕西行省(一道)、甘肃行省(一道)、云南行省(一道)。可以看出,凡是人口稠密、经济比较发达的省份,都分设数道,而边远和人口稀少地区,则都是一省一道。"⑤按陈先生所言,设于甘肃行省的河西陇北道肃政廉访司,其监察范围只限于该行省。

对于廉访司的监察活动,李治安先生有过精辟的论述,其指出:"肃政廉访司一直采取分司出巡与总司坐镇,实施其分道坐地监临的职能。"⑥由此可知,对各地的实际监临者,实系廉访司的派出机构"分司"。对于廉访司分司监临活动所包含的主要内容,李治安先生则归结为"按治"和"录囚"两项,其中前者是肃政廉访司分司对相关监临地面路分进行的"监察活动",而后者则是肃政廉访司分司在照刷案牍之后,对相关路分罪囚的审理活动。⑦ 对于廉访司分司的上述活动,李先生进行的是总体性研究,⑧非针对某一分司展开,故并未专门探讨河西陇北道肃政廉访司分司。因黑水城文献的出土地亦集乃路总管府遗址在元代属于河西陇北道肃政廉访司的监察区域,故黑水城元代文献中保留了大量与

---

① 陈高华、史卫民:《中国政治制度通史·元代卷》,第 246 页。
② (明) 宋濂等:《元史》卷八十六《百官志二》,第 2179 页。
③ (明) 宋濂等:《元史》卷八《世祖本纪五》,第 154 页。
④ (明) 宋濂等:《元史》卷十二《世祖本纪九》,第 250—251 页。
⑤ 陈高华、史卫民:《中国政治制度通史·元代卷》,第 251 页。
⑥ 李治安:《元代政治制度研究》,第 291 页。
⑦ 李治安:《元代政治制度研究》,第 294 页。
⑧ 详见李治安:《元代政治制度研究》;李治安:《元代行省制度》等著。

第一章　黑水城文献所见元代派出机构运作研究　29

该司相关的一些文书，其中有文书涉及该司分司审录罪囚等一些珍贵信息，下面先就相关文书反映的河西陇北道肃政廉访司分司的设置及其印信问题等加以探讨。

在《中国藏黑水城汉文文献》一书中有一件编号为 M1·0528[F125：W71]的文书，该书将其拟题为《审理罪囚文卷》，其录文如下：

1. 皇帝圣旨里，亦集乃路总管府：今蒙
2. 　　河西陇北道肃政廉访司甘、肃、永昌等处分司按临到路，照刷文卷、审理罪囚，仰将审理过见禁已、未断放罪
3. 　　囚起数、元发事由、犯人招词、略节情犯、前件议拟，开坐保结牒司。承此。府司今将审理过 见禁已 、 未断放罪
4. 　　 囚起数 、 元发 ①事由、犯人招词、略②节情犯，逐一对款，议拟已、未断放起数，开坐前去，保结牒呈。伏 乞 ③
5. 　　照验 施行 ④。须至牒呈⑤者。
6. 　　　一总 计 ⑥

（后缺）

从以上可知，此件首全尾缺，共存文字 6 行，由第 1 行先载公文起首语"皇帝圣旨里"，再载"亦集乃路总管府"可知，亦集乃路总管府当系此件的发文机关。文书第 3 行所载的"承此"一词，是元代公文的结语词之一。由此可知，该词之前的内容是一个层次，之后的则属于另外一个层次。在第一个层次中，亦集乃路总管府交代了撰写此份公文的缘由，即河西陇北道肃政廉访司的有关分司按临到本路，进行"按治"与"录囚"，也即文书中所说的"照刷文卷"及"审理罪囚"工作，且该分司提出了相应的一些录囚要求，亦集乃路总管府需按照其要求，将相关内容"开坐保结牒司"，故因之撰拟此文。而第二层次，则记载了亦集

---

① 据上文推断，第 3 行末、第 4 行始两处所缺文字应为" 见禁已 、 未断放罪囚起数 、 元发 "。
② "略"，《黑城出土文书（汉文文书卷）》漏录。
③ " 乞 "，据元代公文格式补。
④ " 施行 "，据残笔画及文义补。
⑤ "呈"，《黑城出土文书（汉文文书卷）》漏录。
⑥ " 计 "，据残笔画及文义补。本件文书的图版载塔拉等：《中国藏黑水城汉文文献》，第 665 页；文书录文载李逸友：《黑城出土文书（汉文文书卷）》，第 144 页，该书将此件文书编号为 F125：W5。另，此件文书的录文，系笔者据文书图版并在参考《黑城出土文书（汉文文书卷）》一书录文的基础上重新进行的释录。故此处的注释，代表此录文的参考文献，并非其出处。以下所有相关文书录文与之相似，不另说明。

乃路总管府根据河西陇北道肃政廉访司分司的要求所做出的回应,及相关"牒呈"的具体内容。因文中的"牒呈"一词系元代牒文的程式性用语之一,故可知此件当系一"牒文",其牒呈的对象,当为第2行所载的"河西陇北道肃政廉访司甘、肃、永昌等处分司"。

此件文书所载的分司名称"河西陇北道肃政廉访司甘、肃、永昌等处分司"不见于传世典籍,那么,此机构是河西陇北道肃政廉访司的"甘肃""永昌"等处分司的简称,还是甘州路、肃州路、永昌路等处分司的简称呢?目前看来,其为后者的可能性较大,因为元代的甘肃行省辖有七路、二州并五属州,所辖七路分别为甘州路、肃州路、沙州路、永昌路、宁夏府路、亦集乃路及兀剌海路。① 文中该机构中的"永昌"为"永昌路"无疑,而"甘肃"又与"永昌"并列,故其应与之属于平级机构,所以此处的"甘肃"二字,应当作"甘""肃",即指甘州路与肃州路,而非指"甘肃行省"。

另外,有一件编号为 F14∶W4 的黑水城文书,提到了河西陇北道肃政廉访司的"甘、肃等处分司",其第1—3行录文如下:

(前缺)
1. 如由甘州□▢▢▢▢▢▢▢▢▢州路
2. 抄到▢▢▢▢河西②陇北道肃政廉访甘、肃
3. 等处分司,照▢▢▢▢札,于内照得③

(后略)

此件前后均缺,中有残损,但上下完整,第2、3行提及河西陇北道肃政廉访分司,其分司之名为"甘、肃"。根据文义,这里的"甘、肃"二字,亦应为"甘州路"与"肃州路"的简称。此件文书反映出,河西陇北道肃政廉访司又曾设置过甘州路、肃州路等处分司。

另外,黑水城文献中一件编号为 F9∶W101 的文书显示,河西陇北道肃政廉访司还曾设置过"亦集乃分司"。此件录文如下:

---

① (明) 宋濂等:《元史》卷六十《地理志三》,第 1449—1452 页。
② "河西",据文义补。
③ 塔拉等:《中国藏黑水城汉文文献》,第 996 页;李逸友:《黑城出土文书(汉文文书卷)》,第 89 页。

1. 皇帝圣旨里,河西陇北道肃政廉访亦集乃分司付使哈剌哈①孙朝夕常谓:
2. 　　崇儒重道,固②古昔之良规;举善荐实③,尤当今之急务。照得亦集乃路学黉已
3. 　　摧毁,教养无法,与所委任非人,以致④学校废弛。今体察得权教授邢守善本⑤
4. 　　非教养之才,冒膺师儒之职,耽悮(误)后进、玷污儒风,拟将本人截日革去。若
5. 　　不作急选,委才德兼备、学问擅长之人俾充教授,有妨后进。切见前教
6. 　　授易和敬,其人行止端方、操履笃实,如将斯人承权于儒学教授,所掌管
7. 　　一应事务,诚为相应。累职⑥,合行故牒,可⑦
8. 　　照验告行⑧路任总管施行。须至牒者。
9. 　　牒　件,今　牒（朱印）
10. 亦集乃路总管府
　　　　（朱印）
11. 　　照　验。故　牒。
12. 　　宣光元年十月 （朱印）日牒书吏李遵承行

13. 　　医学教授权□□
14. **朝列大夫河西陇北道肃政廉访亦集乃分司付使哈**

---

① "哈",《黑城出土文书(汉文文书卷)》漏录,现据图版补。
② "固",《黑城出土文书(汉文文书卷)》释作"因",现据图版改。
③ "实",《黑城出土文书(汉文文书卷)》释作"良",现据图版改。
④ "致",《黑城出土文书(汉文文书卷)》释作"至",现据图版改。
⑤ "本",《黑城出土文书(汉文文书卷)》释作"并",现据图版改。
⑥ 文书中"累职"两字有涂改痕迹。
⑦ 《黑城出土文书(汉文文书卷)》录文于"可"字后衍录一"以"字,现据图版改。
⑧ "行",《黑城出土文书(汉文文书卷)》释作"该",现据图版改。

剌哈孙（签押）[1]

以上可见,此件的首行及末行,均载有一位官员之名,此人即"哈剌哈孙",此人的所任职官为"河西陇北道肃政廉访亦集乃分司付使"。不难发现,河西陇北道肃政廉访司曾设置过"亦集乃分司"是无疑的。根据第 12 行所载此件文书的成文时间北元"宣光元年十月"推测,"河西陇北道肃政廉访亦集乃分司"的设置时间,至迟是在北元"宣光元年"(1371)。

由以上有关河西陇北道肃政廉访司分司的记载及相关分析可知,河西陇北道肃政廉访司在元代及北元时期,至少设置过三个分司。通过其名称推断,这三个分司所管辖的地面不同,如河西陇北道肃政廉访司甘、肃、永昌等处分司,至少管辖甘州路、肃州路、永昌路三地,而 M1·0528［F125：W71］文书载明,该分司按临到亦集乃路从事相关监察活动,亦集乃路总管府需向其牒报有关罪囚审录信息。由此可知,该分司似乎又不限于监临甘州、肃州、永昌三路,应当至少还包括"亦集乃路"。从《中国历史地图集》可见,亦集乃路位于甘肃行省的北部地区,而甘州路与肃州路等三路,则位于甘肃行省的南部地区,两者之间的距离,当不下一千五百里,如此可见河西陇北道肃政廉访司甘、肃、永昌等处分司所管辖地区之广。

第二个分司为河西陇北道肃政廉访司甘、肃等处分司,其名称较之第一个分司缺少了"永昌"一地。载有此分司之名的 F14：W4 文书,是一件正式的公文,因此当不存在将"永昌"一地漏书的情况。有理由相信,该分司可能即是主要管辖甘州路、肃州路二路的河西陇北道肃政廉访司分司。因 F14：W4 文书与 M1·0528［F125：W71］文书均缺失年款,该分司与甘、肃、永昌等处分司之间存在的时间先后现已无从得知。

第三个分司为河西陇北道肃政廉访亦集乃分司,其名称中未包含其他路分,故可推断其所辖范围当仅限于亦集乃路一路。因该分司的存在时间为北元时期,设若该分司在第一个分司之前业已存在,那么,M1·0528［F125：W71］文书中所记载的按临之事,则不必有劳千里之外的甘、肃、永昌等处分司前来亦集乃路处理。故亦有理由相信,河西陇北道肃政廉访亦集乃分司的设置时间,在上述分司中可能最晚。

---

[1] 塔拉等：《中国藏黑水城汉文文献》,第 1411 页；李逸友：《黑城出土文书(汉文文书卷)》,第 195 页(按该书标注页码为 196 页,实为 195 页)。

由以上分析又可以进一步推见,元代肃政廉访司的分司设置可能不是一成不变的,似会根据形势和时间的变化,将相关分司的名称、管辖地面等不断进行调整,而这一情况为此前学界所未察。

黑水城文献除了可以为我们认识元代肃政廉访司分司的设置情况提供新信息外,还对我们认识廉访司分司的印信问题有所帮助。

通过传世文献可知,元代的肃政廉访司分司拥有自己的印信,如许有壬在《至正集》中曾记载了如下一条材料:延祐三年(1316)海南道廉访副使哈只"到任随时出司,照刷石康盐课提举司文卷,所欲既厌,将分司印信分付随行书吏,于延祐四年二月称病径归"。① 这里记载,在延祐年间有一海南道廉访副使,名曰"哈只",在照刷有关机构的文卷时不恪尽职守,却将分司的"印信"交付给随行的书吏,自己谎称抱病"径归"。由此可见,作为出巡按治、录囚的廉访司分司,是有"印信"的衙门。廉访司分司印信的具体情况如何,传世文献语之不详,黑水城文献提供了一些有益的线索。如 F9∶W101 文书中,即有多处钤盖了河西陇北道肃政廉访分司的印章,经由照那斯图、薛磊先生辨识,该件中所钤盖的印章印文为八思巴文,译作汉文为"河西陇北道肃政廉访司分司印"。② 通过前文已知,此件 F9∶W101 文书中涉及的河西陇北道肃政廉访分司名称为"河西陇北道肃政廉访亦集乃分司",但该件文书所钤盖的印章却并非"河西陇北道肃政廉访亦集乃分司印",而是"河西陇北道肃政廉访司分司印"。从这一现象可以看出,虽然河西陇北道肃政廉访司曾经设置了"亦集乃分司",但该分司并无专门的印章,由此似可进一步推断,河西陇北道肃政廉访司的其他两个分司或亦如此。这反映出,不管肃政廉访司分司的名称如何变化,其所使用的印信却是统一的,即均使用"某肃政廉访司分司印",各个具体分司并无独立的印信。

总之,黑水城文献提供的以上信息,进一步丰富了我们对元代肃政廉访司分司印信的认识。

二、河西陇北道肃政廉访司分司录囚活动的实施

审理地方刑狱是元代肃政廉访司的重要职责之一,对此,李治安先生研究

---

① (元)许有壬:《至正集》卷七十五《公移二·纠副使哈只等》,《元人文集珍本丛刊》第 7 册,新文丰出版公司,1985 年,第 339 页。
② 照那斯图、薛磊:《元国书官印汇释》,辽宁民族出版社,2011 年,第 65 页。

后认为,肃政廉访司审理刑狱的活动,包括"录囚""谳狱""理冤""兼管路府州司狱司"等多项内容。① 由于元代的廉访司以"总司坐镇""分司出巡"的模式运行,故在实际中赴各地处理刑狱者并非廉访司本身,而应是其派出机构"分司"。在肃政廉访司分司处理的上述几项刑狱活动中,"录囚"占据着非常重要的地位。前文李治安先生也说过,该项活动可与"按治"并列,足见其重要性。对于何谓"录囚",李先生认为,"是指讯视记录囚徒罪状,复查路府州县已结案或久禁不决的囚犯"。② 然而,可能当时受限于资料,对于廉访司分司"录囚"的具体内容,以及如何"实施"等问题,李先生的相关研究并未涉及,其他学者亦未加关注。黑水城 M1·0528[F125:W71]文书,是目前所知的黑水城文献中唯一一件直接与廉访司分司"录囚"相关的文书,其提供了河西陇北道肃政廉访司相关分司"录囚"的具体细节。而这些第一手的细节资料多为传世文献所不载,为我们认识元代廉访司分司录囚的内容及其实施情况等提供了可能。下面首先对此件文书所展现的廉访司分司"录囚"的内容加以探析。

从此件第 2 行所载的"仰将审理过"等字样可知,河西陇北道肃政廉访司甘、肃、永昌等处分司要求亦集乃路总管府提供其已经"审理过"的相关罪囚的信息,因此,该甘、肃、永昌等处分司所做的正是对其所辖路分相关罪囚的"复查"工作,该项工作属于"录囚"应无异议。而"录囚"活动的内容,包含在甘、肃、永昌等处分司对亦集乃路所提出的具体要求中:

其一,路总管府需汇报"见禁"③罪囚的各项信息。包括见禁的已经断罪与尚未断罪的罪囚数量,即所谓的"见禁已、未断放罪囚起数",还有罪囚所犯罪的事由,即"元发事由",犯人的"招词",以及他们简略的犯罪"情节",即"略节情犯"。

其二,路总管府要提供"前件议拟"。所谓"前件",即指前面提到的相关事项,而"议拟",则指本路总管府对上述罪囚的处理意见。

其三,路总管府"开坐保结""牒司"。"保结",即类似于现代的保证书,路总管府在出具"保结"后,将上述内容以"牒文"的形式呈报分司。

以上是此件文书所反映的廉访司分司录囚的大致内容。

其次,关于此件文书所展现的廉访司分司"录囚"的具体程序。

---

① 李治安:《元代政治制度研究》,第 317 页。
② 同上。
③ "见",通"现","见禁"即"在押"之意。

第一章　黑水城文献所见元代派出机构运作研究　35

第一步,廉访司分司按临到路,向该路总管府下达录囚通知,要求该路提供有关见禁罪囚的相关信息,并要求将本路所做的审理意见等一并"牒呈"。即此件第 1 行至第 3 行"承此"之前所展现的内容。

第二步,路总管府根据廉访司分司要求,逐一核对见禁罪囚的相关信息。该部分即文书第 3 行"承此"之后至第 4 行"逐一对款"处的内容。从文书的记载看,亦集乃路总管府所逐一对款者,正是第 3 行中廉访司所要求查看的内容。

第三步,路总管府将本路见禁罪囚的审理意见、罪囚的"起数",官吏的"保结"等信息逐一登录,并以牒文的形式向廉访司分司汇报。此部分,即文书第 4 行从"议拟"开始直至文末的内容。这些内容中,在说明呈报罪囚的信息时,仅载明其为"起数",实际上这一所谓的"起数",可能包括了第 3 行所登载的有关"元发事由"等事项。此件下残,对此内容不载,黑水城文献中恰有一件与此相关的文书,其编号为 F125：W44,《中国藏黑水城汉文文献》一书将其拟题为《案件卷宗》,[①]现录文如下:

（前缺）

由头	一总计	一元发事由 一取到犯人招词	一状 一名	盘污 强盗 窃[②]盗　□[③]
		强盗一起 窃盗一起		

（后缺）

从以上可见,该件以表格的形式呈现,所载内容包括"由头""总计""元发事由""招词"以及犯罪的名称,如"强盗""盘污""窃盗";还载有相关犯罪的"起数",即其中的"一起",罪囚的数量"一名"等。这些信息,正好与 M1·0528[F125：W71]文书第 3 行及第 4 行中所载的"罪囚起数""元发事由""犯人招词"等内容相合。因

---

① 塔拉等：《中国藏黑水城汉文文献》,第 1313 页；李逸友：《黑城出土文书(汉文文书卷)》,第 87 页。
② "窃",原件作"切",今释作"窃",以下同,不另说明。
③ "□",《黑城出土文书(汉文文书卷)》释作"行"。

此推测，此件所谓的"案件卷宗"，有可能是路总管府向廉访司分司所做的有关罪囚"起数"等的汇报。这似乎反映出，罪囚的"起数"既可能是指其中的"一起"罪囚，也可能是指该"起"罪囚下所包含的相关罪囚犯罪信息等内容。这一判断，还可以在新出的国家图书馆藏公文纸本《魏书》纸背文献中得到印证，如《魏书》卷二十四第3叶背，即编号为GT·WS[J24：3]①的文书，其第6—8行录文如下：

  6.   见禁：重囚一起：锁收男子二名：钱埜僧、倪□光 醒 首坐身死事，至顺三年六月二十八日入禁。钱埜僧招伏，不合因问 醒

  7.   光招伏，不合听信钱埜僧用梯蹒墙过往醒首座房内，将

  8.   本路 审 录得：钱埜僧等， 审 异元招， 谏 枷换锁

该件记载了见禁重囚一起的信息，不仅登载了罪囚的姓名、犯罪事由，即" 醒 首坐身死事"，还登载了罪囚的入禁时间、招伏、本路 审 录意见等内容。不难推见，这些与罪囚相关的信息，均属于"重囚一起"所包含的内容。虽然此件《魏书》纸背文书不一定就是廉访司分司录囚时路总管府汇报的内容，但至少与廉访司分司录囚时路总管府汇报的内容相似。故据以上推测，M1·0528[F125：W71]文书的后缺部分，或包含与 F125：W44 文书及 GT·WS[J24：3]文书相似的内容。

  第四步，廉访司分司根据路总管府提供的材料，对相关罪囚重新进行审录，并出具审理意见，将相关案件结案。这一步内容，目前的黑水城文献并无记载，但可以在新出的《魏书》纸背文献中得到印证，如该书卷一一四第3叶背，编号为GT·WS[J114：3]的文书，其第1—3行载：

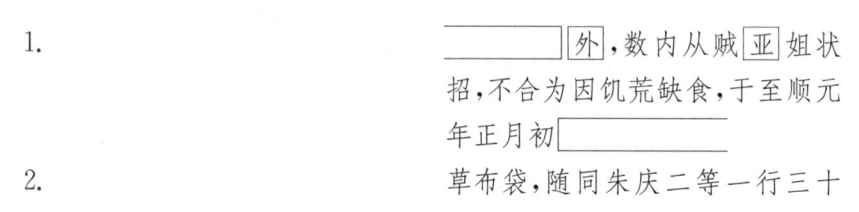

  1.   外 ，数内从贼 亚 姐状招，不合为因饥荒缺食，于至顺元年正月初

  2.   草布袋，随同朱庆二等一行三十

---

① 此编号代表该件文献的藏地、书名、卷数、所在叶数。"GT"系"国图"拼音首字母，"WS"系《魏书》拼音首字母，"J24"表示"卷24"，"3"表示"第3叶"。以下同此，不另说明。

　　　　　　　　　　　　　三人,前去事主章富三家搬抢粮
　　　　　　　　　　　　　米,为被拦夺,用所执柴搭□□□
　　　3.　　　　　　　　　宪司审覆,见行结案。

　　该件是对相关罪囚"起数"等所做的汇报,由第3行所载的"宪司审覆,见行结案"两句可知,该案件得以"结案",是经过了"宪司"的"审覆",宪司即指肃政廉访司。而进行"审覆"者,当系下至基层的廉访司分司。由此推见,当录囚之时,廉访司分司收到路总管府呈报的相关牒文材料之后,会对各类罪囚重新审理,并出具最终意见,将相关案件"结案"。案件"结案"之后,录囚工作方宣告结束。

三、河西陇北道肃政廉访司及其分司与亦集乃路总管府之关系

　　关于元代肃政廉访司与路总管府之间的关系,李治安先生指出,从元中叶开始,形成了"廉访司与路总管府间上司与属官的关系",在廉访司总司坐镇、分司出巡的监察体制之下,"总司也需要兼掌所在路总管府等官府的照刷按治等"工作。[①] 李先生的见解深刻。肃政廉访司虽然主要由其分司来监临所辖路分,但肃政廉访司的所在路分,却是由其总司而非分司来监管的。那么,肃政廉访司总司除了对其所在地的路分"兼掌"外,对其他路分是否仅仅通过"分司"监临,而自身不会介入呢? 对此问题,李先生并未言及。黑水城文献中恰有类似问题的记载,如一件编号为F197∶W33的文书,《中国藏黑水城汉文文献》将其拟题为《至元五年军政文卷》。为方便说明,今将其释录如下:

　　　1. 皇帝圣旨里,亦集乃路总管府案呈云云[②]:
　　　2. 　　一申甘肃行省　　府司除已牒呈
　　　3. 　　　　河西陇北道肃政廉访司照详
　　　4. 　　　　外,合行具申,伏乞
　　　5. 　　　　照详施行。
　　　6. 　　　　　　开
　　　7. 　　一牒呈宪司　　府司除已备申
　　　8. 　　　　　甘肃行省照详外,合行牒呈,伏请

---

① 李治安:《元代政治制度研究》,第172、299页。
② "案呈云云",《黑城出土文书(汉文文书卷)》释作"呈□□",现据图版改。

9.　　　　　　　照详施行。
10.　　　　　　开
11. 右各行

────────（骑缝章）────────

12.　　至元五年五月　吏赵彦明（签押）
13.　　提控案牍兼照磨承发①架阁倪　　文通（签押）
14. 许顺和等告擅放军役。
15.　　　知　　事　袁　亦怜只（签押）
16.　　　经　　历　王　（签押）
17.　　　　　　（签押）　　（签押）
18.　　　**廿九日**（印章）　　　　（签押）（签押）②

此件首尾完整,共存文字 18 行,由第 1 行所载的文书发文机构可知,此件当系一件亦集乃路总管府发出的文书,文书的第 12、13 行,以及第 15—18 行分别登载有关司吏及首领官的署名、签押等信息,第 18 行的日期之上还钤盖了印章,可以确认这是一件正式的公文。通过第 12 行的记载可知,此件的撰拟时间为"至元五年五月"。元代存在两个至元年号,因此件属于亦集乃路总管府的文书,故当为后至元五年(1339)五月该府的公文。第 14 行载有此件公文的由头,可知涉及"许顺和等告擅放军役"一事。

从此件文书的主要内容来看,对于"许顺和等告擅放军役"一事,亦集乃路总管府在申呈甘肃行省的同时,已经将此事"牒呈河西陇北道肃政廉访司照详"。这里明确记载,亦集乃路总管府所牒呈的对象为"河西陇北道肃政廉访司",而非该司的"分司"。显然,亦集乃路总管府所牒呈之事,应该属于一桩"案件",因为其中涉及"许顺和等告",此"告"字,当为"状告"之意,而"许顺和等"状告的内容则是"擅放军役"一事。从所涉及的内容看,此件并不是廉访司分司"录囚"活动的记录,而是廉访司对相关案件处理情况的记载。河西陇北道肃政

---

① "发",《黑城出土文书(汉文文书卷)》释作"勘",现据图版改。
② 塔拉等:《中国藏黑水城汉文文献》,第 1005—1008 页;李逸友:《黑城出土文书(汉文文书卷)》,第 98 页。

廉访司驻地在甘州路,应该管辖甘州路的相关案件,但亦集乃路总管府却将本路的有关告状案径直牒呈了该司,这似乎反映出:有关廉访司总司并非仅仅"兼掌"其所在路分的按治等问题,其他分司监临的路分亦可以直接过问。

那么,在什么情况下路总管府会直接将相关案件牒呈廉访司总司呢? 由F197:W33 文书的时间似可以发现一些蛛丝马迹。由上文可知,此件文书的撰拟时间为后至元五年(1339)五月,这一"月份"似乎有点特殊,因为据《元史》卷四十一—《顺帝本纪四》载,肃政廉访司分司的官员"岁以八月终出巡,次年四月中还司"。[①] 即每年的五月份并非肃政廉访司分司应按临的时段;该月份廉访司分司官应"还司"。由此可知,元代存在肃政廉访司分司缺驻地方的时间段。故此件文书中,亦集乃路总管府径将相关案件牒呈河西陇北道肃政廉访司总司,可能是由于这一原因。

总而言之,对于元代肃政廉访司及其分司与路总管府之间的关系,除了学界此前已有的认识外,通过 F197:W33 文书可以得出更进一步的认识。由此件可知,在肃政廉访司分司未出巡状态下,相关肃政廉访司分司的分巡地区在遇到相关案情时,可直接向肃政廉访司总司汇报,而不必再经由肃政廉访司分司转呈总司。如此可以发现,元代肃政廉访司对于其驻地之外所辖路分的监管,实则是通过双重路径实现的。其一,在总司坐镇、分司出巡的情况下,肃政廉访司通过其派出机构"分司",实施对所辖地面的按临、监控,而相关地方的路府当亦通过向肃政廉访司分司"牒呈"有关问题,借助于"分司"实现与肃政廉访司总司的沟通;其二,在肃政廉访司分司缺驻地方的时段内,肃政廉访司总司不仅兼掌其驻地的路分,还直接监察所辖的其他各地,而所辖地面的路府也可径直向总司汇报、沟通。以上两种监管、沟通途径的存在,说明元代肃政廉访司对于其所辖地面的管控并不存在时间的真空,而是可以实时进行的。

---

① (明)宋濂等:《元史》卷四十一《顺帝本纪四》,第 868 页。

第二章

黑水城文献所见元代路总管府等行政机构运作研究

元代在借鉴唐、宋、金等时代地方行政建制的基础上，几经调整，主要确立了路、府、州、县四级行政建制。至元初年，各路总管府普遍设立，路总管府成为仅次于行省的重要地方官府。本章针对黑水城文献主要涉及元代亦集乃路的特点，首先，对黑水城文献所反映的亦集乃路中层行政机构、基层组织机构的建制以及行政机构的运行机制进行总体性探索，以期考察元代路级行政机构的建制状况与运行实态；其次，利用黑水城文献对元代录事司的设置、职能、案件审理程序等进行再研究，以增进对该机构的认识；最后，在钩稽、分析黑水城元代巡检司文书的数量及类型的基础上，进一步探讨巡检司的职能，认识巡检的民族构成以及巡检的选任情况，为深入了解该机构提供一些线索。

第一节 元代亦集乃路的机构建制与运行机制

众所周知，黑水城文献发现于元代的亦集乃路遗址，因之该批文献中保留的数以千计的元代文书或多或少都与亦集乃路有所关联。如此丰富、细致的一手文献资料，无疑为认识元代亦集乃路相关机构的设置以及其运作的机制等问题，提供了绝佳的机会。对于亦集乃路的机构建制情况，李逸友先生在《黑城出土文书（汉文文书卷）》中，最先借助黑水城文献进行了大致的勾勒和解读，主要涉及该路的职官设置情况、"中枢"各"房"的建制数量、各"房"的功能定位，以及相关司属机构的设置等诸多基本问题。① 对于该路基层组织的构成情况，李先生也提出了一些总体性的认识，如认为亦集乃路总管府存在"坊巷"与"渠社"的建制等等。② 可以说，李先生的研究为学界认识传世典籍少有记载的亦集乃路的行政机构做出了积极贡献。此后，学界在探讨有关亦集乃路的相关问题时，亦涉及该路的机构建制等问题，但相关研究多以《黑城出土文书(汉文文书卷)》一书为据，故在此不赘。虽然李逸友先生对亦集乃路机构建制的研究颇具开拓之功，但其研究还有进一步补充和探究的空间。另外，关于亦集乃路的机构运作情况，李逸友先生则未予言及，至今学界还不甚了然。亦集乃路作为元代在地方设置的诸路总管府之一，虽然地处西北边陲，但其机构的建制和运行情况，自不能脱离元代对路总管府的总体设计框架，故通过对该路相关问题的探究，又可为进一步认识元代路总管府的机构建制及其运行机制问题提供一定的线索。本节拟在借鉴前人已有研究成果的基础上，以黑水城文献为中心，对亦集乃路的有关机构建制、运作机制等问题试做粗浅的探讨。

一、亦集乃路中层行政机构的建制

对于元代亦集乃路最高行政机构的设官等情况，李逸友先生已经做出了比较允当的判断，他认为，该路总管府的职官设置与元代的规定基本相同，符合《元史》卷九十一《百官志七》"诸路总管府"条的相关记载，所不同者仅该路有关吏员的设置，如"提控案牍"等与之稍有差距和出入。③ 有鉴于此，笔者不再对亦集乃路总管府本身的机构建制情况再行探讨，而重点关注该路的"中层"行政机构建制问题。

首先，需要说明的是，这里所指的亦集乃路的"中层"行政机构，主要涉及该路总管府本身行政建制以下的有关"中枢"机构，包含两个层面的内容：第一个层面，是指该路有关各"房"的建制；第二个层面，则指在该路诸"房"之下有关具体办事和行政执行机构"司属"的建制。以下从这两个层面，对亦集乃路中层行政机构的建制情况加以探讨。

(一) 关于亦集乃路总管府的诸房

对于亦集乃路的中层行政机构诸"房"，李逸友先生在《黑城出土文书(汉文

---

① 李逸友：《黑城出土文书(汉文文书卷)》，第13—16页。
② 李逸友：《黑城出土文书(汉文文书卷)》，第16页。
③ 李逸友：《黑城出土文书(汉文文书卷)》，第13—14页。

文书卷)》一书中云:"亦集乃路总管府内设有吏礼房、户房、钱粮房、刑房、兵工房和司吏房等六房,分别负责管理礼、吏、户、兵、刑、工及文书处理等各项事务。"① 他还认为,该路的各"房"名称以及"职能"等,与中书省的各部并不对应。② 李先生有关亦集乃路诸"房"的归纳甚有道理,但其对该路"房"的设置情况的判断却有待商榷。如李先生提出,亦集乃路共有"六房"的设置,其中之一为"司吏房"。由于传世文献未载亦集乃路的诸房情况,故李先生所据以做出如上判断者,当主要基于有关黑水城文献。经笔者全面查检,确认在黑水城文献中仅有一件文书可能与该"房"相关,其编号为"F125:W51",李先生之所以判定"司吏房"存在,依据的就是此件文书,并曾云:"司吏房负责文书处理及杂务,参见F125:W51。"③ 为方便说明,今将此件文书的图版和录文移录如下:

1. 司吏□□④
2. 谨呈:近蒙
3. 总府差璋前赴
4. 甘肃行省起解马□□□□□
5. 照算 了 ⑤ □□□□□□□□□⑥
   (后缺)

此件首全尾缺,上完下残,共存文字5行。通过第2行的"谨呈"二字,及该行至第5行的文字判定,其内容当与汇报总管府"差璋前赴甘肃行省起解马"等事有关。文书录文中并未出现"司吏房",那么,为何李逸友先生据之判定此件是"司吏房"的文书呢?显然,李先生做出如此判断,主要是

F125:W51 文书图版⑦

---

① 李逸友:《黑城出土文书(汉文文书卷)》,第14页。
② 同上。
③ 同上。
④ 第二个缺字符,《黑城出土文书(汉文文书卷)》未录。
⑤ "了",据残笔画补,《黑城出土文书(汉文文书卷)》径释作"了"。
⑥ 李逸友:《黑城出土文书(汉文文书卷)》,第113页。
⑦ 塔拉等:《中国藏黑水城汉文文献》,第268页。

第二章　黑水城文献所见元代路总管府等行政机构运作研究　43

将第 1 行"司吏"之后的第一个残字释作了"房"字。然而,作为"司吏房"存在的关键证据,此件中所谓的"房"字却几乎残缺了绝大部分,目前看来,将该字识读为"房",困难较大。为此,笔者曾全面查考黑水城元代文献中的"房"字字形,发现在现存的相关文献中,"房"字主要有六种写法,具体如下:"房"、①"房"、②"房"、③"房"、④"房"⑤等。再将这些字形与此件文书中第 1 行"司吏"后的残字比对后发现,该残字无论如何都与上述诸"房"的字形无法匹配。因此,从这一角度讲,将此件首行的残字释作"房",证据不足,从该字所存残笔来看,其更类似于"高"字。

另外,就此件文书的内容而言,其第 2 行载及总管府所差之人为"璋",显而易见,此"璋"字当系该人之"名",而之所以此处仅载其"名"而略其"姓",只能说明在第 2 行之前已经书写了该人的姓名全称,故此处才将其姓氏省略。从这一角度讲,文书第 1 行所载的"司吏□□",有可能是"司吏高璋"之意。从图版来看,此件首行除第 3 字残缺外,其第 3 字之后还有很大空缺,故第 3 字之后或可能还残缺一字,而所缺之字很可能即为"璋"字。"高璋"为此司吏之姓名,也正是文书中总府所差之人。⑥

此外,在黑水城文献中还有与此件行文格式相似的一些文书,如其中一件《中国藏黑水城汉文文献》拟题为《至正二十九年官用羊酒米酪文书》,编号为 M1·0247[F36:W6],现节录如下:

1. 宣使也先不花
2. 谨呈:至正廿九年五月初八日与
3. 丞相平章就省堂上抬饭用过酒羊未曾除破,⑦合行具呈,⑧
4. 照验施行。须至呈者。⑨

（后略）

---

① 塔拉等:《中国藏黑水城汉文文献》,第 1009 页。
② 塔拉等:《中国藏黑水城汉文文献》,第 1405 页。
③ 塔拉等:《中国藏黑水城汉文文献》,第 877 页。
④ 塔拉等:《中国藏黑水城汉文文献》,第 220 页。
⑤ 塔拉等:《中国藏黑水城汉文文献》,第 1011 页。
⑥ 以上关于"璋"字及"高璋"的判断,得到了刘晓先生的提示,在此深表感谢。
⑦ "除破",《黑城出土文书(汉文文书卷)》释作"破除",现据图版改。
⑧ "具呈",《黑城出土文书(汉文文书卷)》释作"呈具",现据图版改。
⑨ 塔拉等:《中国藏黑水城汉文文献》,第 348 页;李逸友:《黑城出土文书(汉文文书卷)》,第 141 页。后者编号为 F36:W6。

此件第1行先载相关人员的职官、姓名,第2行载"谨呈"二字,然后再列出所呈报的具体内容。其行文的格式与F125：W51文书相似,由此亦可推断,F125：W51文书第1行所载者,可能是第2行"谨呈"发出者的职官、姓名,也即"司吏高璋"。

同时,还应当看到,设若此件F125：W51文书被认定为"司吏房"文书,这与其作为亦集乃路中枢机构的诸"房"之一的地位,似乎极不相称,与其他诸"房"也很不相同。在接近5000件的黑水城元代文献中,其中的"司吏房"文书却仅此一残件,这似乎不太合理。因此,无论从哪一角度来讲,将F125：W51文书第1行释为"司吏房",并据之断定亦集乃路总管府存在该房的建制,理由都很不充分。

另外,关于所谓的"司吏房",《黑城出土文书(汉文文书卷)》还对其职能给出了具体解释,即该房"负责文书处理及杂务"。① 通过F125：W51文书的内容可知,此件与"文书处理"没有丝毫关系。因此,关于"司吏房"职能的判断,似乎亦缺乏足够的证据支持。

据以上对现有黑水城元代文献的分析,可以对元代亦集乃路诸"房"的设置情况得出如下认识,即该路实际上并未设置"司吏房",但可能设置的是"吏房"。如下文所引编号与拟题为M1·0425[F2：W201背]《刘连代郑忠充任扎黑税务副使文书》,其发文机构即"吏房",该房应该是亦集乃路总管府的所属诸"房"之一。

另外,亦集乃路设置的诸"房",可视为其行政运作的"中枢",这一机构是否为其所独有呢？对于这一问题,学界未予回答。目前元代的传世史料,如《元史》中对"诸路总管府"的记载,仅涉及诸路的职官、司属,并未就其司属之上的相关"中枢"机构予以说明,这导致学界对于元代的路总管府是否普遍设有诸"房"的情况不甚了了。就有关资料来看,除亦集乃路外,其他各路也有类似的设置,如《元典章》的一条材料记载："据本州在城住民吴显忠状告：州吏戴必显,前充建康路总管府刑房贴书。"②该条材料显示,被告"戴必显"曾任建康路的"刑房贴书",这无疑说明,元代的建康路亦设置了"刑房",既然有"刑房"的设置,那么也可能设有与之相关的其他诸"房"。另外,在新近发现的国图藏《魏书》纸背文献中,也出现了有关诸"房"的记载,如《魏书》卷二十(上)第3叶背编号为

---

① 李逸友：《黑城出土文书(汉文文书卷)》,第14页。
② 陈高华等点校：《元典章·都省通例·贴书犯赃却充俸吏》,中华书局、天津古籍出版社,2011年,第2262页。

GT·WS[J20(上):3]的文书,其第1、2行如下:

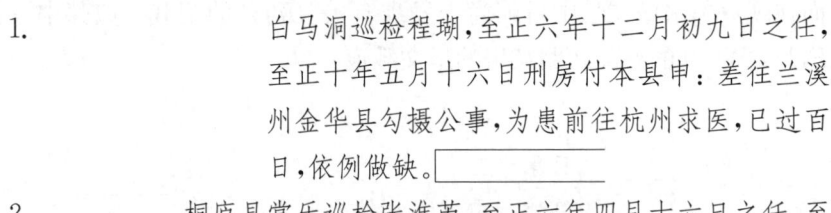

1. 白马洞巡检程瑚,至正六年十二月初九日之任,至正十年五月十六日刑房付本县申:差往兰溪州金华县勾摄公事,为患前往杭州求医,已过百日,依例做缺。

2. 桐庐县常乐巡检张淮芮,至正六年四月十六日之任,至正九年四月三日为患身故,别无已注代官。

由第2行可知,此行是对身故的"桐庐县常乐巡检张淮芮"的记载,而第1行当系对另一官吏任官情况的记载,由"为患前往杭州求医""依例做缺"等语可知,所涉官吏亦属于"缺任"官系列。第1行中明确记载"刑房付本县申",这表明"刑房"曾经向本县提出过申状。因第2行所载的"桐庐县"在元代属于建德路所辖,故推断,此件当系一建德路文书,第1行所载的"刑房"很可能属于建德路总管府。《魏书》卷二十一(下)第20叶背编号为GT·WS[J21(下):20]的文书,第1—4行同样有相关"房"的记载:

1. 刑房司吏许士贤下伍宗:
2. 一宗月申官吏过名。 一宗月申罪囚
3. 一宗月报提巡火禁。 一宗季申子粒
4. 兵房司吏孔彦下:一宗季申哨划船。

此件登载了"刑房""兵房"司吏下的有关案卷卷宗名称,虽然未直接载明是来自哪一机构,但因该批《魏书》纸背文献均系元代江浙行省的文书,故其很可能来自江浙行省的某一路总管府。

基于以上推断,元代的亦集乃路总管府设置诸"房",并非该路的独特设计,其他诸路可能也有类似的机构设置。

另外,对于亦集乃路总管府诸"房"官吏的设置情况,现在已知,该路总管府的司吏,实际上是在诸"房"中处理相关事务,[1]如此可知,亦集乃路的各"房"中

---

[1] 李逸友:《黑城出土文书(汉文文书卷)》,第14页。

实则并无专门的"司吏"。那么,相关各"房"有无职官呢?对此,学界并未关注,而在现存黑水城文献中目前尚未发现有关"房官"的记载。如其中一件编号为F116:W549的亦集乃路某房的呈文载道:

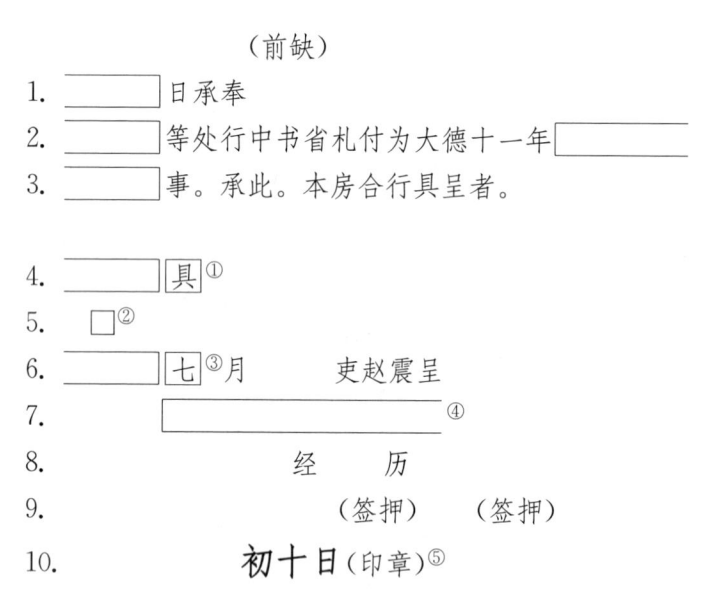

(前缺)

1. ☐日承奉
2. ☐等处行中书省札付为大德十一年☐
3. ☐事。承此。本房合行具呈者。

4. ☐具①
5. ☐②
6. ☐七③月　　吏赵震呈
7. ☐　　　　　　　　④
8. 　　　经　历
9. 　　　(签押)　　(签押)
10. 　初十日(印章)⑤

此件首缺,据第3行"本房合行具呈者",以及第6行所载"吏赵震呈"等文字可知,此当系某"房"的呈文。此件文书被《黑城出土文书(汉文文书卷)》等书归入《大德十一年税粮文卷》,该批文卷所涉及的路总管府即为亦集乃路。可以推断,此件中的"房"当来自亦集乃路。在此件某"房"的呈文中,署名人仅有"吏"和"经历"。"经历"在元代属于"首领官"之一,不属于真正的"官员"系列,可见此件并未登载有关的"房官"。类似此件的诸"房"文书在黑水城文献中还有许多,相关文书署名人与此件相似,均未见"房官"的身影。可见,亦集乃路虽设置诸"房"作为其行政运作的中枢,但相关各"房"既没有独立的司吏,也没有各自的"房官",故其虽有"六部"之形,但并无"六部"之实,相关各"房"的机构设

---

① "具",据残笔画及文义补,《黑城出土文书(汉文文书卷)》径释作"具"。
② 此行文字,《黑城出土文书(汉文文书卷)》未释读,现据图版补。据元代文书格式可知,此处所缺文字应为"呈"。
③ "七",据残笔画补,《黑城出土文书(汉文文书卷)》径释作"七"。
④ 文书中1—7行内容为残片一内容。
⑤ 文书第8—10行为残片二的内容。此件收录于塔拉等:《中国藏黑水城汉文文献》,第288页;李逸友:《黑城出土文书(汉文文书卷)》,第117页。

置还未达到六部成熟的地步。

(二) 关于亦集乃路总管府的司属

对于亦集乃路的下属机构,亦即"司属"[①]的设置情况,李逸友先生在《黑城出土文书(汉文文书卷)》一书中写道:"《元史·百官志》记载诸路总管府下属机构,是泛指全国各路设置的机构,亦集乃路的下属机构是依据当地实际情况建制的。"[②]李先生的判断基本准确,但还可以进一步补充、完善。黑水城文献中登载亦集乃路司属机构较多的是一件编号为 Y1：W30 的文书,其记载如下:

1.   吏礼房
2.   呈：据司吏程客廉呈：元统二年十月初八日绝早有
3.   甘肃行省差镇抚薛来前来本[③]路
4. 开读
5.   圣旨。为此。覆奉
6.   总府官台旨,仰告示本路并司属官吏人等至初八
7.   日绝早出郭迎接,如违究治。奉此。
8.   本路府吏：
9.   毛顺礼　程克廉　段君杰　宋孝卿
10.   吕德卿　蔡伯英　姚进卿　赵仲贤
11.   高从道　贾才卿　关益卿　徐政卿
12.   司属：
13.   广积仓(签押)　税使司(签押)　河渠司　巡检司
14.   支持库(签押)　两屯百户所　司狱司
15.   儒学　医学　阴阳学
16.   僧人头目　答失蛮[④]

              （后缺）

---

① 之所以称亦集乃路的下属机构为"司属",主要是来自黑水城文献编号为 Y1：W30 的文书,该件中有"本路并司属官吏"一语,以及相关"司属"机构的记载,故称之。
② 李逸友：《黑城出土文书(汉文文书卷)》,第 14 页。
③ "本",《黑城出土文书(汉文文书卷)》释作"在",现据图版改,下文同此。
④ 塔拉等：《中国藏黑水城汉文文献》,第 1009 页,该件将此件拟题为《出郭迎接甘肃行省镇抚状》,并重新编号为 M1·0779[Y1：W36]；李逸友：《黑城出土文书(汉文文书卷)》,第 94 页。

此件是为了"元统二年十月初八日绝早"迎接"开读圣旨"活动，"吏礼房"向亦集乃路"府吏"及"司属"下达的通知。由第 12 行至第 16 行可知，亦集乃路总管府至少包括"广积仓""税使司""河渠司""巡检司""支持库""两屯百户所""司狱司""儒学""医学""阴阳学"等部门，而"僧人头目"等当指一类宗教人士的代表，似不能视作一种"机构"。由此件可知，亦集乃路的司属机构至少有 10 个。而通过查检其他黑水城文献发现，其司属机构又不限于此。如一件编号为 F125：W7 的文书载有"惠民药局"；①一件编号为 F111：W55 的文书中载有"蒙古教授"②等。

上述亦集乃路"司属"机构的设置，多与《元史》"诸路总管府"条所载路总管府的附属机构相合，如其记载：

> 儒学教授一员……
> 蒙古教授一员……
> 医学教授一员。
> 阴阳教授一员。
> 司狱司，司狱一员，丞一员。
> 平准行用库，提领、大使、副使各一员。
> 织染局，局使一员，副使一员。
> 杂造局，大使一员，副使一员。
> 府仓，大使一员，副使一员。
> 惠民药局，提领一员。
> 税务，提领一员，大使、副使各一员。③

由以上可知，亦集乃路的司属机构与《元史》所载路总管府的附属机构大多相合，有的仅名称有异，如《元史》作"府仓""税务"，亦集乃路作"广积仓""税使司"；亦集乃路的"支持库"，负责钱钞的出纳、放支，有与《元史》所载"平准行用库"相似之一面。已知亦集乃路总管府的 12 个司属机构中，有 9 个几乎可以和《元史》的记载对号入座，仅《元史》所载路总管府附属机构中的"杂造局""织染

---

① 李逸友：《黑城出土文书(汉文文书卷)》，第 99 页。
② 李逸友：《黑城出土文书(汉文文书卷)》，第 16 页。
③ (明)宋濂等：《元史》卷九十一《百官志七》，第 2316—2317 页。

局"两个机构还未在亦集乃路发现。当然,黑水城文献未保留载有相关机构的文书,并不一定代表该路未设置相关机构。

另外,也应当看到,亦集乃路的几个司属机构,未出现在《元史》所载相关附属机构的名单中,如"河渠司""巡检司"以及"两屯百户所"等。亦集乃路总管府设置这些机构均有其缘由,如设置"河渠司",与该路水资源极度缺乏,需对"水"加强管理有很大关系;"两屯百户所"的设置,则与在该地进行的屯田管理有关;"巡检司"在元代往往设置于县级机构,之所以亦集乃路总管府设置了该司,主要是因为该路未设置司县,故"巡检司"直接隶属于路总管府。

综上可知,亦集乃路总管府的司属设置,并非完全不同于元代的通行建制,而根据自身需要建立的独立司属系统,实际上,该路依然遵循了元代的相关规定,仅有少数机构是根据实际情况设立的建制。

二、亦集乃路基层组织机构的建制

目前学界研究认为,元代对于"城内"与"农村"的基层组织采取了不同建制。在"城内"主要以"坊巷"制为主,如《至正无锡志》记载,元代的无锡州即按此设置有"坊巷",[①]而《至顺镇江志》的记载则表明,元代的镇江路,不仅设有"坊巷",还设置有"隅"。[②] 对于农村而言,一般认为设有"乡""都"二级架构,其中"乡"有"里正",而"都"则设置"主首"。[③] 这一基层组织的设置模式,可以在《至元嘉禾志》《至顺镇江志》等地方志中找到相应的记载。当然,有些地区并非严格施行"乡都"二级制,有的还存在"乡村"建制等。对于元代亦集乃路的基层组织机构建制,李逸友先生在《黑城出土文书(汉文文书卷)》中已有所阐述,其认为亦集乃路总管府存在"坊巷"与"渠社"的建制。[④] 无疑前者对应的是"城内",后者对应的是"农村"。对于"坊巷"的设置情况,李先生却云,在文书中"未见有里正、坊正或主首等"。[⑤] 对于"渠社"的设置,他指出:"亦集乃路在农村的基层组织,是按灌溉渠道分别设置的。"[⑥]另外,他还认为,"村屯设置社长

---

① (元)王仁辅:《至正无锡志》卷一《乡坊》,《宋元方志丛刊》第3册,中华书局,1990年,第2190—2191页。
② (元)俞希鲁编纂,杨积庆等点校:《至顺镇江志》卷二《坊巷》,第12—13页。
③ 陈高华:《元史研究论稿》,第23页。
④ 李逸友:《黑城出土文书(汉文文书卷)》,第16页。
⑤ 李逸友:《黑城出土文书(汉文文书卷)》,第17页。
⑥ 同上。

和俵水",①"各渠所设社长名额,也不严格遵守上述'田令'(即《通制条格》卷十六《田令》条——笔者案),每五十户设置社长一员"。② 从李逸友先生的研究可知,亦集乃路总管府"城内"的基层组织建制,与元代其他路分基本相同,而"农村"的相关建制则独具特色。李先生的上述研究很有创见,但还可以做进一步补充。

如关于亦集乃路的"城内"虽存在"坊巷"建制但未见"坊正"的问题,可以纠正。在黑水城文献中已发现相应的"坊正",如一件被命名为《失林婚书案文卷》的编号为M1·0689[F116∶W205]的文书,其第三个残片载有"坊正家有……于沈坊正房上曝晒熟造油皮　　　　　"③等语。由于黑水城文献中的"失林婚书案"发生在亦集乃路,故此处提及的"坊正",定当是来自该路。由此可知,亦集乃路实则设有"坊正",其在城内施行"坊巷"制是无疑的。

对于亦集乃路"农村"的基层组织建制,一方面,在元代的其他地区广为设置的"乡都"制,在亦集乃路却未曾发现。如在目前的黑水城文献中,虽然发现有的文书提到了"村",如编号为F51∶W13的文书载有"差人下村催赶"④一语等,但这并不代表亦集乃路确有"乡村"的设置,且从现有的黑水城文献中也未找到"乡"和"都"的设置记载。因此,该路在农村是否有过"乡都"之类的建制还不能确断。另一方面,李逸友先生提到的"渠社"建制则有据可查,但对该建制还可以做进一步的补充说明。在笔者看来,亦集乃路总管府的农村,实际上施行了两种不同类型的基层组织建制:其一,可称为"渠社制";其二,可谓"所屯制"。下面试就这两种组织的建制加以探析。

首先,关于"渠社制"。之所以在亦集乃路的农村施行该组织建制,主要与这里的自然条件有很大关系。景爱先生在《沙漠考古通论》中曾对该地的自然地理环境做过分析,指出该地"终年受蒙古高气压控制,是典型的温带大陆性气候,冬季干冷,夏季酷热,降雨量极其稀少,年平均降雨量只有41.3毫米……属于极端干旱地区。故当地有'十年九旱一大旱'之说,即年年皆旱,十年必有一大旱"。⑤ 在这一极端干旱的环境下,"水"资源极为珍贵,元代的亦集乃路所赖以生存者,即为流经此地的一条河流"黑水"。因此,该路对水资源的管理和水

---

① 李逸友:《黑城出土文书(汉文文书卷)》,第16页。
② 李逸友:《黑城出土文书(汉文文书卷)》,第17页。
③ 塔拉等:《中国藏黑水城汉文文献》,第916页;李逸友:《黑城出土文书(汉文文书卷)》,第169页。
④ 塔拉等:《中国藏黑水城汉文文献》,第229页;李逸友:《黑城出土文书(汉文文书卷)》,第113页。
⑤ 景爱:《沙漠考古通论》,上海古籍出版社,2006年,第195页。

利工程建设异常重视，设立了"吾即渠""额迷渠""本渠"等若干"水渠"。① 同时，亦集乃路总管府还设置了在其他地区并不多见的司属机构"河渠司"，以管理"河渠工程"以及相关的"分俵河水"等工作。② 在亦集乃路，"渠道"不仅仅是重要的水利设施，也成了基本的基层组织单位。黑水城文献显示，在说明该地民众的所在地时，往往会用到"渠道"，如一件编号为 F166：W9 的文书记载：

1. 广积仓今收到本渠马军
2. 一户吾即阿刺小麦柒斗、大麦壹
3. 斗外，黄米捌升叁角，折大麦式
4. 斗，依数③收足，凭此照用。
5. 　　　不④

这是一件亦集乃路广积仓为收到"本渠马军一户吾即阿刺"的税粮而出具的文书。不难发现，在说明"吾即阿刺"的所属机构时，标明其属于"本渠"。另外，黑水城文献中一件编号为 F74：W3 的契约文书，以"渠道"标注相关人员的所属地，今将其录文如下：

1. 立欠钱文字人，亦集乃路耳卜渠住人
2. 韩二，今为要钱使用，别无得处，今欠到
3. 石巡检⑤中统宝钞式拾柒两伍钱，其
4. 钱本人自限正月终交还，如至日不见
5. 交还，系同取代保人一面替还，无词。恐失，
6. 故立故立⑥文字人⑦为用。（绝止符）⑧
7. 　　至元四年十月廿日立文字人：韩二（签押）
8. 　　　　　　　同取代保人：张二（签押）

---

① 吴宏岐：《〈黑城出土文书〉中所见元代亦集乃路的灌溉渠道及其相关问题》，《西北民族论丛》第1辑，中国社会科学出版社，2002年，第132—135页。
② 李逸友：《黑城出土文书（汉文文书卷）》，第15页。
③ "数"，《黑城出土文书（汉文文书卷）》未释读，现据图版补。
④ 塔拉等：《中国藏黑水城汉文文献》，第1221页；李逸友：《黑城出土文书（汉文文书卷）》，第185页。
⑤ "检"，《黑城出土文书（汉文文书卷）》释作"使"，现据图版改。
⑥ 第二个"故立"，据文义推断，此两字应为衍文。
⑦ "人"，据文义推断，此字应为衍文，《黑城出土文书（汉文文书卷）》未录。
⑧ 此处符号，《黑城出土文书（汉文文书卷）》漏录，现据图版补。

9.　　　　　　　　知见人：小乌二（签押）①
　　　　　　　（后缺）

由以上可见，在订立契约时，"韩二"表明自己的所属机构或所在地为"亦集乃路耳卜渠"。不难发现，亦集乃路的"渠道"已经不仅仅是一项水利工程设施，而是成为一类基层组织机构。同时，黑水城文献还表明，在亦集乃路的各渠之下，还设有相关差役"社长""俵水"等，如编号为 M1·0110[84H·F116 W532/1706]的文书残片二记载："□□□□□□□莎伯渠社长亦但拜（签押）呈。"②由此可知，莎伯渠是设置有"社长"的。M1·0111[84H·F116 W319/1491]文书残片三载有"□□□□□渠司③　　各渠社长"④等内容，更说明"各渠"均设有"社长"。另外，F105：W2 文书表明，各"渠"不仅有"社长"，还设有"俵水"，如其记载：

1. 沙立渠社长贰名：　李嵬令普
2. 　　　　　　　　　沙的
3. 　俵水叁名：
4. 　　　　　　李汝中普　刘嵬令普
5. 　　　　　　何高住

6. 本渠社长叁名：　　撒的　许帖木
7. 　　　　　　　　　俺普
8. 　俵水叁名：
9. 　　　　何⑤逆你立嵬　樊⑥苔失帖木
10. 　　　　□哈刺那孩⑦
　　　　　　（后缺）

以上说明，"渠道"已成为亦集乃路的基层组织单位，各渠道下设有社长、俵

---

① 塔拉等：《中国藏黑水城汉文文献》，第1240页；李逸友：《黑城出土文书（汉文文书卷）》，第188页。
② 塔拉等：《中国藏黑水城汉文文献》，第180页。
③ "渠司"，据残笔画及文义补。
④ 塔拉等：《中国藏黑水城汉文文献》，第181页。
⑤ "何"，该字前有一小圆圈，当为勘验符号。
⑥ "樊"，该字前有一小圆圈，当为勘验符号。
⑦ 塔拉等：《中国藏黑水城汉文文献》，第986页；李逸友：《黑城出土文书（汉文文书卷）》，第90页。

水,负责该组织的内部事务,"渠社制"的机构建制已经比较成熟。那么,亦集乃路"渠社"的上级主管机构是谁呢? 对此,李逸友先生并未谈及,但有学者对此予以关注,提出了"渠社作为最基层的组织,直接接受亦集乃路总管府的领导"①的观点。在笔者看来,此观点未必称是。如黑水城文献中编号、拟题为 OR. 8212/734 K. K. 0120(a)《元河渠司上亦集乃路总管呈文》的文书记载:

1. 河渠司　　　　　　　　　　　　　　　　（印章）
2. 谨呈:承奉
3. 总府指挥,备奉
4. 甘肃等处行中书省札付,准
5. 中书省咨:
6. 奏奉
7. 圣②旨,为拘收蒙古子女,内除已为良人、为妻妾的难拟离异,将乞③养、过房、典卖、放良并年幼被卖,
8. 不知是何色目收聚,差人护送赴都。钦此。仰钦依拘收见数开坐呈府。承此。
9. 钦依于即管渠道人户内拘收得别无乞养、过房、典买蒙古子女,中间并无隐藏、
10. 虚冒,捏合不实。如后再行体问发露到官,但有隐藏不行从实拘解,情愿依例当
11. 罪不词。据此,合行保结,具呈
12. 亦集乃路总管府,伏乞
13. 照验施行。须至呈者。④

（后缺）

这是一件河渠司的呈文,通过第 11、12 行可知,呈文的呈报对象为"亦集乃路总管府",内容涉及汇报"即管渠道人户内拘收得别无乞养、过房、典买蒙古子女,中间并无隐藏、虚冒,捏合不实"之事。可见,在亦集乃路相关"渠道人户"受

---

① 王艳梅:《元代亦集乃路的渠社》,《今日湖北理论版》2007 年第 6 期。
② "圣",据残笔画及文义补,《斯坦因第三次中亚考古所获汉文文献(非佛经部分)》径释作"圣"。
③ "将乞",此二字被纸背墨迹遮盖大部。
④ 沙知、[英]吴芳思:《斯坦因第三次中亚考古所获汉文文献(非佛经部分)》第 1 册,上海辞书出版社, 2005 年,第 210 页。

到河渠司的直接管理。因此,亦集乃路的各"渠社"似乎并非"直属"于亦集乃路总管府,而是隶属于"河渠司",相关渠社通过该司,最终处于亦集乃路总管府的管控之下。因之,笔者将亦集乃路"渠社制"的基本组织架构归纳如下:"总管府—河渠司—渠道—社(俵水)—居民。"需要补充说明的是,在"渠社制"下,河渠司对于渠社的管理并不涉及相关渠道社长等的人事安排。①

其次,关于"所屯制"。对元代西北地区的屯田管理,李蔚先生有过深入探讨,他指出,在这一地区存在"军屯"和"民屯",它们对应着不同的管理体系,如"民屯"通过"中书省—行省—总管府(或营田司、安抚司)—提领所—屯户"②的组织架构以实现对"屯户"的管理,而"军屯"则通过"中书省—行省—万户府—千户所—屯户"③这一体系进行管理。李先生所言甚有见地。但对于元代的亦集乃路而言,似乎上述组织体系还需做进一步的调整。

黑水城文献显示,亦集乃路总管府存在大量屯田。编号为 M1·0062[84H·F20：W55/0704]的一件文书,第 5 行载有"▢▢▢▢▢次 纳④ ▢孟只地,北至屯田回 ▢▢▢▢▢"⑤等语,这反映出该地区是存在屯田的,而其他黑水城文献则表明这里的屯田中既有"民屯"也有"军屯"。另如 F257：W6 文书⑥第 1—5 行记载:

1. ▢前去,合行回关,讫
2. 照验施行。须至▢者。
3. 　一总计本▢▢▢点视所▢⑦ 辖⑧农民二十屯⑨
4. 　计⑩肆伯▢⑪四十⑫叁户,八百四十三丁,⑬

---

① 对此李逸友先生已经指出:亦集乃路的"社长和巷长由总管府派充",可参见《黑城出土文书(汉文文书卷)》,第 17 页。
② 李蔚:《再论元代西北屯田的几个问题》,《北方工业大学学报》1997 年第 4 期。
③ 同上。
④ "纳",据残笔画补。
⑤ 塔拉等:《中国藏黑水城汉文文献》,第 99 页。
⑥ 塔拉等:《中国藏黑水城汉文文献》,第 123 页,该书将此件拟题为"屯田栽树文书",并重新编号为 M1·0083[F57：W6];李逸友:《黑城出土文书(汉文文书卷)》,第 101 页。
⑦ "▢",《黑城出土文书(汉文文书卷)》未录,现据图版补。
⑧ "辖",据残笔画及文义补,《黑城出土文书(汉文文书卷)》径释作"辖"。
⑨ "屯",前原衍一"三"字,后涂抹,《黑城出土文书(汉文文书卷)》照录。
⑩ "计",原书于下行开头,后用笔连至本行。
⑪ "▢",《黑城出土文书(汉文文书卷)》未录,现据图版补。
⑫ "十",前原衍一"三"字,后涂抹。
⑬ "八百四十三丁",原误作"五百七十丁",后涂抹,于右行改写。

5. ☐①千五十令七口②。照得本处③

　　（后略）

由此件第 3 行可知,此次"点视"的对象为"二十屯"的农民,此"屯",无疑应为"民屯"。另外,编号为 M1·0086[84H·F116：W495/1667B] 的一件文书残尾,录文如下：

（前缺）
1. ☐☐☐☐☐田军百户王　☐（签押）
2. ☐☐☐☐附屯田军百户也火　（蒙古文签押）
3. ☐☐☐☐（签押）　　　（签押）④

（后缺）

由以上第 2 行的署名"附屯田军百户也火"可知,此件是有关屯田百户所呈报的文书,这里明确记载该百户来自"屯田军"。这无疑反映出,亦集乃路也是存在"军屯"的。

对于亦集乃路屯田的数量等,有学者推算"亦集乃路地区屯田面积应在 500 顷以上,人数接近 5000 人"。⑤ 由此可知,亦集乃路当存在大量的屯田及相关屯田人户。那么,如何对这些屯田进行管理呢？黑水城文献记载,在该地区曾设有专门的机构以管理屯田,如"屯田军百户所"。Y1：W131 文书记载："皇帝圣旨里,管领新附屯/田军百户所,今拟吴/政宗充本屯仓官/勾当,所有付身,须议/出给者。"⑥另外,还有"屯田新附军百户所",如 F111：W46 文书第 2 行载："☐☐屯田新附军百户所　　　谨。"⑦还有"屯田户所"的记载,如编号为 F116：W554 的文书第 13 行载有"一故牒屯田户所"⑧等。另外,前文提到的 Y1：W30 文书记载,亦集乃路的司属机构中还有一"两屯百户所",李逸友先生

---

① "☐",据残笔画补,《黑城出土文书（汉文文书卷）》径释作"一"。
② "五十令七",此四字于右行改写,其中"令"即"零"之借字。
③ "本处",《黑城出土文书（汉文文书卷）》漏录,现据图版补。
④ 塔拉等：《中国藏黑水城汉文文献》,第 126 页。
⑤ 徐悦：《元代亦集乃路的屯田开发》,《宁夏社会科学》2008 年第 3 期。
⑥ 李逸友：《黑城出土文书（汉文文书卷）》,第 89 页。
⑦ 李逸友：《黑城出土文书（汉文文书卷）》,第 203 页。
⑧ 李逸友：《黑城出土文书（汉文文书卷）》,第 120 页。

认为,这一机构是由"军屯"和"民屯"合并而来的。① 李先生所言很有道理,亦集乃路的屯田管理机构一直处于变动之中,如黑水城文献显示,在至正之时,上述两屯百户所又被"两屯千户所"②所取代。由此似可看出,在亦集乃路"军屯"和"民屯"的管理机构,有走向统一的趋势。

既然屯田管理机构属于地方官府的司属机构,这说明亦集乃路的屯田管理组织应适合李蔚先生所谈及的"民屯"组织架构,即由"亦集乃路总管府—两屯百户所(或屯田千户所)—屯户"构成。然而,由上文已知,亦集乃路的屯田户多达5000余人,一个屯田机构直接管领如此众多的人户是难以想象的。同时,由前文的F257:W6文书又知,亦集乃路不仅有"两屯百户所"这类专门的屯田管理机构,还将有关人户划分成了很多"屯"。因此,"屯"当是介于"两屯百户所"与"屯户"之间的屯田单位。由以上可以推见,亦集乃路对屯田的管理,似是通过"所屯制",即"亦集乃路总管府—两屯百户所(或屯田千户所)—屯—屯户"的基层组织体系,来实施对相关人户的管理。

三、亦集乃路行政机构的运行机制

黑水城文献的发现,不仅为我们认识元代亦集乃路总管府的机构建制情况提供了丰富的资料,同时也为认识该路行政机构的运作实态提供了前所未知的大量细节材料。虽然学界对于元代的路级官府探讨已多,但因受传世史料记载的限制,对于路总管府的行政运作状况却无关涉。今通过对亦集乃路行政机构运作机制的探讨,期望增进对元代同类官府行政运作情况的认识。

(一)总府决断、诸房组织、司属实施的行政运作机制

由前文的探讨已知,亦集乃路总管府的行政机构实际上可分为三个层级:第一层级为最高级,即路总管府自身,主要由《元史》"诸路总管府"所规定的"达鲁花赤""总管""同知""治中""判官"等职官组成。③ 第二层级为诸"房",可视为类似中央"六部"的中枢组织。第三层级则为相关的"司属"机构。通过黑水城文献来看,上述机构的运作有一定的规律可察,无论涉及户籍管理、官吏选任,

---

① 李逸友:《黑城出土文书(汉文文书卷)》,第19页。
② 李逸友:《黑城出土文书(汉文文书卷)》,第15—16页。
③ (明)宋濂等:《元史》卷九十一《百官志七》,第2316页。

第二章 黑水城文献所见元代路总管府等行政机构运作研究

还是涉及词讼审理、站赤提调、分例放支、税粮收纳、屯田管理等诸类行政事项的实施,一般都由各个"司属"机构来完成,而诸"房"则负责总管府政令的传达,向总管府汇报以及相关活动的组织等。总管府则是最终的决断机构,所有上述活动最终都需要获得总管府的批准。

《中国藏黑水城汉文文献》中有一件编号为 M1·1124[F116：W361a] 的文书,其第 7—11 行录文如下:

7. 吏礼房
8. □①：照②得延祐四年九月初九日例祭
9. 合用祭祀钱未曾支付。为此,覆奉
10. 府官台旨："移付钱粮房,更照无差③,
11. 依例放支者"。□□□▢④

（后缺）

此件由两纸粘贴而成,以上所录为第二纸文书。此件第 7 行载有行政机构"吏礼房",元代的公文首行往往先载明发文机构,故可知此纸实为一独立之文书,之所以与前纸文书粘连在一起,当是为了组成一"文卷"。从此纸文书第 8—11 行可知,其内容当是因为"延祐四年九月初九日"祭祀钱未曾支付,请求钱粮房放支相关钱钞一事。此次吏礼房所发之文,载明是根据"府官台旨"之命行事的,而"府官"无疑应为总管府官员之意。总管府官员的"台旨"要求"移付钱粮房""依例放支"。这反映出,在"祭祀钱"的放支过程中,负责礼仪祭祀事宜的"吏礼房"无权放支,而负责"钱粮"事宜的"钱粮房"亦无放支之权,放支钱粮的决定权是由总管府掌控的。钱粮房实际上无"钱粮",真正掌握钱粮者,则为"广积仓"和"支持库",其中前者管"粮",后者管"钱",故"祭祀钱"的发放最终应由"支持库"来完成。在此次"祭祀钱"的放支过程中,吏礼房、钱粮房都是总管府政令的传达者、组织者,而司属机构"支持库"是实施者,总管府则是裁决者。

由黑水城文献可见,亦集乃路总管府存在"总府决断""诸房组织""司属实

---

① "□",据文义,该字当作"呈"。
② "照",据残笔画及文义补,《黑城出土文书（汉文文书卷）》径释作"照"。
③ "差",据残笔画及文义补,《黑城出土文书（汉文文书卷）》径释作"差"。
④ 塔拉等:《中国藏黑水城汉文文献》,第 1391 页;李逸友:《黑城出土文书（汉文文书卷）》,第 97 页。第 11 行的文字,《黑城出土文书（汉文文书卷）》漏录,现据图版补。

施"的行政运作机制。

(二) 总府直接处置与司属越级呈报的政务运行机制

亦集乃路总管府在行政运作过程，除了遵循前文所涉及的机制之外，路总管府还时常撇开政务的组织、传达者——诸"房"，直接指挥"司属"来处理相关事务。如黑水城文献中一件编号为F26：W101正的文书即记载了这一现象，其录文如下：

1. 皇帝圣旨里，亦□□路总□□① 据都思帖木畏兀儿文
2. 字译该②：□□□□□□
3. 　　一下广积仓，除将总府今□字③□□号④半印勘合
4. 　　　　书填前去，合下仰照验，比对 元□□⑤ 簿墨迹、字样
5. 　　　　相同，更照无差，依数⑥责□⑦放支施行。
6. 　　　　开
7. 　　**实支白米**(朱印)**壹拾贰硕**。(朱印)
8. 　　一下支持 库⑧　除米另行放支外，据白面合折小麦，
9. 　　　　□□无见在，总府拟⑨照依巡检司报到至大四年
10. 　　　　□月分面货实直⑩时价扣算，合□□□□□□⑪
11. 　　　　字十四号半印勘合书填前去，合下仰照□□□⑫
12. 　　　　发号簿墨迹字样相同，更照无差，依数责
13. 　　　　领放支施行。

---

① "亦□□路总□□"，据文义推断，应为"亦集乃路总管府"。
② "该"，《黑城出土文书(汉文文书卷)》释作"读"，现据图版改。
③ "字"，《黑城出土文书(汉文文书卷)》释作"系"，现据图版改。
④ "号"，《黑城出土文书(汉文文书卷)》未释，现据图版补。
⑤ "元□□"，《黑城出土文书(汉文文书卷)》作缺一字处理，现据图版改。另，据其他相关文书可知，此处应为"元发号"三字。
⑥ "数"，《黑城出土文书(汉文文书卷)》释作"例"，现据图版改。
⑦ "□"，据下文可知，此处所缺文字应为"领"。
⑧ "库"，据残笔画及文义补，《黑城出土文书(汉文文书卷)》径释作"库"。
⑨ "拟"，该字为后期补写。
⑩ "直"，通"值"，《黑城出土文书(汉文文书卷)》径释作"值"。
⑪ "□□□"，此处三字残，《黑城出土文书(汉文文书卷)》补作"分例天"。
⑫ 此处缺文《黑城出土文书(汉文文书卷)》作缺两字处理，但据上文可知，此处所缺文字应为"验比对元"等字。

14.　　　　　开
15.　　　**实支中统钞**□**拾**①(朱印)**肆定弍拾两**。(朱印)
16.　　　　右各行
17.　　　　　至大四年七月　吏刘大明(签押)张诚(签押)
18.　　　　　　提控案牍史
19. 阿黑不花宁肃王分例米面
20.　　　　　　　知　事
21.　　　　　　经历亦黑迷失(签押)
22.　　　**廿二日**(朱印)
23.　　　　　　　　　　　(签押)②

　　此件首尾完整,从第1行所载的"亦□□路总□□"等文字可知,此件当系"亦集乃路分司总管府"所发出的文书。通过第19行所载的由头则可知,文书的内容涉及"阿黑不花宁肃王分例米面"一事。而由第2—15行可知,文书所涉之事交由"广积仓"和"支持库"来落实,其中"广积仓"所支为"米",而"支持库"所放支者为"钞"。由前文已知,以上两个机构均属于亦集乃路总管府的"司属",若按前文的总管府行政运作机制,向这些司属传达指令的应该为钱粮管理机构"钱粮房",但在此件中却未出现该"房"的身影,这清楚地表明,此件文书是总管府所下,下达的对象为相关司属机构。这无疑反映出,总管府可以不经诸"房"而直接指挥"司属"。同样,在黑水城文献中还发现亦集乃路总管府直接下达给"河渠司"的文书等。由此可知,这一行政运作机制的出现,并不仅仅是针对某一个司属机构,而应当是一种常态化的亦集乃路总管府政务运行机制。

　　与亦集乃路总管府直接指挥"司属"相对应,"司属"机构也可以越过处于第二层级的诸"房",直接向总管府汇报相关行政事务。如黑水城文献中一件编号为TK201的文书,其录文如下:

1. 亦集乃路**巡**③检司

---

① "**拾**",据残笔画及文义补,《黑城出土文书(汉文文书卷)》径释作"拾"。
② 塔拉等:《中国藏黑水城汉文文献》,第523页;李逸友:《黑城出土文书(汉文文书卷)》,第127页。
③ "**巡**",《俄藏黑水城汉文非佛教文献整理与研究》据残笔画及文义补。

2. 呈①：照得前元朵立赤等合得衣装，除天历二年夏衣不□

3. 当□□冬衣末糸②毡台儿未曾支付，当官令行人哈速丁□□司管□

4. 照依天历二年十月分时估□，实估计到各各价钱，中间并无高借③□

5. □捏合不实，如虚当□。除已取讫行人哈速丁甘结文状在官外，今将物色

6. 价直开坐，卑司保结，合行具□

7. 亦集□□总管府，　伏乞

8. 照验施行。须至呈者。

9. □实在孤老男子、妇女陆拾三名，例支末糸毡台儿，照依天历二年十月

10. 时估各价不等，计中统钞壹拾玖□□拾

11. 两伍钱。

12. □核中改机末糸每名例支式拾官尺，为无依中改④机末糸每

13. 名支回回地面壹疋，长式拾官尺，计末糸肆拾⑤

14. 三疋，每疋价钱壹拾伍两，计中统钞壹拾式

15. 定陆拾伍两

16. □毡台儿每名⑥支壹块，长壹丈，阔肆尺半□□□三块，每块价⑦

　　（后缺）

此件首全尾缺，由第1行可知，此件的发文机构为"亦集乃路巡检司"，再

---

① "呈"，《俄藏黑水城汉文非佛教文献整理与研究》据残笔画及文义补。
② "糸"，《俄藏黑水城汉文非佛教文献整理与研究》释作"系"，现据图版改。以下同，不另说明。
③ "借"，《俄藏黑水城汉文非佛教文献整理与研究》据残笔画及文义补。
④ "改"，《俄藏黑水城汉文非佛教文献整理与研究》据残笔画及文义补。
⑤ "拾"，《俄藏黑水城汉文非佛教文献整理与研究》据残笔画及文义补。
⑥ "名"，《俄藏黑水城汉文非佛教文献整理与研究》据残笔画及文义补。
⑦ 史金波等：《俄藏黑水城文献》第4册，上海古籍出版社，1997年，第204页。

由第2行所载的"呈"字,及第8行所载的"须至呈者"一语可知,此件当系一"呈文",而此呈文的呈送对象当系第7行所载的"亦集乃路总管府"。其内容,据行文推断,当与放支"前元朵立赤等合得衣装"等有关。由前文可知,"巡检司"属于亦集乃路总管府的"司属"机构之一。而此件涉及的放支"衣装",由第10—16行可知,有可能是折合"中统钞"放支的。亦集乃路负责钱钞物的"中枢"机构为"钱粮房",巡检司未将此呈文呈送"钱粮房"而是径直呈报给了"总管府",这无疑反映出,司属机构是可以"越过"诸"房"而直接向总管府呈报有关行政问题的。除涉及"巡检司"外,在黑水城文献中还保存有"司狱司""广积仓""儒学教授""河渠司"等司属机构向亦集乃路总管府发出的"呈文"。由此亦可推见,这一看似"越级"的行政运作机制,在亦集乃路总管府也比较常见。

通过类比有关文书发现,以上总府直接指挥"司属","司属"越级呈报总府的"常态"行政运作机制,似乎又有一定的规律可循。这些不经诸"房"而下达或呈报的行政事项,其涉及的内容都相对集中,如有关钱粮的放支问题,前文的F26:W101正文书与TK201文书即均与此有关。再者,则与人事安排等行政问题有关,如一件编号为F1:W32文书记载:

1. 广积仓
2. 谨呈:照得本仓计①厦人等勾当,年深若不革去存新选用,深为未便。卑所人等
3. ────□□去 计 厦,各各姓名开坐,合行具呈
4. 　　　亦集乃路总管府,伏乞
5. 　　　照验施行。须至呈者。
6. 选用:
7. 　　　九月　　拜颜　　安沙剌　　木薛非
8. 　　　布南伯　　哈阿章　　观昌　　小李大
9. 　　　朵②黑朵　　革城　　王五③
　　　　　(后缺)

---

① "计",据残笔画及文义补,《黑城出土文书(汉文文书卷)》未释。以下同此,不另说明。
② "朵",原文作"朶",今释作"朵"。下文同此,不另说明。
③ 塔拉等:《中国藏黑水城汉文文献》,第988页,该书将此件拟题为《广积仓仓官选任状》,并重新编号为M1·0761[F1:W54];李逸友:《黑城出土文书(汉文文书卷)》,第89页。

由以上文书所载内容可知,此件当是广积仓为"存新选用"有关"本仓 计 厫人等"而向亦集乃路总管府发出的"呈文"。其内容,涉及本仓的有关人员选任等人事安排问题。

总之,从以上不难发现,凡涉及钱、粮、物及人事安排等重大行政问题时,总管府可直接指挥"司属",反之亦然,"司属"的汇报亦可"直达""总府"。这一看似"特殊"的总管府机构运作机制,其背后可能是"总管府"为了加强对有关财、权、物的管控而采取的更为有效的措施罢了。由此亦可发现,所谓具有六部之"形"的诸"房",多是扮演着上传与下达的角色,并无太多的实际权力,与"六部"之实相去甚远矣。

第二节　元代录事司文书研究

黑水城汉文文献中共收录5件元代录事司文书,其中有3件被《黑城出土文书(汉文文书卷)》和《中国藏黑水城汉文文献》两书共同收录,[①]另外的2件残件仅《中国藏黑水城汉文文献》收录。[②] 对于元代录事司这一机构,前人已多有研究,[③]对元代录事司的性质、渊源、出现时间、设置录事司及巡警院的路、府、司侯司与录事司的关系、录事司城市的规模和时空特征等内容,业已进行了深入探讨。但遗憾的是,上述研究均未采用黑水城所出元代录事司文书。实际上,黑水城所出元代录事司文书内容非常丰富,对研究元代录事司制度、元代不兰奚人口、头匹管理制度、民事审判制度等问题都具有重要的史料价值。本节将

---

① 《黑城出土文书(汉文文书卷)》将这3件文书编号为:F125;W72,F116;W171,F193;W12;《中国藏黑水城汉文文献》将这3件文书编号并拟题为:M1·0544[F125;W72]《不兰奚人口案》、M1·0583[F116;W171]《偷盗案》、M1·0595[F193;W12]《陈礼状告孙直欠伊伊货钱不肯归案》。

② 这两件文书残件编号为:M1·0587[84H·F36;W4/0763]、M1·0698[84H·F116;W95/1267],分别收录于《中国藏黑水城汉文文献》第723页、第928页。

③ [日]爱宕松男:《元代的录事司》,《日本学者研究中国史论著选译》第五卷;王民信:《元朝的"录事司"考》,《宋史研究集》第5集;韩光辉等:《〈元史·世祖纪〉"巡院三"考察》,《北京大学学报(哲学社会科学版)》2009年第4期;韩光辉等:《宋辽金元建制城市的出现与城市体系的形成》,《历史研究》2007年第4期;韩光辉等:《宋辽金元城市行政建制与区域行政区划体系的演变》,《北京大学学报(哲学社会科学版)》2008年第2期;韩光辉等:《中国元代不同等级规模的建制城市研究》,《地理学报》2010年第12期;韩光辉等:《论中国古代城市管理制度的演变和建制城市的形成》,《清华大学学报(哲学社会科学版)》2011年第4期;韩光辉:《宋辽金元建制城市研究》,北京大学出版社,2011年等;吴晓亮:《从"录事"到"录事司"内涵的变化看宋辽金元区域社会的互动》,《宋史研究论文集2008》,云南大学出版社,2009年,第236—255页;蔡春娟:《录事参军与元代的录事司官》,《隋唐辽宋金元史论丛》第4辑,上海古籍出版社,2014年,第337—353页。

在前人研究基础上,以前述两书所收的 3 件文书为重点,对相关文书所反映的上述问题试做探讨。

一、关于元代录事司文书的内容与性质

黑水城文献中的元代录事司文书,有 3 件载有"甘州路录事司"这一机构,如编号为 F125:W72 的文书载:

1. 皇帝圣旨里,甘州路录事司,照得,至顺四年
2. 　　正月至六月终上半年不兰奚人口、头疋
3. 　　已行具申
4. 　　总府照验外,据七月至十二月终
5. 　　下半年,照勘得,本司并无拘收到不兰奚
6. 　　人口、头疋,如申已后却①有隐漏,拘收到
7. 　　不兰奚人口、头目②依例当罪无词,卑司官
8. 　　吏保结,合行具申,伏乞
9. 　　照验者。③

此件首尾完整,共存文字 9 行,有涂抹痕迹。文书结尾处无印章、无日期、无署名,但第 1 行所载"至顺四年"(1333)为元代纪年,且"皇帝圣旨里"为元代公文起首语。④ 故推知,此件可能为元代至顺年间的公文草稿,《黑城出土文书(汉文文书卷)》称之为"涂改稿"。⑤

按照元代公文的通行格式,文书第 1 行的"甘州路录事司"为此件文书的撰拟主体。文书第 3、4 行"已行具申""总府照验"等语表明,"上半年不兰奚人口、头疋"之事已经申明"总府"予以"照验"。"总府"即总管府的简称,由于本件的撰拟主体为"甘州路录事司",故该机构要申明的"总府"很可能是指甘州路总管府。从第 4 行"据七月至十二月终"一句迄至结尾,是"本司",即录事司向甘州路总管府汇报该司已经查明至顺四年(1333)下半年未"拘收到不兰奚人口、头

---

① "却",《黑城出土文书(汉文文书卷)》漏录,现据图版补。
② "目",据文义当作"疋"。
③ 塔拉等:《中国藏黑水城汉文文献》,第 676 页;李逸友:《黑城出土文书(汉文文书卷)》,第 145 页。
④ 刘晓:《元代公文起首语初探——兼论〈全元文〉所收顺帝诏书等相关问题》,《文史》2007 年第 3 辑。
⑤ 李逸友:《黑城出土文书(汉文文书卷)》,第 145 页。

疋"之事，并做出保证，请求总管府验明此事，这就是此件文书所涉及的主要内容。

另如，编号为 F116：W171 的文书载：

1. ☐ 甘州① 路录事司，据不答失里状告 ☐
2. ☐ 畏兀儿户计，② 见在甘州丰乐坊 住坐③ ☐
3. ☐ 有本家驱男普失的弟完者 帖木④
4. ☐ 驱妇⑤ 唐兀义将本家男子那 ☐
5. ☐ 扫⑥ 里一头，年七岁；儿驴一头 ☐
6. ☐ 获，已行具状 ☐ ⑦

（后缺）

由以上可见，此件残损较多，具体成书时间不详，但其文字字体与其他元代文书相似，文中第 2 行出现的"户计"一词，也是元代相关制度的反映。此件属于一件元代文书毋庸置疑。据李逸友先生在《黑城出土文书（汉文文书卷）》书中所云：黑水城出土的元代文书"从年款上看，这一大批文书中，时间最早的书于元成宗元贞元年（1295 年），时间最晚的成于北元宣光元年（1371 年）……尤以至正及至正以后的文书为多"。⑧ 由此推断，此件文书的年代大体亦在此间，属于元代中后期的可能性大。虽然文书残缺，但据第 1 行来看，此件当与 甘州 路录事司审录"不答失里状告"状告案有关。据以下几行则知，此案情涉及有关"驱口""头疋"等事。

再如，编号为 F193：W12 的文书，其内容如下：

1. 皇帝圣旨里，亦集乃路总管府，据甘州路
2. 　　录事司状申云云：得⑨此。施行。官议，准甘州路

---

① 据下文"见在甘州丰乐坊"以及 F125：W72 文书第 1 行"甘州路录事司"推测，该处缺录 甘州 二字，今据之补。《黑城出土文书（汉文文书卷）》未补。
② 《黑城出土文书（汉文文书卷）》释文"畏兀儿户计"前有一"管"字，图版此处残缺，无法识读，故未录。
③ "住坐"，据残笔画及文义补，《黑城出土文书（汉文文书卷）》径释作"住坐"。
④ "帖木"，据残笔画及文义补，《黑城出土文书（汉文文书卷）》径释作"帖木"。
⑤ "驱妇"，《黑城出土文书（汉文文书卷）》释作"处扫里"，现据图版改。
⑥ "扫"，据残笔画及文义补，《黑城出土文书（汉文文书卷）》径释作"扫"。
⑦ 塔拉等：《中国藏黑水城汉文文献》，第 720 页；李逸友：《黑城出土文书（汉文文书卷）》，第 148 页。
⑧ 李逸友：《黑城出土文书（汉文文书卷）》，第 10 页。
⑨ "得"，《黑城出土文书（汉文文书卷）》释作"将"，现据图版改。

3. 关,亦为此事。准此。照得,该路本①司申:
4. 陈礼状告孙直欠少伊货钱不肯归
5. 还公事。已将本人发下,本司取问明白,依理
6. 归结去讫。今②准前③因,总府公差本
7. 役前☐☐☐☐☐孙直正身押来
8. 赴府☐☐☐☐☐施行。④

（后缺）

此件除后两行部分中残外,其他各行均保存完整,用行草书写,现存文字8行。据首行可知,此件的发文机构系亦集乃路总管府。第2行的"得此"一词,系元代公文中属于结语词的诸"此"之一。由此可知,此件包含多个层次,其中"得此"之前者当系一个层次,而之后则为另外的层次。通过第1、2行可见,"得此"之前主要记载了甘州路录事司发来的"状申",不过此"状申"仅用"云云"略而代之。第3行的"准此"亦属于公文结语词,至此则又是文书的一个层次。通过其中"官议""准"等文字可知,亦集乃路总管经过讨论后,认可了甘州路的"关文"。同时"亦为此事"一语表明,甘州路发文之意,也是为了前文"甘州路录事司"所"申"之事。从第3行"照得"至结尾,系此件的最后一个层次。在该部分,不仅载明了此件所涉前文甘州路录事司状申的主要内容,是有关"陈礼状告孙直欠少伊货钱不肯归还公事"一案,且载明了对此案的审录情况:"取问明白""依理归结",更进一步载录了对于此案的处理意见,即"孙直正身押来赴府☐☐☐☐☐施行"等。

综上可知,此件系亦集乃路要求对涉及甘州路有关案件的被告人孙直押赴总管府的文书。此件虽缺失年款,但依据以上李逸友先生有关黑水城元代文献的时代判断推测,此件很可能也是一件元代中后期的文书。

二、录事司文书的价值及意义

通过前文,现已对黑水城文献中所涉元代"录事司"文书的大致内容等有了

---

① "本",《黑城出土文书(汉文文书卷)》释作"在",现据图版改,下文同。
② "今",《黑城出土文书(汉文文书卷)》释作"方",现据图版改。
③ "前",《黑城出土文书(汉文文书卷)》释作"原",现据图版改。
④ 塔拉等:《中国藏黑水城汉文文献》,第735页;李逸友:《黑城出土文书(汉文文书卷)》,第150页。

一些初步的认识,下面重点对上述文书在元代录事司研究等方面所展现的独特价值和意义加以探讨。

(一) 录事司文书记载了不见于其他资料的"甘州路录事司"这一机构

对于元代录事司的数量,《元史》卷十七《世祖本纪十四》载:"是岁(至元三十年),天下路、府、州、县等二千三十八:路一百六十九,府四十三,州三百九十八,县千一百六十五……录事司百三,巡院三。官府大小二千七百三十三处。"① 可知到至元三十年(1293),元代共设有录事司 103 处。王民信先生通过悉心研究、梳理《元史·地理志》,连同一些曾经设置旋即废除的录事司,共发现元代设置过 111 个录事司,而不是 103 处。② 而后,韩光辉先生在元代传世文献中做了更大范围的查找,包括《元一统志》《元史·本纪》《元史·地理志》等材料,他发现在元代共有 127 座城市设置过录事司,③ 也即是说,元代至少设有 127 个录事司机构,这一数字较之王民信先生的统计又有很大增加。但遗憾的是,上述两位先生的统计,均不见"甘州路录事司"的身影,而《元史》中有关"甘州路"的记载亦如此。如该书卷六十《地理志三》"甘州路"条载:

> 甘州路,上。唐为甘州,又为张掖郡。宋初为西夏所据,改镇夷郡,又立宣化府。元初仍称甘州。至元元年,置甘肃路总管府。八年,改甘州路总管府。十八年,立行中书省,以控制河西诸郡。户一千五百五十,口二万三千九百八十七。④

若据以上记载似可认为,甘州路不仅没有"录事司",连"县"也未曾设置过,但实际情况并非如此。目前,黑水城文献是我们有机会认识甘州路曾设置"录事司"的唯一史料,无疑具有非常重要的补史价值和意义。

对甘州路录事司设置于何时,有关黑水城文书并未记载,但根据上引《元史》"甘州路"条的记载推断,至元元年(1264)元政府在此地置甘肃路总管府。至元八年(1271)改甘州路总管府。通常来说,只有在甘州路总管府设置后才可能有该路录事司的设置,所以甘州路录事司设置时间的上限可暂定为至元八年(1271)。

---

① (明) 宋濂等:《元史》卷十七《世祖本纪十四》,第 376 页。
② 王民信:《元朝的"录事司"考》,《宋史研究集》第 5 集,第 416—423 页。
③ 韩光辉:《宋辽金元建制城市研究》,第 117—123 页。
④ (明) 宋濂等:《元史》卷六十《地理志三》,第 1450 页。

然而，从人口数量来看，仅有"一千五百五十"户规模的甘州路即设立录事司，似难解释。元朝规定"若城市民少，则不置司，归之倚郭县"。①笔者查检所有设置录事司的各路人口情况后发现，除人口不明者，设置录事司的路，不足万户者仅有两处：其一为河南府路，"户九千五百二"；②其二为顺庆路，"户二千八百二十一"。③但顺庆路的户数记载有误，吴松弟先生在《中国人口史》中已指出，顺庆路"每户平均有口33.7，户、口数两者必有一误，或许户数的首位应是万位，即20821"。④因此，该路不在讨论之列。其他设置录事司的各路，人口都在万户以上，有的甚至达到了几十万户，如福州路，"户七十九万九千六百九十四"。⑤若单纯以户口多少为设置录事司的依据，甘州路远远没有达到设置录事司的人口标准。同时也应当看到，元代有很多路的户数已超过几万，却仍未设置录事司，如湖广等处行中书省的雷州路，"户八万九千五百三十五"，⑥未置司；辰州路，"户八万三千二百二十三"，⑦未置司；靖州路，"户二万六千五百九十四"，⑧未置司；等等。甘州路在仅有"一千五百五十"户人口规模的情况下却设置了录事司，这至少说明王民信先生提出的"录事司的设置，原则上是以户口的多寡而决定"⑨的观点，还可以做进一步的讨论。

笔者以为，甘州路之所以在户数极少的情况下设置了录事司，与该路具有一定的特殊性有关。从至元十八年（1281）起，该路成为甘肃等处行中书省官府的驻地。笔者查勘元代行中书省驻地发现，除岭北行省驻地和宁路是否置录事司情况不明外，其他凡是行省政府所在地的路总管府都设置了录事司。如河南江北行省的汴梁路总管府、陕西行省的奉元路总管府、四川行省的成都路总管府、云南行省的中庆路总管府、江浙行省的杭州路总管府、江西行省的龙兴路总管府、湖广行省的武昌路总管府等。⑩而日本学者村冈伦先生的最新研究表明，

---

① （明）宋濂等：《元史》卷九十一《百官志七》，第2317页。
② （明）宋濂等：《元史》卷五十九《地理志二》，第1403页。
③ （明）宋濂等：《元史》卷六十《地理志三》，第1439页。
④ 吴松弟：《中国人口史》第三卷，复旦大学出版社，2000年，第311页。
⑤ （明）宋濂等：《元史》卷六十二《地理志五》，第1504页。
⑥ （明）宋濂等：《元史》卷六十三《地理志六》，第1537页。
⑦ （明）宋濂等：《元史》卷六十三《地理志六》，第1526页。
⑧ （明）宋濂等：《元史》卷六十三《地理志六》，第1527页。
⑨ 王民信：《元朝的"录事司"考》，《宋史研究集》第5集，第413页。
⑩ 关于各行省的驻地，可参见谭其骧《中国历史地图集》第7册《元明时期》卷，各路设置录事司的情况参见《元史·地理志》。

在元代岭北行省驻地和宁路也设置了名称虽异,但实质与汉地录事司相同的官署"和林兵马司"。① 如此不难看出,元代在行省驻地设置录事司具有一定的普遍性,甘州路录事司的设置也应属于此类情况。

综上,我们可以得出如下两点认识:其一,元代录事司的设置不仅仅考虑人口因素,其他如政治因素等也是需要考虑的重要原因;其二,甘州路录事司设置的时间上限可以确定在甘州路成为甘肃行中书省政府驻地即至元十八年(1281)之后,而下限至少在 F125∶W72 文书所载的至顺四年(1333),或迄至元末。

(二) 录事司文书印证了元代录事司的诸多职权

日本学者爱宕松男先生指出,元代录事司有四类职权:一、警察权,包括捕盗和维持治安两方面。二、征收租税权。三、裁判权。四、其他,其举《至正四明续志》卷三"鄞县公宇"条说,录事司掌官钱规运事;《圭斋集》卷六《得全书院记》条说,录事司任管理书院事。② 王民信先生则认为录事司"实具有'警巡院''厢兵''兵马司''司狱司'等机构的性质,是'镇兵',是掌'屯驻、兵甲、训练、差使之事',是掌'斗争、词讼、盗贼之事',也即是官志中所谓的'掌城中户民之事'"。③ 黑水城元代录事司文书多能证实以上职权。如 F125∶W72 文书中录事司所具有的拘收本地不兰奚人口、头匹之职责,似可以归入爱宕松男先生所说的"警察权"中的"维持治安"之职权。F116∶W171 和 F193∶W12 两件文书则表明录事司具有"裁判权"。另外,通过 F116∶W171 文书中状告人不答失里"见在甘州丰乐坊 住坐　　　　"一语可知,状告人的居住地是"甘州丰乐坊"。"坊"是我国古代城邑居民所在地的基层组织单位,《至顺镇江志》"坊巷"条载:"坊隅之设,所以分城市之居民,成井邑之定制。"④因此,"甘州丰乐坊"当在甘州城内,录事司的职能范围亦包括"掌城中户民之事"等。

(三) 录事司文书反映了元代不兰奚人口、头匹管理制度在元末的运行情况

"不兰奚"一语,出自蒙古语,主要是指被遗失的、或离开原地的人或物等。对于地方上领拾到的不兰奚人口、头匹等,元代有着较为严格的拘收、送纳制

---

① [日]村冈伦著,宫海峰译:《从〈和林兵马刘公去思碑〉谈起——元代和林地区行政机构管窥》,《江海学刊》2016 年第 3 期。
② [日]爱宕松男:《元代的录事司》,《日本学者研究中国史论著选译》第 5 卷,第 613—615 页。
③ 王民信:《元朝的"录事司"考》,《宋史研究集》第 5 集,第 408—409 页。
④ (元)俞希鲁编纂,杨积庆等点校:《至顺镇江志》卷二《坊巷》,第 12 页。

度,如《元典章》卷五十六"拘收孛兰奚人口"条载:

> 中统五年八月,钦奉圣旨条画内一款该:
>
> 诸处应有不兰奚人口、头疋等,从各路府司收拾。仍将收拾到数目,于应收置去处收置,限十日以里,许令本主识认。如十日以外,作孛兰奚收系,每月申部。如有隐匿者,究治施行。
>
> 又
>
> 至元十六年十一月,钦奉皇帝圣旨节该:
>
> ……
>
> 一、各路达鲁花赤、总管(府)及州县达鲁花赤、管民正官,不妨本职,收拾不兰奚人口、头疋诸物。各州县每月申总管府,每季申吏部尚书兼领诸路不兰奚总管府。仍令本府逐旋差人催督点勘,各路委定正官,将收拾到不兰奚领管到官。每月当月二十五日,本路指定聚集不兰奚去处,令人识认三日。于内若有认见,委无诈冒,召招给主外,无人识认者,依上每季差人管押赴大都,交付吏部尚书兼领诸路不兰奚总管府收管。外据府州县在前收拾下底不兰奚人口、头疋诸物,亦仰尽数差人赴本府交纳,无得隐漏。①

以上材料是元代有关不兰奚制度的较早规定,其出台于中统五年(1264)八月。此时元政府要求,当路府司等机构收拾到不兰奚人口、头匹等时,要以"十日"为限,允许其主人认领,超出日期未认领者,则要将之作"孛兰奚"收押,并于每月申"部",此"部"当指吏部。蔡美彪先生曾指出"不兰奚,译自蒙古语,原指逃遗";"汉文文献中'阑遗'一词与不兰奚意近,但出于不同语源"。② 到至元十六年(1279)十一月时,该制度出现了一次变化,这一时期各地的"路总管府"已经普遍设立,元廷要求各地的州县要按"月"将有关"收拾不兰奚人口、头疋"等报告路总管府,总管府以"三"日为限,让不兰奚的主人前来认领,然后对于"无人认领"者,各路总管府不是按"月",而是按"季"将有关不兰奚人口、头匹等上报吏部尚书所兼领诸路不兰奚总管府,并将有关不兰奚押赴大都,由上述总管

---

① 陈高华等点校:《元典章》卷五十六《刑部十八·阑遗·孛兰奚·拘收孛兰奚人口》,第1859—1860页。
② 蔡美彪:《元代白话碑集录》(修订版),中国社会科学出版社,2017年,第27页。

府处理。

之后,元代有关"不兰奚人口、头疋"的管理制度又出现变化,这一变化发生于皇庆时期,如《通制条格》卷二十八"阑遗"条记载:

> 皇庆元年五月,中书省。宣徽院备阑遗监呈:"本监专管不阑奚人口、头疋,循行事务,多失其宜,若不更张,深为不便。"具到各项事理,刑部议拟,都省准呈于后:
>
> 一、随处路府州县达鲁花赤提调不阑奚人口、头疋等物,因仍苟且,不肯用心……今后莫若改委各处文资长官提调,凡有不阑奚人口、头疋,责付里正、主首收养,立法关防,用心点检,毋致逃易、隐匿、瘦弱、倒死。按月申报,每岁于三月、九月二次送纳,实为便益。①

从以上可见,在皇庆元年(1312)五月份阑遗监提出了变革"不阑奚人口、头疋等物"报告、送纳制度的建议,即要求各地对于相关不兰奚人口、头匹等,要按"月"申报,按"年"两次送纳。这一建议最终"合准所言",获得批准。显然这里的"不阑奚",也即是指"不兰奚"。

元末之后不兰奚管理制度的执行情况如何呢?因元代传世文献付之阙如,故据之我们无法获得有关信息,现通过 F125:W72 文书则可以对此加以认识。由此文书可见,在这一时期,甘州路录事司是以"上""下"半年为限,将有关拘收到的不兰奚人口、头匹等向该路总管府进行的汇报。可以推见,甘州路总管府向吏部申报相关不兰奚的时间也应该是以"半年"为限,这无疑说明,皇庆元年(1312)所出现的不兰奚报送制度,在部分执行的情况下,又出现变化,即一方面路总管府继续执行按"年"两次"送纳"的制度;另一方面,"申报"制度却又按"月",变成了按"半年"一次申报。

总而言之,在不同的阶段内,元政府对于不兰奚人口、头匹拘收、送纳制度在不断地调整、演进:有元一代,各地每年向中央送报不兰奚人口、头匹的次数在逐渐减少,出现"按月申报→按季度申报→按半年度申报"的发展趋势,虽然其间也不乏皇庆时期的反复,但总体趋势并未改变,这反映出元政府对于不兰奚、头匹的控制具有前紧后松的特点。

---

① 方龄贵校注:《通制条格校注》卷二十八《杂令·阑遗》,中华书局,2001年,第683页。

（四）录事司文书反映了元代地方民事审判制度的运作情况

元代承担民事审判的机构比较复杂，主要有"路、府、州、县""刑部和礼部""行中书省""大宗正府""奥鲁""宣政院""都护府"及其他有关机构，其中县是主要的审理机构，到总管府一级的很少。① 元胡祗遹曾说："小民所争讼，不过婚姻、债负、良贱、土田、房舍、牛畜、斗殴而已。所犯若无重罪，司县皆当取决，不合申州、申府、申总府、申提刑司。"② 从中可知，对于一般的民事诉讼，"司县"具有"取决"之权，不必申报上级部门。那么，哪些情况需申报上级部门审理呢？一是要根据罪行的轻重，如《元典章》卷三十九"罪名府县断隶"条载：

> 至元二十八年六月，中书省奏准《至元新格》内一款：
> 诸杖罪五十七以下，司、县断决；八十七以下，散府、州军断决；一百七（下）以下，宣慰司、总管府断决。③

罪行轻者司、县断决，重者则要由上级判决。二是司、县在遇有不能决断的案件时，要申报上级，如《元典章》载："诸州司县，但有疑狱不能断决者，毋得淹滞，仰随即申解本路上司。若犹有疑惑不能决者，申行中书省。"④

上述内容反映的是录事司处理一般民事案件的情况，对于涉及其他各路的案件如何处理呢？元代典籍缺少更为详尽的记载，通过 F193：W12 文书可以对这方面有所补充。据文书所载，甘州路录事司处理的"陈礼状告孙直欠少伊货钱不肯归"一事，从内容上说，此事应属于"债负"一类，从是否"疑狱"的角度讲，录事司对这一案件已经"取问明白"，也不存在疑难悬案的可能，故按照胡祗遹所云及《元典章》的规定，这一案件由录事司来处理顺理成章，但事实是录事司并未处理，该司仅充当了"取问明白，依理归结"的角色，没有最终的判决权。这一方面说明，在审理涉及其他各路的民事案件，尤其是涉及因公产生的各路间的纠纷时，存在录事司需将此类案件呈报上级总管府以及案件涉及的路总管府的程序。另一方面则反映出，由于此件甘州录事司审理的犯人非本州在城民户，故需将犯人递解原籍处理，这种跨路间的案件处理过程，似可归纳为一路审结，一路判决的程序。不管怎样，这一审理案件程序的存在，是对元代典籍中关

---

① 胡兴东：《元代民事法律制度研究》，中国社会科学出版社，2007年，第166—172页。
② （元）胡祗遹著，魏崇武等校点：《胡祗遹集》卷二十三《杂著》，吉林文史出版社，2008年，第484页。
③ 陈高华等点校：《元典章》卷三十九《刑部一·刑制·刑法·罪名府县断隶》，第1333页。
④ 陈高华等点校：《元典章》卷四十《刑部二·刑狱·狱具·巡检司狱具不便》，第1357页。

于司、县需申报上级处理案件规定的一种补充。

总而言之,作为珍贵的原始资料,黑水城文献对于元代甘州路录事司的记载具有无可替代的史料价值,其又对于认识元代录事司的设置原则提供了重要启示,对于认识该司的职能也有良多意义。对于元代不兰奚人口、头匹等的拘收、送纳制度,黑水城文献补充了传世文献的不足,反映了该项制度在元末的变化和执行情况,对于跨路间的民事案件审理情况,录事司文书则展现出相关案件的审理、判决等细节信息,这为认识元代的同类案件的实际审判运作情况,也多有价值和意义。

第三节　关于元代巡检司的几个问题

据笔者统计,黑水城文献中共有元代巡检司及其相关文书23件。对于元代的巡检司,学界已利用传世文献对其进行了非常深入的探讨。[1] 对于黑水城元代巡检司文书,金滢坤、郭兆斌、宋坤等诸位学者在相关研究中已有所涉及,但均非专论之文。[2] 黑水城元代巡检司及其相关文书大部分为元代行政公文,这些文书内容丰富,不仅记载了其他文献未载的巡检司机构,还反映了元代巡检司的基本职能、设置情况、巡检的民族属性、选任情况等诸多问题,是研究元代巡检司制度的珍贵一手资料,具有重要学术价值,值得专门探讨。本节拟以

---

[1] 在已有研究成果中,李治安先生的研究无疑最具开拓之功,李先生所撰《元代巡检司考述》一文对元代巡检司的设置时间、职级、人员组成、职能等问题进行过精深考证(载《元代政治制度研究》,第221—244页),李先生的研究是目前学界认识对元代巡检司的主要依据。另外,申万里先生还对元代学官选注巡检问题进行了考证[《元代学官选注巡检考》,《中央民族大学学报(哲学社会科学版)》2005年第5期],吴幼雄先生、丛耕先生分别对元代的澎湖巡检司进行了研究(吴幼雄:《元朝澎湖巡检司隶属考》,《历史教学》1984年第6期;丛耕:《也谈元朝在澎湖设立巡检司的年代》,《贵州社会科学》1982年第1期);刘迎胜先生则对宋元时代浙江、福建的巡检司进行了探讨,同时兼论了澎湖巡检司[《宋元时代浙江、福建沿海的巡检司——兼论元澎湖巡检司》,《跨越海洋海上丝绸之路与世界文明进程国际学术论坛文选(2011·中国·宁波)》,浙江大学出版社,2012年];陈彩云讨论了巡检司在海疆地区的设置、分布、职责、运行弊端相关问题[《巡检司与元帝国的海疆治理》,《浙江师范大学学报(社会科学版)》2018年第6期]等。

[2] 如金滢坤对误入《俄藏敦煌文献》的Дх19072R文书进行了研究,其主要讨论该文书反映的元代养济院制度以及亦集乃路等问题[《从黑城文书看元代的养济院制度——兼论元代的亦集乃路》,《中央民族大学学报(哲学社会科学版)》2003年第2期]。郭兆斌又对金文所探讨的文书重新进行了研究,其分析了该文书的性质,探讨了亦集乃路巡检司核实收养老人的原因,指出黑水城文书所载的一些巡检司为他资料所不载,郭文研究重点仍然是元代的养济院制度(《西夏学》第8辑)等。宋坤的《俄藏黑水城所出〈天历二年呈亦集乃路官府文〉考释》一文,亦涉及Дх19072R文书,同时还涉及TK201文书,其研究重点亦非巡检司,而是养济院制度(参见《元史论丛》第14辑,第437—444页)。

黑水城文献为中心，并结合其他资料，对上述文书的总体状况及其反映的相关问题试加探讨。

一、黑水城元代巡检司文书的数量构成及其类型

为方便研究，现将黑水城元代巡检司及其相关文书列表说明如下：

黑水城元代巡检司及其相关文书统计表

序号	文书编号	原拟题	出　　处	备　注
1	TK201	《天历二年呈亦集乃路官府文》	《俄藏黑水城文献》第4册，第204页。	文书第1行载发文机关为"亦集乃路□检司"
2	Дx19072R	无	《俄藏敦煌文献》第17册，第334页。	文书第1行载发文机关为"巡检司"
		《元至正三年(1343)为收养郭张驴等孤老状》	《〈俄藏敦煌文献〉中的黑城文书考证及相关问题的讨论》，《敦煌学》第24辑，第68—69页。	
3	Дx19071	无	《俄藏敦煌文献》第17册，第334页。	文书第7行载有"下巡检司""总府合下仰巡检□□"等语
		《元代状及判》	《〈俄藏敦煌文献〉中的黑城文书考证及相关问题的讨论》，《敦煌学》第24辑，第73—74页。	
4	Y1：W19	无	《黑城出土文书(汉文文书卷)》，第89页。	文书第2行有"本司前巡检秃花迷失"；第4行有"系巡检"一语
	M1·0769[Y1：W19]	《人事与选官文书》	《中国藏黑水城汉文文献》，第994页。	
5	F224：W46	无	《黑城出土文书(汉文文书卷)》，第89页。	文书第1行载有"本人拟充巴罗巡检勾当"一语
	M1·0770[F224：W46]	《拟充巴罗巡检状》	《中国藏黑水城汉文文献》，第995页。	
6	Y1：W57	无	《黑城出土文书(汉文文书卷)》，第145页。	文书第2行有"在城巡检司"；第3行有"孔古列巡检司""昔宝赤巡检司"等记载
	M1·0548[Y1：W57]	《家奴案》	《中国藏黑水城汉文文献》，第680页。	

续　表

序号	文书编号	原拟题	出　　处	备　注
7	F204：W1	无	《黑城出土文书(汉文文书卷)》,第149页。	文书第4行载有"巡检者"
	M1·0590[F204：W1]	《盗贼案》	《中国藏黑水城汉文文献》,第727页。	
8	Y1：W30	无	《黑城出土文书(汉文文书卷)》,第94页。	文书第13行载有"巡检司"
	M1·0779[Y1：W36]	《出郭迎接甘肃行省镇抚状》	《中国藏黑水城汉文文献》,第1009页。	
9	F1：W39	无	《黑城出土文书(汉文文书卷)》,第99页。	文书第1行载有"承差人巡检"一语
	M1·0784[F1：W39]	《总府差引前去根勾公事》	《中国藏黑水城汉文文献》,第1014页。	
10	Y1：W16	无	《黑城出土文书(汉文文书卷)》,第99页。	文书第2行载有"巡检　哈剌"
	M1·0785[Y1：W16]	《当直府吏巡检与牢子名单》	《中国藏黑水城汉文文献》,第1015页。	
11	Y1：W89	无	《黑城出土文书(汉文文书卷)》,第98—99页。	文书第1行载有"巡检卜颜帖木"
	M1·0786[Y1：W89A]	《渠社长依限勾唤赴府状》	《中国藏黑水城汉文文献》,第1016页。	
12	M1·0798[84H·F111：W18/1096]	《军政文书残件》	《中国藏黑水城汉文文献》,第1028页。	文书第2行载有"巡检司"
13	F116：W470	无	《黑城出土文书(汉文文书卷)》,第98页。	文书第3行有"右巡检"一语
	M1·0805	《文牒残件》	《中国藏黑水城汉文文献》,第1033页。	
14	F150：W10	无	《黑城出土文书(汉文文书卷)》,第124页。	文书第3行载有"巡检赵友文"一语
15	F26：W101	无	《黑城出土文书(汉文文书卷)》,第127页。	文书第9行载有"拟照依巡检司报到"等语
	M1·0426[F26：W101正]	《至大四年七月阿黑不花宁肃王分例文卷》	《中国藏黑水城汉文文献》,第523页。	

续表

序号	文书编号	原拟题	出　　处	备　注
16	F111：W43	无	《黑城出土文书(汉文文书卷)》,第148—149页。	文书第3行载有"当职引领巡检吾七耳布"一语
	M1·0579[F111：W43]	《盗贼案》	《中国藏黑水城汉文文献》,第717页。	
17	F111：W51	无	《黑城出土文书(汉文文书卷)》,第108页。	文书第4行载有"委本路巡检吾七耳布"一语
	M1·0052[F111：W51]	《也可倒温人口头足并孳生数目及租课》	《中国藏黑水城汉文文献》,第89页。	
18	T9：W1	无	《黑城出土文书(汉文文书卷)》,第108页。	文书第1行载有"巡检司"
	M1·0090[F9：W1]	《两屯百户陆文政等》	《中国藏黑水城汉文献》,第129页。	
19	F51：W13	无	《黑城出土文书(汉文文书卷)》,第112—113页。	文书第11行载有"巡检司答那八贝"
	M1·0138[F51：W13]	《和籴粮米文卷》	《中国藏黑水城汉文文献》,第229页。	
20	F197：W11	无	《黑城出土文书(汉文文书卷)》,第128页。	文书第5行有"巡检司估计回呈依上唤到"等语
	M1·0446[F197：W11a]	《分例羊酒米面文书》	《中国藏黑水城汉文文献》,第539—540页。	
	M1·0447[F197：W11b]			
21	F74：W3	无	《黑城出土文书(汉文文书卷)》,第188页。	文书第3行载有"石巡检"
	M1·0971[F74：W3]	《至元四年十月二十日韩二借钱契》	《中国藏黑水城汉文文献》,第1240页。	
22	M1·1899[84H·F125：W23/1873]	《百户王才贵总巡检》	《中国藏黑水城汉文文献》,第2125页。	文书第6行载有"百户王才贵此总巡检司"等语

续　表

序号	文书编号	原拟题	出　　处	备　注
23	OR. 8212/1342KK.0117.e	《花名簿》	《斯坦因第三次中亚考古所获汉文文献(非佛经部分)》下册，第142页。	第3行载有"杨巡检""徐巡检"

通过此表可见，以上23件文书中，编号为"Дx19072R""Дx19071"的2件文书来自《俄藏敦煌文献》，金滢坤已指出，这2件属于混入《俄藏敦煌文献》的黑水城文书；①有1件来自《俄藏黑水城文献》；1件来自《斯坦因第三次中亚考古所获汉文文献(非佛经部分)》；其余19件文书均出自中国藏黑水城文献。中国藏的19件文书，又分为两种情况：一是《中国藏黑水城汉文文献》《黑城出土文书(汉文文书卷)》两书共同收载的文书，共16件；二是《中国藏黑水城汉文文献》《黑城出土文书(汉文文书卷)》两书单独收载的文书，共3件，其中编号为"M1·0798［84H·F111：W18/1096］""M1·1899［84H·F125：W23/1873］"的文书仅《中国藏黑水城汉文文献》收录，编号为"F150：W10"的文书仅《黑城出土文书(汉文文书卷)》收录。由于以上文书均出自黑水城遗址，且为元代文书，因此推断，这些文书多数来自亦集乃路总管府。

根据这些文书的内容和性质，似可将它们大体划分为以下几种类型。

其一，巡检司呈送给亦集乃路总管府的公文。此类文书共2件，分别为编号"Дx19072R"与"TK201"的文书，如"Дx19072R"文书录文如下：

1. 巡检司
2. ＿＿＿呈：照得孤老郭张驴等贰拾壹名，合得口粮、柴薪。至正三年正月
3. ＿＿＿已②行申 禀 了③当外，据二月份口粮、柴薪钱④未曾支付，今

---

① 详见金滢坤：《〈俄藏敦煌文献〉中的黑城文书考证及相关问题的讨论》，《敦煌学》第24辑，2003年。
② "已"，据残笔画及文义补，金滢坤：《〈俄藏敦煌文献〉中的黑城文书考证及相关问题的讨论》，《敦煌学》第24辑，2003年；金滢坤：《从黑城文书看元代的养济院制度——兼论元代的亦集乃路》，《中央民族大学学报(哲学社会科学版)》2003年第2期(以下简称"金文")，未释。
③ "禀了"，金文释作"右合"。
④ "钱"，金文释作"分"，现据图版改。

第二章 黑水城文献所见元代路总管府等行政机构运作研究 77

  将旧管①□
4. □□□各各②花名开呈前去,中间并无冒名顶替、捏合不实。如虚,当
5. 罪③不词。卑④司官吏保结是实,合行具呈
6. □□□亦集乃路总管府,伏乞
7. □□□行。须⑤至呈者⑥。
8. □□□呈⑦孤老男子、妇女贰拾名。
9. □□□无。
10. □□□男子壹名:贾买驴⑧。承奉
11.   总府指挥该⑨:为贾买驴状告,为是年迈
12.   残疾,亦无亲戚之人,委官体覆⑩是实,仰
     依上
13.   收养施行。奉此。今于至正三年正月廿玖
     日收
14.   养,所据口粮于二月份获收⑪。
      (后缺)

  此件的发文机关为"巡检司",据文书第5行的"合行具呈"、第7行的"须至呈者"等语推断,此件应为一件呈文。通过文书第6行可知,其呈送对象应为亦集乃路总管府,内容是巡检司为本路"孤老郭张驴等"支付"口粮、柴薪"一事向总管府所做的汇报。"TK201"文书性质与此件相似,也是巡检司向亦集乃路总管府呈报相关事件的呈文。⑫

---

① "管",金文释作"官",现据图版改。
② "各",金文未释。
③ "罪",金文疑此字为"诈"。
④ "卑",据残笔画及文义补,金文疑此字为"检"。
⑤ "须",金文释作"原",现据图版改。
⑥ "者",金文释作"截",现据图版改。
⑦ "呈",据残笔画及文义补,金文未释。
⑧ "驴",金文释作"郭",现据图版改。
⑨ "该",金文释作"请",现据图版改。
⑩ "委官体覆",金文释作"要官侍覆",现据图版改。
⑪ "获收",金文释作"粮状",现据图版改。
⑫ 宋坤将此件定名为《元天历二年亦集乃路巡检司呈总管府文为朵立赤等合支冬衣及毡台儿等物计价钱事》,参见《元史论丛》第14辑,天津古籍出版社,2014年,第438页。

其二，亦集乃路吏礼房公文。此类文书共 2 件，它们的编号分别为"Y1：W19"与"Y1：W30"。这 2 件文书的发文机关均为吏礼房，其性质应为吏礼房呈送亦集乃路总管府的公文。如 Y1：W19 文书载：

1. 　吏礼 房①
2. ☐☐☐☐呈：准本司前巡检秃花迷失
3. ☐☐☐☐于天历元年八月受本府付身，
4. ☐☐☐☐系巡检，至顺二年十一月得代☐☐☐
    （后缺）

此件的内容，是吏礼 房 呈送亦集乃路总管府，为前巡检秃花迷失迁转问题向总管府作出的说明。另一件"Y1：W30"文书，则为吏礼房呈亦集乃路总管府及其司属，要求相关部门于元统二年(1334)十月初八日绝早出城迎接开读圣旨使臣一事的文书，其中文书第 13 行列"巡检司"这一机构。

其三，亦集乃路总管府所发公文。该类文书共 2 件，其发文机关均为"亦集乃路总管府"，它们的编号为 Дx19071、F26：W101。为方便说明，今将 F26：W101 文书录文如下：

1. 　皇帝圣旨里，亦☐☐路总☐☐据都思帖木畏兀儿文
2. 　　字译该：☐☐☐☐☐
3. 　　　一下广积仓，除将总府今☐字☐☐号半印勘合
4. 　　　　　书填前去，合下仰照验，比对 元 ☐☐簿墨迹、字样
5. 　　　　　相同，更照无差，依数责☐放支施行。
6. 　　　开
7. 　**实支白米**(朱印)**壹拾贰硕**。(朱印)
8. 　　　一下支持 库 　除米另行放支外，据白面合折小麦，
9. 　　　　☐☐无见在，总府拟照依巡检司报到至大四年
10. 　　　☐月分面货实直时价扣算，合☐☐☐☐☐☐
11. 　　　字十四号半印勘合书填前去，合下仰照☐☐☐☐☐
12. 　　　发号簿墨迹字样相同，更照无差，依数责

---

① "房"，该字残缺，《黑城出土文书(汉文文书卷)》径释作"房"。按，元代亦集乃路总管府下设诸房，其中之一为"吏礼房"，故知此缺字为"房"字无疑。

13.　　　　领放支施行。
14.　　　　开
15.　　**实支中统钞**□**拾**（朱印）**肆定式拾两**。（朱印）
16.　右各行
17.　　　　至大四年七月　吏刘大明（签押）张诚（签押）
18.　　　　　　　提控案牍史□□□□□□□
19. 阿黑不花宁肃王分例米面
20.　　　　　　　知　　事
21.　　　　　　　经历亦黑迷失（签押）
22.　　廿二日（朱印）
23.　　　　　　　　　　（签押）

据文书的第1行知，此件的发文机关当为亦集乃路总管府，通过第9、10行又知，在"至大四年七月""阿黑不花宁肃王分例米面"在"支持库"放支时，是总管府根据巡检司上报的"面货实直时价扣算"而来的。亦即是说，巡检司参与了亦集乃路总管府放支宗王分例之事，是处理总管府交办相关事宜的机构之一。

其四，巡检呈报某机构的公文。此类文书共3件，它们的编号分别为F224：W46、F1：W39、Y1：W89。如Y1：W89文书载：

1. 巡检卜颜帖木
2. 今当
3. 总府承管，委得限只身前去将各
4. 渠社长依限勾唤赴府，不致违限，
5. 如违，当罪不词。承管是实，照开于后：
6. 　本渠　沙立渠　吾即渠
　　　（后缺）

据此件所载的"总府承管""承管是实"等语推断，此件的性质当为"承管状"，其内容据第1—4行可知，系巡检卜颜帖木为承管勾唤各渠社长依限赴府之事。F1：W39文书与之相似。F224：W46文书则是某人为充任巴罗巡检，向上级部门呈报的保结文书。

其五，契约文书。此类文书有1件，编号为F74：W3，今将其移录如下：

1. 立欠钱文字人,亦集乃路耳卜渠住人
2. 韩二,今为要钱使用,别无得处,今欠到
3. 石巡检中统宝钞式拾柒两伍钱,其
4. 钱本人自限正月终交还,如至日不见
5. 交还,系同取代保人一面替还,无词。恐失,
6. 故立故立文字人为用。(绝止符)
7. 　至元四年十月廿日立文字人:韩二(签押)
8. 　　　　　同取代保人:张二(签押)
9. 　　　　　知见人:小乌二(签押)
　　　　　(后缺)

此件是韩二为向石巡检借钱而立下的契约合同,其性质不属于官府文书。

其六,未明确发文机关的公文。除以上文书外,这23件中的其他文书或由于残缺,或由于未载发文机关,故归入此类。这些未明确发文机关的文书,有记载总管府值日名单的Y1:W16文书,还有记载领取俸料的F150:W10文书,捉取贼人的F111:W43、F204:W1文书,点视人口、头匹的F111:W51文书,下村催促纳粮的F51:W13文书,以及涉及宗王分例的F197:W11文书等。这些文书中或有"巡检司"这一机构,或有"巡检"这一职官,虽然不能确定文书的发文机关,但可以确认这些文书均为行政公文。

二、黑水城文献所见元代巡检司的职责

关于元代巡检司的职责,李治安先生指出:巡检司主要"以求盗为职","巡检司捕盗,一是应百姓告发;二是奉上司檄文",[1]"巡检还负责对所捕盗贼的预审工作",[2]"位于少数民族区域的巡检司,其镇抚或羁縻职司比较特殊……这些地区的巡检司职司主要不是捕盗,而是包括安抚、行政号令、征税等广泛内容","元代州县护送使者官员,赴京贡物及解送盗贼犯罪等,也在巡检司职责范围之内"。[3] 通过黑水城文献,我们可以对李先生所说元代巡检司的职责加以补充。

通过黑水城文献可见,亦集乃路的巡检司具有如下职责:

---

① 李治安:《元代政治制度研究》,第226页。
② 李治安:《元代政治制度研究》,第227页。
③ 李治安:《元代政治制度研究》,第228页。

第二章　黑水城文献所见元代路总管府等行政机构运作研究　81

其一，捕盗捉贼。

巡检司的主要职责是捕盗。对于巡检司捕盗的具体实施过程，李治安先生并未详谈。通过黑水城文献，在这方面我们可以得到一些认识。如 F111：W43 文书载：

（前缺）

1. 年因解□□将同常迟滞。①
2. □移关叮咛省会百姓人等，无致隐藏谋逆②
3. 贼人，更当催督军兵人等③领功揖④捉施行。⑤
4. 准此。当职引领巡检吾七耳布、
5. 河渠官忻都、应捕⑥官兵人等前去，于
6. 可疑停藏去处，同庄邻右亲戚人等
7. 揖⑦捉贼人去来，到彼差河渠官等根捉到也火耳立
8. 戚亲、省⑧魁妻并贼人沙剌妻哈朵
9. 果你赤，邻右人等并马疋、驼四支，⑨一就⑩关发。⑪

（后缺）

此件首尾均缺，其内容与捉贼有关。由第 4 行可见，巡检吾七耳布在捕捉贼人的过程中，经"当职引领"前往。第 3、5 行则说明，河渠官忻都、官兵人（或军兵人）等也参与了捉贼的过程，这反映出在捕盗过程中，巡检可能不是单独捕盗，他们不仅需要有"当职引领"，即正在值守的相关人员的引领，且要有官兵协同行动。黑水城文献所载的巡检在捕盗过程中，有"当职"者、河渠官以及官兵参与的现象，并非仅是此地巡检捕盗的特色，如张之翰在《西岩集》卷十三记载的内容也证实了这类情况的存在，其云："每遇盗贼，不过率领县尉、巡检一二

---

① 该字后尚有"承此当"三字，被涂抹，未录，《黑城出土文书（汉文文书卷）》照录。
② "逆"，《黑城出土文书（汉文文书卷）》未释。
③ "人等"，《黑城出土文书（汉文文书卷）》释作"并行"。
④ "揖"，《黑城出土文书（汉文文书卷）》释作"缉"，现据图版改。
⑤ 该行，为小字与第 2 行相同，书写于第 3 行之后，今据文义调整至此。
⑥ "捕"，《黑城出土文书（汉文文书卷）》释作"铺"，现据图版改。
⑦ "揖"，《黑城出土文书（汉文文书卷）》释作"根"，现据图版改。
⑧ "省"，《黑城出土文书（汉文文书卷）》释作"眷"，现据图版改。
⑨ "支"，《黑城出土文书（汉文文书卷）》释作"只"，现据图版改。
⑩ "就"，该字后有两字被涂抹，未录，《黑城出土文书（汉文文书卷）》照录。
⑪ "四支，一就关发"，系插入语，原书于第 7 行之后，今据文义调整至此。

人,县尉、巡检不过率领弓手三二十人。彼贼众多,动百千,寡不敌众,弱不敌强,但束手待毙而已。"①这里提到,遇到盗贼时,县尉、巡检是由有关人员"率领"行动的。《通制条格》卷二十"获贼"条亦载:"大德三年十一月,中书省。江浙行省咨:镇守信州万户府申:凡遇盗贼,巡检尉司约会镇守军官一同巡捕。"②此条说明,遇到盗贼时,巡检、尉司要与镇守军官"约会",一同巡捕。以上表明,巡检在捉贼时由官员率领并与官兵协同行动,这不是特殊案例,韩清友的研究也发现,元代在捕盗过程中,"采取官、军、民联合捕盗的方式"。③ 黑水城文献为认识元代巡检捕盗捉贼的具体过程提供了细节材料。

其二,根勾、传唤有关人员。

黑水城文献显示,亦集乃路的巡检还有根勾、传唤有关人员的职责。如F1：W39文书载:

1. 承差人巡检
2. 谨呈：承奉
3. 总府差引,前去根勾厶所告厶一干人等
4. □④根勾厶所告厶一干人等,总⑤

（后缺）

此件提到,巡检由"总府差引","前去根勾厶所告厶一干人等","根勾"有缉拿之意。这里所根勾的人员并非盗贼,而是被告人。

另外,巡检还有传唤、通知有关人员的责任。如上文Y1：W89文书所载,巡检卜颜帖木受总府所委,"只身前去将各渠社长依限勾唤赴府"。

其三,催征租课。

关于巡检征收赋税等职责,李治安先生在前文已经指出,在少数民族地区"巡检司职司主要不是捕盗,而是包括安抚、行政号令、征税等广泛内容"。显然,亦集乃路似乎并非少数民族区域,而黑水城文献显示,这一地区的巡检亦有

---

① （元）张之翰：《西岩集》卷十三,景印本文渊阁《四库全书》,《集部》第143册,上海古籍出版社,1987年,第464页。
② 方龄贵校注：《通制条格校注》卷二十《赏令·获贼》,第578页。
③ 韩清友：《元朝捕盗述论——从〈儒吏考试程式〉中的捕盗材料谈起》,《暨南史学》第18辑,暨南大学出版社,2019年,第140页。
④ "□",此字残缺,《黑城出土文书(汉文文书卷)》释作"前"。
⑤ "总",据残笔画及文义补,《黑城出土文书(汉文文书卷)》径释作"总"。

参与催征租课等职责。如 F111∶W51 文书载：

(前缺)

1. 去官一同点视，元抄札①到也可倒温人口、头疋并
2. 孳生数目及取勘地内，去岁收办②子粒磋磨租课
3. 得见端的，开坐各各细连□保结申省事。
4. 承此。委本路巡检吾七耳布与
5. 省府差来官一同前去☐☐☐☐☐☐☐☐
6. 府司已于③☐☐☐☐☐☐☐☐☐☐☐

(后缺)

此件提到，"去岁收办子粒磋磨租课得见端的"，委"巡检吾七耳布与省府差来官一同前去"，虽然文书第 5 行后残缺，但完全可以推测，巡检吾七耳布是与省府官一同前去催促征收租课的，这反映出巡检有催征租课的责任。当然，在此次催征租课的过程中，巡检并非单独行动，其可能是扮演省府官协助者的角色。另外，由于文书第 1、2 行还叙述了"去官一同点视"人口、头匹、孳生数目等内容，这似乎又反映出，巡检除协助省府官催收租课外，有可能还要完成"点视"的任务。

另外，F51∶W13 文书也显示了巡检催征租课的内容，如该件文书载：

(前缺)

1. ☐☐☐☐☐☐☐☐　　(签押)　　(签押)④
---
2. ☐☐☐勾刘忠翊状呈：近 准⑤ ☐☐
3. ☐☐☐每石伍拾两，小麦捌拾两，黄⑥☐
4. ☐☐☐小麦伍阡石，委卑职驰驿☐
5. ☐☐☐之家，照依彼中时价而平籴☐

---

① "札"，《黑城出土文书(汉文文书卷)》释作"扎"，现据图版改。
② "办"，《黑城出土文书(汉文文书卷)》释作"得"，现据图版改。
③ "已于"，《黑城出土文书(汉文文书卷)》未释。
④ 此行之"签押"、阙文及行后的粘贴线，《黑城出土文书(汉文文书卷)》未释。
⑤ "准"，据残笔画及文义补，《黑城出土文书(汉文文书卷)》未释。
⑥ "黄"，据残笔画及文义补，《黑城出土文书(汉文文书卷)》未释。

6. ☐数各①该价钱石斗,保结连缴
7. ☐本路收管,验该支粮食,照依
8. ☐上②驰驿前去,至七月初十到
9. ☐川,时价黄米每石壹定;小麦叁
10. ☐移关达鲁花赤朵列秃
11. ☐无人纳,照此差人下村催③赶
12. ☐日,才方令巡检司答那八贝
13. ☐

（后缺）

此件虽然后缺,但通过文书残存内容中载有粮食"无人纳"、"差人下村催赶"、"令巡检司答那八贝"等语,可见"令巡检司答那八贝"所行之事,当是下村催促征收有关税粮工作。

以上两件文书说明,亦集乃路的巡检亦有催征租课、税粮等职责。

其四,请领、发放钱粮物资。

如上文"Дx19072R"文书,前文已述,此件是巡检司为本路"孤老郭张驴等"支付"口粮、柴薪"一事向亦集乃路总管府呈报的公文。另外TK201文书的内容与之相似,为方便说明,今将其再移录如下：

1. 亦集乃路 巡 检司
2. 呈：照得前元朵立赤等合得衣装,除天历二年夏衣不☐
3. 当☐☐冬衣末系毡台儿未曾支付,当官令行人哈速丁☐☐司管☐
4. 照依天历二年十月分时估☐,实估计到各各价钱,中间并无高借☐
5. ☐捏合不实,如虚当☐。除已取讫行人哈速丁甘结文状在官外,今将物色
6. 价直开坐,卑司保结,合行具☐

---
① "数各",《黑城出土文书(汉文文书卷)》释作"若如",现据图版改。
② "上",《黑城出土文书(汉文文书卷)》未释。
③ "催",《黑城出土文书(汉文文书卷)》未释。

7. 亦集□□总管府，　　伏乞
8. 照验施行。须至呈者。
9. ▭实在孤老男子、妇女陆拾三名，例支末糸毡台儿，照依天历二年十月
10. 　　　　　　　时估各价不等，计中统钞壹拾玖□□拾
11. 　　　　　　　两伍钱。
12. ▭核中改机末糸每名例支式拾官尺，为无依中[改]机末糸每
13. 　　　　　　　名支回回地面壹疋，长式拾官尺，计末糸肆[拾]
14. 　　　　　　　三疋，每疋价钱壹拾伍两，计中统钞壹拾式
15. 　　　　　　　定陆拾伍两
16. ▭毡台儿每[名]支壹块，长壹丈，阔肆尺半□□□三块，每块价

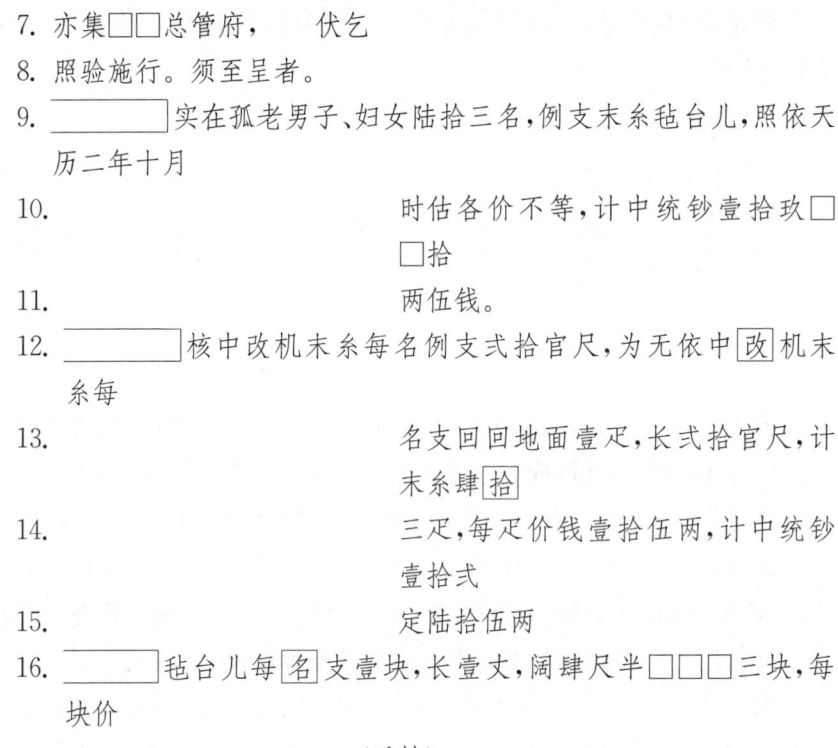

（后缺）

由文书第2、3行及第7、8行可知，此件是巡检司为前元朵立赤合支冬衣及末糸毡台儿等物及计价钱诸事呈报亦集乃路总管府的公文。其中的"前元朵立赤"一语，据第8行"须至呈者"之后呈报的孤老、妇女人数推测，该语疑与孤老、妇女有关，换言之，此件似乎是巡检司为孤老、妇女等向亦集乃路总管府请领衣装、物资等的文书。而文中的"末糸毡台儿"具体为何物，尚待进一步考证。

以上两件文书表明，亦集乃路巡检司有向总管府为孤老等请领衣装、物资等的职责。此外，上文编号为F26：W101的文书，其性质应是为支付"阿里不花宁肃王分例米面"一事，由亦集乃路总管府下达的公文。通过文书第8—10行可见，在"支持库"放支"白米"时，巡检司曾对"至大四年□月分面货实值"按"时价"进行了"扣算"，这表明，亦集乃路总管府在放支宗王分例钱粮过程中，巡检司也曾参与其中，并协助"支持库"对"白米"进行了放支。因此，亦集乃路巡检司又有独立或协助相关司属发放有关钱粮、物资之责任。

其五，参与值日、迎接官员开读圣旨等日常行政事务。

黑水城文献中有一件记录亦集乃路总管府值日安排的文书，编号为 Y1：W16，录文如下：

1. 初九日当直府吏：段君杰
2. 巡检：哈剌
3. 牢子：张官宝
4. 右附札①：山驴　俺布
5. 　　　　　侍哥
6. 今月　日示

此件记载了某年某月初九日当值府吏、巡检、牢子等的名单，根据文书第 6 行"今月　日示"可见，此件应属一件值日公示文书。在这次公示的值日人员中，有"巡检哈剌"。这说明，巡检已承担了亦集乃路总管府值日等日常行政事务。

另外，巡检司还需参与迎接官员开读圣旨等活动。如前文已经提及的 Y1：W30 文书。据前揭已知，这是一件元统二年（1334）十月初八日亦集乃路吏礼房为迎接甘肃行省差镇抚薛来前来本路开读圣旨，告示本路及司属官吏人员出迎的文书。文书显示，参与迎接的司属部门中有巡检司。那么，黑水城文书中记载的巡检司参与迎接官员开读圣旨等活动，是否仅仅是亦集乃路的独特现象呢？据元南戏《幽闺记》第六出"图形追捕"赵皮鞋唱道："我是个巡警官，日夜差科千万端。俸钱些少几曾关，怎得三年官债满？其独白曰：'当职身充巡检，上司差遣常忙，捕贼违限最堪伤，罚俸别无指望。日里迎来送往，夜间巡警关防。'"②从《幽闺记》中巡检赵皮鞋的自白看，其受"差科千万端"，而白天的迎来送往，似乎已是他的日常工作了。迎接官员圣旨开读等活动，当然属于"迎来送往"相关官员的内容之一。因此，迎来送往相关官员的活动，应是各地巡检的日常工作，而非仅仅属于亦集乃路巡检司的一项独特任务。

综上，通过黑水城文献我们可以对元代亦集乃路巡检司的职责得出如下认识：该路巡检司在履行捕盗捉贼职责的同时，又在"不妨本职"的情况下，承担了诸多行政事务。

此外，通过黑水城文献我们还可以对元代巡检司的设置情况得出一些新的

---

① "札"，《黑城出土文书（汉文文书卷）》释作"孔"，现据图版改。
② （元）施惠撰，吕薇芬校点：《幽闺记》，辽宁教育出版社，1998 年，第 7 页。

认识。对于元代巡检司的设置情况,李治安先生指出:"按照朝廷定制,州县所隶巡检司并不像县尉那样'常治其邑中',而是远离县治所。"①李先生所言,反映的是全国县以下所设巡检的大体状况。在亦集乃路,巡检司已成为该路总管府的司属,这一方面表明,元代路总管府存在设置巡检司的情况,可补《元史·百官志七》"诸县……巡检司"记载之缺,尤其是黑水城文献还载有"在城""孔古列""昔宝赤"以及"巴罗"等为其他史料所不载的巡检司,具有补史作用。另一方面表明,巡检司既然是亦集乃路的司属,且该司需参加迎接官员开读圣旨等活动,该司成员还需参加总管府值日等日常工作,这些现象表明,亦集乃路巡检司可能是"常治"亦集乃路总管府"邑中",而非远离总管府驻地。同时Y1:W57文书所载的"在城巡检司"更清楚地说明,该巡检司是设于城内的。因此,通过黑水城文献的记载,对于元代巡检司的设置情况,也可以得出一点新的认识。

三、黑水城文献所见元代巡检的民族构成

关于元代巡检司的主要成员巡检的民族属性,李治安先生云:"需要指出的是,元代多数官职多实行种族参用或分职制,巡检一职却是绝大多数由汉人、南人担任。这显然是因为巡检职卑差苦,蒙古人和色目人不屑一顾。换言之,巡检一职几乎是清一色的汉人和南人,从一个侧面反映了地方官职分配的民族不平等。"②若从传世的文人笔记、文集来看,李先生所言很有道理,但通过黑水城文献,我们可以对元代巡检的民族属性获得一些新的认识。

首先,据黑水城文献发现,亦集乃路的一些巡检可能是由蒙古人充任的。具体可见:

其一,上文提及的总管府值日安排文书Y1:W16,该文书第2行载有"巡检哈剌"一人,"哈剌"当为此巡检之名。据钱大昕《十驾斋养心录》"蒙古语"条云:"元人以本国语命名。或取颜色,如察罕者白也,哈剌者黑也,昔剌者黄也,亦作失剌。"③《华夷译语》"声色门"条载:"哈剌"为黑之意,其蒙语为"qara"。④ 因此"哈剌"很可能是蒙古语之汉译名,所以,巡检哈剌似为蒙古人充任巡检证据

---

① 李治安:《元代政治制度研究》,第235页。
② 李治安:《元代政治制度研究》,第233页。
③ (清)钱大昕著,孙显军、陈文和点校:《十驾斋养心录》卷九,江苏古籍出版,2000年,第254页。
④ 贾敬颜、朱风:《蒙古译语女真译语汇编》,《华夷译语》,天津古籍出版社,1990年,第50页。

之一。

其二，上文提到的 Y1：W89 文书，该件文书记载前去各渠勾唤渠长的巡检名为"卜颜帖木"，"卜颜帖木"亦为蒙古人名。"卜颜"之蒙语作"Buyan"，意为"福"；"帖木"的蒙语为"Temür"，意为"铁"。① 以"卜颜"作为姓名的蒙古人有很多，如《元史》卷二〇一《列女传二》载："观音奴妻卜颜的斤，蒙古氏，宗王黑间之女。"② 用"帖木"或"帖木儿"作人名的蒙古人更为常见，在此不赘。"巡检卜颜帖木"似为蒙古人充任巡检的又一例证。

其三，除以上可以确认蒙古族属的巡检外，《黑城出土文书（汉文文书卷）》中编号为 F150：W10 的文书还载有几名巡检，他们的族属虽有待进一步确认，但有一名巡检似乎并不属于汉人。文书内容如下：

1. □当直府吏都智敏
2. 　上月领麦□□□□
3. 　巡检：赵友文
4. 　　□剌马思吉
5. 　　杨　耳
6. 　　领□□□□

此件第3—6行提到，请领麦等（可能是"俸料"）的巡检共有三名，其中的巡检赵友文、杨耳均为汉名，此二人很可能为汉人，另一名巡检"□剌马思吉"显然不是汉名。然而，由于此件仅有《黑城出土文书（汉文文书卷）》所做录文，《中国藏黑水城汉文文献》未载其图版，故此人名之前所缺文字为何，不能确知。然通过一些材料，可以对此残字做出一定的推测。如据钱大昕所云，元代蒙古人起名往往取之以颜色，而《至元译语》"颜色门"条亦载，"忽剌"为"红"，"昔剌"为"黄"，等等。③ 元代有宗王名曰"忽剌忽儿"。④ 属于"蒙古怯烈氏"的也先不花，其祖先曰昔剌斡忽勒……季曰哈剌阿忽剌。⑤ 因此推测，"□剌马思吉"此人名的前两字，或为"哈剌""忽剌""昔剌"等之类，此人的人名符合蒙古人的起名习

---

① 以上关于"卜颜帖木"的蒙语及其意义的说明，得到了党宝海先生的指教，在此深表感谢。
② （明）宋濂等：《元史》卷二〇一《列女传二》，第4513页。
③ 贾敬颜、朱风：《蒙古译语女真译语汇编》，《至元译语》，第15页。
④ （明）宋濂等：《元史》卷四《世祖本纪一》，第63页。
⑤ （明）宋濂等：《元史》卷一三四《也先不花传》，第3266页。

第二章 黑水城文献所见元代路总管府等行政机构运作研究 89

惯,所以该人很可能也为蒙古人。

其四,前文提及的 Y1：W19 文书,是亦集乃路吏礼房为"巡检秃花迷失"迁转所做的有关说明。"秃花迷失"一名显然不属于汉名,此名可能来自"Toqamish","Toqa"为"饱","-mish"是突厥语中构成动名词和形容词的构词附加成分。① 拉施特《史集》第一卷载有一些突厥部落,突厥诸部落之一为"客列亦惕〔K(a)rāīt〕部落",②余大钧先生指出"客列亦惕"《元史》译作克烈、怯列等名",是"蒙古语族游牧部落","1203 年,该部落被成吉思汗征服"。③ "客列亦惕"部或"克烈"部是蒙古族的来源之一。该部落首领王罕的祖父不亦鲁黑汗的妻子为"秃剌海迷失",④王罕的一个异密叫作"辉都",辉都的后人中有人叫作"忽儿迷失"。⑤ 韩儒林先生在《元朝史》中又指出：多数学者认为克烈部"是突厥族,或倾向于突厥族说",理由之一是"克烈部人的名字几乎都是突厥语"。⑥ 这说明,蒙古人中有部分人是使用突厥语名的。因此,有理由相信,具有突厥语特点的"秃花迷失"此人,其族属很有可能是蒙古人。若此观点成立,此又一蒙古人充任巡检之例证。

当然,不容否认的是,在元代不乏汉人通过赐名、赐姓等改为蒙古人名者,如张拔都,本为昌平人,因跟随成吉思汗作战英勇,被赐名为"拔都"。⑦ 如果说张拔都之名还有汉蒙结合的韵味,其子"忙古台"⑧之名,则为一纯正蒙古人名也。另外,还如蔡志纯先生所云："由于蒙古人的政治地位比汉人、南人高,因而一些汉人、南人以取蒙古名为荣,造成一些汉人蒙古化,用蒙古名。"⑨虽然汉人用蒙古名的现象是存在的,但亦不容否认,上文所载相关巡检为蒙古人之可能。

其次,黑水城文书表明,亦集乃路的巡检有色目人充任的情况。

上文 F111：W43 文书提到,"巡检吾七耳布"参与了捕捉贼人的行动,还是此人,在 F111：W51 文书中又再次出现,在此件中,"巡检吾七耳布"是去"催促

---

① 以上关于"秃花迷失"的分析,得到了党宝海先生的指教,在此深表感谢。
② 拉施特编,余大钧、周建奇译：《史集》第 1 卷第 1 分册,商务印书馆,2009 年,第 210 页。
③ 余大钧译注：《蒙古秘史》,河北人民出版社,2001 年,第 102 页。
④ 拉施特编,余大钧、周建奇译：《史集》第 1 卷第 1 分册,第 216 页。
⑤ 拉施特编,余大钧、周建奇译：《史集》第 1 卷第 1 分册,第 225 页。
⑥ 韩儒林：《元朝史》,人民出版社,1986 年,第 15 页。
⑦ (明)宋濂等：《元史》卷一五一《张拔都传》,第 3580 页。
⑧ 同上。
⑨ 蔡志纯：《元明蒙汉间赐名赐姓初探》,《民族研究》1989 年第 4 期。

征收租课"。就族属而言,"吾七耳布"似乎属于党项人。与"吾七耳布"一名相关的一些人名在黑水城文献中还有很多,如《黑城出土文书(汉文文书卷)》载有一件编号为"Y1：W12"的文书,该文书中有"吾即习布""吾即立温布""吾七兴都"等人名。① 石坤指出,"吾即"与西夏文本《碎金》一书记载的西夏姓氏"勿即"同音异形,应为同一姓氏的不同译写。而文书中"吾七"与"勿即"音相近,可能也是党项姓氏。② 笔者认为,石坤利用审音勘同的方法来处理"吾七"与"勿即"的关系是非常正确的。佟建荣也同意这一判断。③ 基于这一认识,我们可以确认,"吾七耳布"应属于党项人。党项族人被元朝政府划入色目人之列。所以有理由认为,在元代的亦集乃路有色目人充任巡检的情况存在。

最后,汉人充任巡检。

上文 F150：W10 的文书所载的巡检赵友文、杨耳,以及契约文书 F74：W3 中所载的石巡检等,这些人应属于汉人充任巡检的情况。

通过以上分析,我们可以对元代亦集乃路巡检的民族成分作出判断。亦集乃路的巡检大体由三类人组成：其一,可能为蒙古人；其二,为色目人；其三,为汉人。通过黑水城文献,我们对于元代巡检的民族构成有了一些新的认识,即元代的"蒙古人和色目人"好像并非对巡检一职"不屑一顾",巡检一职似是由多种民族属性的人员充任的。

由于亦集乃路偏于一隅,黑水城文献所载的这些巡检的民族属性,是否具有一定的片面性,或具有很大的局限性呢？通过其他史料来看,这一顾虑似可排除。如《元史》卷七《世祖本纪四》载：(至元七年)"夏四月壬午,檀州陨黑霜三夕。设诸路蒙古字学教授。敕：'诸路达鲁花赤子弟荫叙充散府、诸州达鲁花赤,其散府诸州子弟充诸县达鲁花赤,诸县子弟充巡检。'"④此条即是说,至元七年(1270)四月元中央下达敕文,该敕文要求,路一级达鲁花赤的子弟可以荫授下一级散府、诸州等机构的达鲁花赤,散府、诸州等机构达鲁花赤的子弟可以荫授下一级诸县达鲁花赤,而诸县达鲁花赤的子弟则可以荫授巡检。该条敕文无疑表明,诸县达鲁花赤子弟荫授巡检,是元代巡检的来源之一。那么,这就需要

---

① 李逸友：《黑城出土文书(汉文文书卷)》,第 92 页。
② 石坤：《从黑水城出土汉文文书看元亦集乃路的西夏遗民》,《敦煌学辑刊》2005 年第 2 期。
③ 佟建荣：《〈中国藏黑水城汉文文献〉中的西夏姓氏考证》,《宁夏社会科学》2010 年第 5 期。
④ (明)宋濂等：《元史》卷七《世祖本纪四》,第 129 页。

了解何人才能充任达鲁花赤。关于元代达鲁花赤的民族构成,元世祖至元二年(1265)二月甲子曾下令:"以蒙古人充各路达鲁花赤,汉人充总管、回回人充同知,永为定制。"①至元五年(1268)三月丁丑又下令:"罢诸路女直、契丹、汉人为达鲁花赤者,回回、畏兀、乃蛮、唐兀人仍旧。"②杨志玖先生对该条材料解释道:"可见其时非蒙古人而为达鲁花赤者仍多,此时始禁止汉人,而回回人及其它色目人仍可与蒙古人同任达鲁花赤。"③还有学者指出:"忽必烈至元以后革罢汉人、女真、契丹为达鲁花赤者,专任蒙古、色目人为达鲁花赤。"④可以说,虽然有元一代"在诸贵族封地、诸匠职和边远瘴疠流行地区汉人为达鲁花赤者仍屡见不鲜",⑤但达鲁花赤多数由蒙古人与色目人充任的事实并未改变。据此,我们可以得出这样的认识,在元代荫授巡检者中,尤其是因其父为达鲁花赤而荫授者中,应当有许多人为蒙古人和色目人。

另外,元人周霆震曾撰有《义兵万户马合穆安塘生祠记》一文,该文称:"按公之先自西域徙京师,宦游四方,子孙益盛。致远侍亲杭浙,以荫补官,敕授庐陵井冈巡检,职在察奸求盗……"⑥文中说马合穆之先祖来自西域,马合穆是以荫补官的形式敕授庐陵井冈巡检的。马合穆的祖先既然来自西域,其祖必为色目人,此亦为色目人充任巡检之证据也。

因此,亦集乃路由多种民族属性的人员充任巡检,似乎并不是一种个别现象,而应是元代多民族成员充任巡检的事实在文书中的反映。黑水城文献为我们重新审视元代巡检的民族属性问题打开了一扇新的窗口。

四、关于元代巡检的选任途径

关于元代巡检的任命和选用途径,李治安先生指出,大德十年(1306)以前,州县所属巡检司尚属流外职,通常由中书省及行省札付任命,或"版授"。其人

---

① (明)宋濂等:《元史》卷六《世祖本纪三》,第106页。
② (明)宋濂等:《元史》卷六《世祖本纪三》,第118页。
③ 杨志玖:《元代回回人的社会地位》,《回族研究》1993年第3期。
④ 潘修人:《元代达鲁花赤用人述论》,《内蒙古民族师院学报·哲社版(通辽)》1992年第4期。
⑤ 赵秉崑:《达鲁花赤考述》,《北方文物》1995年第4期。
⑥ (元)周霆震:《石初集》卷七,景印文津阁《四库全书》,《集部》第407册,商务印书馆,2005年,第168页。景印本文渊阁《四库全书》,《集部》第157册,第509页,将《义兵万户马合穆安塘生祠记》作《义兵万户马哈玛尔安塘生祠记》。

选主要来自吏员升用和荫叙。① 大德十年开始……巡检选用就由原先的两个途径扩大为吏员升用、荫叙和到选九品人员三条途径。② 通过黑水城文献及其他文献资料,我们还可以对李先生的总结有所补充。

关于巡检的任命方式,从传世典籍来看,除受中书省、行省札付任命者外,也有受吏部札付任命的情况。如《元典章》卷二十九"巡检公服"条载:

大德八年六月二十二日,江西省准中书省咨:

礼部呈:"……本部议得:腹里、江南巡检,与院务仓库官,皆受省札、行省札付、吏部札付,俱无公服……"③

此条说明,吏部也通过札付的形式任命巡检。

另外,通过黑水城文献可见,路总管府也是任命巡检的机构。前文Y1:W19文书载:"本司前巡检秃花迷失"曾于"天历元年八月受本府付身"。由于吏礼房为亦集乃路总管府的下属机构,所以,文书中的"本府"当指亦集乃路总管府,文书中提到巡检秃花迷失曾受"本府付身"。关于元代的"付身",将在下文进行专门探讨。笔者认为,元代"付身"是在多重领域使用的,多用于委任基层官吏、差役的官方文书。同时"付身"又是等次最低的委任状。④ 由此可知,巡检秃花迷失是受亦集乃路总管府下发的委任状任命的。这说明,路总管府也有任命巡检的权力。此件文书还说明,亦集乃路总管府任命巡检时使用的公文为"付身",而传世典籍中所载任命巡检的公文多为"札付",这一点亦可补史之阙。

综上,我们可以对元代巡检的任命情况得出如下认识:元代巡检的任命机关有中书省、行省、吏部以及路总管府等多种机构,各个机构任命巡检时使用的公文不尽相同,中书省、行省、吏部任命巡检,往往使用"札付",而路总管府则可能会使用等次更低的委任状"付身"。

另外,通过其他文献材料,我们还可以对元朝后期巡检的来源途径加以补充。

其一,入粟补官,授予巡检,成为元后期巡检来源的一个重要途径。

宋禧在《庸庵集》卷十二《送王巡检赴岑江序》中云:

---

① 李治安:《元代政治制度研究》,第229页。
② 李治安:《元代政治制度研究》,第231页。
③ 陈高华等点校:《元典章》卷二十九《礼部二·礼制二·服色·巡检公服》,第1033页。
④ 详见本书第六章第一节。

> 至正四年，天子以河南北诸郡灾于水，民死亡不可胜数，悼心殚虑，日夜不遑宁，惟拯其饥溺若弗及，是忧仓库之不足承。于是募天下庶人之不隶刑籍者，入粟授官有差。而吾邑王君某，以五百石有奇受九品官巡徼，明之岑江希遇也。①

此条材料说，在至正四年(1344)时，"河南北诸郡灾于水"，"民死亡不可胜数"，在此天灾情形下，招募天下"庶人"且"不隶刑籍者"，"入粟授官"，王巡检即在此时，"以五百石有奇受九品官"，充任岑江"巡徼"，此处的"巡徼"即指"巡检"。

杨惠□所撰《赠通议大夫王顺神道碑》也记载了一条入粟授巡检的材料。该碑云：王顺"子一，曰从政，娶李氏。至正乙酉，入粟补官，祇(祗)授敕牒顺德路邢台县王村镇巡检"。② 王顺的儿子王从政，在至正年间，入粟补官授予"德路邢台县王村镇巡检"。

其二，经举荐即可授予巡检，成为元后期巡检来源之又一途径。

危素于至正十二年(1352)所撰《送许巡检序》载："至元间，漳之南胜寇作，郡民往往结寨以自保。长泰有寨曰天城，居民最多，而逼于贼。龙溪士许君存衷倾赀募兵，击贼亡算，遂解其围。天城之民不至污染，而父子、兄弟、夫妇获相保以生，存衷之功也。事平，存衷恬然不自言，后十有四年，宪、帅两府荐授南胜定南寨巡检。"③此文中的"至元间"当指后至元，在此期间，由于"寇作"，许存衷因在打击农民起义军中立下功勋，所以由"宪、帅两府荐授南胜定南寨巡检"。"宪府"为监察机构"肃政廉访司"之别称，"帅府"则是军事机构"元帅府"之简称。许存衷经两府的举荐被授予巡检，这表明，在元后期巡检的来源中又增加了一条举荐得官的途径。

其三，地方官府可以自辟巡检，此又为元后期巡检来源之另一途径。

如《送申巡检之官序》一文载："至正十一年海内多故……天下不幸而有故，将拨乱以反正，则行变以从权，诚势所必至。然有志于当世者，固未尝不深忧于此焉。婺与处为邻郡，比者行中书实承制用婺之同知总管府事黄公迁守于处，

---

① （元）宋禧：《庸庵集》卷十二，景印本文渊阁《四库全书》，《集部》第161册，第481页。
② 王用舟：《井陉县志料》卷十四《金石》，铅印本，1934年，第23页。
③ （元）危素：《危太朴文集》卷十，《元人文集珍本丛刊》第7册，第473页。

而吾婆人申君观远常受知于公,辟为属县遂昌之巡检。"①文中云,申观远为婺州人,受知于"婺之同知总管府事黄公",因黄公迁调于"处",即处州路。因属于迁调,在处州,黄公很可能亦任本路同知,申观远于是被"辟为"处州路"属县遂昌之巡检"。可见元末的路总管府已拥有辟属之权,申观远就是因为路总管府所辟而充任该路辖县巡检的。这说明,元后期巡检的来源又有辟属之一途。

以上关于巡检来源的材料,出自后至元、至正年间,此时元朝已经步入后期,在农民起义浪潮以及自然灾害的多重影响之下,元廷日渐飘摇,作为以捕盗为主业的巡检,员缺日多。关于元后期巡检的缺员情况,苏天爵曾在《山东建言三事》中说:

> 方今山东郡县达鲁花赤俱系投下,守令见阙者十居二三,老病者又居其半,然则欲治化之兴行,盗贼之屏息,其可得乎!宜从朝廷将山东按治所属宣慰司、各路州县等官,下及镇店巡检捕盗之属,但是见阙守阙,省除、部注共为一选,作急铨注。仍须选择年力盛强、历练政务、无大过犯、附近藉居,见阙者勿候宣敕,即便赴任。②

此文当是苏天爵任山东道肃政廉访使时所上,而其任此职的时间为至正五年(1345)。③ 通过苏天爵此文,可见当时巡检员缺之多,国家治安形势之危重,以至于他提出,巡检要"急铨注","勿候宣敕,即便赴任"。正是在此背景之下,巡检原有的"吏员升用、荫叙和到选九品人员三条途径",已无法满足现实的需要,故而开辟了入粟补官等新途径。

---

① (明)王祎:《王忠文集》卷六,景印本文渊阁《四库全书》,《集部》第165册,第119—120页。
② (元)苏天爵著,陈高华、孟繁清点校:《滋溪文稿》卷二十七《章疏》,中华书局,1997年,第455页。
③ (明)宋濂等:《元史》卷一八三《苏天爵传》,第4226页。

第三章
黑水城文献所见元代地方
财政机构运作研究

元代对于地方财政管理的重视,与历代王朝相似,如其在考课地方主要官员时,就包含了"赋役平"这一内容。早在元朝建立之前的窝阔台汗时期,即曾于各地设置过征收课税所,该机构可谓元代在地方上所设财政机构的雏形。入元之后,随着行省制度的普遍设立,相关地方财政机构也因之应运而生,元代对于地方财政的管理更趋规范,如行省设有"左右司""照磨所"等机构管理财政,其中,前者负责"财赋之简稽",[①]后者负责"钱谷出纳、营缮料例"等务。[②] 而在行省的下级机构路总管府,则设立了相关的"仓""库""税务"等机构以负责一路之财政问题。在黑水城文献中,有多件文书是元代亦集乃路总管府财政机构的实际使用文书。本章即以其中记载非常丰富的税使司、广积仓文书为切入点,考察元代地方财政机构的运作情况。

第一节 关于元代税使司的几个问题

对于元代地方的税收管理机构"税使司",学界在探讨有关元代税收问题时已有所涉及,[③]但因受材料所限,学界至今尚无专论之文。因此,有关该机构的一些问题,尚不明了,而在新出土的黑水城文献中,恰恰有多件文书涉及该机构,这

[①] (元)柳贯:《柳待制文集》卷十七,《四部丛刊初编》第241册,上海书店,1989年,第2页。
[②] (明)宋濂等:《元史》卷八十五《百官志一》,第2125页。
[③] 如高树林:《元代赋役制度研究》,河北大学出版社,1997年;陈高华:《元史研究新论》,上海社会科学院出版社,2005年;陈高华、史卫民:《中国经济通史·元代经济卷》(下),中国社会科学出版社,2007年;江玉勤:《元代课程(杂税)制度研究》,《中国社会经济史研究》2009年第1期等。

为研究该机构的运作情况等提供了第一手的细节资料。本节拟在借鉴前人研究成果的基础上,以黑水城文献为中心,就元代税使司起解课程的程序,税使司上下级之间的管理关系,以及该司税收管理者的选任问题等,试做粗浅的探讨。

一、元代税使司起解课程的程序

杨印民在《帝国尚饮:元代酒业与社会》一书中谈及元代课程的起解程序时曾说:"元代地方路府州县办到的各项课程通常都要送纳行省府库。"[①]对于地方政府解送课程的具体过程,杨先生则引用了至元十三年(1276)《元典章》"江南诸色课程"条画的规定加以说明:"每月一次打勘办到课程,不过次月初五日呈省。据办到课程数目,每月解赴宣慰司,每季差官起运赴省交纳施行。"对于黑水城文献反映的税使司起解课程程序,李逸友先生则提出了"税使司除将应上缴的钞定起解行中书省外,其余税收交本路支持库,作为本路官府开支用"[②]的观点。以上研究为我们认识元代税使司起解课程的程序提供了帮助,但通过对黑水城元代税使司文书的进一步研究发现,上述问题仍有可探讨的空间。为便于研究,现将黑水城文献中一件文书释录如下,其编号与拟题分别为 M1·0056[F274:W1]《泰定二年税使司文书》:

(前缺)

1. ▭▭▭▭▭ 泰定二年七月一日[③]
2. ▭▭▭▭▭ 中统钞壹拾式定捌
3. ▭▭▭▭▭ 捌钱叁分叁厘陆毫,发 支 [④]
4. ▭▭▭▭▭ 依数交割,合下仰照验,厅[⑤]候
5. ▭▭▭▭▭ 发具收管,呈府施行。
6. ▭▭▭▭▭ ▭
7. ▭▭▭▭ 税 [⑥]使司   来呈:解到泰定二年

---

① 杨印民:《帝国尚饮:元代酒业与社会》,天津古籍出版社,2009 年,第 329 页。
② 李逸友:《黑城出土文书(汉文文书卷)》,第 15 页。
③ "日",《黑城出土文书(汉文文书卷)》释作"个",现据图版改。
④ " 支 ",据残笔画及文义补,《黑城出土文书(汉文文书卷)》径作"支"。
⑤ "厅",当为"听"之借字,本文行文中使用"听"字,特此说明。《黑城出土文书(汉文文书卷)》径释作"听"。
⑥ " 税 ",据残笔画及文义补,《黑城出土文书(汉文文书卷)》径释作"税"。

8. ☐☐☐☐☐月课程钱,中统钞壹①

(后缺)

此件首尾均缺,上残下完,因文中所载"泰定二年"(1325)为元泰定帝的年号,故可知此件为元代文书无疑。又,鉴于出土此件文书的黑水城遗址在元代为亦集乃路总管府,故又可推知,文书中第5行"呈府施行"中的"府"字,很有可能是指亦集乃路总管府。另,结合第4行的"合下仰照验"一语推测,此件第1—6行似为一个层次,其内容可能是总管府下达给某机构指令,令其照验,然后再行呈府。而文书第7、8行又为另一层次,该层次无疑是有关税使司呈文的内容。由于第7行所载的"泰定二年",以及第8行所载的"中统钞壹"与第1、2行契合,故我们有理由相信,文书前1—5行的内容,可能是转引的总管府的公文,而此公文的下达对象当为税使司。第7、8行则是税使司根据总管府的要求,所做出的具体汇报。

据前文杨印民所说,各地需将课程解赴行省,而作为课程的征收机关"税使司",无疑应是解送部门,至于税使司如何解送课程赴行省,杨先生并未详谈。通过此件黑水城文书发现,在税使司起解相关课程赴行省之前,似乎还存在该司先将相关课程解送总管府的程序。又,因亦集乃路总管府为甘肃行省所辖,故该路税使司再次呈解的对象当为甘肃行省。故通过M1·0056[F274；W1]文书可见,亦集乃路的税使司在呈解课程赴甘肃行省之前,似存在该司先将课程呈解到本路总管府,并听候总管府处理的过程。

另外,关于黑水城文献所见的税使司起解课程程序,李逸友先生提出了前述观点,但这一结论似乎可以做进一步的补充和改进。李先生所据者,为黑水城F270：W11、Y1：W108、F116：W562等编号的文书。首先看其中编号为F270：W11的文书,其录文如下:

(前缺)

1. 呈。
2.   至顺元年 月 吏马 ☐☐(签押)
3.   提控案牍兼照磨承②发架阁李 仲义(签押)
4. 秋季课程。

---

① 塔拉等：《中国藏黑水城汉文文献》,第93页；李逸友：《黑城出土文书(汉文文书卷)》,第110页。
② "承",《黑城出土文书(汉文文书卷)》释作"收",现据图版改。

5.　　　知　　事　　　常　　　菩麟(签押)
6.　　　经　　历　　　　　　　　　　①

（后缺）

此件前后均缺，上完下残，从所载内容看，当属于一件"呈文"的残尾。此件所呈送的内容，由第4行所载的由头"秋季课程"一语可知，当系向某司汇报此事。显然，据此件无法得出李逸友先生有关税使司起解课程的前述观点。

其次，关于F116∶W562文书，为便于说明，今据《中国藏黑水城汉文文献》所载文书图版，释录如下：

（前缺）

1. □奉
2. □□□台旨，□将至元卅一年上下半
3. 　　　□□另具解申报者。奉此。
4. 　　　呈者。
5. 　　　酒醋等课羊七口系周
6. 　的吉认办，不系本
7. 　路管。
8. 　税课中统钞柒定，
9. 　　　办②中统钞柒定。
10. 　　　酒醋等课系周的吉
11. 　认办，
12. 　税课中统钞柒定。
13. □赴　　行中书省丰备库
14. 　解纳了当，见将
15. 　纳到朱抄③为凭。
16. 　　　酒醋等课系周的吉认办，
17. 　羊七口不系本路管。

---

① 塔拉等：《中国藏黑水城汉文文献》，第77页；李逸友：《黑城出土文书（汉文文书卷）》，第110—111页。
② "办"，据残笔画及文义补，《黑城出土文书（汉文文书卷）》径释作"办"。
③ "抄"，当为"钞"之借字。

第三章 黑水城文献所见元代地方财政机构运作研究　99

18.　　□课中统□□定，
19.　　　　]钞柒定，
20.　　　　]酒醋等课系周的吉
21.　　认办，
22.　　税课中统钞柒定。
23.　□①赴　　行中书省丰备
24.　　总库解纳了当。②

（后缺）

此件《中国藏黑水城汉文文献》一书定名为《至元三十一年酒醋课文卷》。其前后均缺，由第 3 行所载"奉此"一词可知，该词之前的数行，当系一个层次，其后则为另一层次。第一层系转引有关"台旨"的内容，涉及要求"具解申报""至元卅一年上下半"年的某项事项。据第二层可知，该事项当与"周的吉"所认办的"酒醋等课"程有关，而相关课程的解送对象，当系"行中书省丰备库"。其中第二层的内容多有重复，又兼之后缺，故该部分的具体情况尚难知其详。但可以肯定的是，文中并未出现"税使司"这一机构，故周的吉所认办的"酒醋等课程"，是如何解送至行省，据此并不能确知，故据之亦无法得出李逸友先生的前述论断。对于此件，陈瑞青认为其性质为"呈状"，其发文机构为"钱粮房"，是一件《元贞元年钱粮房呈状为申报周的吉至元卅一年上下半年税课事》文书。③ 由此来看，陈先生亦认为此件与"税使司"无关。

另，杨印民认为，此件中周的吉认办的"酒醋等课程"，"须逐级递解，查检，最后送赴甘肃行中书省丰备总库解纳"。④ 杨先生所言有一定的道理，据此也说明，元代在地方课程的起解过程中，存在先将课程上缴路总管府，由路总管府予以照验、处理，然后再将有关课程起解甘肃行省的程序。而这一过程，正是我们通过前文 M1·0056[F274：W1]文书所得出的有关认识。

另，黑水城文献中还有一件文书，编号与拟题为 M1·0055[F270：W7]《酒

---

① "□"，该字已残，《黑城出土文书（汉文文书卷）》释作"速"。
② 塔拉等：《中国藏黑水城汉文文献》，第 69—72 页；李逸友：《黑城出土文书（汉文文书卷）》，第 112 页。
③ 陈瑞青：《黑水城所出元代酒醋课程文书研究》，《元史论丛》第 14 辑，第 449 页。
④ 杨印民：《帝国尚饮：元代酒业与社会》，第 330 页。

课文书》，似乎也反映出了税使司解送课程的上述程序。此件的录文如下：

(前缺)

1. □式拾伍两陆钱陆分肆厘
2. 酒解，呈乞照验。得此。除将
3. 见解课程钞定另行起解
4. 外，总府合下仰照验，即将
5. _____ 季分，依期起解施行。①

此件因残缺，缺失年款，但其纸张的颜色、质地以及书写笔迹等，均与元代的其他文书无异，故可以断定本件应为元代文书。文书第 2 行的"得此"二字为元代公文结语的标志，由此可知，此件内容也至少包含了两个层次：第 1 行至第 2 行的"得此"为一个层次，由于该层中出现了"呈乞照验"这一呈文的程式性用语，故可以推断，这一层应是转引的一份呈文的部分内容。此份呈文的内容，当为某机构解来相关酒课钱钞，呈请上级机构验收、核实。由于元代的税使司是课程钞定的征收、解送机构，故推知，文书第一层中呈送酒课钱钞的机构应为税使司。又，由于此件亦出土于亦集乃路总管府遗址，因此推测，税使司呈文的呈送对象可能为亦集乃路总管府。

从文书第 2 行的"除将"迄至结尾，应属于第二个层次，其中第 4 行的"总府合下仰照验"一语表明，总府为了对上述"课程钞定"进行核实，要求将相关课程"依期起解"。"总府"无疑应是亦集乃路总管府的简称，该层次的内容，似是亦集乃路总管府向某机构下达起解课程的指令，将要对相关课程进行照验，此部分公文的下达对象无疑是税使司。此件文书似乎也表明了，税使司需将相关课程起解到总管府，由总管府做出相关的处理，而非将相关课程径直解送行省。

另，黑水城文献中还有一件亦集乃路总管府的公文残件，该公文似亦说明了上述税使司起解课程的过程。此件文书的编号与拟题为 M1·0061〔Y1：W108〕《课税文书》，也即李逸友先生所依据的"Y1：W108"号文书，其录文如下：

(前缺)

1. _____ 集乃路总管府 据 ② 税 _____

---

① 塔拉等：《中国藏黑水城汉文文献》，第 92 页；李逸友：《黑城出土文书(汉文文书卷)》，第 110 页。
② " 据 "，据残笔画及文义补，《黑城出土文书(汉文文书卷)》径释作"据"。

2. ☐发中统钞☐准此。☐
3. ☐右下支持①☐
4. ☐起解正月分课程。
5. (蒙古文年款墨戳)(签押)②
　　(后缺)

此件残缺较严重,通过文书第1行的"集乃路总管府据税"等文字推知,其发文机关为"亦集乃路总管府",而总管府发出此件公文,是依据带有"税"字的某机构呈报的有关情况做出的,在亦集乃路总管府的司属机构中,只有"税使司"的起首字为"税"字,故可知,此"税"字之后的缺文当为"使司"等。换言之,此件文书首行叙述的是亦集乃路总管府根据税使司呈报的相关情况进行的说明。

第2行的"发中统钞"等字,似是税使司向总管府呈解的相关课程钞定的数额。"准此"二字,则是公文的结语词。

第3行的"右下支持"等字,表明是总管府向其下属中带有"支持"二字的某机构下达的有关指令,在亦集乃路总管府中,带有"支持"二字的机构只有"支持库","支持库是亦集乃路钱钞的出纳机构"。③ 故可推知,税使司上解总管府的课程钞定在经总管府照验、批准之后,总管府又令支持库进行了处理。由于文书第4行"☐起解正月分课程"之后是相关人员的签押,由此可知,该语当是此件文书的最后一句。又,鉴于黑水城文献中一些元代公文的末尾常常用一句话来说明此件文书之"事由"或"由头",因此推断,文书第4行的此语,应为此件文书的主要"事由"。这说明,此件是由亦集乃路总管府下达,并令某机构"起解正月分课程"的文书。

据文书第1、2行推断,税使司已经将课程钞定呈解亦集乃路总管府,总管府对之进行了处理,然后令支持库又做了某些工作,再令相关机构对课程进行起解,故此次"起解正月分课程"的对象当是甘肃行省。由于支持库的主要任务是"放支一切开支",④故该机构的所做工作似应是对"作为官方支用"的钞定进行

---

① "持",《黑城出土文书(汉文文书卷)》释作"钞",现据图版改。
② 塔拉等:《中国藏黑水城汉文文献》,第98页;李逸友:《黑城出土文书(汉文文书卷)》,第110页。
③ 李逸友:《黑城出土文书(汉文文书卷)》,第15页。
④ 同上。

核算、截留,同时对需呈解行省的数额进行核实。可以推见,在支持库将相关数额核定后,再由相关机构将需上缴甘肃行省的课程依数起解。起解课程的任务是税使司的职责之一,故推断,最终完成向甘肃行省起解课程的任务者当为该司。

总之,据以上探讨,似乎可以对亦集乃路税使司起解课程的具体程序复原如下:亦集乃路税使司向甘肃行省起解相关课程,需首先将有关课程呈解到亦集乃路总管府,由总管府对有关课程钞定数额进行照验、批准,再令该府主管钱钞机构支持库进行处理,在支持库核实、截留相关课程后,税使司才将需上缴的课程数呈解甘肃行省。通过这一程序可以发现,亦集乃路税使司并非将所有课程全部起解甘肃行省,而存在先将有关课程呈解本路总管府听候处理的过程,总管府处理完毕后,才进行向行省起解课程的工作。亦集乃路税使司起解课程的程序,对于认识元代税使司起解课程的过程无疑很有帮助。同时,这一程序对于认识元代行省与其所属官府间的财政收入分配问题,也不无裨益。

二、元代路税使司与其下级税收机构的关系

元代除在路总管府一级行政机构中设税使司外,在总管府所辖的县、镇等机构往往还设置了大小不等的税使司(或税务)。如《至顺镇江志》记载,镇江路除设有"在城都税使司"外,还在辖县设置"丹阳""金坛""谏壁""丁角""吕城"等多处县级税使司。[1] 另外,关于"镇"级机构的税使司设置情况,《元典章》卷二十二"江南诸色课程"条则有"各处在城管下县镇各立院务去处"等记载。[2] 这反映出,在元代的地方行政机构中,存在多个层级的"税收"管理机构。另外,据此还可发现,各"县""镇"的税使司,当在"在城税使司"的管辖范围之内,而由《至顺镇江志》等可知,"在城都税使司"当系路级的税收管理机构。那么,路总管府的税使司与其所辖的各地税使司或税务之间又存在何种管理机制呢?对此问题前人未曾关注,现通过一件黑水城文书,似可发现其中之端倪。

黑水城文献中有一件文书,编号与拟题为 M1·0425[F2∶W201 背]《刘连代郑忠充任扎黑税务副使文书》,兹将其释录如下:

1. 吏房

---

[1] (元)俞希鲁编纂,杨积庆等点校:《至顺镇江志》卷十七《司属》,第 655—660 页。
[2] 陈高华等点校:《元典章》卷二十二《户部八·课程·江南诸色课程》,第 795 页。

2. 呈：据扎黑税务申："准前付史①郑忠关②：'除前历仕外，至大元年六月
3. 十六日
4. ☐甘③等处行中书省将忠发充扎黑汤税务付史。"奉此。于至大三年
5. 七月初一日到任勾当。至至大四年七月初一日有新任官付史刘连
6. ☐□了当差历，勾当过壹拾式月，界内收到课程钞定□□
7. ☐□了当，中间并无隐匿④漏报不实，亦无侵借⑤系官
8. ☐□外⑥，尽由⑦☐边远酷寒重(?)⑧

（后缺）

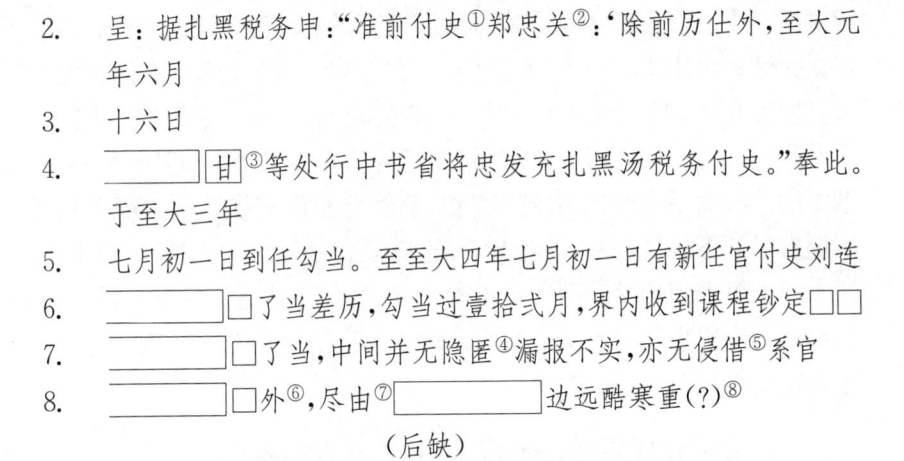

　　通过文书第1行可知，此件的发文机构为"吏房"，而据第2行的"呈"字又可知，此件当系一上行的"呈文"。由于"吏房"属于亦集乃路总管府的诸房之一，故此件吏房呈文的呈送对象当系亦集乃路总管府。同时，据文中所载内容可以判定，其性质应是"吏房为向郑忠开具解由，而向亦集乃路总管府申报的呈文"。⑨ 文书第2行的"据扎黑税务申：准……"等语表明，文书其后的内容是由"扎黑税务"向吏房申报的，吏房的此件呈文实则又转引了扎黑税务的呈文。这说明扎黑税务副使郑忠在迁转过程中，为了得到解由，需向亦集乃路总管府负责官吏管理的部门"吏房"呈报相关情况，而"解由"是我国古代官员迁转时使用的重要公文。关于"扎黑税务"，李逸友先生已指出"亦集乃路税务司在扎黑汤设置有扎黑税务"，⑩可知"扎黑税务"是亦集乃路税使司的下属机构。按《元典章》等文献所云，亦集乃路总管府的税使司应当对"扎黑税务"负有管理职责，但通过该件文书

---

① "史"，《黑城出土文书（汉文文书卷）》、刘广瑞《黑水城所出元代解由文书初探》（以下简称"刘文"）一文均释作"使"，"史"为"使"之借字，以下同。本书在正文中作"使"字，特此说明。
② "关"，《黑城出土文书（汉文文书卷）》、刘文均释作"开"，现据图版改。
③ "甘"，《黑城出土文书（汉文文书卷）》、刘文均作缺字处理。据元代机构设置可知，该字后应脱漏一"肃"字。
④ "匿"，《黑城出土文书（汉文文书卷）》、刘文均释作"虚"，现据图版改。
⑤ "借"，《黑城出土文书（汉文文书卷）》、刘文均漏录，现据图版补。
⑥ "外"，《黑城出土文书（汉文文书卷）》、刘文均未释。
⑦ "尽由"，《黑城出土文书（汉文文书卷）》、刘文均未释。
⑧ 塔拉等：《中国藏黑水城汉文文献》，第519页；李逸友：《黑城出土文书（汉文文书卷）》，第90页。
⑨ 关于其性质，可参见本书第六章第三节。
⑩ 李逸友：《黑城出土文书（汉文文书卷）》，第24页。

却发现,在"扎黑税务"的杂职官"副使郑忠"的迁转过程中,该务并没有向路税使司提交呈文,而是将呈文呈报给了"吏房"。这一现象说明,亦集乃路的税使司并不直接负责对其所辖各地税务"官员"的选拔、任用或迁转等的管理工作。

通过此件文书,我们可以对亦集乃路总管府税使司与其下辖税务机构在管理中的一些关系有所认识,亦集乃路总管府税使司在对各地税务的管理中,并不拥有对其下级税务"官员"的人事管理权,下级税务"官员"的人事管理权由专门负责人事管理的总管府司属机构"吏房"负责,并通过"吏房"最终将相关人事管理权集中于总管府手中。亦集乃路总管府税使司对其下辖税务的管理,可能主要在税收方面。

三、关于元代税使司收税人员"栏头"的选任

目前,学界对于元代税使司的重要组成人员——收税者"栏头",尚未加关注,通过黑水城文献及相关传世典籍,可以对此职的选任情况有所认识。

对于元代之前的"栏头",学界已经有了较为深入的探讨,大家一般认为"栏头"有不同的名称,至迟于五代时期出现,在宋代被大量设置,其职责与收税有关,等等。如苗书梅女士指出:"拦头,或作栏头、拦子、揽子、揽头等。五代时,藩镇始在关、津、河渡等处广设拦锁,征收过往商旅的钱物,宋太宗时改为差税户主之。"[①]吴晓亮先生指出:"'拦头'较早出现在五代十国时期,其与收税有关,'检税'是其最初的职责。"[②]"随着社会的发展,'拦头'的设置在北宋已经有一定的定额,到南宋额外设置非常严重。"[③]吴先生还进一步指出,入宋以来,栏头表现出了"职事专门化、身份地位胥吏化的趋向"。[④]

入元之后,"栏头"依然活跃在历史的舞台上,且是税使司中的重要组成人员,该职的主要职责依然是收税。元代的栏头又被称作"阑头",如胡祗遹在《民间疾苦状》中称:"一、税物不问时估,止由阑头合干人等高下价直,以凭取税。"[⑤]据之可知"阑头"等人具有"估价"和"收税"的职责。此处的"阑头"即指"栏头"。元代对于各地栏头的设置数额还有比较明确的规定,如《元典章》载:"院务攒拦大

---

① 苗书梅:《宋代州级公吏制度研究》,《河南大学学报》2004年第6期。
② 吴晓亮:《宋代"拦头"专门化、胥吏化问题研究》,《思想战线》2012年第3期。
③ 同上。
④ 同上。
⑤ (元)胡祗遹著,魏崇武等校点:《胡祗遹集》卷二十三《杂著》,第487页。

处不过二三,小处不过一二,合无照依税务例存设。"①此处所载的"攒拦",当是"攒典"与"拦头"的合称,明应檟在其所撰《大明律释义》中对明代的"攒拦"解释道:"攒拦,税务之攒典、拦头也。"②明元一脉相承,由此可以推见,元代的"攒拦"亦应指"攒典"和"拦头"。从《元典章》的上述记载不难发现,元廷要求各地税使司设置栏头等的人数标准为:最少一人,最多三人。《元典章》还指出,"诸院务官,大者不过三员。其攒拦、合干人等,依验所办课额斟酌存设"。③ 该条史料又进一步说明,元代各地税使司所设栏头等的数量,是依据税使司所办课额的多少而确定的。

元代传世文献对于税使司栏头的记载,仅限于上述粗线条的勾勒,至于各地税使司中的栏头是如何进行选任的,传世文献则缺乏更为详细的资料,黑水城文献的发现为我们认识这一问题提供了丰富的信息。如黑水城文献中有一件编号与拟题为M1·0773[F131:W7]《朵立只巴充拦头状》的文书载:

1. 皇帝圣旨里,亦集乃路税使司④
2. 渠至正十九年一周岁栏头勾
3. 毋致慢易,所⑤有付身者。
4. 右给付本人(印章)。准此。

      (签押)

5. 朵⑥立只巴充拦⑦头   (签押)

      (签押)⑧

    (后缺)

此件相对完整,通过文书第1行可知,其发文机关当为"亦集乃路税使司",第2—4行表明,亦集乃路税使司给某人发放了"付身",令其充任"拦头",充任的期限是"至正十九年一周岁"。元代的"付身",是指主要用于委任基层官吏、

---

① 陈高华等点校:《元典章》新集《户部·茶课·延祐五年拯治茶课》,第2104页。
② (明)应檟:《大明律释义》,《续修四库全书》,《史部·政书类》第863册,上海古籍出版社,1995年,第74页。
③ 陈高华等点校:《元典章》卷二十二《户部八·课程·至元新格》,第802页。
④ "司",据残笔画及文义补,《黑城出土文书(汉文文书卷)》径释作"司"。
⑤ "所",《黑城出土文书(汉文文书卷)》漏录,现据图版补。
⑥ "朵",原件为"朶",今释作"朵"。
⑦ "拦",《黑城出土文书(汉文文书卷)》释作"栏",现据图版改。
⑧ 塔拉等:《中国藏黑水城汉文文献》,第998页;李逸友:《黑城出土文书(汉文文书卷)》,第90页。

差役的官方文书。① 通过文书第5行可知,税使司给"朵立只巴"发放付身,令其充任栏头。由此可知,此件文书的主要内容是亦集乃路税使司为朵立只巴充任至正十九年(1359)一周岁栏头,向其本人下发"付身"公文。

此件文书说明了以下几个方面的问题:

其一,关于税使司栏头的选任机构及任命公文的类型。

关于税使司栏头由谁来选任,传世资料未见记载。通过此件文书可知,亦集乃路税使司的栏头,是由税使司向有关人员发放"付身"充任的。这就是说,税使司栏头的选任,总管府等机构并不负责,而是由税使司直接选任。前文已述,亦集乃路的税使司不具有对其下级税收机构中"官员"选任、迁转进行管理的权力,但通过此件文书又可知,亦集乃路税使司却拥有对该司"栏头"的选任权,而栏头可视为地方官府中的一种胥吏。此外,此件文书的重要价值还在于其记录了选任栏头所用的公文类型为"付身",这些内容都具有重要的补史价值。

其二,关于栏头的充任时限及民族成分。

此件文书显示,朵立只巴充任栏头的时限为"一周岁",即一年的时间,这反映出朵立只巴充任栏头是有一定的任职时限的,此时限为"一年"。这一时间期限的记载,亦有补史之效。另外,此件文书中充任栏头者为"朵立只巴",从其名字判断,此人很可能为蒙古人。在元代的宗王中,有人名曰"朵立只巴",如《俄藏黑水城文献》第6册中收录的两件编号分别为TK204号和TK248号的元代站赤登记簿中提及"朵立只巴安定王",陈高华先生认为站赤登记簿中的"朵立只巴"即《元史》中的"朵儿只班"。② 此外,《元史》卷二十九《泰定帝本纪一》还记载,泰定二年(1325)二月朵立只巴已为安定王。③ 以上说明文书中与相关宗王同名的"朵立只巴",在很大程度上应为蒙古人。除此件外,黑水城文献中还有一件涉及元代栏头充任的文书,即编号与拟题为M1·0772[F209:W53]《也先不花充拦头状》的文书残件,文书第1行载有"也先不花充拦头"④一语。毫无疑问,该处的"也先不花"也很可能是蒙古人名。因此,通过黑水城文献可知,在元代的税使司中,充任栏头者可能有一部分人为蒙古人。除蒙古人外,汉人应当也是栏

---

① 详见本书第六章第一节。
② 陈高华:《黑城元代站赤登记簿初探》,《中国社科院研究生院学报》2002年第5期。
③ (明)宋濂:《元史》卷二十九《泰定帝本纪一》,第655页。
④ 塔拉等:《中国藏黑水城汉文文献》,第997页;李逸友:《黑城出土文书(汉文文书卷)》,第90页。

头的重要选充来源。如《元典章》卷四十六"偷课程依职官取受例问"条载：

> 皇庆元年三月，行台准御史台咨：
> 来咨："浙西廉访司申：'至大四年四月内，杭州税课提举司拦头付显等告，捉获周三匿税段疋，税司不行依例归结。及丁德荣、朱子诚告拦头秃李提控欺诈钱钞、司吏朱敬之等诈讫钞帽公事。'"又准咨文："亦为杭州税课提举司拦头徐珍告，获到僧撒里麻等匿税棕帽，已招明白……"①

该条材料提到了拦头"付显""徐珍"等人，通过这些人名判断，他们应该是汉人。这说明，元代的栏头似乎是由蒙古人、汉人等人员充任的，其构成具有多种民族属性。

第二节 元代仓库纳粮流程研究

元代的路级官府一般均设有"府仓"，以负责本路税粮的收缴等工作，亦集乃路总管府亦如是，其"府仓"名曰"广积仓"。随着黑水城文献的出土，有关该仓的大量史料被发现，据笔者统计，有不下 30 件的文书涉及此。② 对亦集乃路的广积仓，一些学者在探讨与该路相关的经济问题时或有涉及，但均未做专门讨论。③ 目前仅李逸友先生在《黑城出土文书（汉文文书卷）》中介绍黑水城遗址所在地、亦集乃路总管府的相关司属机构时，曾对其设官情况、职责功能、设置地点等问题，进行了简要说明。李先生认为，亦集乃路的广积仓设置有"大使、副使、监支等仓官"，该仓属于"收支税粮机构，其建筑遗址为在城内东南隅的 Y6，高墙大院内建有储存粮的大仓房"，其与"屯田所都存储有税粮"等。④ 黑水城文献中与广积仓相关的文书，大多是该仓在实际运作时保留下来的珍贵资料，因此这些史料对于认识广积仓的运作情况具有重要价值和意义。有鉴于此，本节将以黑

---

① 陈高华等点校：《元典章》卷四十六《刑部八·诸赃一·取受·偷课程依职官取受例问》，第 1571 页。
② 黑水城文献中明确载有"广积仓"三字的汉文文书 30 件，蒙古文文书 1 件。
③ 可参见：马彩霞：《关于黑水城所出一件元代经济文书的考释》，《西域研究》2004 年第 4 期；许生根：《英藏黑水城出土四件元代军政文书初探》，《宁夏社会科学》2008 年第 2 期；朱建路：《英藏黑水城所出两件粮食相关文书再研究》，《宁夏社会科学》2010 年第 1 期；潘洁：《元代亦集乃路赋税考——黑水城出土税票考释》，《中国经济史研究》2011 年第 1 期；白玉冬：《关于元代地税征收的一篇蒙古文文献——释黑城出土 F61:W6 文书》，《元史论丛》第 14 辑；高仁、杜建录：《元代地方粮仓探析——以亦集乃路为例》，《中国经济史研究》2015 年第 5 期等。
④ 李逸友：《黑城出土文书（汉文文书卷）》，第 14—15 页。

水城文献为中心,对亦集乃路广积仓收纳税粮的运作程序进行探讨,以期进一步增进对元代地方府仓的认识。

一、关于 F193：W13 文书的性质

黑水城文献中有 30 余件文书与亦集乃路的广积仓相关,其中有一些文书在处理相关问题时涉及"广积仓",可称为广积仓"相关文书",而另外一些则是与该仓库直接相关的文书,属于该仓所使用的文书。与广积仓直接相关的黑水城文书共计 11 件,分布于"中国藏"与"英藏"黑水城文献之中,前者收录最多,共计 10 件,后者有 1 件。这些文书都与税粮的交纳直接相关,下面对其进行重点讨论。

在上述两地收藏的与广积仓直接相关的文书,在《黑城出土文书(汉文文书卷)》中共发现如下编号：F97：W3、F166：W9、F105：W5、F270：W6、F135：W71、F135：W72、F192：W2、F146：W9、F193：W13。[①] 该书载录了上述文书的录文,并将之归入"票""票据类"文书。虽然《黑城出土文书(汉文文书卷)》一书并未对相关文书进行拟题,但据其归类不难发现,该书认为上述文书均应属于"票据"。另外,《中国藏黑水城汉文文献》一书载录了上述文书的图版,同时对上述文书重新进行了编号,[②]并逐一进行拟题,具体名称如下：《广积仓票据》《广积仓票据》《广积仓收到本渠马军吾即阿剌小麦凭据》《广积仓票据》《广积仓收到沙立渠台不花税粮票据》《广积仓收到大不花下徐五纳大小麦凭据》《广积仓收到大不花下徐大纳大小麦凭据》《票据》《广积仓收据》《票据》。[③] 通过上述拟题可知,《中国藏黑水城汉文文献》一书对于上述 10 件文书的性质判定与《黑城出土文书(汉文文书卷)》相似,亦认为其为"票据""凭据""收据"之类的文书。

而"英藏"的 1 件文书,主要是指《斯坦因第三次中亚考古所获汉文文献(非佛经部分)》一书中所载的一件编号、拟题为 OR. 8212/759 K. K. 0117(d)(i)《元至元六年(1340)纳税粮凭》[④]的文书。从该书对此件的命名来看,亦将其视作

---

① 李逸友：《黑城出土文书(汉文文书卷)》,第 183—185 页。另,《中国藏黑水城汉文文献》中一件编号为 M1·0954[F64：W5]的文书,该书未收。

② 即 M1·0954[F64：W5]、M1·0953[F97：W3]、M1·0952[F166：W9]、M1·0951[F105：W5]、M1·0950[F270：W6]、M1·0949[F135：W71]、M1·0948[F135：W72]、M1·0947[F192：W2]、M1·0946[F146：W9]、M1·0945[F193：W13]等。

③ 参见塔拉等：《中国藏黑水城汉文文献》,国家图书馆出版社,2008 年,第 1215—1223 页。

④ 沙知、[英]吴芳思：《斯坦因第三次中亚考古所获汉文文献(非佛经部分)》第 1 册,第 229 页。

"票据""凭据"类文书。

目前学界在相关研究中虽然曾涉及有关文书,然对其"票据"类的性质多未提出异议。① 上述诸书对有关文书性质的判定虽不无道理,但尚不够准确,而文书性质判定的准确与否,直接关乎对其所反映问题认识的准确性,以及相关研究结论的准确性,因此,有必要对此问题重新审视。今即以其中较为典型的 F193：W13 为例进行探讨。此件的图版、录文如下：

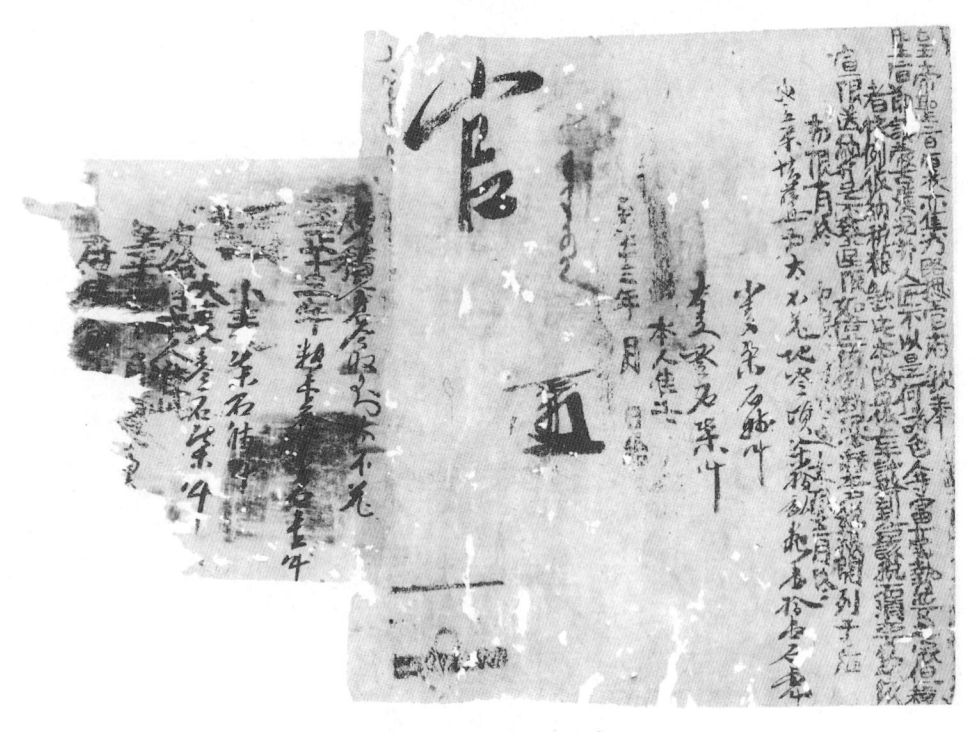

F193：W13 文书图版②

1. 皇帝圣旨里,亦集乃路总管府钦奉
2. 圣旨节该：蒙古汉儿并人匠,不以是何诸色人等富豪势要之家,但种□③

---

① 仅李逸友先生在《黑城出土文书(汉文文书卷)》一书中介绍 F193：W13 文书等时有进一步的解释,关于此,将在下文详述。
② 转引自塔拉等：《中国藏黑水城汉文文献》,第 1215 页。
③ "□",该字残缺,《黑城出土文书(汉文文书卷)》推补为"田"。

3. 　　者依例征①纳税粮,钦此。本路照依上年计拨②到 官③ 该税石,须要钦依□

4. 　　宣限送纳齐④足,不致违限。如违,依例断罪。今将本户税粮开列于后:

5. 　　　　　初限十月终　　中限十一月终⑤　　末限十二月终

6. 　　沙立渠怯薛丹一户太不花,地⑥叁顷柒拾亩,粮壹拾壹石壹斗:

7. 　　　　　　　小麦柒石肆斗。

8. 　　　　　　　大麦叁石柒斗。

9. 　　　　　右⑦　　本人。准此。

10. 　　　　　至正十三年　　月　　日给

11. 　üjebe⑧　　　　　　(签押)

12. 　**官**　　　　　　　　　　　　　(墨戳印)

13. 　ene-ni kesig tay⑨

---

14. 广积仓今收到太不花

(朱印)　　　(朱印)

15. 至正十三年粮壹拾壹石壹斗:

16. 　　小麦柒石肆斗。

17. 　　大麦叁石柒斗。

18. 右给付本人。准此。

---

① "征",《黑城出土文书(汉文文书卷)》释作"缴",现据图版改。
② "拨",《黑城出土文书(汉文文书卷)》未释。
③ "官",《黑城出土文书(汉文文书卷)》漏录,现据图版补。
④ "齐",《黑城出土文书(汉文文书卷)》释作"开",现据图版改。
⑤ "中限十一月终",《黑城出土文书(汉文文书卷)》漏录,现据图版补。
⑥ "地",《黑城出土文书(汉文文书卷)》漏录,现据图版补。
⑦ "右",《黑城出土文书(汉文文书卷)》漏录,现据图版补。
⑧ 该行字母转引自《关于元代地税征收的一篇蒙古文文献——释黑城出土 F61：W6 文书》一文;《黑城出土文书(汉文文书卷)》释作"官"。
⑨ 该行字母转引自《关于元代地税征收的一篇蒙古文文献——释黑城出土 F61：W6 文书》一文。

19. 至正十三年　　月 攒典 ①
　　　（朱印）
20.　　　广积仓付 ②
　　　（后缺）

由以上可见,此件文书实由两纸构成,其中第一纸文书较大,③但其被粘贴于第二纸之下,共存文字 13 行;第二纸文书较小,共存文字 7 行,两纸文书合计存文字 20 行。除裱压文字外,此件的两纸文书第一纸首尾完整,第二纸首全尾缺,且第二纸最后一行下残。因两纸的大小不同,且第二纸未与第一纸的上沿对齐粘贴,故两纸中相关文字的左右均未对齐。

另外,由图版可见,两纸文书的字体均由"印刷体"和"手写体"两种构成。其中第一纸除第 6、7、8 行涉及的具体人名、田地亩数、粮食数量及第 11—13 行的签押等文字为手写外,其他均为印刷文字。而第二纸中除有关人名、粮食数量等为手写体外,其他则为印刷体文字。同时,还可以看出,此件的第一纸又是一件双语文书,除包含汉文外,还载有两行八思巴蒙古文字,对于该纸第 11 及第 13 行的八思巴蒙古文字,白玉冬已进行了辨识,并对相关文字进行了释义,认为第 11 行的文字为"已见"④之意。李逸友先生则认为该行属于"朱书",且认为该字应为"官"。⑤ 从图版来看,该行文字似为朱书,但今朱书已不甚明显,第 13 行的文字白先生认为系"此乃怯薛太"⑥之意。

这两纸文书除载有相关文字外,还署有押印或钤盖了有关印章,其中第一纸所存者主要是签押和墨戳印,而第二纸主要是朱印,共计 4 处。

之所以此件文书由两纸粘贴而成,从文书录文可见,主要是因为它们的内容相关,均涉及同一人,即"太不花"在至正十三年(1353)交纳税粮一事。但通过图版等又可见,这两者不仅物理形态有别,且具体内容、用途等也各有侧重,

---

① "攒典",《黑城出土文书(汉文文书卷)》未释。
② 李逸友:《黑城出土文书(汉文文书卷)》,第 184—185 页。
③ 李逸友:《黑城出土文书(汉文文书卷)》,第 185 页,载有这两纸文书的尺寸,其分别为第 1 纸:272×262 mm,第 2 纸:173×160 mm。
④ 白玉冬:《关于元代地税征收的一篇蒙古文文献——释黑城出土 F61:W6 文书》,《元史论丛》第 14 辑,第 420 页。
⑤ 李逸友:《黑城出土文书(汉文文书卷)》,第 184 页。
⑥ 白玉冬:《关于元代地税征收的一篇蒙古文文献——释黑城出土 F61:W6 文书》,《元史论丛》第 14 辑,第 420 页。

发文的机构亦不相同,这反映出它们的性质可能有所区别。现具体分析如下:

首先,关于第一纸文书的性质。

第一纸内容由多个层次构成,其中第 3 行的"钦此",既是公文结语的标志,也是皇帝专门使用的术语,故可知,该词之前的内容属于一个层次,之后的属于另一层次。在第一层次中,因第 2 行载有"圣旨节该"一语,由此可知,第 2、3 行当系对皇帝"圣旨"的节略转载。李逸友先生在《黑城出土文书(汉文文书卷)》中已指出,此道圣旨为《通制条格》卷二十九"僧道·商税地税"条所录"中统五年二月中书省奏准节该"的节录。① 李先生所言准确无误。另外,据第 1 行可知,转引此道圣旨的机构为亦集乃路总管府,且不难发现,该机构正为此件文书的发文机构。之所以亦集乃路总管府的文书要转引此道圣旨,当旨在强调其所行者为奉命行事,是具有"法律"根据的。从此道圣旨的节该部分不难发现,该圣旨是为"征纳税粮"而下达的。

文书第 3 行"钦此"之后的内容至第 5 行止,是亦集乃路总管府根据圣旨的要求所做出的本路税粮征收安排,包括税粮缴纳数额是如何核算而来,税粮缴纳的违约后果,具体的缴纳期限等。

文书的第 6—8 行是对具体纳粮户信息的登载,包括户主的姓名、土地的亩数、纳粮的数量及其具体构成等。

第 9—13 行,是对文书下达时间、下达对象、核准情况等的登载。其中据第 9 行所载"右 本人。准此",及第 10 行的"至正十三年 月 日给"等内容可知,此件文书是要下达给税粮的缴纳户主"太不花"本人的。同时,由该部分所载的签押、墨戳印,以及大写的"官"字、八思巴蒙古文等内容可以推断,此件下达给太不花的文书经过了官方认证和许可。

虽然《黑城出土文书(汉文文书卷)》等将此件文书称为"票据",但李逸友先生在介绍该纸文书时,又进一步认定其为"税粮通知书",且认为该"通知书"在元代似应称作"勘合或地税帖、传税帖","是过去未曾见过的一种文书"。② 李先生的推断有一定的道理,但实际上却不完全准确。对于此纸文书,元代传世典籍载有其当时的名称,如《元典章》中的一道公文载:

---

① 李逸友:《黑城出土文书(汉文文书卷)》,第 76 页。
② 同上。

大德七年八月二十五日,江西行省准中书省咨……本路所管各县户计合征粮若干,总包若干,卷内开出花户姓名、粮数多少,通行均包。每正粮若干合包若干,验实均包,(其)〔某〕户合包若干,明立案验。当该首领官吏子细照勘均平无差,行下各县,出给催粮由帖,付纳粮人户依数供输。①

此条说得非常清楚,当路总管府的各县催征税粮时,要"出给催粮由帖",并将其"付纳粮人户",纳粮人户据之"依数供输"。而本节所讨论的第一纸文书,无疑正是亦集乃路总管府下达给太不花,令其如数纳粮的文书,故其性质正当为"催粮由帖",属于一件非常罕见的元代催粮由帖原件。

另外,前文提及的"英藏"的一件与广积仓直接相关的《元至元六年(1340)纳税粮凭》文书,潘洁研究发现,其与F193：W13文书的第一纸相类似。通过该件的录文来看,潘女士所言不虚。据上文可知,《斯坦因第三次中亚考古所获汉文文献(非佛经部分)》一书对该件的拟题也不甚准确,该件亦应该是一件"催粮由帖"的原件。

以上,即是对F193：W13第一纸文书及其相关文书的性质判定。

其次,关于第二纸文书的性质。

从该纸文书首行载有"广积仓",尾行亦载"广积仓付□□□□□"等可以推见,"广积仓"当系该件的发文机构,而"广积仓付□□□□□"一语中所缺文字当为该机构"付使"的署名。另外,第14至第17行登载了"今收到"太不花至正十三年(1353)粮食的数量等信息,故由以上判断,此件当系一广积仓在收到太不花所交税粮后开具的相关证明文书。同时,据第18行"右给付本人。准此"等文字可知,此证明是需要交付给纳粮人"太不花"本人的。

此纸文书因为残缺,第20行后的内容为何尚无法得知,但在前文提及的黑水城有关"票据"类文书中,还有几件文书与此纸文书相似,且保存比较完整,据此可以窥见该类文书的全貌。如编号为F270：W6的文书,其录文如下:

1.   **广积**仓今收到沙立渠一户台不花
   (朱印)   (朱印)
2.   **至正十一年**税粮,壹拾壹石壹斗
3.   小麦柒石肆斗

---

① 陈高华等点校:《元典章》卷二十四《户部十·租税·军兵税·弓手户免差税》,第953页。

4.　　　　　　　大麦叁石柒斗
5.　　　　　　　右给付本人。准此。
6.　　　　　　　至正十一年月　　　　攒①典
7.　　　　　　　广积仓付使任　　　（签押）②
　　（朱印）　　　　　　　　　　（朱印）
8.　　　　　　　广积仓大使庆喜　　（签押）③
9.　　　　　　　广积仓监支纳　　　销讫
10.　　　　　仓④

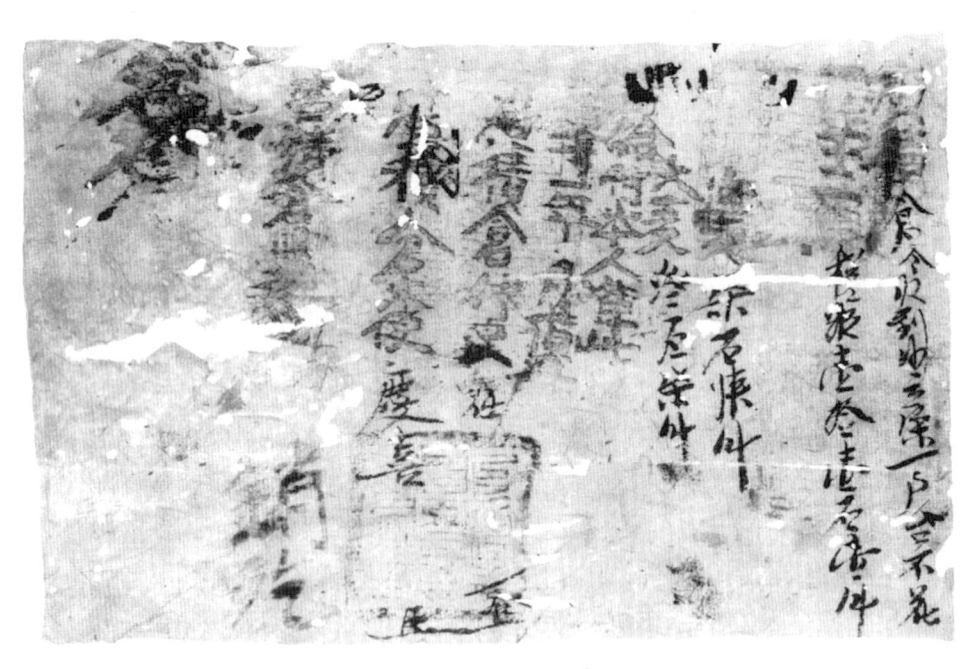

F270：W6 文书图版⑤

由以上可见，此件的第1—7行与F193：W13第二纸文书第14—20行所载内容、格式非常相似，除此件的收到人为"台不花"，时间为"至正十一年"外，其

---

①　"攒"，《黑城出土文书（汉文文书卷）》释作"积"，现据图版改。
②　此签押，《黑城出土文书（汉文文书卷）》漏录，现据图版补。
③　同上。
④　塔拉等：《中国藏黑水城汉文文献》，第1219页；李逸友：《黑城出土文书（汉文文书卷）》，第184页。
⑤　转引自塔拉等：《中国藏黑水城汉文文献》，第1219页。

他内容均相同。因"台"与"太"二字虽然形异,但音同,又鉴于两件中的纳粮数量一致,故推断此件中的"台不花"与F193:W13文书中的"太不花"应为同一人。因此,此件亦当是广积仓在收到太不花交纳的税粮后为其开具的"证明文书"。由此件可见,在"广积仓付使"之后还登载了有关该仓的"大使""监支纳"等官。其中"付使""大使"均署名、签押,而"监支纳"后书写了"销讫"二字。通过文书图版可见,此二字为朱书,故其不应为"监支纳"之名。同时,此件之"销讫"二字及末行的"仓"字,笔迹均与其他诸行文字有异,故可知,这两处文字当属于第二次书写,而与F193:W13第二纸文书亦相似的F105:W5文书并无此二次书写的文字。由此判断,此件的第7—9行中所载官员及其署押等内容当是该类文书的必备内容。

总之,由以上可知,第二纸文书是由广积仓下发给纳粮户本人的证明文书,该类文书不仅登载纳粮户主姓名、纳粮时间、数量,还需登载该机构的主要官吏姓名,有关官员还需进行签押,且该类文书最终要交付给纳粮人。同时,据前文还可知,该类文书可能还会钤盖相关印章,又因该类文书为广积仓所发,故该印章或为"广积仓之印"。

二、黑水城文献所见元代仓库收纳税粮的运作

元代的路级官府设置相关的"府仓"比较普遍,"广积仓"即各地府仓的名称之一。除亦集乃路外,据《经世大典·仓库》记载,在上都留守司曾设置过"永盈仓",大德年间该仓改名为"广积仓"。[①] 另外,在凤阳、杭州、南昌、琼州、万州、雷州等地,也同样设置过该仓。不过,相较于上都,其他诸地所设置的广积仓,与亦集乃路相似,均未见"达鲁花赤"的设置。[②] 这一现象或许是因为上都的该仓地位和级别更高使然。当然,已有的研究已经表明,虽然有的路总管府的府仓与亦集乃路相似,但其他路分亦有不一致者。[③] 无论如何,通过亦集乃路的广积仓可以看到其他诸路该类仓库的身影。

对于亦集乃路广积仓的主要职责之一,即"收纳税粮"问题,前人已通过黑水城文献对其征收税粮的方式、数量,以及涉及的纳税户的户计问题等进行了

---

① 《永乐大典》卷七五一四《经世大典·仓库》,第3436页。
② 同上。
③ 参见李治安:《元代行省制度》,中华书局,2011年,第640页。

探讨。① 但相关研究并未关注到该仓收纳税粮运作流程这一核心问题,故今以前文文书为中心,对此问题进行讨论,以期对元代该类仓库的收纳税粮运作程序等情况做出进一步的认识。

首先,路总管府等机构将"催粮由帖"下达给纳粮户户主。

由前文对 F193:W13 文书的分析可知,此件由两纸粘贴而成,其中第一纸系亦集乃路总管府发出的"催粮由帖",第二纸则是该路广积仓向纳粮户下发的收到税粮证明文书。同时,从此二纸文书的物理状态看,它们与其他由多纸文书粘连而构成的黑水城同一文卷或同一件文书不同。在黑水城文献中由多纸构成的同一件文书中,其纸张的粘连处往往钤盖朱印,以表示它们属于同一文书。但在该件文书中却未在粘贴处钤盖相关印信,这表明,这两纸文书应该属于各自独立的两件文书,因为某种原因才将它们粘连在一起。

另外,据前文《元典章》大德七年(1303)有关催粮由帖的公文可知,路总管府辖县在收纳税粮时需先下达"催粮由帖",因亦集乃路并无司县,故在广积仓收到税粮之前,应该存在亦集乃路总管府向纳粮户"太不花"下达催粮由帖的过程。通过此件可知,该"帖"要交付纳粮户本人。白玉冬据该件中的八思巴文"已见"二字亦推定,其是"纳税人太不花所书",且说明了"该数额确切无误传达给了纳税人"。② 同时,通过此件所载的交纳税粮"初限"可知,该催粮由帖至迟应在交纳税粮的"十月终"之前下达到纳粮户手中。而该件中第 12 行所大书的"官"字,显然与其他文字笔迹不同。另外,该件的末尾还有签押和墨戳印,这些内容无疑应来自官方,是官方对其所下达相关"催粮由帖"核实、确认的标志。这无疑反映出,在路总管府下达给纳粮户相关"由帖"之前,官方还需履行有关的核实程序。

同时还发现,此件"催粮由帖"不仅有手写文字,还有许多印刷体文字。这些印刷体文字表明,该类由帖当需下达若干份,为简便起见,亦集乃路总管府才将相关固定的文字先用木版印刷,然后再根据各户的情况,手填相关纳粮户信息。因此可知,在亦集乃路催粮由帖下达之前,还存在先印制,再手填相关信息的过程。

---

① 潘洁:《元代亦集乃路赋税考——黑水城出土税票考释》,《中国经济史研究》2011 年第 1 期。
② 白玉冬:《关于元代地税征收的一篇蒙古文文献——释黑城出土 F61:W6 文书》,《元史论丛》第 14 辑,第 420 页。

其次，纳粮户携带"催粮由帖"向"府仓"交纳税粮。

根据F193：W13第一纸文书所规定的内容，该纸催粮由帖需交付给纳粮户太不花，并由其按照相关的时间限定交纳税粮。故据此纸文书可知，纳粮户太不花需携带此件"催粮由帖"向亦集乃路的广积仓交纳税粮。而此纸催粮由帖写明交纳税粮的时限有"三"，这或许是由各纳粮户与广积仓之间的距离使然，因距离近者，运输时间短，交粮时限则短；反之，距离远者，则交粮时限长。当然，也不排除这与纳粮户可以分批次交纳税粮有关。

另外，根据元代典章制度的规定，相关纳粮户在交纳税粮时，会使用到"勘合文书"以防止所纳税粮不实。如《通制条格》卷十四"司库"条载："至大四年六月，中书省。户部呈……照得凡收支钱物，必须半印勘合。"[①]所谓"半印勘合"，本书将在后文详述，该类文书主要由"半字号"及"半印章"等构成，通过字号和印章的合二为一，来印证相关文书内容的真实性。然而，从前文文书图版可见，此件F193：W13第一纸催粮由帖文书并无"半印勘合"的特征，故其并非一件该类的文书。虽然元廷有规定，但此件黑水城文书却反映出，这一规定在地方的落实上可能存在一定的灵活性，抑或相关规定在元后期又曾出现过相应的变动，都未可知。

再次，纳粮户交纳税粮后，"府仓"为其开具证明文书。

F193：W13第二纸文书表明，当广积仓收到"太不花"所交的相关税粮后，该仓为其本人开具了纳粮证明。这一证明文书不仅要钤盖相关印章，广积仓的主要官吏还需署名、签押，以证明其有效性。

同时，在F193：W13文书中，本应是独立保存的纳粮证明文书，却粘贴于总管府所发的"催粮由帖"之上。这一方面反映出，这一粘贴现象当发生于税粮完纳之后；另一方面又反映出，对两纸文书进行粘贴者，很可能是广积仓相关官吏。之所以要将纳粮证明文书粘贴于"催粮由帖"之上，可能是出于日后核对、检查相关纳粮信息之需。另外，前文提及的F270：W6文书亦属于"纳粮证明"，但其在文末又书写了"销讫"等字。此二字有"完结""注销"等意，且用朱书书写，这无疑表明，此件文书又经过了进一步核实，说明纳粮户应缴税粮确已交纳完毕，该事可以"完结"了。而在核对纳粮户所纳税粮信息时，很可能就是将纳粮证明与"催粮由帖"进行核对，当二者无误后，书写了相关文字。这或正是"纳

---

① 方龄贵校注：《通制条格校注》卷十四《仓库·司库》，第434页。

粮证明"与"催粮由帖"粘贴在一起的真正原因。

另外,黑水城文献表明,广积仓似乎并不会给所有的纳粮户都开具"纳粮证明"。在黑水城文献中有几件文书与F193：W13的第二纸文书相似,但又有一些区别,《中国藏黑水城汉文文献》将它们编号和拟题为M1·0949[F135：W71]《广积仓收到大不花下徐五纳小麦凭据》、M1·0948[F135：W72]《广积仓收到大不花下徐大纳小麦凭据》。[①] 为方便说明,今将其中一件释录如下：

1. 广积仓
2. 今收到大不花下徐大纳
3. 　　小麦壹石肆斗　大麦柒斗
4. 　　　元统三年十月卅日给
5. 　　　　　付使杨猪儿(墨戳印)
6. 白帖　　　大使
7. 　　　　　监支纳八察(签押)

此件文书编号M1·0948[F135：W72],M1·0949[F135：W71]文书与之几乎完全相同,仅此件中的"徐大",后者作"徐五"。从上述录文可见,其所载的大部分内容、格式等与F193：W13的第二纸文书相似,即首先载明收到税粮的机构为"广积仓",然后登载具体收到的纳粮户户名、纳粮数量、纳粮时间等信息,最后由相关仓库官吏署名、签押。但也应当看到,此件并未钤盖印章,且在第6行用大字书写了"白帖"二字,以至于有学者据此将这两件文书称为"白帖"文书,[②]而此"白帖"二字等正是此件与F193：W13的第二纸文书的显著区别。李逸友先生认为,这是一件非正式的仓票,但对其"不知何故不给纳粮户填发正式仓票"[③]的疑惑,未给出一定的解释。此后潘洁、刘广瑞等学者虽然或在相关研究中涉及上述文书,或专门对其进行探讨,但亦未解释李逸友先生之问。[④] 笔者认为,首先,李先生提出上述书有"白帖"二字的文书并非正式仓票的观点,有可

[①] 塔拉等：《中国藏黑水城汉文文献》,第1217—1218页；李逸友：《黑城出土文书(汉文文书卷)》,第183—184页。
[②] 刘广瑞：《黑水城所出元代"白帖"文书初释》,《内蒙古农业大学学报(社会科学版)》2012年第2期。
[③] 李逸友：《黑城出土文书(汉文文书卷)》,第76页。
[④] 潘洁：《元代亦集乃路赋税考——黑水城出土税票考释》,《中国经济史研究》2011年第1期；刘广瑞：《黑水城所出元代"白帖"文书初释》,《内蒙古农业大学学报(社会科学版)》2012年第2期。

商之余。因为,既然该件中有广积仓官员的署名和签押,即证明此件是官方出给的,具有一定的法律效力,故该件应该也可视为一件"正式"的纳粮证明文书。其次,至于为何书有"白帖"二字且未加盖印章,笔者认为,这可能与纳粮户的身份有关。此件中的纳粮户为"大不花下徐大",而另一件同类文书则为"大不花下徐五"。显然,无论"徐大"还是"徐五",他们都不属于拥有独立户籍的人户,其或许属于大不花的依附户(或附籍户)。由前文已知,亦集乃路总管府所下达的"催粮由帖",是发给具有独立户籍的"太不花"一户,故与之相应的,广积仓为"太不花"纳粮后出具了纳粮证明文书。基于以上认识,可以推断,上述"白帖"类纳粮证明文书的存在,可能主要是由于相关纳粮户属于非独立户籍的人户使然,在徐大、徐五纳粮后,广积仓或向其户主"大不花"开具纳粮证明。这或许是为何该类文书书有"白帖"二字,且未加盖印章的原因所系。

最后,"府仓"要将收纳的税粮情况及时向路总管府进行汇报。

黑水城文献显示,当广积仓收到相关纳粮户交纳的税粮之后,该府仓收纳税粮的运作尚未全部完成,该仓还需将其所收纳的所有税粮信息,及时向亦集乃路总管府做出汇报。其中有一件"俄藏"编号、拟题为俄 B53《申亦集乃路总管府验粮文》的黑水城元代文书,正是对这一内容的反映。该件文书录文如下:

(前缺)

1.　　　　　　陆斗
2. 前申:收粮壹拾伍石□□:
3. 　　　小麦壹拾石□□。
4. 　　　大麦伍石贰斗。
5. 今申:二十九日实收粮叁拾贰石柒斗:
6. 　　　小麦贰拾壹石捌斗。
7. 　　　大麦壹拾石令玖斗。
8. 右具如前,伏乞
9. 亦集乃路总管府
10. 照验。谨具[①]

(后缺)

[①] 史金波等:《俄藏黑水城文献》第 6 册,上海古籍出版社,2000 年,第 15 页。

此件前缺,尾部略残。通过第 1—7 行所载的"前申""今申"及有关"实收"税粮的数量信息等可知,此件当是某机构就所收税粮情况向上级部门做出的汇报。而第 8—10 行的"伏乞亦集乃路总管府照验"一语表明,该件文书汇报的对象当为"亦集乃路总管府",汇报的目的,则是请求总管府对相关钱粮数量进行"照验"。故可以推见,此件的发文机构应为亦集乃路收纳税粮的"府仓"广积仓。对于此件的性质,马彩霞称其是一件广积仓申报给亦集乃路总管府的申验粮文,且提出此件证实了"广积仓和亦集乃路总管府之间确实存在收粮、验粮的职能分工"[①]的观点。马彩霞所言很有道理。由此可见,当广积仓收到税粮后,需将所收税粮信息向亦集乃路总管府进行汇报。同时,据此件还应当看到,广积仓向亦集乃路总管府所做的汇报中提到了"前申"和"今申"。这反映出,广积仓向亦集乃路总管府汇报收纳税粮情况时,并非等待税粮全部收纳完毕后再进行,而是在收纳税粮的过程中就需要将收粮的进展情况适时向总管府做出汇报,以便其掌握相关情况。据之推断,当广积仓收纳完全部税粮并向亦集乃路总管府做出了汇报后,该仓收纳税粮的运作流程方告结束。

---

① 马彩霞:《关于黑水城所出一件元代经济文书的考释》,《西域研究》2004 年第 4 期。

第四章

黑水城文献所见元代站赤管理研究

元代的行政管理涉及的内容非常广泛,其中之一即对"站赤"进行管理。《元史》载曰:"元制站赤者,驿传之译名也。"①元代所谓的"站赤",实为古之"驿传"也。我国古代的"驿传"之制,兴之甚早,如在成周之时"凡国野之道,有庐室候馆以为朝聘往来之宿食。其后为置邮,为亭传,为驿递所",②可见在这一时期已有"驿传"之设。入元之后,因元朝幅员极其辽阔,驿传制度受到了前所未有的重视,宋濂等人曾对此评价道:"古人所谓置邮而传命,未有重于此者焉。"③而早在成吉思汗时代,一些地区已开始使用驿传。④ 至窝阔台汗时,站赤制度正式确立,《圣武亲征录》载:"共册太宗皇帝登极,太宗遂议征收金国、助贫乏、置仓廪、创驿站。"⑤忽必烈建立元朝后,专门设立了全国性的站赤管理机构,元代的站赤制度在不断地调整之中,持续向前发展。可以说,"站赤"已成为元代行政、军事等正常运转的不可或缺的一环。因此,站赤管理也成为元代行政管理的重要内容之一。本章即以黑水城文献为中心,对相关站赤文书所展现的元代站赤管理的一些内容,如元后期站户签补活动的实施及站赤马料的放支等情况,进行专门研究,以期探寻元代在站赤管理中发生的某些变化,进一步把握元代站赤管理的实态,增进对元代地方行政管理运作情况的认识。

---

① (明)宋濂等:《元史》卷一〇一《兵制四》,第2583页。
② (元)刘诜:《桂隐先生集》卷一,《元人文集珍本丛刊》第5册,第19页。
③ (明)宋濂等:《元史》卷一〇一《兵制四》,第2583页。
④ 默书民:《大蒙古国驿传研究二题》,《元史及北方民族史研究集刊》第15辑,南方出版社,2002年,第92页。
⑤ 王国维校注:《圣武亲征录校注》,《王国维遗书》第13册,上海古籍书店,1983年,第80页。

第一节　元后期站户签补问题研究

黑水城文献中收录元代站赤类文书若干件,其中有几件文书内容相关,《黑城出土文书(汉文文书卷)》称之为《签补站户文卷》,《中国藏黑水城汉文文献》称其为《签补站户文书》。[①] 在该文卷中,前书收录了5件文书,后书则收录了包含前者在内的8件文书。前者载有文书的录文,后者则载录其图版。对于该文卷,目前已有学者加以关注,如王亚莉在《黑城出土元代签补站户文书F116：W543考释》一文中,对其中一件编号为F116：W543的文书进行了研究,探讨了此件所见的元代站户消乏的原因、签补站户的措施等问题。[②] 除此之外,对于该批《签补站户文卷》再无专论之文。该批文卷作为认识元代后期站户签补问题的重要一手资料,除王文所涉及的文书外,还有一件编号为F116：W434的文书,内容更为丰富,价值更大。本节拟在前人研究的基础上,以此件文书为中心,对其所反映的元代站户签补的诸问题试做粗浅的探讨。

一、F116：W434 签补站户文书的复原

《黑城出土文书(汉文文书卷)》一书的《签补站户文卷》中所包含的5件文书编号如下：F116：W5、F116：W434、F116：W543、F116：W544、F116：W433。[③] 对于上述文书,《中国藏黑水城汉文文献》一书不仅重新编号为M1·0930[F116：W5]、M1·0926[F116：W434]、M1·0927[F116：W543]、M1·0925、M1·0923[F116：W433],且给予拟题,相关拟题除第一件作《文书残件》外,其余均拟作《签补站户文卷》。[④] 除上述5件文书外,《中国藏黑水城汉文文献》中还载有编号为M1·0928、M1·0924的两件文书,它们的拟题也均为《签补站户文卷》。[⑤] 这两件文书并非《黑城出土文书(汉文文书卷)》一书未载,而是《中国藏黑水城汉文文献》将上述F116：W434与F116：W433两件文书的部分内容析出后,又重新拟题,

---

　①　虽然该书总称这批文书为《签补站户文书》,但在具体的文书拟题时,却又称多数文书为"文卷",故为统一表述,以下称该批文书为"文卷"。
　②　王亚莉：《黑城出土元代签补站户文书F116：W543考释》,《宁夏社会科学》2009年第3期。
　③　李逸友：《黑城出土文书(汉文文书卷)》,第175—177页。
　④　塔拉等：《中国藏黑水城汉文文献》,第1137—1146页。
　⑤　塔拉等：《中国藏黑水城汉文文献》,第1145、1138页。

第四章 黑水城文献所见元代站赤管理研究 123

使之成为了独立的文书。另外,《中国藏黑水城汉文文献》一书中还收录了一件编号为 M1·0929[84H·F116：W216/1388]的文书,拟题为《签补站户文书残件》。①此件为该书所新收,《黑城出土文书(汉文文书卷)》一书不载。如此可见,对于该组文卷,上述两书对于相关文书的处理多有分歧,这为学界认识相关文书的原貌造成了一定不便,也为相关文书的研究带来了一定困难。而上述的分歧即涉及本文所要探讨的 F116：W434 文书。为研究之需,今先对此件文书加以复原。

为方便说明,今先将《黑城出土文书(汉文文书卷)》一书所做录文进行转录。因该书所做的录文自成系统,未按照敦煌吐鲁番文书的整理规范对文书标注行号,仅用一竖折符号表示转行,文书的相关残缺处,所用标注符号亦不准确,故为更清楚地说明问题,今参照敦煌吐鲁番文书整理方式,将该书录文按行重新转录如下:

1. ☐☐☐☐☐并新佥人户☐☐☐☐☐☐
2. ☐☐☐☐☐中书省☐☐☐☐☐
3. ☐☐☐☐☐送总兵☐☐☐军站户计看守系官☐☐☐☐
4. ☐☐☐☐☐院内前去于所有州县无见官一☐☐☐☐
5. ☐☐☐☐☐的委通政院官前☐☐☐☐☐☐
6. ☐☐☐☐☐令各处官司强☐☐☐仅见应当军站☐☐☐了么道告
7. ☐☐☐☐☐多有奏呵再从便商量☐☐☐者么道有
8. ☐得佥补逃亡贫难户除☐☐丹驱口并昔宝赤及各投下已籍应当军站户计
9. ☐守系官花园户匠户礼乐户☐☐种梁米户不许佥补外今拘该路府州县于目
10. ☐☐☐☐☐应当差民户及除差祗候☐军弓手急递铺户内依☐☐☐☐有抵业物力
11. 人丁之家佥补如或不敷于应有☐居改良还俗僧道籍等户及投充别管
12. 官司诸物户计内依验人丁事产物力高强依例佥☐替下户收系当
13. 差已佥站户内果系怯薛丹驱☐☐昔宝赤各投下应当☐☐☐☐
14. ☐☐☐☐☐谕了其有司官吏若☐丁力之家作贫乏☐☐☐☐
15. ☐奉

---

① 塔拉等:《中国藏黑水城汉文文献》,第1146页。

16. □补逃亡贫难站户除怯薛丹□□并昔宝赤及各投下已籍应当
17. _____园户匠户礼乐户晋山种梁□□不许佥补外令拘该路 _____
18. □户及除差祗候处军_____铺户内依验殷实有抵业_____
19. 或不数于应有析_____还俗僧道漏籍等户及投充_____
20. 亦验人丁事产物力高□依例佥补替下站户收系当差又一款如各处站户元申在逃复
21. 业从差告官_____同照勘除堪役外如有消乏不堪当役可合并者，
22. _____役人户保勘是实放罢为民，
23. _____陆运提_____户除见当役_____府州县于殷实有
24. _____应委官与真定保定二□提调官一同从实_____到佥补
25. □系被灾去处拟合委自各处正官一员提调行移廉访司_____体覆明白于相
26. □户内佥补品答各各丁力就发文申车头应役具实佥□各各村庄花名
27. 攒重役周立一户
28. 例给付收足其复业存恤限□一户既是见行当役别无定夺外据籍内
29. _____站户即目见行歇□体覆是实就便佥补及_____陆运提举
30. _____定应当站_____照详得此覆奉都堂_____造备细文册
    呈报在逃人户之事产召人租赁另_____招诱复业依
31. _____重役更为照勘明白依
32. _____俗一十四_____已佥事
33. _____等数晋宁
34. _____成等州
35.
36. _____驱□
37. _____有亲管人户及除_____
38. _____当站役概新户_____
39. _____当站即与元奉事例不_____
40. _____不随佥随逃中等之家一到_____
41. _____逃窜尽绝，则州县虚损户_____

第四章　黑水城文献所见元代站赤管理研究　125

42. 里去处令路府州县之资□□□□□□□□□□□□□□□
43. 县大宁等处□□□数亲诣各处从公么问体勘委□□□□
44. □□□□九十一户全未□□□相应内户金补替换□□□
45. □□□济宁真定等路人户□□□各物力不均争□□□□
46. □□□补不均已经行下合属□□□□违错□□□□□□
47. □□□□□□□□□□□□□□□□□□□□□□□□
48. 监察御史言□□□□□□□□□□□□□□□□□□□
49. □□□□札付亦集乃路总管府□□①

　　由以上《黑城出土文书(汉文文书卷)》一书所做的 F116：W434 文书录文来看,此件前后完整,上下均缺,并有部分中残,共存文字 49 行,其中第 35、47 行无文字,仅为残行。通过将上述录文与《中国藏黑水城汉文文献》所载此件即编号为 M1·0926[F116：W434]的文书图版对勘后发现,M1·0926[F116：W434]文书较之上述录文,在其第 14 行与第 15 行之间,多出了 11 行文字,此数行文字如下：

1. □□□□□□□□□□呈□□路攒造众□□□□二年十月廿七日□□
2. □□□□□御史廉访司随即体覆□□□金补钦此又
3. □□□□□□令头目于其下及□□□□□在官司一□□
4. □□□□□奉□□□□□□□□□□□□□□□□□
5. □□□□□户及除□□□□□□□□□□□□□□□
6. □□□□□充站户与消乏□□□□□□□□□□□□
7. □□□□□户壹千二百九十二户□□□□□□□□□
8. □□□□□本户消乏金充□□□□□□□□□□□□
9. □□□□□李元徐郁李□□□杨小厮盖因二户消乏今□
10. □□□□当壹足正马东安因□□□□比皆然为此取具□
11. 各村庄花名分当站役□□□□会验至顺三年二月十七□□□□②

通过文书图版可见,这 11 行文字与其他各行文字笔迹相同、墨色一致,且行文内容与 F116：W434 文书相关,其属于此件文书毋庸置疑,《黑城出土文书

---

① 李逸友：《黑城出土文书(汉文文书卷)》,第 176—177 页。
② 塔拉等：《中国藏黑水城汉文文献》,第 1143 页。

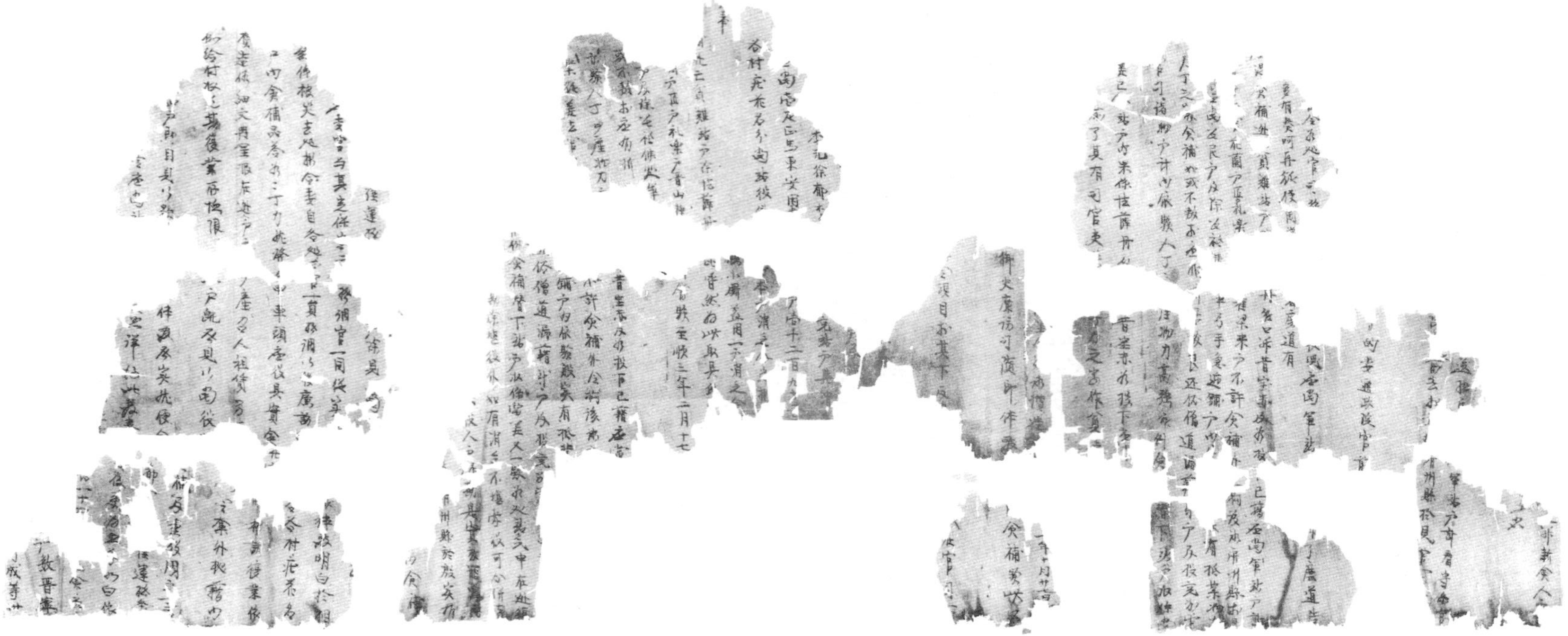

M1·0926[F116:W434]文书图版[1]

[1] 转引自塔拉等：《中国藏黑水城汉文文献》，第1143页。

（汉文文书卷）》一书所做的有关 F116：W434 文书录文，应该存在漏录的现象。由以上 M1·0926[F116：W434]文书的图版不难发现，因为此件文书系由多个残片拼合而成，《黑城出土文书（汉文文书卷）》一书与《中国藏黑水城汉文文献》一书在处理相关残片的归属上存在一定的区别，这可能是造成《黑城出土文书（汉文文书卷）》对 F116：W434 文书漏录的原因。由以上可知，F116：W434 文书应该是 60 行，而不是前文所记载的 49 行。

另外，通过 M1·0926[F116：W434]文书的图版发现，F116：W434 文书录文中的第 35 行至第 49 行文字，在 M1·0926[F116：W434]中却不翼而飞。也即是说，在这一部分录文的处理上，《黑城出土文书（汉文文书卷）》与《中国藏黑水城汉文文献》又出现了分歧。《中国藏黑水城汉文文献》一书实则将该部分内容析出，重新编号、拟题，令其成为了一件新的文书 M1·0928《签补站户文卷》，其图版如下：

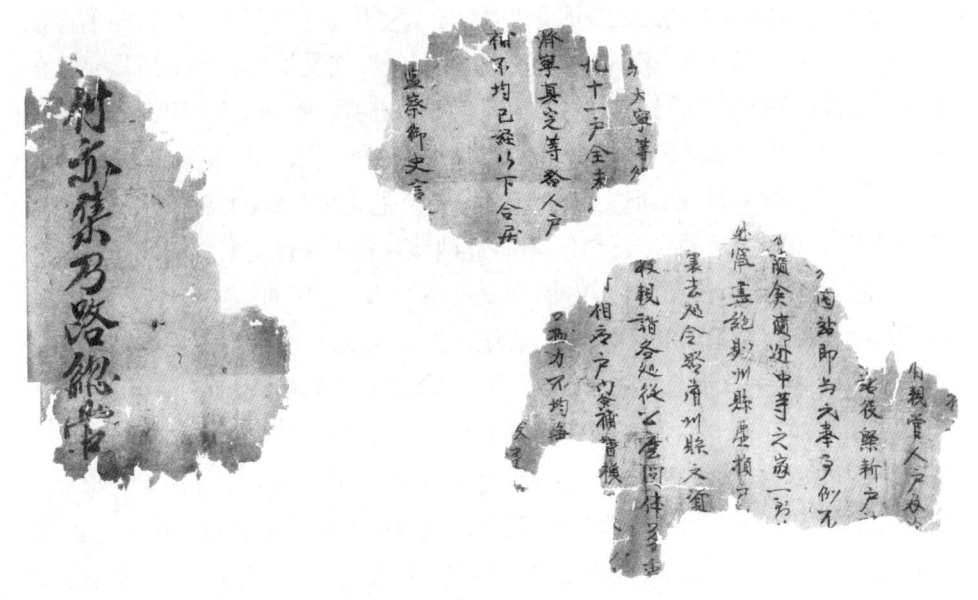

M1·0928 文书图版[①]

那么，《黑城出土文书（汉文文书卷）》一书所做的第 35 行至第 49 行的录文是准确的，还是《中国藏黑水城汉文文献》一书将其析出正确呢？此二书谁的做法更接近文书原貌？对此，学界并未做出回应。在笔者看来，《黑城出土文书

---

① 转引自塔拉等：《中国藏黑水城汉文文献》，第 1145 页。

(汉文文书卷)》一书的处理似乎更为合理,具体理由如下:

从前文F116：W434文书的现有文字来看,其前后内容并不完全连贯,如《黑城出土文书(汉文文书卷)》一书所做录文的第1行至第22行,其内容与"花园户、匠户、礼乐户""祗候""怯薛丹""昔宝赤"等有关,但第23行至第31行却又主要登载了"真定、保定"等路签发"车头"之事,而第33行至第49行之间,又记载了"晋宁""济宁""真定"等处签补站户的情况。可以发现,虽然上述内容之间没有直接的关联,但其又都与站户的签补有关。故据之推测,此件内容可能原包含多个层次,即其原文中存在对两件或者两件以上相关公文的多重转引。如第20行明确写明"又一款",此三字似可以理解为"又一规定";而第30行的"得此"二字,则为元代的公文结语词,该词的出现,表明一件公文转述的完结和另一公文的开始,等等。所以,此件文书的内容应该实由多个层次组成。另,既然《中国藏黑水城汉文文献》在摆放相关文书残片时,也认为第23行至第31行是与前面的文书连接在一起的,那么,该书将《黑城出土文书(汉文文书卷)》一书所做录文的第35行至第49行单独编号、拟题,似乎也就没有必要。另外,从M1·0928《签补站户文卷》与M1·0926[F116：W434]《签补站户文卷》等文书图版来看,它们的纸张颜色虽然深浅略有不同,但文字的笔迹和墨色是完全一致的,故据之又可以断定,这两纸文书应属于同一人所书。故将此两残片置于一件文书之内,是可行的。

因此,笔者认为,《黑城出土文书(汉文文书卷)》一书中对有关F116：W434文书所做的第35行至第49行录文,不应为衍文,这一部分内容与此件的其他部分应属于同一件文书,《中国藏黑水城汉文文献》将其析出的做法,似乎值得推敲。

再者,据M1·0926[F116：W434]文书的图版可见,《黑城出土文书(汉文文书卷)》一书所做的该文书录文,存在漏登缺字符号的问题,而该录文中所录的残缺之处,又可以校补出若干文字。现举几例说明:如在文书的第6行之后,第42行之前,第43行之前等,应均有文字残缺,但《黑城出土文书(汉文文书卷)》一书却未加标注。而根据M1·0927[F116：W543]文书的图版可知,该件第11行的文字与F116：W434录文的第10行文字,内容相关,如前者作"应当□□□□户,及除差祗候、巡军、弓手、急递铺户内,□□□□抵业物",[①]据此可补F116：W434录文第10行中的诸多残缺。

---

① 塔拉等:《中国藏黑水城汉文文献》,第1144页。

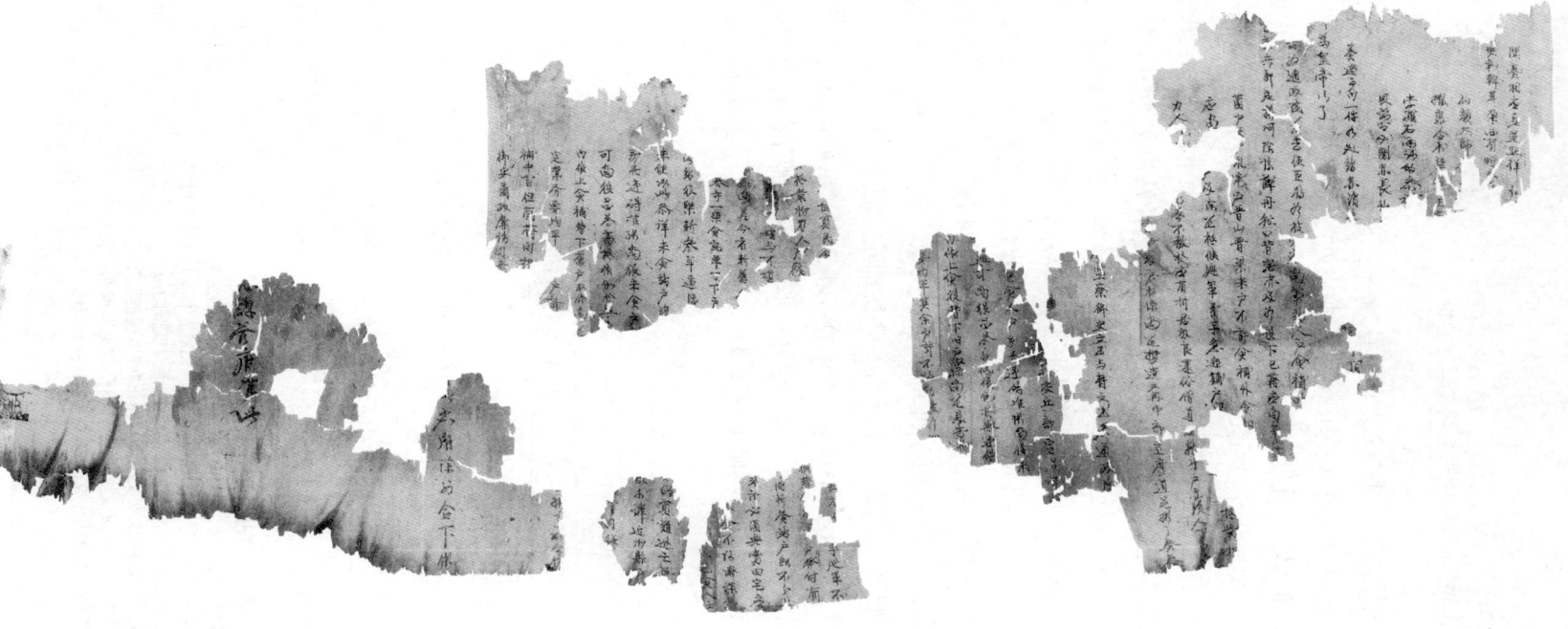

M1·0927[F116∶W543]文书图版[1]

[1] 转引自塔拉等：《中国藏黑水城汉文文献》，第1144页。

通过比较《黑城出土文书(汉文文书卷)》一书的录文和《中国藏黑水城汉文文献》文书图版,还可以发现,《中国藏黑水城汉文文献》一书在图版排列残片次序时存在一些不确之处。通过观察《中国藏黑水城汉文文献》图版中文字的行距及内容后发现,《黑城出土文书(汉文文书卷)》一书所做 F116∶W434 录文的第 15 行至第 21 行是准确的,但由于这几行文字是由上下两个残片组成,《中国藏黑水城汉文文献》在 M1·0926[F116∶W434]《签补站户文卷》中,将这两件残片的位置排列错位,这一处理方式给读者正确释读文书带来很大的困扰。如 F116∶W434 文书的第 16 行,应为"□补逃亡贫难站户除怯薛丹□□并昔宝赤及各投下已籍应当",但按照 M1·0926[F116∶W434]《签补站户文卷》的图版,该行文字却变成了"□补逃亡贫难站户除怯薛丹□□比皆然为此取其＿＿＿＿＿"等内容。显然,由于此件残片较多,对相关文书残片的摆放和处理,《中国藏黑水城汉文文献》一书还有一些待纠正之处。

总之,通过以上分析可知,关于 F116∶W434 文书,《黑城出土文书(汉文文书卷)》与《中国藏黑水城汉文文献》两书均有可取之处,又都存在一定的不足,现在参考相关文书图版及录文的基础上,对该件文书重新进行释录,并将其复原如下:

（前缺）

1. ＿＿＿＿＿＿＿＿＿＿＿并新佥人户＿＿＿＿
2. ＿＿＿＿＿＿＿＿＿＿＿中书省
3. ＿＿＿＿＿送总兵 部① ＿＿＿＿军站户计,看守系官＿＿＿＿
4. ＿＿＿＿＿＿＿＿＿院 内② 前去,于 所③ 有州县于④见官一＿＿＿＿
5. ＿＿＿＿＿＿＿＿□的委通政院官前＿＿＿＿
6. ＿＿＿＿＿令各处官司 绝⑤ ＿＿＿□儿⑥应当军站 户⑦ ＿＿＿

---

① "部",据文义补,《黑城出土文书(汉文文书卷)》未释。
② "内",《黑城出土文书(汉文文书卷)》释作"内",今据之补。
③ "所",据残笔画及文义补,《黑城出土文书(汉文文书卷)》径释作"所"。
④ "于",《黑城出土文书(汉文文书卷)》释作"无",现据图版改。
⑤ "绝",《黑城出土文书(汉文文书卷)》释作"强",现据图版改。
⑥ "□儿",《黑城出土文书(汉文文书卷)》释作"仅见",现据图版改。
⑦ "户",据文义补,《黑城出土文书(汉文文书卷)》未释。

第四章　黑水城文献所见元代站赤管理研究　131

　　　　□了。么道,告□□□□□□
7.　□□□□□□多有,奏呵。再从便商量□□□□□者。么道,有
8.　□得佥补逃亡①贫难站②户、除③怯薛④丹驱口并昔宝赤及各投下已籍应当军站户计,
9.　看⑤守系⑥官花园户、匠户、礼乐户⑦、晋山⑧种粱米户不许佥补外,今⑨拘该路府州县于见⑩
10.　□□□□□应当差民户,及除差祗候、巡⑪军、弓手、急递铺户内依⑫□□□□□有抵业、物力、
11.　人丁之家佥补。如或不敷,于应有析⑬居、放⑭良、还俗僧道籍等户,及投充别管
12.　官司诸物户计内,依验人丁、事⑮产、物力高强,依例佥补⑯,替下户收系当
13.　差。已佥⑰站户内果系怯薛丹驱⑱口⑲并⑳昔宝赤各投下应当□□□□
14.　□□□□□谕了其有司官吏。若㉑□□□□□丁力之家作贫乏□□□□□

---

① "亡",据残笔画及文义补,《黑城出土文书(汉文文书卷)》径释作"亡"。
② "站",《黑城出土文书(汉文文书卷)》漏录,现据图版补。
③ "除",据残笔画及文义补,《黑城出土文书(汉文文书卷)》径释作"除"。
④ "怯薛",据文义补,《黑城出土文书(汉文文书卷)》未释。
⑤ "看",据文义补,《黑城出土文书(汉文文书卷)》未释。
⑥ "守系",据残笔画及文义补,《黑城出土文书(汉文文书卷)》径释作"守系"。
⑦ "户",据文义补,《黑城出土文书(汉文文书卷)》径释作"户"。
⑧ "晋山",据文义补,《黑城出土文书(汉文文书卷)》未释。
⑨ "今",据残笔画及文义补,《黑城出土文书(汉文文书卷)》径释作"今"。
⑩ "见",据残笔画及文义补,《黑城出土文书(汉文文书卷)》释作"目",现据图版改。
⑪ "巡",据残笔画及文义补,《黑城出土文书(汉文文书卷)》未释。
⑫ "依",据残笔画及文义补,《黑城出土文书(汉文文书卷)》径释作"依"。
⑬ "析",据残笔画及文义补,《黑城出土文书(汉文文书卷)》未释。
⑭ "放",《黑城出土文书(汉文文书卷)》释作"改",现据图版改。
⑮ "事",据残笔画及文义补,《黑城出土文书(汉文文书卷)》径释作"事"。
⑯ "补",据文义补,《黑城出土文书(汉文文书卷)》未释。
⑰ "佥",据残笔画及文义补,《黑城出土文书(汉文文书卷)》径释作"佥"。
⑱ "驱",据残笔画及文义补,《黑城出土文书(汉文文书卷)》径释作"驱"。
⑲ "口",据文义补,《黑城出土文书(汉文文书卷)》径释作"口"。
⑳ "并",据文义补,《黑城出土文书(汉文文书卷)》未释。
㉑ "若",据残笔画及文义补,《黑城出土文书(汉文文书卷)》径释作"若"。

15. ＿＿＿＿＿＿＿＿＿呈□□路攒造众＿＿＿＿二年十月廿七日□□
16. ＿＿＿＿＿＿御史、廉访司随即体覆，＿＿＿金补。钦此。又
17. ＿＿＿＿＿□令头目于其下，及＿＿□在官司一□＿＿＿
18. ＿＿＿＿＿＿＿＿＿奉＿＿＿＿
19. ＿＿＿＿＿＿户及除＿＿＿＿
20. ＿＿＿充站户，与消乏＿＿＿＿
21. ＿＿＿户壹千二百九十二户＿＿＿
22. ＿＿＿本户消乏，佥充□＿＿
23. ＿＿＿李元，徐郁，李＿＿，杨小厮，盖因二户消乏，今＿＿
24. ＿＿＿当壹疋正马，东安因□＿＿比皆然，为此，取具□＿＿
25. 各村庄花名，分当站役，□＿＿会验至顺三年二月十七＿＿
26. □奉
27. □补逃亡贫难站户，除怯薛丹 驱口① 并② 昔宝赤及各投下已籍应当＿＿
28. ＿＿＿＿花③园户、匠户、礼乐户、晋山种 梁④ 米户⑤ 不许佥补外，令拘该路＿＿
29. □户，及除差祗候、巡⑥军、＿＿急递⑦铺户内，依验殷实有抵业＿＿

---

① "驱口"，据文义补，《黑城出土文书(汉文文书卷)》未释。
② "并"，据残笔画及文义补，《黑城出土文书(汉文文书卷)》径释作"并"。
③ "花"，据文义补，《黑城出土文书(汉文文书卷)》未释。
④ "梁"，据文义补，《黑城出土文书(汉文文书卷)》径释作"梁"。
⑤ "米户"，据文义补，《黑城出土文书(汉文文书卷)》未释。
⑥ "巡"，《黑城出土文书(汉文文书卷)》释作"处"，现据图版改。
⑦ "急递"，据文义补，《黑城出土文书(汉文文书卷)》未释。

30. 或不敷,于应有析 居①、放良②、还俗僧道漏籍等户及投充别③□

31. 亦验人丁、事产、物力高强④,依例佥补,替下站户收系当差。又一款,各⑤处站户元申在逃复

32. 业,从差去⑥官□□勘,除堪役外,如有消乏不堪当役,可合并者,

33. □□□□□□□□□□役人户保勘是实,放罢为民。

34. □□□陆运提举司⑦□户,除见当役□□府州县于殷实有

35. 抵业⑧、□应委官与真定、保定二路⑨提调官一同从实□□到佥补。

36. 缘⑩系被灾去处,拟合委自各处正官一员提调,行移廉访司□□体覆明白,于相

37. 应⑪户内佥补,品答各各丁力就发文申车头应役,具实佥充⑫。□各各村庄花名

38. 攒造备细文册,呈报在逃人户之事产,召人租赁,另□□招诱复业。依

39. 例给付收差⑬。其复业存恤限□一户既是见行当役,□□⑭定夺外,据籍内

---

① 居,据文义补,《黑城出土文书(汉文文书卷)》未释。
② "放良",据文义补,《黑城出土文书(汉文文书卷)》未释。
③ "别",《黑城出土文书(汉文文书卷)》未释,现据图版补。
④ "强",据文义补,《黑城出土文书(汉文文书卷)》未释。
⑤ "各",该字前《黑城出土文书(汉文文书卷)》衍录一"如"字。
⑥ "去",《黑城出土文书(汉文文书卷)》释作"告",现据图版改。
⑦ "举司",据文义补,《黑城出土文书(汉文文书卷)》未释。
⑧ "抵业",据文义补,《黑城出土文书(汉文文书卷)》未释。
⑨ "路",据文义补,《黑城出土文书(汉文文书卷)》未释。
⑩ "缘",据残笔画及文义补,《黑城出土文书(汉文文书卷)》未释。
⑪ "应",据文义补,《黑城出土文书(汉文文书卷)》未释。
⑫ "充",据残笔画及文义补,《黑城出土文书(汉文文书卷)》未释。
⑬ "差",据残笔画补,《黑城出土文书(汉文文书卷)》释作"足",现据图版改。
⑭ "□□",此二字残缺,《黑城出土文书(汉文文书卷)》释作"别无"。

40. _____站户,即目见行歇 役① ____,体覆是实,就便佥补。及重役周立一户

41. _____定应当站 役② ____照详。得此。覆奉都堂____陆运提举

42. _____重③役,更为照勘明白,依

43. _____俗一十四____已佥事

44. _____等数晋宁

45. _____□成等州

46. _____

47. _____驱

48. _____有亲管人户,及除____

49. _____当站役,概新户____

50. _____□当站,即与元奉事例不

51. _____不随佥,随逃中等之家,一到

52. _____逃窜尽绝,则州县虚损户

53. _____里去处,令路府州县文④资

54. _____县、大宁等处,____数亲诣各处,从公么问,体勘委____

55. _____九十一户全未____相应内户佥补替换,____

56. _____济宁、真定等路人户____各物力不均,争____

57. _____补不均,已经行下合属_____致⑤违⑥____

58. _____

59. 监察御史言_____

(中缺数行)

---

① "役",据文义补,《黑城出土文书(汉文文书卷)》未释。
② "役",据文义补,《黑城出土文书(汉文文书卷)》未释。
③ "重",据残笔画补,《黑城出土文书(汉文文书卷)》释作"重"。
④ "文",《黑城出土文书(汉文文书卷)》释作"之",现据图版改。
⑤ "致",据残笔画补,《黑城出土文书(汉文文书卷)》释作"违",现据图版改。
⑥ "违",《黑城出土文书(汉文文书卷)》释作"错",现据图版改。

60.　　　□札^①付亦集乃路总管府。□□。

　　　　　　　　　（后缺）

由以上可见,此件前后均缺,上下俱残,有部分中残,共存文字60行。为下文研究方便,以下所用录文,均来自上述复原后的文书录文。

二、F116：W434文书所见元后期的站户签补问题

对于黑水城文献所见的元代站户签补问题,李逸友先生在《黑城出土文书（汉文文书卷）》一书中最先进行了分析,其云:"元朝政府选择有事产丁力之家充当站户。《签补站户文卷》中对选择站户的条件有明确规定,一方面规定'除怯薛丹、驱口、昔宝赤及各投下已籍应当军站户计'外,并规定'花园户、匠户、礼乐户、晋山种粱（梁）米户不许佥补'。另一方面规定'应当差民户及除差祗候处军弓手、急递铺户内依验殷实有抵业事产物力人丁之家佥补,如或不敷于应有析居放良还俗僧道籍等户,及投充别管司诸物户计内,依验人丁事产物力高强依例佥补'。收系当差的站户,有事产丁力是必备的重要条件。"[②]此后,王亚莉在前文研究F116：W543文书时,又进一步对元代站户的签补问题进行了探讨,涉及站户消乏的原因、站户签补的措施等问题。[③]上述研究对于推进对元代站户签补问题的认识做出了积极贡献,但相关研究仍有继续探讨的空间,故今以F116：W434文书为中心,再结合有关传世典籍,对此件所展现的元代后期站户签补的相关问题试做探讨。

（一）文书所见元代站户签补问题的普遍性较强

前文虽然对F116：W434文书进行了复原,但对其性质尚未做判断,通过文书第60行推断,此件应属于一件"札付"文书。关于"札付"文体,本书将另节加以探讨,在此不赘。但根据黑水城相关"札付"文书可以推知,该行所缺的第一字,当为"右",最后两字当作"准此",故完整的此行应为"右札付亦集乃路总管府。准此"。其中"准此"二字是公文结语的标志,说明此件文书至此完结,文书所后缺者,当系其撰拟时间等内容。据第60行可知,此件当系某一机构下达

---

①　"札",据残笔画及文义补,《黑城出土文书（汉文文书卷）》径释作"札"。
②　李逸友：《黑城出土文书（汉文文书卷）》,第32页。
③　王亚莉：《黑城出土元代签补站户文书F116：W 543考释》,《宁夏社会科学》2009年第3期。

给亦集乃路总管府的札付,因该路属于甘肃行中书省所辖,且已知黑水城文献中凡下达给亦集乃路的札付文书,其下达单位均为甘肃行省,故推知,此件当系甘肃行省就站户签补问题向亦集乃路总管府下达的札付文书。这当是此件文书之具体性质。

前文已述,在此件文书中包含多个层次的内容。其中第 16 行载有"钦此"二字,该词系皇帝所使用的专门术语,这反映出,该行之前的内容至少应该包含一道"圣旨",而该道圣旨中提及了"兵部""通政院"甚至"中书省"等中枢的相关机构和部门。显而易见,该道圣旨既非专门下达给"甘肃行省"的,更非专门下达给"亦集乃路总管府"的。而甘肃行省下达的札付中转引了此道圣旨,这反映出,甘肃行省是奉"圣旨"之命在例行公事。故由此可知,此件文书所反映的有关站户签补问题,并非仅仅存在于地处西北的亦集乃路总管府。

另外,文书中还提及一些地名,如第 35 行的"真定、保定二路",而此二路在元代属于"腹里"地区,系中书省的直辖路分。此件甘肃行省所下札付竟然涉及腹里地区,这也无疑表明,此件文书所涉及的问题并非仅仅针对亦集乃路一地,其所反映的问题具有一定的普遍性,甚至是一个全国性的问题。

另,笔者查勘发现,在收录于《永乐大典》的元代政书《经世大典》中,有与 F116∶W434 文书内容相关的一些记载,如该书《站赤七》云:

> 今上皇帝至顺元年七月二十九日,兵部奉中书省判送:本部员外郎刘承务呈:奉省札:大都陆运提举司取勘到真定路等处在逃车户,差委驰驿催督各路提调正官厘勒拘该。有司从实取勘体问,有力者依旧当役。如委逃亡消乏,各开元佥增损、目今实有丁力,议拟开呈。依上前去,取勘体问到逃亡、消乏等户各各花名,开呈照详。送本部照拟得:大都陆运提举司车户,除见当役外,在逃贫难户绝五百三十五户。既省委官与真定、保定二路提调官一同从实体覆保勘明白,若拟差官佥补,缘系被灾之处,拟合委自各处正官一员提调,行移廉访司体覆明白,依大德九年例,于相应户内佥补品答丁力,就发各各车头应役,具实佥讫村庄花名,造册呈报。在逃人户元抛事产,召人租赁,别向起解。如复业,依例给付收差外,据籍检照,不见四户,即目歇役,亦令依上体覆是实,就便佥补。及重役周立一户,拟合照依已籍为定,应当站户相应。呈奉都堂钧旨:陆运提举司元申逃亡消乏车户,依准部拟体覆佥补外。据周立重役,更为照勘明白,依例应役。送本部

就行依上施行。①

此条所载者,系至顺元年(1330)七月二十九日的一道公文。在此公文内容中,从"送本部照拟得"一语始,至"送本部就行依上施行"之前,除部分语句、文字,诸如"除见当役外,在逃贫难户绝五百三十五户。既省委官"等与 F116：W434 文书第 34、35 行"除见当役□□府州县于殷实有抵业、□□应委官"等句,以及"元抛事产,招人租赁,别向起解。如复业,依例给付收差。外据籍检照,不见四户"等与 F116：W434 文书第 38—40 行"攒造备细文册,呈报在逃人户之事产,召人租赁,另□□招诱复业。依例给付收差。其复业存恤限□一户既是见行当役,□□定夺外,据籍内□□站户"等语,表述略有不同外,上述公文与 F116：W434 文书第 34—42 行的内容几乎完全一致。这反映出,F116：W434 文书与《经世大典》或是引用了同一道公文。

众所周知,《经世大典》是元代至顺年间开始编纂的政书,主要内容为元后期的公文。既然 F116：W434 文书的内容出现在了《经世大典》之中,这也进一步说明,F116：W434 文书所反映之事不仅非常重要,且具有一定的普遍性,故才将与此件相关的内容收录于《经世大典》。从这一角度来讲,F116：W434 文书中涉及的站户签补问题,在全国是普遍存在的。

(二) 文书反映出元后期签补站户机构的变化及其运行状况

元代管理站赤的中枢机构,主要在兵部与通政院二者之间摇摆变换,如《经世大典·站赤一》记载：

> (武宗至大四年三月)省臣言："始者站赤隶兵部,后属通政院,今通政院怠于整治,站赤消乏,合依旧命兵部领之。"制可。四月,中书省臣又言："昨奉旨以站赤属兵部,今右丞相铁木迭儿等议,汉地之驿,命兵部领之,其铁烈干、纳怜、末怜等处蒙古站赤,仍付通政院。"帝曰："何必如此,但今罢通政院,悉隶兵部可也。"闰七月,复立通政院,领蒙古站赤⋯⋯(仁宗延祐)七年四月,诏蒙古、汉人站,依世祖旧制,悉归之通政院。②

此条材料表明,至少在至大四年(1311)三月之前,站赤曾先隶属兵部管辖,后又

---

① 《永乐大典》卷一九四二二《经世大典·站赤七》,第 7241—7242 页。
② 《永乐大典》卷一九四一六《经世大典·站赤一》,第 7191 页。

改为通政院管理。而该年,中书省省臣提议从此之后,再将站赤改为"兵部"所管,此建议得到了武宗的认可。至该年四月,中书省省臣又建议调整站赤管理机构,即将汉地及蒙古地面的站赤分由兵部与通政院掌管。此建议虽未获准许,但该年闰七月,却"复立通政院"以管领"蒙古站赤",这反映出,四月份中书省省臣的建议最终还是得到了落实,即从至大四年(1311)闰七月开始,站赤的管理机构由"兵部"改为了兵部与通政院合管,不过它们各有分工。但不到十年,至延祐七年(1320)四月,元廷又下令将兵部的站赤管辖权撤销,站赤统归通政院管理。不难得见,有元一代的站赤管理机构一直处于摇摆变动之中。

那么,延祐七年(1320)之后站赤又由哪一机构管领呢?对此,上述材料并未记载,党宝海先生对此问题有所关注和探究。他认为,元末政局动荡不安,驿站交通事务的重要性不断凸显,而管领此事务"成为兵部的首要工作"。① 他又说:"元代后期曾多次整顿驿站,佥补逃亡站户,这些都由通政院实施。"② 以上党先生的阐述似乎表明,在元朝后期或末期,元代站赤的管理权是由兵部与通政院分享的。他认为在站赤管理中,元仁宗之前兵部与通政院有所分工,即"兵部与通政院之间有政务、事务的分工"。③ "所谓'政务'指的是秉承皇帝、宰相的决策,将其落实为具体政策;'事务'则是根据有关政策,具体执行,并受政务机关的节制督责","兵部虽然不直接监督、领导通政院,但通政院的有关奏报均由兵部讨论、审议"。④ 同时,党先生还认为,元仁宗之后的情况有所变化,这一时期兵部与通政院实现了"政务与事务彻底合流",⑤ 也即前文所表述的,两者共同管理站赤事务。王亚莉通过研究黑水城 F116：W543 文书,也得出了相似的结论,即"签补站户文书为我们揭示了至顺年间站赤曾由通政院和兵部一起管领过的信息"。⑥ 那么,元后期兵部与通政院具体如何共同管理站赤呢?上述学者均未详言,现在恰可通过 F116：W434 文书一探究竟。据此件文书第 25 行所载的"至顺三年二月十七日"推知,其所反映的内容,当正是元代后期的情形。文书所见的站赤管理情况如下:

首先,此件表明在元后期,通政院确为站户签补的中央管理机关。

---

① 党宝海:《蒙元驿站交通研究》,昆仑出版社,2006 年,第 86 页。
② 党宝海:《蒙元驿站交通研究》,第 78 页。
③ 党宝海:《蒙元驿站交通研究》,第 85 页。
④ 党宝海:《蒙元驿站交通研究》,第 84 页。
⑤ 党宝海:《蒙元驿站交通研究》,第 86 页。
⑥ 王亚莉:《黑城出土元代签补站户文书 F116：W543 考释》,《宁夏社会科学》2009 年第 3 期。

如通过 F116：W434 文书第 5 行"▯▯的委通政院官前▯▯▯▯▯"一句，以及 M1·0927[F116：W543]《签补站户文卷》的第 9 行"通政院差去使臣，将各▯应当军站人户佥补"[①]等语可见，元朝后期，在签补军站人户之时，通政院曾差使臣负责此事，或相关机构曾委派通政院负责该类事情。这一时期的站户签补由通政院负责实施，没有太多疑问。

其次，此件还表明，在元后期的站户签补管理中，实则兵部亦有参与，且其与通政院各有分工。如 F116：W434 文书的第 1—5 行，虽然残缺较甚，但其文意大概仍然可察。如通过该部分所载各个机关的先后顺序，以及其相关残文推见，在"并新佥人户"之时，要先经由"中书省"处理，然后再"送总兵部"，即可能是中书省将相关意见传送至"兵部"，由其做进一步的处理。

最后，通过第 5 行的"的委通政院官前"等语可知，最终去签补相关"人户"，也即实施"站户"签补工作的，当系通政院。这一内容表明，在元后期的站赤管理中，兵部实际上并不负责具体事务，属于承担相关的"政务"工作，而通政院则是具体的负责机关，是"事务"的执行者、落实者。

兵部与通政院的这一分工，在其他《签补站户文卷》中亦有体现，因属于同一文卷，故相关文书的时间范围应与 F116：W434 文书大致相当。如其中一件编号为 M1·0925 的文书，其第 8、9 行载：

  8. ▯▯▯▯▯么道，说将来的上告、再告得人多▯▯▯交兵部定拟呵，
  9. ▯▯▯▯▯违碍，准拟了通政院已佥人户，别▯▯▯当役未佥户数，亲诣[②]

该件第 8、9 行表述得较为清晰，即在"兵部定拟"后，"准拟了通政院已佥人户"，也即是说，兵部负有"定拟权"，通政院具有"签补权"。而通政院的签补活动，通过此处的"准拟了"三字可见，当是经过了"兵部"批准。另外，编号为 F116：W543 的文书说得也比较清楚，此件第 9 行载"▯为通政院差去使臣，将各▯应当军站人户佥补的▯▯▯▯▯▯▯"，第 10 行又载"管交兵部定拟呵，除怯薛丹驱口，昔宝赤及各站投下已籍应当军站户▯▯▯▯▯▯▯"。[③] 由此亦不难得见，通政院

---

① 塔拉等：《中国藏黑水城汉文文献》，第 1144 页。
② 塔拉等：《中国藏黑水城汉文文献》，第 1139 页。
③ 塔拉等：《中国藏黑水城汉文文献》，第 1144 页。

是具体派官负责站户签补的机构,而最终通政院的签补情况要"交兵部定拟"。

从以上可见,在元后期的站户签补管理中,兵部与通政院确实共存参与,但似乎并不是"政务"与"事务"二者的"合流",而是"分流",即兵部管"政务",通政院负责"事务"。此即上述文书所反映的相关站赤管理机构的实际状况。

另外还应当看到,元代站户的签补工作仅仅由兵部和通政院管理是远远不够的。该项工作最终在地方上如何落实,前人未曾注意。今通过F116:W434文书的第60行可知,此件签补站户的公文,最终下达给了"亦集乃路总管府"。这无疑表明,路总管府将负责本路站户签补工作的具体落实。F116:W434文书为进一步认识元代站户签补工作在地方上的执行情况,提供了新信息。

(三)文书反映出元后期签补站户的范围、户等变化以及站户大量逃亡的事实

站户是元代负担最为沉重的户计,如元人黄溍曾云:"民之受役,莫重于站赤。"①之所以站户的负担如此沉重,正如陈高华先生所说,主要是因为泛滥给役,相关往来番僧、使臣的暴虐,以及站官对其的压榨。在如此超出承受能力的压迫之下,站户的生存状况堪忧,因之卖妻鬻子者不乏,而流移逃亡者多有。②在站户消乏、逃亡之后,通常情况下元政府要在相应的民户内签补新的站户,如《经世大典·站赤六》载:"至大四年已前逃亡消乏站户,于相应民户内佥补。"③目前学界对于元代签补站户的情况已有所探讨,如陈高华先生研究后认为:"元世祖时已有签补之事。到元成宗时,签补更为普遍。"④而元后期"签补站户也是一样,弊端甚多"。⑤陈先生所言极是,但对于签补站户问题仍有更多的细节有待进一步补充,而黑水城文献中的F116:W434文书等恰为此提供了丰富信息。下面即以此为中心加以考察。

首先,由此件文书可见,元后期站户签补的范围在逐步扩大。如F116:W434文书第10—12行所载:

10. ☐☐☐应当差民户,及除差祗候、巡军、弓手、急递铺户内 依
☐☐☐☐有抵业、物力、

---

① (元)黄溍:《金华黄先生文集》卷二十四,《四部丛刊初编》第240册,第19页。
② 陈高华:《元史研究论稿》,第176页。
③ 《永乐大典》卷一九四二一《经世大典·站赤六》,第7231页。
④ 陈高华:《元史研究论稿》,第177页。
⑤ 同上。

11. 人丁之家佥补。如或不敷,于应有 析 居、放良、还俗僧道籍等户,
    及投充别管
12. 官司诸物户计内,依验人丁、事 产、物力高强,依例佥 补 ,

由以上可见,在文书所反映的时代,即元至顺时期,可作为签补站户的群体包括如下人员:其一,原属于站户户计之人,即所谓的"应当差民户"。其二,除了承担"祗候、巡 军、弓手、急递铺"等差役外的普通民户,可根据他们的财力和人力等进行签补。其三,本无应站义务的诸类户计,诸如" 析 居、放良、还俗僧道籍等户""投充别管官司诸物户"等户,他们也在签补的范围之内。另外,文书第 13 行的"已 佥 站户内果系怯薛丹 驱口 并 昔宝赤各投下应当　　　"等内容似旨在说明,已签站户内如果确实有怯薛丹驱口、昔宝赤及各投下的人户,应当予以放免。既然可能出现上述错签的现象,则可以推见,即使是平常不在签补之列,身份"高贵"者如"昔宝赤",身份"低贱"者如"怯薛丹驱口"等,也有被签充的可能。以上情况反映出,元至顺时期站户逃亡、消乏严重,仅凭原有的站户群体已无法满足签补、替换站户的任务了。

其次,此件及相关文书显示,签补站户的户等要求,至元后期也出现了新变化。已有的研究表明,元代签补站户的户等,前期"主要是按户等从中户中间签发"。① 现有的资料显示,进入元中期之后,所签发站户的户等已悄然发生变化。如延祐二年(1315)七月十八日的一道公文载:"于曲尤、沙州、瓜州上户内佥补一百户。"② 通过该条材料可知,至少在曲尤等地,延祐二年(1315)之时,签发的站户有一些是来自"上户"。虽然不能否定此时的"中户"依然可能是签发站户的主力军,但此前不在签发之列的"上户"确已进入了曲尤等地的签发范围,而这可能并非仅仅是个案。但传世史料关于签发站户的户等记载仅限于此,延祐之后的情况如何则语焉不详,现可通过 F116:W434 文书加以认识。如上文第 10—12 行所显示的三类签补站户群体,其中第二类,对其签补时要考查其"抵业""物力"和"人丁",对于第三类,则是查验其"人丁""事产"及"物力"的高强。不难发现,对于第二类与第三类待签发人户的选择,其标准是相似的,都涉及财力、物力及人力,但均未提及这些群体的"户等"。这反映出,相关人户的"户等"

---

① 陈高华:《元史研究论稿》,第 160 页。
② 《永乐大典》卷一九四二一《经世大典·站赤六》,第 7232 页。

似乎已经不在考虑范围之内了。对此《签补站户文卷》中有更为直接的记载,如 F116：W433 文书第 12 行载:"□□□□□□计,不分上、中、下三等一概佥充。"①这里说得很清楚,不管什么户等,都要全部予以签充。显然,时至元后期,此前签补站户的户等要求已经不复存在,元代签补站户的户等要求已经发生了很大的变化。

综合来看,元后期签补站户户等的取消,当主要是基于这一时期站户大量消乏、逃亡,以及原"应当差民户"严重不足的事实,是元廷不得不采取的新措施。这一现象的发生,并非如有些学者所认为的,是元政府出于稳定民心、平衡差役负担的目的,为了"体现均平"而已。②

(四) 文书反映出元朝对替下及复业站户的处理与安抚细节

对于不堪应役的需替换站户,被替下后元政府如何对其安排和处理,党宝海先生指出:"如果情况属实,政府允许贫困站户出役,改入民籍。"③F116：W434 文书证实了党先生的判断,如此件第 32、33 行记载:"除堪役外,如有消乏不堪当役,可合并者,□□□□役人户保勘是实,放罢为民。"这反映出,对于实在无力应役的站户,似乎可以先进行"合户"处理,即所谓"可合并者"。由于此处中残,尚不明"合并"后的站户如何处理,但据此处之文意推测,或是指具备条件的消乏站户在合并后要继续应役之意。那么,不具备"可合并者",则要在得到相关部门的"保勘是实"之后,可以成为普通的民户。另外,F116：W434 文书还进一步记载了元政府对这些放罢为民的站户的一些安排,如此件第 12 行和第 31 行所载的"替下户收系当差",编号、拟题为 M1·0927 [F116：W543]《签补站户文卷》的第 14 行其所载的"□□□□□替下站户收系当差,攒造文册申部呈"等。如此可知,对于替下站户的处理和安排,一方面元政府将其改为普通民户;另一方面则要求其承担相应的差役,即要承担起一般民户应承担的封建义务。

对于可以"复业"的有关站户,通过 F116：W434 文书也可见元政府对该类站户的相关安排及处理措施,如第 38—40 行载:

> 38. 攒造备细文册,呈报在逃人户之事产,召人租赁,另□□□□招诱复业。依

---

① 塔拉等:《中国藏黑水城汉文文献》,第 1137 页。
② 王亚莉:《黑城出土元代签补站户文书 F116：W543 考释》,《宁夏社会科学》2009 年第 3 期。
③ 党宝海:《蒙元驿站交通研究》,第 139 页。

39. 例给付收 差 。其复业存恤限□一户既是见行当役，□□定夺外，据籍内

40. □□□□ 站户，即目见行歇 役 。

从以上所载"招诱复业"的政策来看，元政府积极鼓励相关逃亡站户复业。而为了鼓励站户复业，元政府还出台了一系列优惠措施：第一，是"依例给付收 差 "。① 从文意推断，元政府可能会给予复业站户一定的经济补偿，而这些经济补偿主要用于补充其收入之不足。第二，是在存恤期限内，"即目见行歇 役 "。对于复业站户设置一定的存恤期限，在这一期限内，站户可以"歇役"，这使得他们拥有了暂时不为站赤提供服务的权利。

（五）由文书可见陆运提举司在签补站户中所发挥的作用

对于"陆运提举司"这一机构，此前学界并不曾加以关注，现通过 F116：W434 文书并结合传世文献的记载，可以对其在签补站户中的作用加以认识。如此件第 34 行、第 41 行分别载有"陆运提 举司 □□"及"□□ 陆运提举"等字样，这说明"陆运提 举司 "这一机构曾参与站户的签补。该机构在元代全称为"大都陆运提举司"，对此《元史》卷八十五《百官志一》曾有所记载：

> 兵部……其属附见：大都陆运提举司，秩从五品。掌两都陆运粮斛之事。至元十六年，始置运粮提举司。延祐四年，改今名。提举二员，从五品；副提举一员，从七品。吏目一员，司吏六人，委差一十人。②

据以上可知，"大都陆运提举司"属于兵部的下辖单位，其职责是"掌两都陆运粮斛之事"。其他史料对该机构职能的记载与之大略相同。通过 F116：W434 等文书及前文《经世大典·站赤七》中刘承务的呈文可见，在元朝后期的站户签补过程中，陆运提举司不仅担负着向兵部申报车户逃亡、消乏的责任，同时该司还有"取勘""在逃车户"，并"差委驰驿催督各路提调正官厘勒拘该"在逃车户等责。"车户"又被称作"车站户"，为元代站户之一种，"陆站之一，以车为交通工具"。③ 这说明，在元后期实际的行政运作过程中，陆运提举司的职责并非仅限于《元史》所

---

① "收 差 "，《黑城出土文书（汉文文书卷）》释作"收足"，文书在"收"字之后残，据刘承务呈文知，"收"字之后应为"差"，而非"足"，且如为"足"字语义亦不通，今改正。
② （明）宋濂等：《元史》卷八十五《百官志一》，第 2140—2141 页。
③ 黄清连：《元代户计制度研究》，台湾大学文学院，1977 年，第 199—200 页。

载,其还参与了站户的签补过程,并在其中发挥着重要作用。这反映出,该机构的实际职能较之《元史》的记载更为丰富。

第二节 元代亦集乃路站赤的马料管理

元代站赤管理的内容非常丰富,其中之一即涉及对相关站马马料的管理。但因受传世文献所限,此前学界对该问题探讨不多,黑水城文献的发现,则为深入讨论这一问题提供了机会。在黑水城文献中,有许多文书残件涉及此问题,这些文书残件详细记载了亦集乃路站赤马料的放支时限、数量等具体细节。由前文已知,亦集乃路所设驿站是元代重要的军事驿路"纳怜道"上的诸站之一,因此,对该路相关站马马料管理问题进行探讨,无疑会进一步增进对元代的军站乃至其他普通驿站相关管理问题的认识,值得专门探究。目前,有关亦集乃路站赤马料的放支数量、时限等,李逸友先生在相关研究中有所涉及。[①] 但有关研究仍有继续讨论的空间,本节将在前人研究的基础上,对此问题再行研究。

一、关于亦集乃路站赤马料的放支数量

对于元代亦集乃路站马草料的放支情况,李逸友先生在《黑城文书所见的元代纳怜道站赤》一文中有所探讨,他认为该路的马料放支数量如下:"亦集乃路所管站赤十月份马料大麦四百二十余石,共有官马二百八十九匹,平均每匹马料不足一石五斗;实支二百四十四石九斗,平均每匹马料只有八斗,每日喂料只合今三斤多。"[②]然而,这一结论似乎有重新讨论的必要。李先生之所以得出上述结论,其所据者,主要是一件编号为 F116∶W289 的黑水城文书。此件文书由多个残片构成,为研究方便,今将其中的一个残片释录如下:

(前缺)

1. ☐☐☐☐抄除已支[③]各站十月分[④]马料大麦肆伯式拾[⑤]

[①] 如李逸友:《黑城文书所见的元代纳怜道站赤》,《文物》1987 年第 7 期等。
[②] 李逸友:《黑城文书所见的元代纳怜道站赤》,《文物》1987 年第 7 期。
[③] "支",《黑城出土文书(汉文文书卷)》释作"交",现据图版改。
[④] "分",《黑城出土文书(汉文文书卷)》释作"份",现据图版改。
[⑤] "拾",《黑城出土文书(汉文文书卷)》录文于其后衍录一缺文符号。

2.　　　　　　　　　　　　　　　见在式伯捌拾捌①石玖斗
　　3.　　　　　　　　　　　　　　　　　　　　　□月分②
　　　　　　　　　　（后缺）

　　此文书残缺较甚,所存文字不足三整行。虽然缺少年款,但相关文字的笔迹、墨色等与其他黑水城元代文书相似,可以推断,此件亦当属于一件元代文书,且第1行所载"已支各站十月分马料"一语表明,此件的内容与站赤的马料放支有关。因目前已知黑水城文献中凡涉及"站赤"的文书,几乎都是亦集乃路的公文,故可推断,此件反映的也当是该路的相关站赤马料放支情况。李逸友先生据之研究亦集乃路的站马马料放支数量,是可行的。

　　从文书第1、2行可知,其所载"大麦肆伯式拾□"等,应属于"十月"各站赤已经放支的马料数量,而第2、3行的"式伯捌拾捌石玖斗□"等,应属于"十月"各站赤"见在"的马料数量,即指尚未"放支"的相关马料数量。又由后一数量推断,前文的"已支"马料数字"大麦肆伯式拾",其数量单位当为"石"。因此,作为"已支"数的"大麦肆伯式拾"等石,仅代表亦集乃路各站赤"十月份"已经放支过的数量,并不能代表相关站赤每月放支的马料数量即此。文书中之所以提到了"见在"马料数,可能是因为该月中尚有一些马料待放支。所以该月的马料应放支数额,似乎当是指"已支"数与"未支"数之和,而这一"未支"的马料,应在"见在"马料之中。另,李逸友先生前文观点中提到的十月份有"官马二百八九十匹",此数字并非来源于F116：W289文书的上述残片,而是通过对F19：W107等5件文书所载站马的数量换算得来的。③从这一角度讲,这一站马的数量,不一定就是F116：W289文书中"十月份"放支马料时的站马数。另,现有的黑水城文献显示,亦集乃路站赤的站马数量总在不断地变化之中。如《中国藏黑水城汉文文献》中一件编号、拟题为M1·0880［84H·F116：W283/1455］《提调站赤文书残件》的文书,其残片二载"□□至正八④年十月分官马式伯玖拾/伍

---

① "捌拾捌",《黑城出土文书(汉文文书卷)》释作"肆拾肆",现据图版改。
② 塔拉等:《中国藏黑水城汉文文献》,第1123页,该书编号为M1·0909［84H·F116：W287/1459］;李逸友:《黑城出土文书(汉文文书卷)》,第175页。该行文字《黑城出土文书(汉文文书卷)》漏录,现据图版补。
③ 李逸友:《黑城文书所见的元代纳怜道站赤》,《文物》1987年第7期。
④ "八",据残笔画补。

定"。① 这里记载,在至正⑧年(1348)的十月份,亦集乃路有官马"弍伯玖拾伍定",显然这与"官马二百八九十匹"不同。再如,编号、拟题为 84H·F116：W275/1447《提调站赤文书残件》的文书,其一残片又记载"☐☐☐☐☐一月分☐在官马☐/伯弍拾弍定"。② 这里也记载了某年一月份的"官马"数量,虽然在"伯"(即"佰"之借字)前的一字残缺,但据上文有关马匹的数量记载可推知,此残字很可能为"弍"。故这里所记载的官马数为"弍伯弍拾弍定",而这一数字与李逸友先生换算得出的官马数量相去更远。李先生用 F116：W289 文书中的"已支"马料数与推算出的"官马"数相除后,得到亦集乃路各站赤"平均每匹马料不足一石五斗"的结论,这一算法似乎有待商榷。

李先生相关论断中,站马"实支二百四十四石九斗,平均每匹马料只有八斗"的观点,亦可商榷。若按每月 30 日推算,其结论中所指的每日每匹站马的马料放支数额为"2.7 升"左右,但黑水城相关文献的记载却非如此。如《中国藏黑水城汉文文献》中一件编号为 M1·0893[84H·F116：W124/1296]的文书,其残片三载"☐☐☐☐☐每疋日支伍③升☐☐☐☐☐"。④ 此件被《中国藏黑水城汉文文献》编者拟题为《放支站赤马料文书残件》,可见文中的"每匹",当指"站马",这里明确记载每匹站马日支料为"伍升"。而同样由该书收录的一件编号为 F116：W272 的文书,其中记载："普竹站官马叁拾玖定,每⑤☐☐☐☐日⑥支料伍升。"⑦此处所载的"普竹站"系亦集乃路所辖蒙古"八站"之一,这里也清楚地说明,该站的官马日支马料为"五升"。类似的记载在黑水城文献中还有一些,在此不再一一赘述。另外,在黑水城文献中,还有个别文书记载,亦集乃路的站马日放支马料数额超过了"五升",如 M1·0910[84H·F116：W286/1458]《放支普竹狼心即的三站马料文书》,其残片二记载："每疋日支料陆升☐☐。"⑧这里所载的日支马料数,当在"六升"以上。

综上,笔者认为,在元代的亦集乃路,各站赤每匹站马日支马料的数量当在

---

① 塔拉等:《中国藏黑水城汉文文献》,第 1101 页。
② 塔拉等:《中国藏黑水城汉文文献》,第 1099 页。
③ "伍",据残笔画补。
④ 塔拉等:《中国藏黑水城汉文文献》,第 1111 页。
⑤ "每",《黑城出土文书(汉文文书卷)》释作"十月",现据图版改。
⑥ "☐☐日",《黑城出土文书(汉文文书卷)》释作"初八日"。
⑦ 塔拉等:《中国藏黑水城汉文文献》,第 1125 页。
⑧ 塔拉等:《中国藏黑水城汉文文献》,第 1124 页。

五、六升之间，且多数记载为"五升"，这一数额与元廷所规定的各站赤每日放支马料的数量相吻合。如《经世大典·站赤七》至顺元年（1330）八月，兵部发给河南行省的批复公文记载："依陕西省奉元路已给各站料粟例，每马一疋支料五升，草十斤，车驴一头，日支料二升，草五斤……今河南行省，比准都省咨文……移咨河南行省照会相应。"①兵部要求河南行省按照都省给陕西行省所下达的咨文要求，各站按"每马一疋支料五升"的规定执行。显然，此处每匹马的支料数当是日支数量。参照此标准可见，亦集乃路各站每匹站马日支马料的数额，应不少于元代其他地区站马每日支料数量的通行额度。

二、关于亦集乃路站赤马料的放支时限

对于亦集乃路各站赤的马料放支时限，李逸友先生提出了"放支马料应是每半月一次"的观点。② 其做出这一判断主要是基于黑水城文献中一件编号为F116：W286的文书。但从相关文书看来，该判断似乎亦有可商。为方便说明，今将此件文书中涉及马料放支时限的第一个残片释录如下：

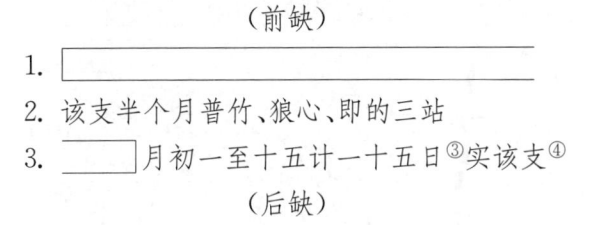

（前缺）
1. ☐☐☐☐☐☐☐☐☐☐☐☐☐☐☐☐
2. 该支半个月普竹、狼心、即的三站
3. ☐☐☐月初一至十五计一十五日③实该支④
（后缺）

此件虽存3行，但第1行文字已不可释，李先生当是据第3行文字得出的上述结论。该行残文意在说明：某月的初一日至十五日的15天内，实际"该支"某物，第2行所载的"普竹""狼心"等站名均属于亦集乃路所设站赤之一，第3行所载"实该支"者，当系站赤中的马料。同时，第2行亦载有"该支半个月"等文字。所以，李先生据此件得出亦集乃路站赤马料的放支时限为"每半月一次"，并非无据。

然而，亦应当看到，在黑水城文献中类似此件的记载非常有限，更多的则是记

---

① 《永乐大典》卷一九四二二《经世大典·站赤七》，第7240页。
② 李逸友：《黑城文书所见的元代纳怜道站赤》，《文物》1987年第7期。
③ "计一十五日"，《黑城出土文书（汉文文书卷）》漏录，现据图版补。
④ 塔拉等：《中国藏黑水城汉文文献》，第1124页；李逸友：《黑城出土文书（汉文文书卷）》，第175页。

载相关马料是按"月"来发放的,如编号为 F116：W262 的文书残尾,其记载如下：

　　　　（前缺）
1. 　　　　（蒙古文墨戳）①
2. 放支各站（蒙古文墨戳）
3. 十②月分③马料。
4. （蒙古文墨戳）④
　　　　（后缺）

此件作为公文残尾,其第 2、3 行所载者当系此件文书的由头,由此可知,此件涉及的内容主要与放支"各站 十 月分马料"有关。显而易见,这里放支的是"十月份"一个月的"马料",而不是"半个月"。此件反映出,亦集乃路的各站是按"月"来放支马料的。

另有一件编号为 F175：W60 的文书,其第二个残片记载：

　　　　（前缺）
1. 　　　　　　　　管⑤府据在城　　　
2. 　　　　至顺元年十一月分马料　　　
3. 　　　　　　□实有见在数目开 坐⑥　
4. 　　　　　　　　一月分马⑦　　　
5. 　　　　　　　　　　□　　　　　⑧
　　　　（后缺）

由第 2 行可知,此件记载的核心内容与放支"至顺元年十一月分马料"有关。而据第 2 行推断,第 4 行"一"之前所缺文字可能为"十"。这两行显示,此件所记载的马料放支时限也是以"月"为单位。

---

① 此处及下文"蒙古文墨戳",《黑城出土文书(汉文文书卷)》漏录,现据图版补。
② "十",该字残损,《黑城出土文书(汉文文书卷)》释作"十",今据之补。
③ "分",《黑城出土文书(汉文文书卷)》释作"份",现据图版改。
④ 塔拉等：《中国藏黑水城汉文文献》,第 1126 页；李逸友：《黑城出土文书(汉文文书卷)》,第 174 页。
⑤ "管",《黑城出土文书(汉文文书卷)》未释。
⑥ " 坐 ",据残笔画及文义补,《黑城出土文书(汉文文书卷)》径释作"坐"。
⑦ "马",《黑城出土文书(汉文文书卷)》释作"分与",现据图版改。
⑧ 塔拉等：《中国藏黑水城汉文文献》,第 1107 页；李逸友：《黑城出土文书(汉文文书卷)》,第 175 页,其中前者将此件编号并拟题为 M1·0886[F175：W6a,b]《放支站赤马料文书》,后者编号为 F175：W60。

另外,黑水城相关文书还显示,亦集乃路站赤的马料放支不仅是以"月"为时限,而且其放支数量是按每"日"的应发放额乘以该月的"总天数"换算得来。亦即是说,对于每月的放支马料数,要精确到"日",而不是笼统地每月统一放支某数。如其中编号为 M1·0897[84H·F116：W128/1301]的文书,其第二个残片记载：

　　　　　（前缺）
　　1. _____马兀木南子二站十一月
　　2. 分壹个月,大尽叁拾日,该支
　　3. 料壹伯令①拾石_____
　　4. 升,实支料_____②
　　　　　（后缺）

这里显示,亦集乃路的"马兀木南子"等站赤,其"十一月份"的马料放支是按"大尽"进行的,即按 30 天核算后放支。

再如编号为 M1·0894[84H·F116：W125/1297]的文书,其第一个残片记载："_____月分马_____"③虽然残缺严重,但据残文不难推见,此件所载当系某月份马料的放支情况。而该件第七个残片则记载："日支伍升二④_____/_____大尽卅日该支料壹_____"⑤这里说得更清楚,是放支"大尽"30 天的马料,且马料的数额是按照日支"五升"左右来核算的。显然,以上内容也符合马料放支的原则,即以每匹站马每"日"发放的马料额为基础,再根据月份的实际天数、站马总数等核算出该月的放支数额。

另外,黑水城文献中亦记载有"小尽"月份放支马料的情况,如其中一件编号、拟题为 M1·0898[84H·F116：W129/1299]《放支普竹站马料文书残件》的文书,其第一个残片记载如下：

　　　　　（前缺）
　　1. _____官马 叁⑥拾捌疋,每疋日_____

---

① "令",即"零"之借字。
② 塔拉等：《中国藏黑水城汉文文献》,第 1113 页。
③ 塔拉等：《中国藏黑水城汉文文献》,第 1111 页。
④ "日支伍升二",据残笔画补。
⑤ 塔拉等：《中国藏黑水城汉文文献》,第 1111 页。
⑥ "叁",据残笔画及文义补。

2. ☐伍升,计支料伍拾捌石 玖 ①☐
3. ☐□小尽一日不支料壹石玖☐ ②

（后缺）

由此件第1行所载"官马 叁 拾捌定",以及第2行的"计支料"等文字可见,此件所载者当系有关站赤马料的放支情况。由第3行所载"小尽一日不支料壹石玖"等文字又可见,此件应当是对某一"小尽"月份的马料放支情况的记载。尤其该句中载明因为是"小尽"月份,因此"不支"一日马料。以上这些内容,无疑是对上文所说的按"月"放支马料原则的落实。

总之,据以上分析可知,元代亦集乃路的站赤虽然属于"军站",但其马料的放支数量与其他路分的普通站赤并无区别,亦为每匹官马每日放支"五升"左右。另外,就马料的放支时限而言,大量的黑水城文献残片显示,亦集乃路站赤的马料放支是以每匹站马的日支料数"五升"为基础,以"月"为时限,再根据该月的实际天数,以及站马的总数量,核算出相关数额后发放的。虽然黑水城文献中亦有少数文书记载了按"半月"放支马料的情形,但因为相关文书残损严重,故不能确认以"半月"为时限发放马料的真正原因。或许这是出于马料供应困难而采取的临时措施,也不无可能,但可以确认的是,以"半月"为时限放支马料,并不是该路马料放支时限的主流。

---

① "玖",据残笔画补。
② 塔拉等:《中国藏黑水城汉文文献》,第1114页。

第五章

黑水城文献所见元代地方行政制度运作研究

作为未经史官裁切的第一手资料,黑水城文献中的大量行政文书,真实地反映了元代地方行政制度在实际中的运作状况。其中关于元代地方仓库官选任制度、官吏俸禄制度、钱粮考较制度等行政制度,黑水城文献有着较为丰富的记载。以相关文书为中心,再结合其他史料,可以考察有关制度的运行或变化,进而增进对元代地方行政制度实际运作情况的认识。

第一节 元代地方仓库官选任制度的内容与变化

在元代诸多地方官吏的选任制度中,仓库官的选任制度即是其中之一种。对于有元一代地方仓库官选任制度所发生的一些变化,此前学界已有所察觉,如陈高华先生在《元史研究论稿》一书中即有所关注,[①]但仍有进一步探讨的空间。新出土的一件黑水城元代仓库官选任文书,恰为进一步认识元代仓库官选任制度的内容及其变化等问题,提供了珍贵的细节资料,也使得我们继续探索元代地方仓库官选任制度的相关问题成为可能。此件即李逸友先生所著《黑城出土文书(汉文文书卷)》一书第88页载录的编号为"F114∶W3"的文书。李著对此件文书有简要之说明:文书为"竹纸","残","行书",尺寸为"173×46毫米"。[②] 此件还收载于塔拉等先生主编的《中国藏黑水城汉文文献》第5册第

---

① 陈高华:《元史研究论稿》。
② 李逸友:《黑城出土文书(汉文文书卷)》,第88页。

1001页，编号、拟题为 M1·0776[F114：W3]《选有抵业无过之人充仓库官》(为方便研究，以下用编号 F114：W3 代指此件文书)。对于此件文书，朱建路曾与笔者几乎同时撰文加以探讨，[①]且相关认识亦有不谋而合之处。此后，潘洁、吴超、高仁等诸位学者在其所撰有关论文中又涉及此件文书。[②] 略显遗憾的是，在上述学者的研究中，留意此件所反映的元代仓库官选任制度的内容及变化者少有，即使稍有涉及者，亦有可探之余。有鉴于此，本节将在前人研究的基础上，对此件文书所反映的元代仓库官选任制度的有关问题，再做进一步的探讨。

一、从 F114：W3 文书看元代的"仓库官例"

为方便下文说明，今先将此件文书释录如下：

1. 中书省咨：照得各处钱粮造作，责在[③]有司管领，
2. 俱有正官提调，每设有亏欠，着[④]落追陪[⑤]。其仓库
3. 官员，在前俱系各路自行选充，近年以来本省
4. 铨注[⑥]，中间恐无抵业，若侵欺钱粮，追究无可折兑，
5. 有累官府，除[⑦]为未便。省府仰照验，今后照依
6. 都省咨文内事理，于各处见役司吏，或曾受三品
7. 已上衙门文凭、历过钱谷官三界相应人员内[⑧]，
8. 从公选[⑨]用有低[⑩]业、无过之人充仓库官。遍谕各

---

① 朱建路：《黑水城所出元代粮食相关文书研究》，河北师范大学硕士学位论文，2009年；杜立晖：《黑水城 F114：W3 元代选充仓库官文书初探》，《西夏学》第4辑，宁夏人民出版社，2009年，第139—144页。
② 潘洁、陈朝辉：《黑水城出土元代亦集乃路选官文书》，《宁夏社会科学》2009年第3期；吴超：《黑水城出土文书所见人事变化初探》，《吉林师范大学学报(人文社会科学版)》2011年第3期；高仁、杜建录：《元代地方粮仓探析——以亦集乃路为例》，《中国经济史研究》2015年第5期等。
③ "在"，据残笔画及文义补，《黑城出土文书(汉文文书卷)》未释。
④ "着"，《黑城出土文书(汉文文书卷)》《黑水城 F114：W3 元代选充仓库官文书初探》《黑水城所出元代粮食相关文书研究》，均释作"省"，现据图版改。
⑤ "陪"，据残笔画及文义补，《黑城出土文书(汉文文书卷)》未释。
⑥ "注"，《黑城出土文书(汉文文书卷)》《黑水城 F114：W3 元代选充仓库官文书初探》《黑水城所出元代粮食相关文书研究》，均释作"至"，现据图版改。
⑦ "除"，据《元典章》该字当为"深"之误。
⑧ "内"，据残笔画及文义补，《黑城出土文书(汉文文书卷)》未释。
⑨ "从公选"，《黑水城 F114：W3 元代选充仓库官文书初探》据《元典章》补，《黑城出土文书(汉文文书卷)》未释。
⑩ "低"，据文义当为"抵"之讹或借字，《黑城出土文书(汉文文书卷)》径释作"抵"。

第五章　黑水城文献所见元代地方行政制度运作研究

9. 路，依例于路府请俸司吏，或有相应钱谷官内
10. 抵业物力高强、通晓书算者点差，齐年随
11. 粮交代，庶革官吏贪贿之弊，亦绝废民积久
12. 之患。钦此。①

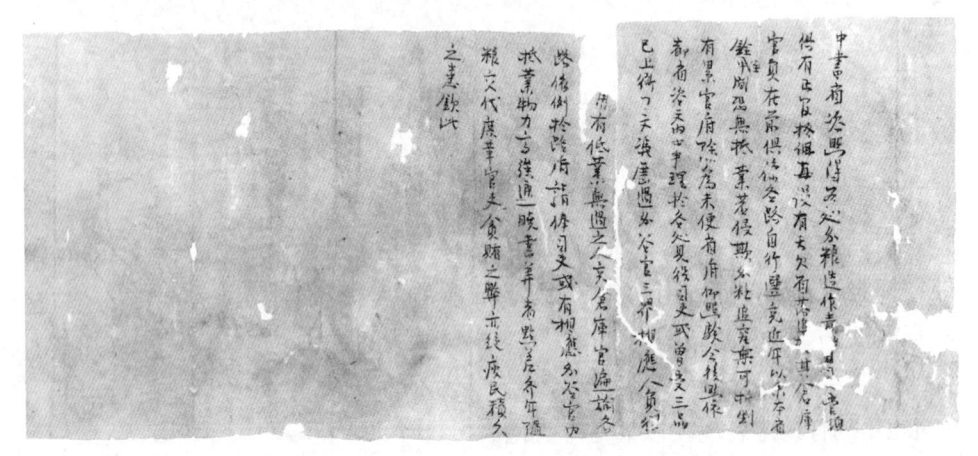

F114：W3 文书图版②

此件共存文字12行，据《中国藏黑水城汉文文献》图版可见，除第1、2、7、8等行有少数文字残缺外，其他各行均保存完好。文书书写于整纸的右侧，纸张的左侧留有大片空白，整纸未见印章痕迹。应当说这是一件保存较为完整的文书。对于此件文书的主要内容，此前朱建路与笔者均发现，其与《元典章》中有关"仓库官例"的记载有一些相似之处，但由于当时朱先生及笔者均未将此件与"仓库官例"做更为细致的比较和考察，故两者之间的区别和联系未真正厘清，而对于F114：W3 文书性质的已有认识，因之也需要再做进一步的考察。为方便说明，今先将《元典章》中有关"仓库官例"的一些记载转引如下：

仓库官例
大德八年七月，江浙行省：
准中书省咨："〔来咨：〕〔准中书省咨：〕吏部呈：腹里至元二十五年

---
① 塔拉等：《中国藏黑水城汉文文献》，第1001页；李逸友：《黑城出土文书（汉文文书卷）》，第88页。
② 转引自塔拉等：《中国藏黑水城汉文文献》，第1001页。

呈准：各路司吏实历请俸六十月吏目，历两考升都目，一考升提控，两考升正九。……照得至元廿九年吏部呈：'议得：各省既于各路总管府请俸司吏内选取广济库副使，即系出纳钱谷之职……'已经移咨本省依上施行。咨请照验。"准此。照得各处钱粮造作，责在有司管领，各俱有正官提调，每岁取勒认状，设有亏欠，着落追陪。其仓库官员，在前俱系各路自行选差，近年以来本省铨注，中间恐无抵业，设若侵欺钱粮，追究无可折刬，有累官府，深为未便。省府仰照验，今后照依都省咨文内事理，于各路见役司吏，或曾受三品以上衙门文凭、历过钱谷官三界相应人内，从公选用有抵业、无过之人充仓库官。满日，依例升迁施行。①

由上文可见，此"仓库官例"中有部分内容与F114：W3文书录文相重合。经仔细比对发现，两者相同的文字共有140多字，而查看《元典章》原文，该"仓库官例"近700字，也即是说，此件F114：W3文书仅为《元典章》"仓库官例"内容的1/5左右。显而易见，两者在文字字数上的差异，也表明它们在内容上当有很多区别，具体表现在以下几个方面。

第一个方面显示，"仓库官例"中的很多内容未出现在F114：W3文书之中，具体如下：

其一，"仓库官例"中的发文时间、发文机构，F114：W3文书不载。通过两者的对比可知，"仓库官例"中的发文时间为"大德八年七月"，发文机构为"江浙行省"，这些未载于F114：W3文书。

其二，"仓库官例"中从"〔来咨〕"迄至"准此"的部分内容，未在F114：W3文书中记载。

其三，"仓库官例"中的"每岁取勒认状"一句中的"岁取勒认状"等文字，亦未在F114：W3文书中出现。F114：W3文书将此句及下句省并为一，作"每设有亏欠"。

其四，"仓库官例"中的最后两句"满日，依例升迁施行"，也未载于F114：W3文书。

第二个方面显示，两者之间的发文主体发生了变化。由"仓库官例"可知，此道公文是由"江浙行省"发出的，但在F114：W3文书中，其首行先载"中书省

---

① 陈高华等点校：《元典章》卷九《吏部三·官制三·仓库官·仓库官例》，第329—331页。

咨"一语,该语表明,"中书省"成为了此件文书的发文机构。但在"仓库官例"中,"中书省咨"不过是"江浙行省"转引的有关内容,而此"中书省咨"中又转引了"来咨",即"江浙行省咨文",而"江浙行省咨文"中又有"中书省咨文"及"吏部呈文"等,但至"准此"二字,相关"中书省咨文"及"吏部呈文"等已转引完毕。从"照得各处钱粮造作"开始,以下内容实则是"江浙行省咨文"的内容。但在F114：W3文书中,因转换了发文主体,故目前此件所保留的内容,本应属于"江浙行省准"等文字后,实际上变更了文书的发文主体,而文书内容的归属也因之发生了变化。

第三个方面显示,F114：W3文书中的一些内容未载于"仓库官例"。这一部分内容,即F114：W3文书中从第8行的"遍谕各"三字迄至第12行的"钦此"二字。

第四个方面则显示,F114：W3文书将"仓库官例"中的部分文字,或假借,或讹错为其他文字,如第5行"除为未便"一句中的"除"字,据"仓库官例"该字实应为"深",作"除"字不通。而第8行"从公选用有低业"一句中的"低"字,实则是"仓库官例"中的"抵"字之讹或借字等。

综上可见,"仓库官例"与F114：W3文书之间既有联系又有区别。联系之处在于,两者之间对于"中书省咨"文(实际为"江浙行省咨文")大部分内容的记载基本相同,这反映出二者应该引用了同一道公文。区别之处则在于,"仓库官例"中更多的内容并未登载于F114：W3文书,且一部分内容在F114：W3文书中出现了变化,一部分正确的文字在F114：W3文书中演变成了"错别字"。这些都反映出,F114：W3文书不仅仅有可能是"仓库官例"的一件抄件,且是一件"仓库官例"的很不完整又不十分准确的抄件。而F114：W3文书中的部分内容未出现于"仓库官例"之中,则表明《元典章》所收载的此"仓库官例"实际上可能也是不完整的。F114：W3文书中所载"钦此"二字系皇帝使用的专门术语,这反映出文书从"遍谕各路"迄至结尾的部分,抄写的当是一道"圣旨",而该道圣旨却不见于《元典章》版的"仓库官例"。这无疑又反映出,真正的"仓库官例"在收入《元典章》时,也可能经过了删减。因此,F114：W3文书对于《元典章》所载的"仓库官例"又有很好的补充作用。通过此道圣旨来看,有关"仓库官例"的规定,要求"遍谕各路",即要在全国加以推行。显然,该道"圣旨"对于认识元廷对江浙行省所提出的"仓库官例"的最终意见,以及该"仓库官例"的颁布施行情况等,都具有重要意义。

二、F114：W3文书所见元代地方仓库官选任制度的内容

既然黑水城所出F114：W3文书是一件规定各路如何选充仓库官的文书,那么,各路仓库官应具体包括哪些人员？备选人员又由哪些人员组成？选充仓库官的标准为何要验之以"物力高强""抵业"之类？如此等等问题,涉及元代仓库官选任制度的一些具体内容,下面试做探析。

其一,关于诸路何种仓库官待选充问题。F114：W3文书作为中书省下达给各路的选充仓库官公文,并没有提及需要选充何种仓库官员。而《元典章》卷九"选差仓库人员"条对此则有所记载：

至元三十一年,御史台咨：奉中书省札付：

准江西行省咨该："先为各处官司差税户充仓库官、攒典、库子人等,……准中书省咨文事理,今后各路仓库官大使、副使,拟于见役府州司县〔司〕吏、典史内,验物力高者指名点取。如有不敷,本省立格差取。仓官已后告闲司吏、典史内有物力之家,仰一体选差,似革官吏贪饕之弊,亦绝百姓破家之患。……"①

由此条材料可见,从至元三十一年(1294)开始,中书省批准了"各路仓库官大使、副使"从"见役府州司县〔司〕吏、典史内,验物力高者指点名取"的建议。也就是说,所谓待选充的"仓库官",主要是指各路仓库的"大使"及"副使"等。那么,是否各路级仓库的大使、副使均需从"见役府州司县〔司〕吏、典史内"点差呢？从现有资料看,不同的仓库官选充的途径不同,有的是从正常待升迁人员中选取,有的则是从现役府、州、县的司吏等人员内选充。《元典章》"选差仓库人员"条又记载："本省广济库：提领、大使各一员,于本省到选人员,选取慎行止、不作过犯、有抵业人员……副使二员,各路总管府请俸司吏内,验物力高强者选取……"②这里反映出,广济库的"提领、大使"与"副使"虽都属于"仓库官",但选任途径不同,前者是从"本省到选人员"选取,也就是说其来源于行省的正

---

① 陈高华等点校：《元典章》卷九《吏部三·官制三·仓库官·选差仓库人员》,第324—325页。
② 陈高华等点校：《元典章》卷九《吏部三·官制三·仓库官·选差仓库人员》,第325页。

常需要升迁的官吏,后者则来源于"各路总管府"的"请俸司吏"。之所以同属于"仓库官",但"提领、大使"与"副使"却有不同的选任途径,这可能与他们的品级有关。《元典章》"平准库官资品"条记:"都省拟注平准行用库并行用库官,提领作从七,大使从八,选相应人员从优铨注。应得八品之人拟充提领,九品拟充大使。"①这条资料亦表明,像平准行用库、行用库的提领、大使要从低一品级的待铨注官吏中选取。

通过上述材料可以推断,F114：W3文书涉及的诸路待选充的"仓库官"主要应包括大使和副使等,且他们都是品级相对较低的大使和副使,品级应在九品左右。凡"从八品"以上的仓库官大使、副使等,则需走另外的选充路径,即从行省待铨注的官吏中选取。

其二,关于何人可充仓库官问题。根据F114：W3文书的第6—10行可知,路总管府可选充仓库官的人员包括两类:一是"见役司吏",二是相应的"钱谷官"。"见役司吏"为何职？据许凡先生《元代吏制研究》一书所云:"司吏,设置在路总管府、府、州、县和录事司等地方基层官衙中……是主管案牍的吏员……司县司吏。除了日常事务之外,司吏还要轮番执掌衙门印信等。"②可见,"司吏"为元代基层衙门的文职人员,级别较低。据上文《元典章》"选差仓库人员"条可见,选充仓库官的基层吏职不仅仅有司吏,还包括"典史",而"典史"是"负责衙门文书、档案、表册等收取、发送、启缄、保管等项工作的吏员",是"地位最低的吏职"。③另外,据《元史》卷八十二《选举志二》载:"元贞二年,部议:'凡仓官有阙,于到选相应职官,并诸衙门有出身令译史、通事、知印、宣使、奏差两考之上人内选用……'"④可看出,选取仓库官有两条途径:其一,是"于到选相应职官"中选任;其二,要在"译史、通事、知印、宣使、奏差两考之上人内选用"。《元代吏制研究》一书又载,元代的吏职可分为四类:一、案牍吏员:令史、书吏、司吏、必阇赤;二、翻译吏员:译史、通事;三、传达吏员:宣使、奏差;四、其他重要吏员:知印、典吏。⑤从《元史》卷八十二《选举志二》的记载来看,能够充任仓库官的基层吏职已经囊括了所有类型的吏职人员。

---

① 陈高华等点校:《元典章》卷九《吏部三·官制三·仓库官·平准库官资品》,第324页。
② 许凡:《元代吏制研究》,劳动人事出版社,1987年,第6页。
③ 许凡:《元代吏制研究》,第15页。
④ (明) 宋濂等:《元史》卷八十二《选举志二》,第2043页。
⑤ 许凡:《元代吏制研究》,第5页。

从前文已知,《元典章》"选差仓库人员"的有关规定出现在至元三十一年(1294)左右,而《元史》的有关记载则是元贞二年(1296)所行之事,由此可以较为清晰地看出,在这几年间,各路待选充仓库官的基层"吏职",出现了从"司吏"到包括"司吏""典史"在内,再到包括所有类型的基层吏职的变化。不难发现,各路可充任仓库官的基层吏职的范围呈现出不断扩大的趋势。尤其是到了元成宗元贞年间,充任仓库官的吏职人员范围突然扩大,《元代吏制研究》一书道出了其中的原因:元成宗时期政策有变,"路吏充当都目、吏目之前,必须先充任一界广济库副使或仓官"。① 关于此点将在下文详述,在此不赘。

关于"钱谷官",《元代吏制研究》云:"元朝官制有流官、杂职官之分。仓官管谷米,库官管钱帛,故仓库官亦称钱谷官。钱谷官不理民政,属杂职官范畴。"②由此来看,文书谈及的"钱谷官"应即"仓库官"。之所以"钱谷官"又可充仓库官,笔者推测,可能是从品级较低的仓库官中选充更高一级的仓库官也未可知。

其三,关于选充仓库官的标准为何要验之以"物力高强""抵业"之类的问题。F114:W3 文书不仅标明了选取仓库官的人员构成,同时对候充人员还提出了要有"抵业""物力高强"等物质条件。之所以强调这些人员必须拥有一定的财产,正如文书第 2 行所言,是为了"每设有亏欠,着落追 陪",即如果仓库出现了"亏欠",仓库官具有赔偿的责任和义务。所谓的"亏欠",应当至少包括两个方面的内容:一是"鼠耗",如《通制条格》卷十四"粮耗"条载:至元二十九年(1292)八月十八日,完泽丞相等奏:"通州河西务的仓官每,俺根底告说有:'仓里收来的粮内,前省官人每定的鼠耗分例少的上头,卖了媳妇、孩儿、家缘陪纳不起,至今生受行有。'么道,告有。"③可见,仓库的"鼠耗"业已成为仓库官赔偿的沉重负担。二是"侵盗",如《通制条格》卷十四"觉察侵盗"条载:元贞元年七月,钦奉《圣旨条画》内一款节该:"仓库大小官吏人等,皆得互相觉察。其有侵盗钱粮,即将犯人财产拘检见数,准折追理。若犯人逃亡及无可追者,并勒同界官典人等立限均陪。"④仓库出现"侵盗"现象,如若找不到真凶,则所有仓库的官

---

① 许凡:《元代吏制研究》,第 23 页。
② 同上。
③ 方龄贵校注:《通制条格校注》卷十四《仓库·粮耗》,第 415—416 页。
④ 方龄贵校注:《通制条格校注》卷十四《仓库·觉察侵盗》,第 410 页。

吏都需要"立限均陪"。F114：W3文书及其他相关材料的记载均强调仓库官要有殷实的财力,这也从一个侧面反映出,元代的仓库出现"亏欠"的情况已相当普遍,"追陪"现象已成不可避免的事实。

总之,黑水城所出的F114：W3文书作为《元典章》等典籍所载"仓库官例"的一件抄件,展现了元代仓库官选任制度的一些重要内容,这对于认识元代各路待选仓库官的构成,备选人员的范围,备选者的条件、标准等相关问题,都具有一定的史料价值和意义。而关于此件文书所展现的元代地方仓库管选任制度的变化问题,将在下文详述。

三、F114：W3文书所见元代地方仓库官选任制度的变化

对于元代仓库官的性质,陈高华先生指出："严格说来,元代的差役,只有六种,即里正、主首、隅正、坊正、仓官和库子。"① 可知,"仓官"与"库子"相似,均属于元代"差役"的一种。既然是"差役",那么充任仓库官自然是一种封建义务,属于无偿劳动,要"按各户财产情况轮流充当",且"有一定期限"。② 但仓库官的选任制度却在发生着变化,对此,陈高华先生敏锐地觉察并写道："元代地方上的各种仓库的仓官和库子,都由民户差充。此外,官府每遇造作工役,也差民户'以主其出纳,谓之库子'。因为被选差者往往不通书算,稽纳出入,每多误事,后来有的地方改成委派'请俸司吏'充当,'役不及民'。但多数地方仍采取在民户中科派差役的办法。"③ 在陈先生看来,仓库官本来都属于从"民户"中差充的封建义务工,但在涉及"造作工役"等工作时,因为从民户中差充的仓库官不懂书算等知识,故多出现"误事"的情形,因之一些地方改变了仓库官的选任来源,即由从"民户"中选差,变为由"司吏"来承担。这反映出,在这些地方的"仓库官"已由"无偿劳动"的民户,变成了"领取薪俸"的政府正式吏员。但他又认为,在"多数"的地区,仓库官仍然是一种民户充当的"差役"。换言之,上述变化仅出现在"少数"地区。陈先生的见解极富见地和启发意义,这也是目前学界有关元代地方仓库官选任制度变化的最主要认识。而现在通过新见黑水城F114：W3文书,并结合传世典籍的相关记载,可对学界前贤有关元代地方仓库官选任

---

① 陈高华:《元史研究论稿》,第23页。
② 陈高华:《元史研究论稿》,第24页。
③ 陈高华:《元史研究论稿》,第23—24页。

制度变化的认识做进一步的深化,具体如下:

(一) 从"路总管府"到"行省"——仓库官选任机构的变化

元代仓库官选任制度的变化之一,体现在选任机构的变化上。F114：W3文书中载有这一方面的重要信息。潘洁曾以此件文书为据,最先提出了有关认识：F114：W3文书体现出"甘肃行省的仓库官经历了由各路自行选任到行省选任的过程"。[①] 潘文所言很有道理,但还可继续探讨。如在F114：W3文书录文中,我们并未发现"甘肃行省"的身影,因此说此件文书所体现的是"甘肃行省"仓库官选任机构的变化,似乎值得进一步讨论。实际上通过F114：W3文书,我们不是看到了甘肃行省,而是看到了整个元代仓库官选任机构的变化情况。

F114：W3文书中展现的是仓库官选任机构从"路"到"行省"的调整。由F114：W3文书第3、4行可见,仓库官经历了"在前俱系各路自行选充"的阶段后,"近年以来"出现了由"本省铨注"的现象。这里说明,元代的仓库官最初是由各"路总管府"自行选任的,但今已变成由"本省"来选任、注拟了。潘洁将此处的"本省"视为"甘肃行省",虽有一定道理,但并不完全准确。由上文可知,F114：W3文书所载的该部分内容,实际上是"江浙行省咨文"的内容,故此处的"本省",应指"江浙行省"本身,而不是"甘肃行省"。

另外,还可从文书第5、6行的"省府仰照验,今后照依都省咨文内事理"等语推知,此处的"都省"为"中书省"的简称确凿无疑。这里的"省府",无疑是指"本省""府"之意,也即指"江浙行省"及其所辖的"诸路总管府"。因此,从这里亦可看出,此件文书因属于"江浙行省"的公文,故文中涉及的"本省"当指"江浙行省"。

但是,此件文书针对的又不仅仅是"江浙行省"。前文已经说明,F114：W3文书最后所载的此道圣旨表明,有关规定要"遍谕各路",即要求全国各路都必须遵守,而作为"江浙行省"公文的此件F114：W3文书出现在亦集乃路,这也反映出,此道"圣旨"所规定的内容,确已在全国得以推行。

因此说,F114：W3文书等所体现出的是,元代仓库官的选任机构,在全国范围内出现了从"路总管府"向"行省"转变的过程。从这一转变过程不难得见,"仓库官"选任机构的变化,体现出对仓库官管理的日渐严格,以及相关人事管

---

① 潘洁、陈朝辉：《黑水城出土元代亦集乃路选官文书》,《宁夏社会科学》2009年第3期。

理权的进一步上移和集中的趋势。

另外,文书在说明仓库官选任机构变化时,仅云其"近年以来"有所改变,那么,此"近年以来"为何时呢?对此前人并未深察。下面,再对此问题做进一步探析。虽然F114:W3文书未载明具体时间,但与之相关的"仓库官例"却明确记载了此件公文的发文时间为"大德八年七月",因此可以初步推断,仓库官选任机构变化的时间节点当去此年不远。当然,根据有关传世文献的记载,这一时间还可以继续向前推进。如在前文曾节略引用了一道至元三十一年(1294)的公文,为方便说明,今再将其全文转引如下:

> 至元三十一年,御史台咨:奉中书省札付:
> 准江西行省咨该:"先为各处官司差税户充仓库官、攒典、库子人等,放富差贫,本省与行台监察等一同完议得:南方税家,子孙相承,率皆不晓事务,唯以酒色是娱,家事一委干人。归附之后,捉充仓库官,并不谙练钱谷,又不通晓书算,失陷官钱,追陪之后,破家荡产。亏官损民,深为未便。如蒙照依本省移准中书省咨文事理,今后各路仓库官、大使、副使,拟于见役府州司县〔司〕吏、典史内,验物力高者指名点取。如有不敷,本省立格差取。仓官已后告闲司吏、典史内有物力之家,仰一体选差,似革官吏贪饕之弊,亦绝百姓破家之患。今将吏部议拟到仓库官出身定例开坐前去,请定夺回示。"除已依准江西行省所拟另行外,仰行移合属,严加体察施行。[①]

此件是至元三十一年(1294)御史台所发咨文,该咨文又转引了"中书省札付"及"江西行省咨文",此件的主体实际上是"江西行省咨文"的内容。此"咨文"说明,在本省之中一些人被"捉充仓库官",但因他们缺乏专业知识,往往"失陷官钱",在赔偿之余,往往导致家破人亡。因此,提议从此之后相关仓库官拟从"见役府州司县〔司〕吏、典史内"选充,且江西行省提出"如有不敷,本省立格差取"。也即是说,如果上述司吏选任不足的话,则本行省将设立相关标准,进行仓库官的选取工作。江西行省的该建议,最终被"依准""所拟",即获准通过。

由此不难看出,在至元三十一年(1294)之时,江西行省首倡变革仓库官的选任制度,提出了"本行省"参与选任的建议。该建议的获批表明,元代仓库官的选任机构于此时,已开始由"路总管府"向"行省"转移。然而这一时期的转变

---

① 陈高华等点校:《元典章》卷九《吏部三·官制三·仓库官·选差仓库人员》,第324—325页。

并不彻底,如上述"江西行省咨文"说得很清楚,当地方上选任的仓库官"不敷",即有不足之时,才由"行省"来负责选任。这反映出,此时并非所有"仓库官"的选任工作都由"行省"来负责,行省仅仅负责其中的一部分选任工作。但到了"仓库官例"推行的大德八年(1304)时,仓库官的选任则完全从"路"向"行省"转变了。可以说,至此时仓库官选任机构的变化方彻底完成。

当然,通过黑水城文献来看,元代地方仓库官选任机构的变化,可能主要涉及路级府仓等的仓库官。而在路总管府,除府仓、府库之外,还拥有一些级别更低的仓库,这些仓库仓官的选任,其选任机构似乎并未发生变化。如其中一件编号为M1·0757[F13:W131]的文书记载:

1. 皇帝圣旨里,管领新附屯
2. 田军百户所,今拟吴
3. 政宗充本屯仓官
4. 勾当。所有付身,须议
5. 出给者。
6. 右付吴政宗。准此。

7. 付身
8. 至治叁年柒月(印章)日　　　(签押)(签押)[①]

由第1、2行可见,"管领新附屯田军百户所"当系此件的发文机构,其内容是向"本屯仓官""吴政宗"出具"付身"。"付身"是一种任命文书,关于此点,将在下文深入讨论,在此不赘。由此件的下达时间"至治三年"(1323)可知,至少在这一时期,"新附屯"的仓库官任命仍然是由"管领新附屯田军百户所"负责,而该屯的"仓库官"显然不属于"府仓"。这反映出,虽然元代仓库官的选任机构在大德八年(1304)之后已变为"行省",但一些低级别的仓库官,其选任权依然保留在地方行政机构。这也进一步说明,元代仓库官选任机构的变化,也是有选择的。

(二) 从"差役化"到"职事化"——仓库官身份性质的转变

通过前文已知,对于元代仓库官身份性质的转变,陈高华先生已经有所注

---

① 塔拉等:《中国藏黑水城汉文文献》,第984页;李逸友:《黑城出土文书(汉文文书卷)》,第89页,后者编号为"Y1:W131"。

意,并提出了"少"部分仓库官身份发生了转变的卓见。由其所论可知,在一些地方的"少数"仓库官身份的变化,可归纳为由民户差充的"差役",变为了官府"司吏"诠注的"职役"。当然,陈先生的此论,还可以继续讨论。

首先,关于元代仓库官身份性质的变化是否仅见于其中的"少数"地区。

通过 F114：W3 文书可知,此件中所载的"圣旨"要求,仓库官的选任要"依例于路府请俸司吏"以及"相应钱谷官内"进行选择,这一做法要"遍谕各路",即全国的所有路分都必须遵循。而"仓库官例"涉及"江浙行省",F114：W3 文书的所在地则为甘肃行省,由此也可看出,元代的这一"仓库官例"在颁行之后,无论是江南地区还是西北边陲,都得到了实行。这无疑说明,元代仓库官身份性质的转变,并非仅仅发生在当时的部分地区,而应在全国得到了推行。

其次,关于元代仓库官身份性质变化的时间及后期"仓库官"在官吏迁转中的地位。

陈高华先生虽然指出了元代仓官身份性质发生变化的现象,但对于这一转变发生于何时,发生转变后"仓库官"在元代官吏迁转中所具有的地位等问题,均未做进一步讨论。通过"仓库官例"可知,此"例"的下达时间是在"大德八年"(1304),而仓库官的身份由"差役"彻底转变为"职事",正发生在此年。在此之后,"仓库官"在官吏"迁转"时的重要性不断提升。如在此前的至元二十五年(1288),按《元史》所载,各路司吏在迁转之时,只要任满此职六十个月即可升任"吏目",然后再历"两考""吏目"即可升任"都目"。[①] 但是到了大德十年(1306),在司吏的迁转过程中,加入了需拥有"仓库官"的经历方可升职的要求,如《元史》卷八十四《选举志四》载：

> 大德十年,省准："诸路吏六十月,须历五万石之上仓官一界,升吏目,一考升都目,一考升中州案牍或钱谷官,通理九十月入流。五万石之下仓官一界,升吏目,两考都目,一考依上升转。补不尽路吏,九十月升吏目,两考升都目,依上流转,如非州县司吏转补者,役过月日,别无定夺。"[②]

由以上可见,在这一时期,"仓库官"成为"路吏"在迁转过程中不可或缺之一环,只有历"仓库官"一界者,相关司吏才能升任"吏目",然后再升"都目"。由前揭

---

① (明)宋濂等：《元史》卷八十三《选举志三》,第 2070 页。
② (明)宋濂等：《元史》卷八十四《选举志四》,第 2111 页。

已知,从至元三十一年(1294)开始,各地的仓库官可以从有关司吏、典史内"验物力高者"点取。而到元贞二年(1296)之时又进一步规定,当仓库官有阙员时,可从各衙门中的各类"两考之上"的吏员内选用。可以看出,虽然随着时间的推移,仓库官选任吏职的范围在扩大,但仓库官并非各类吏员升职过程中的必须要求。然而,以上材料却反映出,在大德十年(1306)之际,"仓库官"已纳入路总管府司吏升转的环节,成为各路吏员升职过程中的必然经历,显然至此之后,仓库官已完全摆脱了作为封建义务的"差役"属性,进而成为元代官府所设置的一种"职役"。

另外,对于元代地方"吏职"的迁转情况,许凡先生也有过很好的总结,他指出:各路司吏在元世祖之时,可以直接升任"都目""吏目";但在元成宗和武宗时期,则需要经历过"钱谷官"之后,才能转升"都目""吏目";到仁宗之时及其以后,经历过"钱谷官"后,方可以升任"典使"。① 由前文已知,许先生所说的"钱谷官",即系"仓库官"。由许先生的上论也不难发现,至元成宗大德时期"仓库官"由"差役化"向"职事化"彻底转变之后,"仓库官"的属性再未发生大的变化,其职役之路一直延续至元末。这一时期,各路的"仓库官"不仅拥有了"职役"的身份,且在一些地方还拥有一定的"品级"。如《元史》记载,大德八年(1304)五月,"癸酉,定馆陶等十七仓官品级:诸粮十万石以上者从七品,五万以上者正八品,不及五万者从八品"。② 由此可见,至少在大德八年(1304)已经出现了根据仓库储粮的多少来确定其"仓官"品级的趋势。具有"品级"的仓库官,说明其应拥有一定的薪水,这与其此前的封建义务"差役"身份,已大为不同。

总而言之,以 F114:W3 文书为中心,再结合《元典章》所载的"仓库官例"等发现,元代的"仓库官"从元成宗时期开始,无论其选任机构还是身份属性等,都发生了较大变化。这种变化的发生,究其原因,除了前文提及由普通民户的人员充任仓库官,因其不懂书算,导致"亏官损民",以致国家粮食安全受到了威胁的原因外,可能还与该职"不得转入流官任要职。名声低微,前途受限。故很多人不愿就任。从而造成钱谷官难选"③等原因有关。元成宗时期对仓库官选任制度的这一调整,无疑对于加强地方治理、稳定元朝统治具有积极的意义。

---

① 许凡:《元代吏制研究》,第 26 页。
② (明)宋濂等:《元史》卷二十一《成宗本纪四》,第 459 页。
③ 许凡:《元代吏制研究》,第 23 页。

第二节 关于元代官吏俸禄制度的运作

对于元代官吏的俸禄制度，官蔚蓝、丹羽友三郎、大岛立子、沈仁国、陈高华、史卫民、潘少平、黄惠贤、陈锋、张国旺、于月等国内外学者业已进行了非常深入的探讨，并取得了丰硕的研究成果。[①] 由于黑水城文献公布较晚，在研究官吏俸禄制度的过程中，相关研究并未很好地利用该批文献。近期，对黑水城文献所见元代官吏俸禄制度有所关注的是张国旺、苏力等学者。张国旺《俄藏黑水城 TK194 号文书〈至正年间提控案牍与开除本官员状〉的定名与价值》一文，对俄藏黑水城《至正年间提控案牍与开除本官员状》所反映的元代官员到任和离任支取俸禄的信息进行了研究；[②]其《黑水城文书所见元代地方官吏俸额考论》一文，则是对黑水城文献反映的蒙古教授等人的俸禄内容及数量构成等，结合传世文献进行的深入讨论。[③] 苏力的《元代亦集乃路蒙古字学补证》一文，也是就黑水城文献所反映的亦集乃路蒙古教授的俸禄问题进行的专门研究。[④] 此外，陈瑞青还曾在探讨河北隆化鸽子洞所出元代放支官俸文书时，涉及黑水城有关官吏俸禄的 F79：W46 文书。[⑤] 以上学者虽对黑水城文献中的俸禄文书及其反映的元代俸禄制度有所涉及，但他们的研究尚有未逮之余。《中国藏黑水城汉文文献》载录《俸禄文书》一组多件，[⑥]其中编号为 M1·0402[F79：W46]的文书尤为重要。该件文书不仅展现了元代官吏俸禄放支程序的细节，元代请俸

[①] 参见：官蔚蓝：《元代之薄俸贪污与亡国》，《新中华》（复刊）1948 年第 3 期；[日] 丹羽友三郎：《元代における官吏の俸禄について》，《名古屋商科大学論集》第十一卷，名古屋商科大学商学会，1967 年；[日] 大岛立子：《元朝官僚俸禄考》，《中国史论集》，天津古籍出版社，1994 年；沈仁国：《元代的俸禄制度》，《元史及北方民族史研究集刊》第 12—13 期，南京大学历史系元史研究室，1989—1990 年；陈高华、史卫民：《中国经济通史·元代经济卷》，中国社会科学出版社，2007 年；陈高华、史卫民：《中国政治制度通史·元代卷》；潘少平：《论元朝俸禄制度》，《南都学坛（人文社会科学学刊）》2002 年第 1 期；潘少平：《元朝俸禄制度研究》，中国社会院研究生院博士学位论文，2003 年；黄惠贤、陈锋：《中国俸禄制度史》（修订版）第 7 章《辽、金、元的俸禄制度》，武汉大学出版社，2005 年；张国旺：《元代军官俸禄制度考论——〈元典章·户部·禄廪〉研究之一》，《中国经济史研究》2016 年第 3 期；于月：《元代俸禄制度新考》，《中国史研究》2018 年第 4 期等。

[②] 张国旺：《俄藏黑水城 TK194 号文书〈至正年间提控案牍与开除本官员状〉的定名与价值》，《西域研究》2008 年第 2 期。

[③] 张国旺：《黑水城文书所见元代地方官吏俸额考论》，《隋唐辽宋金元史论丛》第 4 辑。

[④] 苏力：《元代亦集乃路蒙古字学补证》，《东北师大学报（哲学社会科学版）》2012 年第 1 期。

[⑤] 陈瑞青：《河北隆化鸽子洞元代放支官俸文书研究》，《承德民族师专学报》2007 年第 3 期。

[⑥] 《中国藏黑水城汉文文献》称为《俸禄文书》，《黑城出土文书（汉文文书卷）》称为《俸禄类》，前者有文书编号、图版、定名，后者有文书编号、录文。

呈文的特征及书式结构,还载录了元代官吏俸禄放支的时限、数量构成等诸多内容,是研究元代官吏俸禄制度运行实态的珍贵一手资料。因此,本节将在前人研究的基础上,以此件文书为中心,对黑水城文献所见元代官吏俸禄制度的运作情况,试做粗浅的探讨。

一、关于 F79：W46 文书的内容、时间与定名

黑水城《俸禄文书》中载有一件文书编号、拟题为 M1·0402[F79：W46]《俸钱禄米文卷》(以下称"F79：W46 文书")。今据其图版,释录如下：

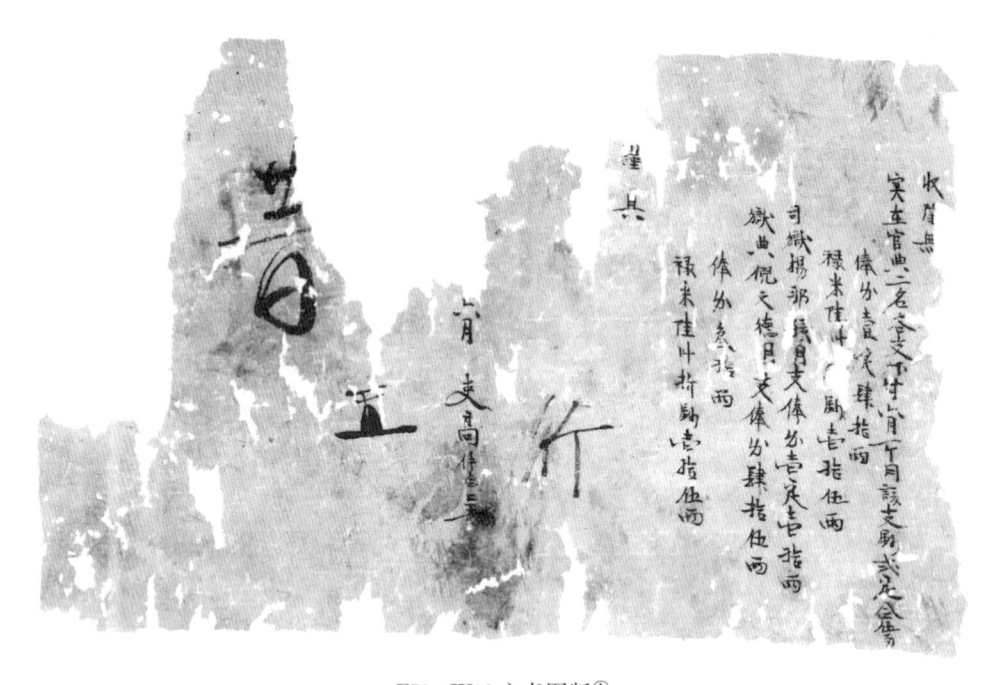

F79：W46 文书图版①

（前缺）

1. 收除：无。
2. 实在：官典二名,各支下等②,六月一个月该支钞式定令③伍两：

---

① 转引自塔拉等:《中国藏黑水城汉文文献》,第 498 页。此件的录文还收录于李逸友:《黑城出土文书（汉文文书卷）》,第 121 页。
② "等",《黑水城文书所见元代地方官吏俸额考论》释作"时",现据图版改。
③ "令",即"零"之借字,《黑城出土文书（汉文文书卷）》漏录,现据图版补。

3.　　　俸钱壹定肆拾两；
4.　　　禄米陆斗，[折]①钞壹拾伍两。
5. 司狱杨那孩，月支俸钱壹定壹拾两；
6. 狱典倪文德，月支俸钱肆拾伍两：
7.　　　俸钱叁拾两；
8.　　　禄米陆斗，折钞壹拾伍两。
9. ▢▢▢▢谨具
10.　　　　　　行
11. ▢▢▢▢六月　吏高仲德呈（签押）②
　　　　　　（签押）
12.　　廿二日（印章）

  此件文书首缺尾全，现存文字12行，其中第10行与第12行为大字书写，且第10行的"行"字书写笔迹与其他各行明显不同，无疑该字属于二次书写的内容。文书第一次书写的内容，即第1—9行及第11—12行之间的部分，③这些内容似可划分为三个层次。其中，第一个层次，即第1行"收除：无"三字，其中"收除"，是"新收"与"开除"的简称。该行应表示既没有增加人员，也没有减少相关人员之意。这一内容与下文"实在：官典"相对，可视作一个层次。第二个层次，即第2—8行，该层次载明"实在：官典"六月份放支俸禄的情况。据其内容又可细分为两层：其一，即第2—4行，载录了"官典"放支俸禄的总数；其二，即第5—8行，详细载录"官典"六月份各自放支俸禄的情况。第2—8行第二层中官典放支俸禄数目之和，与第一层之数目相同。因此可知，该部分第一个层次是总目，第二个层次是细目。文书第三个层次，即第9、11、12等三行的内容，该部分为文书的结尾，载有公文结尾的程式性用语"▢▢▢▢谨具"，以及文书的撰拟人"吏高仲德"，文书的撰拟时间"▢▢▢▢六月""廿二日"等。其中在撰拟人后书写了"呈"字，表明该件文书的性质应为上行的呈文。

---

  ① 据下文可知，此处所缺文字当为"折"。
  ② 此签押，《黑城出土文书（汉文文书卷）》未载，现据图版补。
  ③ 虽然第12行为大字书写，字号与其他各行不同，但尚无法从笔迹的角度断定该行文字属于第二次书写，因此暂作第一次书写对待。

此件文书的年款残缺,但该件文书是1983年和1984年在黑水城考古发掘所获文献,对于这批文献,李逸友先生已指出:"我们在黑城内发掘所得的汉文文书中,凡是属于公文及民间交往的世俗文书,都是元代和北元遗物。"[1]另,此件文书的纸张类型、书写笔迹,尤其是此件文书中"廿二日"的书写及钤盖印章的方式,均与黑水城其他元代文书相同。据之可以判定,此件文书为元代文书无疑,而通过文书第5、6行的官吏名称"司狱""狱典"判断,该文书应与元代的司狱司有关。元代不仅在刑部,且地方行政机构中的各路、散府、上中州均设有司狱司。[2] 对于司狱司职官的设置,《元史》卷九十一《百官志七》载,诸路总管府司狱司设"司狱一员,丞一员"。[3] 元人魏虞翼在《松江府司狱司记》中提到元代"司狱司"官吏的设置时说:"诸路及散府各设司狱一员,狱典一员。"[4]《元典章》卷十五"禄廪"条则载有上、下路"司狱司""司狱"与"狱典"的俸禄。[5]《至顺镇江志》卷十三记载,镇江路设有"司狱司",该司有"司狱"和"狱典"等官吏,且载录了"司狱"与"狱典"的俸禄。[6] 由以上可知,"司狱""狱丞""狱典"等应是司狱司中所设官吏。"狱典"是"司狱司典史的简称"。[7] 可以确定,F79:W46文书中出现的"司狱"与"狱典",应属于元代司狱司的职官,而文书的内容主要涉及该司职官俸禄的放支问题。鉴于此件文书的出土地点为元代亦集乃路总管府,且亦集乃路总管府的司属部门中确有"司狱司"这一机构,如黑水城文献中编号与原题为M1·0779[Y1:W36]《出郭迎接甘肃行省镇抚状》记载,亦集乃路的司属部门之一为"司狱司"。[8] 故可知,此件呈文的发文机构很可能是亦集乃路总管府司狱司,其呈送对象当为亦集乃路总管府。张国旺亦认为此件"当是有关亦集乃路司狱司官吏俸禄的文书"。[9]

至于此件文书形成的时间,可据文书所载官吏俸禄的数额等做出初步的判断。对于元代各路司狱司官吏的俸禄,《元典章》卷十五"禄廪"条载:"司狱司,

---

[1] 李逸友:《黑城出土文书(汉文文书卷)》,第10页。
[2] 张国旺:《黑水城文书所见元代地方官吏俸额考论》,《隋唐辽宋金元史论丛》第4辑,第360页。
[3] (明)宋濂等:《元史》卷九十一《百官志七》,第2316页。
[4] 李修生:《全元文》第28册,凤凰出版社,2004年,第252页。
[5] 陈高华等点校:《元典章》卷十五《户部一·禄廪》,第538页。
[6] (元)俞希鲁编纂、杨积庆等点校:《至顺镇江志》卷十三《廪禄》,第566—567页。
[7] 刘晓:《元代监狱制度研究》,《元史论丛》第7辑,江西教育出版社,1999年,第40页。
[8] 塔拉等:《中国藏黑水城汉文文献》,第1009页;李逸友:《黑城出土文书(汉文文书卷)》,第94页。
[9] 张国旺:《黑水城文书所见元代地方官吏俸额考论》,《隋唐辽宋金元史论丛》第4辑,第360页。

上下路：司狱十二两，狱典六两、米六斗。"①从 F79：W46 文书第 5、6 行可知，司狱杨那孩的俸钞为"壹定壹拾两"，元代一锭折合五十两，可知杨那孩的月俸钞数达六十两，狱典倪文德的俸钞数为"叁拾两"，他们所获俸钞数额比《元典章》记载的要多。张国旺也敏锐地注意到这一不同，将此件中司狱所支俸额与《元典章》《至顺镇江志》《江浙须知》《毗陵续志》等所载司狱俸额数比较后认为，此件"或为元官员俸禄改支至元钞后遗留下来的结果"。② 张先生所论极富见地。因"至元宝钞一贯当中统钞五贯"，③而此件中的官典俸额实则正好是《元典章》所载官吏俸额的五倍。这反映出，F79：W46 文书所列司狱等的俸钞很可能是中统钞，而《元典章》中所载的则是至元钞。这也说明，F79：W46 文书的形成时间，与《元典章》所载内容应不在一个时段。

《元典章》的最早刊行本出现于元成宗大德后期，④因此可知，《元典章》所载诸路司狱司官吏的俸禄数目，至少应为大德时期的数额。另，据元代确定官吏俸禄制度的时间，从中统元年（1260）初定，⑤至"大德六年，正式定各处行省、宣慰司、致用院、宣抚司、茶盐运司、冶铁提举司、淘金总管府、银场提举司等官循行俸例。至此，元代官吏的支俸体系遂臻于完善"。⑥ 由于《元典章》卷十五"禄廪"条已详细记载了"行省""宣慰司""诸色衙门"的官吏俸禄，因此可知，《元典章》卷十五"禄廪"条所载的官吏俸禄应为"大德六年"（1302）之后规定的数额，而非更早时期的俸禄数。由于本文所探讨的 F79：W46 文书中司狱司官吏的俸禄数额与《元典章》的记载不符，据此可以推断，该件文书的成书时间当晚于大德六年（1302）。

另，《至顺镇江志》卷十三"俸钱"条记载，镇江路"司狱司官一十二贯"，司狱司官中有"司狱一员"，司狱司"吏三十贯"，其中有"狱典一名"。之所以该路司狱司官的俸钱比吏还少，主要因为在镇江路司狱是有职田的。如该书同卷"职田"条载："司狱司官一顷""司狱一员"，而狱典则无职田。由此可知，该路司狱

---

① 陈高华等点校：《元典章》卷十五《户部一·禄廪》，第 538 页。
② 张国旺：《黑水城文书所见元代地方官吏俸额考论》，《隋唐辽宋金元史论丛》第 4 辑，第 361 页。
③ 陈高华、史卫民：《中国经济通史·元代经济卷》，第 280 页。
④ 陈高华等点校：《元典章·前言》，第 1 页。
⑤ （明）宋濂等：《元史》卷九十六《食货志四》，第 2449 页。
⑥ 沈仁国：《元代的俸禄制度》，《元史及北方民族史研究集刊》第 12—13 期，南京大学历史系元史研究室，1989—1990 年，第 39 页。

的俸钱少于狱典,主要是通过司狱所拥有的职田收入加以调节,可以推见,司狱职田收益与其俸钞之和当高于狱典的俸禄。但《至顺镇江志》并未给出该路司狱职田收益的具体数字,所以该路司狱俸禄的总数尚难确知。然而狱典的俸禄却是明确的,狱典除了上述三十贯的俸钞收入外,该书卷十三"禄米"条还载,司狱司狱典的禄米为"六斗"。通过上文 F79:W46 文书第 7、8 行可见,亦集乃路司狱司狱典倪文德的月俸钱数为"叁拾两",禄米为"陆斗",元制一贯即为一两,故可知,文书中狱典倪文德的月俸与《至顺镇江志》所载镇江路狱典的俸钱和禄米数额是一致的。《至顺镇江志》成书于元顺帝至顺时期应无疑义,故该书所载镇江路官吏俸禄大约是至顺时期的数额。由此可以推断,F79:W46 文书的成文时间很有可能是在元至顺时期,或在此之后。

那么,该件文书的成文时间有无至顺之后的可能? 元廷在至顺之后的至正年间,于中统钞、至元钞之外,又颁行新的中统钞,即背面印有"至正"字样的"中统元宝钞",也被称作"至正钞"。此钞的发行,不仅没有缓和通货膨胀的矛盾,反而加剧了货币的贬值。有鉴于此,至正十一年(1351)元政府曾对官吏的俸禄做过一次调整,以增加官吏的俸钞,如《南台备要》"均禄秩"条所载:

> 至正十一年三月十二日,准御史台咨:承奉中书省札付……拟自至正十一年正月为始,于各处诸名项钱内按月验数支给,如是不敷,预为申索。外据元支俸钱,随即开除。仍将四品以下官员合得禄秩开坐前去,合下仰〔照〕验,就行钦依施行。承此。咨请照验,钦依施行……一,各处巡检、狱丞、司狱,岁给宝钞陆拾锭。①

由以上可知,至正十一年(1351)元政府重新对各地官吏的俸禄厘定后,"司狱"的岁俸达"宝钞陆拾锭"。此时颁发的"宝钞",有可能是至正时期新颁行的"中统钞",而非此前的"中统钞"。我们发现,F79:W46 文书中司狱杨那孩的月俸钞为"壹定壹拾两",据之推算,杨那孩的岁俸钞数也不过是"十四定二十两",且前文已经指出,此件之司狱的俸钞很可能为"中统钞",而至正十一年(1351)规定的司狱俸禄竟是杨那孩岁俸的四倍还多。显然,此件文书中所载官吏的"中统钞"数,并非至正十一年(1351)规定的"中统钞"数额。故推测,F79:W46 文书的形成时间,可能在至正十一年(1351)之前。

---

① (元) 赵承禧等编,王晓欣点校:《宪台通纪(外三种)》,浙江古籍出版社,2002 年,第 219—221 页。

综上，笔者认为，此件 F79：W46 文书的形成时间可能是在元至顺时期，其性质为亦集乃路总管府司属司狱司向该路总管府呈报的有关放支该司司狱、狱典六月份俸禄的呈文。

二、从黑水城文献看元代官吏俸禄制度的运作

对于元代官吏俸禄制度的实际运作情况，由于传世文献或语焉不详，或付之阙如，故前人多未提及，黑水城文献则为我们认识元代俸禄制度实际运作的诸多方面，提供了具体资料。

首先，黑水城文献所见元代官吏俸禄的放支具有一定的程序。由 F79：W46 文书可见，元代在放支官吏俸禄之前，存在官吏所在部门向俸禄发放机构提交放支俸禄呈文的过程。

对于元代官吏俸禄的发放，《元典章》卷十五"俸钱按月支付"条是目前所知较为详细的记载。该条载：

> 至元二年，中书省钦奉圣旨节该：
>
> "'但勾当里行的请俸的人每，一个月勾当过的公事完备、无罪过呵，后月初头与勾当过的一月俸钱者。如是那一个月勾当的不完备、有罪过呵，赶了者。'么道，圣旨有来。"奏呵，"是那般有。如今只依着那体例与呵，碍甚事？"么道，圣旨了也。[①]

以上中书省下发的节该"圣旨"规定：当各部门需要发放俸禄之人在一个月之内做完了所有应办公事，且未犯过任何罪过，其将在下一个月的"月初"获得上个月的薪俸。但如若此人所办公务未完，或有罪行，则不会向其发放。这是目前在传世文献中所见的有关元代官吏俸禄发放较为详细的规定。

通过上文已知，F79：W46 文书是一件亦集乃路总管司属机构"司狱司"为发放本司官吏俸禄而向总管府呈报的呈文，该呈文的上报时间可能是在元至顺某年的六月廿二日。由以上可见，该年六月份亦集乃路司狱司官吏的俸禄尚未发放，此件呈文是在发放该月司狱司官吏俸禄之前向总管府提交的。如此可知，亦集乃路总管府在放支其司属官吏俸禄之前，存在相关部门向总管府提交发放申请的程序。另据 F79：W46 文书所载的呈报时间"六月廿二日"可知，司

[①] 陈高华等点校：《元典章》卷十五《户部一·禄廪·俸钱·俸钱按月支付》，第 541—542 页。

狱司向亦集乃路总管府申报放支六月份俸禄呈文的时间是在六月底之前。又据上文《元典章》"俸钱按月支付"条所载,元代放支官吏俸禄的时间是在下个月的月初,下月月初放支上个月的俸禄。由此又可推见,之所以F79：W46文书在六月底之前提交,可能是基于七月初要发放六月份俸禄的缘故。F79：W46文书表明,亦集乃路总管府在放支官吏俸禄之前,存在下属部门提交相关呈文的程序。同时,提交相关呈文的时间应在月底之前,而此件呈文的提交时间,也印证了《元典章》所载下月初放支上月官吏俸禄的规定。

既然放支六月份官吏俸禄司狱司需向总管府提交呈文,而该司其他月份的俸禄发放过程似乎亦应与之相类。由此类推,亦集乃路在发放官吏俸禄之前,存在下级司属部门逐月提交申请的过程。既然亦集乃路放支官吏俸禄存在提交申请的程序,那么,元代其他诸路分及部门似乎也应与之有相似之处。

另,F79：W46文书的第10行还有一用大字书写的"行"字,由于该字的书写笔迹与其他各行不同,属于二次书写,故该字的书写者不应为此件文书的撰拟人"高仲德"。该字似为文书的审核人所书,即该字可能为有关长官的审核或批示,或可理解为"可行"。由此件文书的呈报对象是亦集乃路总管府可推知,该"行"字或为总管府负责审核的官吏所书。这表明,该件呈文呈报总管府后,经过了总管府的审核,且审核通过。可以推见,该件呈文被审核通过之后,总管府即可根据文书中所载官吏的俸禄数额,于下月初放支俸禄。同时,通过F79：W46文书的呈报时间为"六月廿二日"而非月底推测,司狱司之所以要在月底之前提交呈文,似乎是为了给总管府预留审核呈文的时间。总之,以上说明,在亦集乃路放支官吏俸禄过程中,既存在下属部门呈报放支俸禄呈文的程序,又存在总管府审核呈文的程序。

综上得见,亦集乃路总管府放支官吏俸禄有如下程序：首先,下属部门在月底之前向总管府呈报该司官吏应得俸禄数额的呈文；其次,总管府在月底审核呈文,确定放支数额；最后,在下月初放支上月官吏俸禄。这一放支程序,对于理解元代其他机构放支官吏俸禄的过程,无疑也具有启发意义。

其次,通过黑水城F79：W46文书发现,元代官吏俸禄放支呈文具有一定的特征与书式。

据前揭,此件F79：W46文书第一次书写的内容包含了三个层次,其中第三个层次为古代呈文结尾的惯用程式,在此我们不多讨论,而前两个层次展示了官吏俸禄呈文的一些具体特征。

第一,官吏俸禄呈文首先要载明在请俸月日该机构新增、减少及见在等请俸人员的数量构成。文书第1行所载"收除:无"表明,该机构没有新增和减少的请俸人员,据文书第2行的行文格式可知,若有新增或减少的人员,当至少列出新增或减少人员的人数。第2行"实在:官典二名",表明了见在请俸人员的构成,即由"官"与"典"组成,另外,此行还载明官典的人数为"二名"。以上说明,在请俸呈文中,首先至少需要详细载明新增、减少与见在等请俸人员的职官构成及人数。另外,"收除",当为"新收"和"开除"的合称,再加上下文所载的"实在"可知,此件实则是按照四柱结算法的方式对相关请俸官吏进行的统计和说明。由此可以推断,此件的上缺部分,很可能还有"旧管"官吏的基本情况。

第二,要载明请俸官吏所申请俸禄的等次。文书第2行载有"各支下等"一语,其中"下等"二字,应是指司狱司的两名官典人他们所申请支俸禄的等次。元代施行具有等级性的官吏俸禄制度,如《元史》卷九十六《食货志四》载:至元"二十二年,重定百官俸,始于各品分上中下三例,视职事为差,事大者依上例,事小者依中例"[①]。由此推断,文书中的"下等"二字,当表示该司所申请的官吏俸禄应为同一品级官吏俸禄的最低等次。黑水城文献中还有几件文书载有官吏俸禄的等次,如编号与拟题为M1·1829[83H·F2:W20/0087+83H·F2:W11/0078]《文书残件》的文书,其内容如下:

(前缺)
1. ☐☐☐☐ 等杂钞数:
2. 　　上等六十两;　中等一定;
3. 　　下等各十两。
4. ☐☐☐☐ □照验□□ ☐☐☐☐☐☐[②]
(后缺)

此件文书为一残件,因其为"中国藏",且其所用纸张及书写笔迹均与黑水城元代其他文书无异,因此可以确认,该件亦应为元代文书。此件文书的第2、3行标明了上、中、下三等所发钞数,虽然不能确定此件是一件请俸的呈文,还是一

---

① (明)宋濂等:《元史》卷九十六《食货志四》,第2449—2450页。
② 塔拉等:《中国藏黑水城汉文文献》,第2085页。

件放支俸禄的文书，但可以确认其为一件元代官吏俸禄文书。该件也可证实，元代执行的是三等次的俸禄制度。而 F79：W46 文书则表明，在俸禄请领呈文中需载明请俸的等次。

第三，请俸呈文还需载明申请俸禄的月份、总数及俸禄构成。F79：W46 文书第 2 行"六月一个月"无疑是表明申请俸禄的月份。"六月"本身，即代表一个月，但这里还进一步申明是"一个月"，这似乎表明，此种表述方式是请俸呈文的特别要求，即申请俸禄呈文中既需明确申请的是几月份的俸禄，又要表明是几个月的俸禄。这一表达方式在黑水城其他元代俸禄文书中也是存在的，如编号与拟题为 M1·0420 [F125：W26]《译史俸秩文书》载：

（前缺）

1. 呈：准王①傅等，照得本傅令、译史等九名，俸秩除
2. 至顺四年十月②十二月终，三个月俸钱已行放支了当
3. 外，据元统二年正月至三月终，三个 月③ ④

（后缺）

此件文书的第 2 行是对有关于译史等俸禄已发情况的说明。在此文书中，明确载录了发放的月份即从十月至十二月份终，据此我们已知是发放了三个月的俸钱，但后文又述"三个月"。

另外，黑水城俸禄类文书中还有一件编号与拟题为 M1·0424[F2：W201 正]《段克明等司吏俸钞文书》，如其所载：

（前缺）

1. 司吏捌名，各月俸三定三拾 ⬜ 六月、七月两个月该
2.   钞陆⑤拾定。
3.   收俸收名司吏捌名，各月不等，该钞伍拾陆定壹拾贰
4.   两伍钱。
5.   六月、七月两个月：

---

① "王"，据残笔画及文义补，《黑城出土文书（汉文文书卷）》未释。
② "月"，据文义该字后缺一"至"字，《黑城出土文书（汉文文书卷）》径释作"至"。
③ "月"，据文义补，《黑城出土文书（汉文文书卷）》未释。
④ 塔拉等：《中国藏黑水城汉文文献》，第 514 页；李逸友：《黑城出土文书（汉文文书卷）》，第 121 页。
⑤ "陆"，《黑城出土文书（汉文文书卷）》释作"伍"，现据图版改。

6.　　　段克明　谢故秀　刘荣祖　潘谷　伴旧男

7.　　　华严奴　李断[①]先。

8.　　　七月一个月：　林□忠。

9.　　　收俸不收名司吏，王复初校[②]过，至正二十一年六月俸钞叁

10.　　　定叁拾柒两伍钱

11.　　　奏差伍名，月俸壹定肆拾柒[③]两伍钱，六月、七月两个月[④]

12.　　　该钞壹拾玖定式拾伍两。

13.　　　武师孟(印章)　万德富　邵脱月　张贵里赤。[⑤]

（后缺）

从此件所载的时间"至正二十一年六月"可知，此件亦应为元代文书，该文书的内容涉及司吏、奏差的俸禄放支问题。同时通过文书图版可见，文书中人名及数字处均有朱笔点勘符号，据之推断，此件当为元朝末期放支司吏、奏差俸禄的文书。此件第1行所载"司吏捌名，各月俸三定三拾　　　　六月、七月两个月该"，第5行所载"六月、七月两个月"，第8行所载"七月一个月"等句表明，此件发放俸禄文书中的月份之后，也要载明是几个月的俸禄。这说明在与元代俸禄发放有关的文书中，既载明月份又表明是几个月，应是该类俸禄类文书的基本要求。

除了载明月份外，F79：W46文书第2—4行还载录了"官典"需支取俸禄的总数，其中"支钞式定令伍两"是本机构官吏申请俸禄的总数额，第3行与第4行是俸禄总额的构成，即由"俸钞"及"禄米"折钞而来。这说明，申请俸禄呈文，既要表明申请俸禄的总额，又要进一步载明俸禄总额的具体构成情况。

第四，请俸呈文要载录每名请俸官吏的职官、姓名及所支俸禄的详细数额与构成。F79：W46第5—8行是申请俸禄的细目。通过文书录文可见，此部分内容首先要载明申请人的职官和姓名，即"司狱杨那孩"与"狱典倪文德"，然后详细开列每个人所请俸禄的数额。"狱典倪文德"的俸禄因由两部

[①]　"断"，《黑城出土文书(汉文文书卷)》释作"继"，现据图版改。
[②]　"初校"，《黑城出土文书(汉文文书卷)》释作"到后"，现据图版改。
[③]　"柒"，《黑城出土文书(汉文文书卷)》漏录，现据图版补。
[④]　"月"，据文义补，《黑城出土文书(汉文文书卷)》径释作"月"。
[⑤]　塔拉等：《中国藏黑水城汉文文献》，第518页；李逸友：《黑城出土文书(汉文文书卷)》，第124页。

分构成，因此在列出总数"俸钱肆拾伍两"之后，又进一步开列该人俸禄的构成，即由俸钱与禄米折钞组成。这些内容表明，在请俸呈文中，需将本机构申请的俸禄总数落实到每一名官吏，且需将每名官吏的俸禄构成情况进行详细的说明。

第五，俸禄的数额要用汉文数字大写。通过 F79：W46 文书录文得见，凡涉及俸禄数额者，文中均用汉文数字大写，反之，如官员的人数"二名"，月份"六月一个月"等则用汉文数字小写。黑水城元代请俸呈文的这种数字书写格式与敦煌吐鲁番文书中的账目类文书非常相似，这种用汉文数字大写书写俸禄数额的方式，应旨在防止他人涂改，这当是我国古代涉及账目类文书的一贯处理方式。

通过上文的分析可以看出，一件元代官吏请俸的呈文，具有相对固定的内容。由于其性质为呈文，元代呈文又有较为固定的格式，如《新编事文类聚翰墨全书》所载"呈子首末式"条载录元代呈文的基本格式为：

  具衔姓某
  谨呈
  某处某司或某官云云为此合行具
  呈伏乞
  照验施行须至呈者
右谨具
 呈
   年月日姓某呈①

以上所载的呈文格式，是以某人的名义呈送的，若以某机构的名义呈报呈文，文书的起首行则应书写该机构的名称。此呈文格式中，年月等日期是书写在一行的，但在实际运行当中，年月与具体日期却是被分作两行来书写的。如黑水城文书中一件较为完整的编号为 F116：W555 的呈文文书，其首尾如下：

  1. 钱②粮房
  2. ＿＿＿承③奉

---

① 《新编事文类聚翰墨全书》，《续修四库全书》，《子部·类书类》第 1219 册，第 419 页。
② "钱"，《黑城出土文书（汉文文书卷）》未录，据同组 F116：W557 文书首行文字"钱粮房"可补。
③ "承"，据残笔画补，《黑城出土文书（汉文文书卷）》径释作"承"。

第五章 黑水城文献所见元代地方行政制度运作研究　177

3. 甘肃等①处行中书省札付，准

（中略）

36. 　　右谨具

37. 　　　呈

38. 　　至正十一②年二月　　　吏张世雄　　呈
　　　　　　　　　　　　　　　　　　　　　（签押）

39. 　　　　十八日　　　　　　　　　　　　（墨戳印）
　　　（墨戳印）③

此件作为钱粮房的呈文，起首行写明该机构名称，结尾除日期分作两行书写外，其余行文格式与"呈子首末式"大体相同。如此可知，本文所讨论的 F79：W46 文书作为司狱司的呈文，其首行所残缺的文字，当为该机构的名称"司狱司"，而第 9 行"谨具"之前所缺文字当为"右"。另外，第 11 行之前所缺文字或有"呈"字。如此，我们可根据元代呈文的程式及 F79：W46 文书的内容、特征等，将此件请俸呈文的书式概括如下：

〔某司〕
……
旧管〔具官吏职名、姓名、人数〕
新收〔有，则具官吏职名、姓名、人数；无，则作无〕
开除〔有，则具官吏职名、姓名、人数；无，则作无〕

---

① "甘肃等"，据残笔画及文义补，《黑城出土文书（汉文文书卷）》径释作"甘肃等"。
② 此处文字，《黑城出土文书（汉文文书卷）》未录，据同组 F116：W556、F116：W554 文书补。
③ 塔拉等：《中国藏黑水城汉文文献》，第 299—303 页；李逸友：《黑城出土文书（汉文文书卷）》，第 119—120 页。

实在〔某职官〕〔某数〕名,各支〔某〕等〔某数〕月〔某数〕个月该支钞〔某数〕

〔除钞外,另有禄米者,则需各书其数量〕

〔某职官〕〔姓名〕月支俸钱〔某数〕

〔除钞外,另有禄米者,则需各书其数量〕

〔某职官〕〔姓名〕月支俸钱〔某数〕

〔除钞外,另有禄米者,则需各书其数量〕

……

右谨具

呈

〔年号〕〔某数〕年〔某数〕月　　〔某职〕〔某人〕呈(签押)

〔某数〕日(印章)

以上括号中的文字代表可据需要填写的内容,其他则为固定内容,其中"旧管"及其之后的内容文书缺载,但推断其应与"收除"部分相似,故据之推写。以上当是此件F79∶W46文书的基本书写格式。

再次,F79∶W46文书等表明,元代俸禄的放支时限以是月为基本单位,但在实际运行中又具有灵活性。

F79∶W46文书申请的是"六月一个月"的俸禄,这印证了官吏"俸钱按月支付"的规定。然而,通过黑水城文献发现,虽然月份是发放俸禄的基本时限,但又不拘泥于此,如上文提及的《段克明等司吏俸钞文书》中,八名收俸收名司吏所支俸禄的时间"各月不等",其中有七名支取了六月、七月两个月的俸禄,有一名支取了七月份一个月的俸禄。这反映出,虽然官吏俸禄的发放是以月份为基本单位,但又存在两个月一支,甚至多个月一支俸禄的情况,如前文的《译史俸禄文书》,则可能是以三月为限放支的俸禄。因此推测,F79∶W46文书中之所以在写明"六月"二字已明确是指一个月俸禄的情况下,又补充强调"一个月",可能是基于当时存在一个月中支付多个月俸禄的情况。这一点表明,元代俸禄制度在实际运行过程中,虽然以"月"为放支的时限,但还是存在多月以支的情形。

最后,F79∶W46文书表明,元代俸禄制度在执行过程中还具有因地制宜的特点。

元廷曾因货币贬值、官吏俸薄,分别在大德三年(1299)、大德七年(1303)等年份,多次对官吏的俸禄进行过调整,其调整的思路之一,即是通过给官吏增加禄米的方式来实现增俸。如《元典章》卷十五"官吏添支俸给"条载:

> 大德七年□月,钦奉诏条内一款:"官吏俸薄,不能养廉,增给俸米。"钦此〔云云〕。议得:"无职田官吏俸米,除甘肃行省与和林宣慰司官吏一体拟支口粮外,其余内外官吏俸一十两以下人员,依大德三年添支小吏俸米例,每一两给米一斗,十两以上至二十五两,每员支米一石。余上之数,每俸一两,与米一升,扣算给付。若官无见在,验支俸去处时直给价。虽贵,每石不过二十贯。上都、大同、隆兴、甘肃等处不系产米去处,每石合支中统钞二十五两。价贱者,从实开坐各各分例。"①

在大德七年(1303)的此次增俸中,由于"甘肃等处不系产米去处",所以要求将该地增给的禄米折合成俸钞支付。F79∶W46文书证实了《元典章》的上述记载,如此件文书中狱典本应支取禄米"陆斗",但却将禄米折钞壹拾伍两支付。另外,黑水城《俸禄文书》中还有一件编号为M1·0404[F111∶W55]的文书,该件文书记载了蒙古教授支取俸禄为"月支钞陆十两,禄米一石,每/石折钞二十五两,计钞八十/伍两"。② 从而可知,该件文书所载蒙古教授的俸禄支取亦是将禄米折支为钞的。该件中的蒙古教授,也属于亦集乃路总管府。③ 由于亦集乃路总管府为甘肃行省所辖,故通过亦集乃路总管府官吏俸禄的执行情况,亦可证元代甘肃行省官吏的禄米支付是通过折支为钞进行的。

此外,通过比较F79∶W46文书与《至顺镇江志》所载官吏俸禄发现,在至顺时期,镇江路司狱因有职田,所以,该路司狱的俸钞数要少于同时期亦集乃路司狱的俸钞数额。这说明,亦集乃路的司狱可能是没有职田收入的,所以将相关

---

① 陈高华等点校:《元典章》卷十五《户部一·禄廪·俸钱·官吏添支俸给》,第546页。
② 塔拉等:《中国藏黑水城汉文文献》,第500页。
③ 参见:苏力:《元代亦集乃路蒙古字学补证》,《东北师大学报(哲学社会科学版)》2012年第1期。

职田的收入也折钞支付。这样一来，该路司狱的俸钞数额要远远多于镇江路。以往学者已认识到元代官吏的职田分配"不是固定的，各地不一样，即使在同一地区也有差异"①的事实，但并未注意元代西北地区尤其是甘肃行省的某些地区可能是没有职田的。② 黑水城文献的记载，拓展了人们对于元代官吏职田问题的认识。

综上又可以看出，虽然元代官吏俸禄中的俸钱和禄米具"有固定的数量，全国统一"，③但在实际的执行过程中却表现出了很大的灵活性，而官吏的职田分配亦是如此。以上表明，元代官吏俸禄制度在现实运行过程中，具有灵活性和因地制宜的特点。

第三节　元代钱粮考较制度实施考

《黑城出土文书（汉文文书卷）》第119—120页载有《至正十一年考较钱粮文卷》一组，它们的编号为：F116∶W557；F116∶W582；F116∶W556；F116∶W555；F116∶W554，该书载有相关文书的录文，但无文书拟题。《中国藏黑水城汉文文献》第2册第299—311页载有该组文书的图版，并将该组文书重新编号为：M1·0214［F116∶W557］；M1·0215［84H·F116∶W582/1756］；M1·0213［84H·F116∶W556/1730］；M1·0211［F116∶W555］；M1·0212［F116∶W554］，且在每个编号后加了《至正十一年考校钱粮文卷》的名称。④ 以上两书为学界初步认识这组文书提供了极大便利，但对这组文书的录文和定名尚有进一步探讨的余地。

---

① 陈高华、史卫民：《中国政治制度通史·元代卷》，第383页。
② 李逸友先生通过黑水城文献中《也火汝足立鬼地土案文卷》认为，亦集乃路的官员是有职田的，但张国旺据黑水城《至正年间提控案牍与开除本官员状》指出其非，且认为亦集乃路官员无职田，详见张国旺：《俄藏黑水城TK194号文书〈至正年间提控案牍与开除本官员状〉的定名与价值》，《西域研究》2008年第2期。
③ 陈高华、史卫民：《中国政治制度通史·元代卷》，第383页。
④ 这组文书中，仅有4件内容相关，即编号相连的F116∶W554、F116∶W555、F116∶W556、F116∶W557文书。编号为F116∶W582的文书，文字笔迹、墨色及纸张颜色均与以上4件不同，该件文书内容主要涉及提调钱粮，而非考较钱粮问题，同时这份文书的编号与以上4件文书又不相连，可以断定，这件文书不属于《至正十一年考较钱粮文卷》系列，特此说明。

对于这组文书,学界已有所关注,但尚无专论之文。① 该组文书对于研究目前尚未引起学界注意的元代钱粮考较制度,具有重要价值。其中编号为 F116：W555 的文书集中反映了元末中央政府考较地方钱粮的时间、程序、内容、基本要求等细节问题,是研究元代钱粮考较制度的珍贵一手资料。因此,本节将以此件文书为中心,并结合同组其他文书及传世文献,就元代钱粮考较制度的实施及有关问题试做初步探讨。

一、关于 F116：W555 考较钱粮文书的说明

为方便下文研究,今先将 F116：W555 文书释录如下：

1. 钱 粮房
2. ＿＿＿承奉
3. 甘肃等处行中书省札付：准
4. 中书省咨②：照得近为考较行省、腹里至正九③年
5. □□办钱粮,就令各处差来掾④令、史人等,分豁
6. 查勘认定至正十年合办钱粮诸物,已经移
7. 咨⑤行省及札付户部,照依年例委官提调,用心
8. ＿＿＿要尽实到官,及取认办,咨
9. ＿＿＿年终所据至正十年合办钱
10. ＿＿＿预为区处,移咨各省,委
11. ＿＿＿官各一员,不妨本职提调。监

---

① 李逸友先生在《黑城出土文书(汉文文书卷)》一书中做过简单介绍,但李先生对这组文书性质的判定还有待讨论。徐悦《元代亦集乃路的屯田开发》一文分析了 F116：W555 文书中"屯田千户所"的演变历程(《元代亦集乃路的屯田开发》,《宁夏社会科学》2008 年第 3 期),吴超《亦集乃路农业管理初探》一文就 F116：W555 及 F116：W554 文书涉及的屯田管理问题进行了探讨,提出文书涉及的"屯田千户所"已不具有军事性质的观点,同时也对"屯田千户所"的演变过程进行了讨论(《亦集乃路农业管理初探》,《吐鲁番学研究》2008 年第 2 期),以上两文均未涉及钱粮考较文书的其他内容。此外,[日]吉田顺一、チメドドルヅ(齐木德道尔吉)所编《ハラホト出土モンゴル文书の研究》一书,对 F116：W554、F116：W556 文书中的八思巴蒙古文字等进行了说明(《ハラホト出土モンゴル文书の研究》,第 120—122、222 页),该书没有研究这组文书的汉文内容等等。
② "中书省咨",《黑城出土文书(汉文文书卷)》未释,据《元典章》等有关"行中书省札付"补。
③ "九",疑应为"十"之讹。
④ "掾",《黑城出土文书(汉文文书卷)》释作"椽",现据图版改,下文同此。
⑤ "咨",《黑城出土文书(汉文文书卷)》未录,据元代中书省与行中书省行文文体补。

12. ☐掾史照依坐去事理,躬亲逐一查
13. 勘完备,各另开①咨,令知首尾。掾史赍应
14. ☐至正十一年二月终须要到省,
15. 中间但有不完,定将差②来掾史依例先行断
16. 罪,提调正官、首领官取招别议。先具委定官
17. 员各各职名,同管不违误甘结,缴连咨来。腹
18. 里③等处,札付户部,施行合属,并已委定
19. 局官,照依年例提调监督考较完备,钱
20. 帛等物限三④月终,粮斛限五月终到省。中间但
21. ☐定,先将当该人吏断罪,提调正官、首
22. 领官取招别议。所据额造段疋、屯田种子
23. 除外,都省咨请照依上施行。准此。省府
24. ☐合下,仰照验,依上施行。先具委定官
25. 员⑤各各职名,同管不违误甘结,缴连申省。
26. 奉此。覆奉
27. 总府官台旨,仰移关本⑥路提调正官达鲁花
28. 赤彻彻⑦秃中大夫及下首领官提控案牍韩仲文,仍故牒屯
29. 田千户所,依例委定官吏各各职名,同管
30. 不违误甘结牒来者。承此。关定,合行具呈者:
31. 本⑧屯田自几年月日立屯,元拨、开
32. ☐除⑨、新收、见在户数、牛具、农器、
33. 地土数目,并各屯所据至正十年
34. 正月至十二月终额办粮储收、支、

---

① "开",《黑城出土文书(汉文文书卷)》释作"关",现据图版改。
② "差",《黑城出土文书(汉文文书卷)》未录。
③ "里",《黑城出土文书(汉文文书卷)》未录,据上文补。
④ "帛等物限三",《黑城出土文书(汉文文书卷)》未录,据同组 F116：W556 文书补。
⑤ "员",《黑城出土文书(汉文文书卷)》未录,据同组 F116：W556 文书补。
⑥ "本",《黑城出土文书(汉文文书卷)》释作"在",现据图版改。
⑦ "赤彻彻",《黑城出土文书(汉文文书卷)》未录,据同组 F116：W556 文书补。
⑧ "本",《黑城出土文书(汉文文书卷)》未录,据同组 F116：W554 文书补。
⑨ "除",《黑城出土文书(汉文文书卷)》未录,据同组 F116：W556、F116：W554 文书补。

35.　　见在分豁备细数目,各另具报。

36.　　右谨具

37.　　呈

38.　　至正十一年二月　　　吏张世雄　　呈
　　　　　　　　　　　　　　　　　（签押）

39.　　　　　　　　十八日　　　　　　　　（墨戳印）
　　　　　　（墨戳印）①

此件首尾完整,上部部分残缺,火烧痕迹明显,字体为行草,笔法圆润。据《黑城出土文书(汉文文书卷)》所载,文书所用纸张类型为"竹纸",宽长为283×1561毫米,②《中国藏黑水城汉文文献》所载文书尺寸与之稍有出入。文书现存文字39行,第36与37行之间有纸张黏结痕迹,第35—36行、36—37行、37—38行之间文字行距较宽,末尾有签押一处,由于此件文书的呈送者为"张世雄",故推断此签押应为其所签。文书末尾还钤有墨戳印两处。黑水城元代文书的印章往往钤盖于日期之上,由于文末"十八日"等字残损,所以此件有无印章尚难判定,但根据文书的签押、墨戳印以及元顺帝年号"至正十一年"(1351)确认,此件文书应属于一件元代的正式公文。

二、关于 F116：W555 考较钱粮文书的定名

《中国藏黑水城汉文文献》一书将 F116：W555 文书定名为《至正十一年考

---

① 塔拉等：《中国藏黑水城汉文文献》,第 299—303 页；李逸友：《黑城出土文书(汉文文书卷)》,第 119—120 页。以下所引录文均采用笔者校补后的录文,特此说明。
② 李逸友：《黑城出土文书(汉文文书卷)》,第 119 页。

校钱粮文卷》,稍嫌简略,可做进一步探讨。

元代下达的公文往往由多个层次组成,《元典章》点校本作者曾言:元代"一些篇幅较长的大型公文,所言事务辗转经过多个机构处理,各机构先后陈述事由,加签意见,从而形成如同竹笋一般层层相套的复杂结构,有时达到八九层之多"。① 此件文书同样如此,根据文书中使用的"承奉""准""覆奉"等公文引领词,以及"准此""奉此"等结语词判断,此件可大体划分为两个层次。第一个层次,从第 3 行至第 26 行的"奉此",主要记载钱粮房所承奉的甘肃行省札付,而甘肃行省的札付中又转引了中书省的咨文。第二个层次,为钱粮房又奉的总管府台旨,即从 26 行"覆奉"至结尾的部分。该部分又包含有总管府发出的故牒,而此故牒部分才是此件文书的最终指向。

文书起首行的"钱粮房"为发文机关应无疑议。"钱粮房"为亦集乃路总管府的下属专职部门,"负责管理财政收支事宜"。② 从文书结尾使用了呈文的惯用语"右谨具呈"及署名处所写"呈"字看,此件为上行呈文应没有问题。那么,此件文书的呈送对象是谁?据李逸友先生对该组文书的介绍:

> 《至正十一年考较钱粮收("收"实为"文"字之讹——笔者案)卷》,仅存有文书 5 件,但保存字迹较多。甘肃行中书省札付要求考较至正十年该路财政收支,钱帛限于至正十一年三月终,粮斛限五月终考较完备。于是,亦集乃路的官吏们大做其文章,要求各级层层保结……看来这次考较钱粮要求甚为严格,实际上是敷衍塞责的例行公事,表面文章冗长繁琐,向甘肃行中书省保结答报,文书中未见有下文。③

据之可知,李先生认为这组文书是"向甘肃行中书省"所做的"保结答报",但这一结论似乎不太准确。如同组的 F116:W556 文书,其内容如下:

(前缺)

1. _____粮,就令各处差来掾④令、史人等,分豁查勘认定至正
2. _____年例,委官提调,用心核办。若有增余,须要尽实到官,及

---

① 陈高华等点校:《元典章·前言》,第 4 页。
② 李逸友:《黑城出土文书(汉文文书卷)》,第 14 页。
③ 李逸友:《黑城出土文书(汉文文书卷)》,第 28 页。
④ "掾",《黑城出土文书(汉文文书卷)》释作"椽",现据图版改,以下同。

第五章　黑水城文献所见元代地方行政制度运作研究　　185

3.　　　　帛等物,例合预为区处,移咨各省,委文资正

4.　　　　该掾史照依坐去事理,躬亲逐一查勘完备,各另开咨,令知

5.　　　　二月终须要到省,中间①但有不完,定将差来掾史依例先行断

6.　　　　官员各各职名,同管不违误甘结,缴连咨来。腹里去②处,札

7.　　　　考较完备,钱帛限三月终,粮斛限五月终到

8.　　　　取招别议。所据额造段疋、屯田种子除外,都省

9.　　　　仰照验,依上施行。先具委定官吏各各职名,同管

10.　　　　

11.　　　　除、新收、见在户数、牛具、农器、地土数目,并

12.　　　　终额办粮储收、支、见在分豁备细数目,

13.　　　　月终③

14.　　　　亦集④乃路总管府。准此。

15.　　　　（阿拉伯文字波斯语）

16.　　　　（八思巴文字蒙古语）⑤
　　（签押）　　　　　（签押）⑥

　　此件与 F116：W555 文书内容相差不大,但结尾处为"　　　亦集乃路总管府。准此"。显然,此件是下达给亦集乃路总管府的文书,其送递的对象自然不是甘肃行省。而 F116：W555 文书为呈报甘肃行省公文的可能性也不大。元代公文具有逐级报送的程序,刘晓先生指出:"元代政府各机构的公文行移程式,也有较为严格的规定……如元初西夏中兴提刑按察司径自申覆户部,监察御史王恽即以提刑按察司'与六部元无行移体例'为由,对其进行过弹劾。"⑦此件文书发文机关为钱粮房,其上级部门为亦集乃路总管府,亦集乃路总管府的

---

①　"间",《黑城出土文书(汉文文书卷)》释作"官",现据图版改。
②　"去",据文义或当作"等"。
③　"月终",系朱书,《黑城出土文书(汉文文书卷)》漏录。
④　"亦集",《黑城出土文书(汉文文书卷)》未释,据黑水城相关文书补。
⑤　第 15、16 行,据《ハラホト出土モンゴル文書の研究》补。
⑥　塔拉等:《中国藏黑水城汉文文献》,第 309 页;李逸友:《黑城出土文书(汉文文书卷)》,第 119 页。
⑦　刘晓:《元代公文起首语初探——兼论〈全元文〉所收顺帝诏书等相关问题》,《文史》2007 年第 3 辑。

上级为甘肃行省。因此,此件钱粮房公文不应是越级申报"甘肃行中书省"的"保结答报",而应是向"亦集乃路总管府"申报的呈文。

又,根据文书的撰写年代"至正十一年"(1351),以及文书"故牒"部分的内容为考较该路屯田千户所钱粮一事,故似可以将文书定名为《元至正十一年(1351)二月十八日钱粮房呈亦集乃路总管府文为考较屯田千户所钱粮事》。

三、黑水城文献所见元代钱粮考较制度的实施

F116：W555 作为比较稀见的元代钱粮考较公文,反映了元代钱粮考较制度的详细内容及实施情况,下面对此问题加以探析。

(一) 元代钱粮的考较时间

元代对钱粮的考较,有一个从不定期钩考发展为定期考较的过程。李治安先生指出:"元朝建立后,不定期地派遣使臣或官员分赴各地,对路府州县掌管的财赋进行理算或钩考,成为朝廷督责地方官完成规定的课税任务,防止其违法乱纪的较常见方式。"[1]元世祖初期为搜刮民间财富,用桑哥等权臣对地方钱粮进行了不定期的理算或钩考,但"桑哥专政,亟于理算钱谷,人受其害",于是"荣祖数请罢之,帝不从……未逾月,而害民之弊皆闻,帝乃思荣祖言,召问所宜。荣祖请于岁终立局考校,人以为便,立为常式,诏赐以钞万一千贯"。[2]在桑哥理算钱谷弊端暴露之后,何荣祖提出了"岁终立局考校"的模式,得到了元世祖的肯定,随将此制"立为常式"。元代典籍中有一些"岁终"考较钱粮的记载,如《元典章》卷二十一所载《至元新格》中有关于考较的规定:"诸钱粮等物,户部立式,其使诸处每季一报到部,委官检较。但有不应,随即追理,年终通行照算。务要实行,毋为文具。行省准上咨省。"[3]此处的"年终通行照算"有年终通行考较之意。此外,《元典章》同卷还有"岁终季报钱粮"条。等等。

由以上记载我们认识到,元代每年对全国钱粮的考较是在"岁终"进行的。然而,因《元典章》等传世文献缺乏更为详尽的记载,"岁终"是表示钱粮考较的结束时间,还是代表相关考较工作的开始时日,我们无法明了,但通过黑水城文献却可以获得这方面的一些重要信息。

---

[1] 李治安:《元代政治制度研究》,第 579 页。
[2] (明)宋濂等:《元史》卷一六八《何荣祖传》,第 3955 页。
[3] 陈高华等点校:《元典章》卷二十一《户部七·钱粮·支·至元新格》,第 766 页。

第五章　黑水城文献所见元代地方行政制度运作研究　187

据前文,F116：W555 文书中曾转载了一份针对全国的钱粮考较公文,即中书省的咨文,该咨文共记载了如下时间节点：其一,第 13、14 行"各另开咨,令知首尾。掾史赍应□□□□至正十一年二月终须要到省";其二,第 19、20 行"照依年例提调监督考较完备,钱 帛等物限三 月终,粮斛限五月终到省"。第一个时间由于文书残缺,未明确所指。据下文内容,似是指某项具体事物的考较期限。元代每年需考较的钱物内容非常繁多,如包括"应收课程、出产、茶盐引价、赃罚等各项系官钱物","应支官物","收支官钱","寄收钱物","应起运钱粮诸物",等等。① 因此推测,此处所缺内容可能是一项钱粮物品。后两个时间则是指考较钱帛和粮斛的最终完成时间：钱帛至正十一年(1351)三月终,粮斛至正十一年(1351)五月终。这些时间表明,对至正十年(1350)的钱粮考较工作并未在当年年终完成,而是在至正十一年(1351)的年初才刚刚开始,甚至此考较工作会一直延续到五月份。此外,从此件文书的撰写时间"至正十一年二月"看,亦集乃路开始考较钱粮的时间也正是在至正十一年(1351)年初。

通过上述时间记载,我们可以对元代钱粮的考较时间得出一点认识,即传世典籍中关于元代钱粮考较时间的规定——"岁终",可能是中书省下达钱粮考较任务、开始考较的时间,而非考较完成的时间,考较工作真正在地方上开始实施,则要在第二年的年初,其完成时限要延续到第二年的上半年。

从上述钱粮考较时间看,元代钱粮考较制度有继承唐代勾检制度的痕迹。唐代的勾检制度与元代的钱粮考较制度在某些方面具有很强的相似性,如《唐会要》卷五十九"比部员外郎"条载：

> 建中元年四月,比部状称,天下诸州及军府赴勾帐等格,每日诸色勾征,令所由长官录事参军、本判官,据案状子细勾会。其一年勾获数及勾当名品,申比部。一千里已下,正月到。二千里已下,二月到。余尽三月到尽。省司检勘,续下州知,都至六月内结……②

王永兴先生在《唐勾检制研究》一书中对上文分析道：唐代"诸州及诸军府年终勾,把勾检出来的钱物及数目,按路程远近在次年一月、二月,最迟三月申报比部勾检,比部勾检出来的问题要再次下到州,而州据实际情况确定省司检查出

---

① 陈高华等点校：《元典章》卷二十一《户部七·钱粮·支·考计收支钱物》,第 764—765 页。
② (宋)王溥：《唐会要》卷五十九《尚书省诸司下·比部员外郎》,中华书局,1955 年,第 1036 页。

来的勾帐中的问题是否正确,这种核实要在六月三十日之前完成"。① 唐代对地方进行钱物勾检时,"年终"是代表勾检开始的时间,而整个勾检的完成时间则要持续到第二年的六月份,这与元代钱粮考较时间极为相似。就考较时限而言,元代的钱粮考较制度可能与唐代勾检制度具有某种继承关系。但唐勾检制中尚有比部勾检出问题后再次下发到地方进行核实的程序,而 F116：W555 文书所记全国性的考较公文中却未见这一程序。其个中缘由,可能是由以下几方面原因所致：其一,对于唐勾检制度,元代有可能在继承的基础上做出了一些改变；其二,元代也存在与唐勾检制相似的流程,但是由另外的文书来传达,因此 F116：W555 文书并未记载。因为,唐代的此道程序,比部当通过另外的文件下达,故元代或亦如之,而元代的这一可能性更大。

(二) 元代钱粮的考较程序

今根据 F116：W555 文书及相关文献的记载,可对元代钱粮考较程序复原如下。

第一步,根据文书第 5 行、第 6 行等所载内容可知,考较钱粮前首先要求"各处差来掾令、史人等"进行"分豁查勘认定"需办钱粮的总数。元中央政府先要核算各行省、腹里应办钱粮总数,即所谓的"合办额"。李治安先生指出："大约在元世祖末成宗初,各行省督办的钱粮赋税已有了数额方面的规定。行省督办钱粮数额,即所谓'合办额',是以年份为单位计算的。'合办额'直接向朝廷负责,或增余,或足额,或亏欠,由朝廷逐年检核。"②《吏学指南》"体量"条载："考较,谓稽察其不等也。"③这一"合办额"是各地钱粮考较的标准,也正是《吏学指南》所云"稽察其不等"的根据。F116：W555 文书不仅记载了各地考较钱粮工作的第一步内容,且披露了"合办额"产生的一个细节,即行省、腹里地区的"合办额"是由"各处差来掾令、史人等""分豁查勘认定"的,具有补史意义。

第二步,中书省下达公文到行省、户部等,要求各地委任官员提调。文书第 6—23 行即是此类内容。第 6、7 行"移咨行省及札付户部",并要求"照依年例委官提调"等语表明,在钱粮"合办额"核准后,要将考较公文以咨文和札付的形

---

① 王永兴:《唐勾检制研究》,上海古籍出版社,1991 年,第 82 页。
② 李治安:《元代行省制度》,第 63 页。
③ (元) 徐元瑞著,杨讷点校:《吏学指南(外三种)》,浙江古籍出版社,1988 年,第 128 页。

第五章 黑水城文献所见元代地方行政制度运作研究 189

式下达到行省和户部。咨文、札子下达后,中书省要求行省和户部依据年例委派官员进行提调。那么,行省又由谁来负责此事?《元典章》卷二十一"岁终季报钱粮"条载:

> 至元三十年,行台准御史台咨:
> ……近准淮安路行卷内:照得每季蒙宣慰司勾摄本路司吏送报钱粮文字,宣慰司令史乘坐站船,支取饮食分例,就将本路司吏赴省。比及回还,次季文字须要差人依限供报,并年终通行考较,计往复四次……当司参详,钱粮文字既有定式,若令各路每季入递申报,宣慰司类呈省府,年终各道首领官将引令史赴省通行考较,庶几公事各不相妨,吏民稍得安帖。准此。看详,若准分司所言便益。呈奉中书省,准拟施行。①

由以上可知,至元三十年(1293),淮安路鉴于各地每季向行省申报钱粮文书再年终考较的弊端,提出各地首领官引领宣慰司令史赴省进行考较的建议,此建议得到了中书省的批准。这段记载表明,各地参加行省考较钱粮的官吏有首领官及宣慰司令史。

通过F116:W555及同组文书,我们还能对行省负责考较钱粮官员的组成情况做进一步的探讨。据文书第10—13行所云"□□□□预为区处,移咨各省,委□□官各一员,不妨本职提调。监□□椽史照依坐去事理,躬亲逐一查勘完备",以及上文所引F116:W556文书第3、4行载"等物,例合预为区处,移咨各省,委文资正□□该椽史照依坐去事理,躬亲逐一查勘完备"等语推测,中书省要求各行省要委派一名"文资正官"参与行省钱粮考较工作。同时,通过F116:W555文书第11行残存的"官各一员"一语又可推测,似乎考较工作还有其他官员参加。另,据文书15、16行"中间但有不完,定将差来椽史依例先行断罪,提调正官、首领官取招别议"可知,文资正官、提调正官、首领官、椽史等人可能是此次钱粮考较工作的主要组成人员。另,根据文书中出现的"局官"一职推测,在考较钱粮时,可能会"置局",让上述人员入局,按照年利开展考较工作。

第三步,考较钱粮工作在行省展开,即文书中第23行"准此"迄至结尾部分的内容。通过文书可见,甘肃行省要求各地"照验施行"中书省公文,同时又按

---

① 陈高华等点校:《元典章》卷二十一《户部七·钱粮·支·岁终季报钱粮》,第766—767页。

照中书省的要求令各地申报"甘结"及负责人的职名等。其次,亦集乃路总管府再次下达文件到本路的提调正官及首领官,本路提调正官、首领官再将考较精神传达到最基层的"屯田千户所",要求"屯田千户所"呈报此次钱粮考较的具体信息。这样,至正十一年(1351)的钱粮考较工作走完了从中央贯彻到最基层的基本程序。

(三) 元代钱粮的考较内容

通过 F116：W555 文书之中书省咨文可见,此次全国性的钱粮考较工作主要包含两项内容,一是"钱帛",二是"粮斛",而"额造段疋、屯田种子"不在此列。之所以"额造段疋、屯田种子"不在此考较之列,笔者推测,此次考较工作可能是一次专项考较,仅针对以上两项内容,被排除在外的项目将另行考较也未可知。由这些内容可以看出,元中央政府对于地方财政的控制已经非常细致。

由文书可见,中书省咨文要求考较的内容,在地方的执行上又有进一步细化的趋势。亦集乃路总管府对屯田千户所进行考较时,需要其呈报例行的"甘结"等内容外,还需要呈报：立屯时间;元拨、开除、新收、见在户数、牛具、农器、地土数目;至正十年(1350)一年之内的粮食收、支、见在数目等多项内容。元廷所要考较的"粮斛",在总管府一级政府被具体化为核心内容、相关内容等多项。这也间接地反映出元中央政府对地方财政的控制,在元末的亦集乃路依然具有相当的力度。

此外,通过亦集乃路要求屯田千户所呈报"元拨、开除、新收、见在户数、牛具、农器、地土数目"等内容,我们还可看出元朝在钱粮考较制度中对四柱结算法的运用情况。

关于"四柱结算法"在我国古代的应有情况,学界探讨已多,但相关讨论主要集中在元代以前,如唐耕耦、李伟国等先生的相关研究。[①] 对于元代的相关情况,学界少有论及。现在看来元代也在继续施行该"算法",如元人孔齐在《至正直记》卷三中云："人家出纳财货者谓之掌事,盖佣工受雇之役也。古云：'谨出纳,严盖藏。'此掌事者大字铭也。然计算私籍,其式有四：一曰旧管;二曰新收;三曰开除;四曰见在。"[②] F116：W555 文书中"元拨、开除、新收、见在"等项目,

---

[①] 唐耕耦：《敦煌寺院会计文书》,《北京图书馆馆刊》1996 年第 1 期。
[②] (元) 孔齐：《至正直记》卷三,上海古籍出版社,1987 年,第 118 页。

正是四柱结算法的四项内容,这些记载是四柱结算法在元代钱粮考较中运用的实证资料。

(四) 元代钱粮的考较要求

其一,时间要求。前文已述,钱帛和粮斛的考较完毕时间不同,钱帛需至正十一年(1351)三月份完成,粮斛要求至正十一年(1351)五月份完成。元代典籍在记录钱粮考较一事时,往往只载在"岁终"考较,未见具体时间细节。通过此件文书可见,即使是在同一次钱粮考较时,不同的物品之间其考较完成时限亦不相同。

其二,责任要求。参与考较的官员均需呈报"甘结"。所谓"甘结",《吏学指南》"状词"条云:"甘结,所愿曰甘,合从曰结,谓心肯也。"[①]可知"甘结"实为元代的一种"状词"文体,表示心甘情愿立下的保证书。《中国历史大辞典》载,据《通俗编》,"甘结"二字始见于宋。[②] "甘结"真正成为一种官方文体似从元代开始,此件文书即可证明。文书中,甘肃行省需向中书省呈报"甘结",甘肃行省的各个路府要向甘肃行省呈报"甘结",亦集乃路屯田千户所要向亦集乃路总管府呈报"甘结"。这种"甘结"的缔结、呈报形式,类似于现代社会层层签订的责任状。保证书或责任状这一形式,体现出的是一种责任要求。《元代法律资料辑存》中的《成宪纲要所载通制》记载了"甘结"的作用:"至元八年十月,工部呈:随路起运人匠所申,脚力勌重不一。本部议得:今后除人匠依例身重九十斤外,行李作伏斤重不等,拟合从公秤盘,多者不过三十斤,少者从实申报。仍令各路官吏甘结,如有冒申不实,情愿甘罪陪纳。省准。"[③]这里提到"甘结"对官员的约束性,签订"甘结"的官吏"如有冒申不实"则需"情愿甘罪陪纳"。遇有公事令下级官吏呈报"甘结"已成为元朝政府管理下级官吏,落实相关责任的重要制度,这一制度对当代社会依然具有影响。

其三,奖惩要求。从文书第15行、第16行"中间但有不完,定将差来掾史依例先行断罪,提调正官、首领管取招别议"等句可见,对于钱粮考较中未能按时限完成任务者,各级官吏均须受到惩罚。从文书内容来看,元朝对于官吏的惩罚,采取了先重后轻、先下后上的处罚原则。如完不成任务,级别最低的掾史

---

① (元)徐元瑞著,杨讷点校:《吏学指南(外三种)》,第39页。
② 中国历史大辞典编纂委员会:《中国历史大辞典》,上海辞书出版社,2000年,第626页。
③ 黄时鉴辑点:《元代法律资料辑存》,浙江古籍出版社,1988年,第77页。

需先行"断罪",提调正官、首领官再"取招别议"。掾史不仅处罚在先,且要"断罪",后者则仅"别议"而已,处罚标准明显不同。这一处罚原则与元政府有关考较违限官吏的处罚规定基本相同。如《元典章》卷二十一"准除钱粮事理"条载:

> 大德元年七月,湖广行省:
>
> 照得近准中书省咨:"户部呈:'考较课程,照算收支钱帛,定夺科差户额,行下各处,摘委提调正官、首领官,照勘一切文凭,撑照完备。比及年终,须要倒除了毕。若违限,或限内到来但有文凭不完,将差来人吏痛行断罪,局散别议,及将元委首领官拟决二十七下,任满降等任用,正官取招议决,标注过名,解由内开写。'札付本部,依上施行。"①

此条材料记载了大德元年(1297)七月湖广行省考较课程之事,其内容与本节探讨的考较钱粮之事有较强的可比性。此条说明,官吏"违限,或限内到来但有文凭不完"时,先将差来人吏痛行"断罪",再对首领官"决二十七下,任满降等任用",对正官"取招议决",仅"摽注过名,解由内"将此次违限写明而已。本节探讨的 F116:W555 文书对有关官吏的惩罚,除没有细分提调正官与首领官的处罚措施外,其他内容与"准除钱粮事理"条基本相同。若按"准除钱粮事理"的规定推测,F116:W555 文书中对提调正官与首领官的处罚措施或亦不同。

此外,元政府对于参加钱粮考较工作的官吏并非仅有惩罚措施,应当还有一定的奖励办法。如《元典章》卷二十一"考计收支钱物"条载:"契勘考计财赋,自有常制……若各官任内给授有法,无损官物,委有廉能实迹,于解由内开写,备咨都省,量加优用。"②这里规定,考计财赋中官吏的优异表现将成为其日后提拔的重要依据。钱粮考较工作是考计财赋的内容之一,亦应遵循此制。

(五)钱粮房在亦集乃路总管府钱粮考较中的作用

前文已指出,黑水城文献中钱粮考较文书实有4件,在这4件文书中,有2件的发文机关为亦集乃路总管府钱粮房,一件编号为 F116:554 的文书的发文机关为亦集乃路总管府,其呈文对象为甘肃行省,而 F116:556 文书因下达对象是亦集乃路总管府,故其发出者,可能为甘肃行省。钱粮房在此次亦集乃路总管府的钱粮考较中应该扮演了十分重要的角色。具体如下:

---

① 陈高华等点校:《元典章》卷二十一《户部七·钱粮·支·准除钱粮事理》,第768页。
② 陈高华等点校:《元典章》卷二十一《户部七·钱粮·支·考计收支钱物》,第764页。

其一，向总管府传达上级意旨，如 F116：W557 文书：

1. 钱粮房
2. ☐承奉
3. 甘肃等处行中书省札付，为考较
4. ☐事。奉此。合行具呈者。
5. ☐
6. ☐
7. 　　至正十一年二月　　吏张世雄呈
8. ☐钱粮　　　　　　　（签押）
9. ☐八①日

（墨戳印）（墨戳印）②

此件文书内容简短，其发文机关为钱粮房，呈送对象为亦集乃路总管府，文书内容为钱粮房将甘肃行省札付钱粮考较之事向总管府进行汇报。这反映出，在亦集乃路，对甘肃行省相关札付的接收者可能为"钱粮房"。

其二，向总管府汇报钱粮考较情况。本文所探讨的 F116：W555 文书，前文已述，该件文书是钱粮房向总管府汇报屯田千户所钱粮考较工作的呈文。

通过以上可见，在钱粮考较工作的实施过程中，"钱粮房"实际上是相关考较工作在亦集乃路的真正组织者、落实者。而相关"组织者"的确认，不仅为认识元代钱粮考较制度在地方的落实情况具有一定意义，且也为进一步认识亦集乃路总管府的机构运作机制提供了帮助。

---

① "八"，据残笔画补，《黑城出土文书（汉文文书卷）》未释。
② 塔拉等：《中国藏黑水城汉文文献》，第 310 页；李逸友：《黑城出土文书（汉文文书卷）》，第 119 页。

第六章

黑水城文献所见元代公文运作机制研究(上)

我国古代的公文制度,经秦汉至唐宋之发展,至元代之时更趋丰富和完善,如元朝仅诏敕类公文就有"诏书、圣旨、玺书、册文、宣命、制书、敕画等多种名目",[①]而元朝通行的"公式"类文书又有"札付""咨""符""关""指挥""牒""付身""批贴"等多种,[②]"状词"文书有"状""执状""取状""送状""责状""告状""甘结"等许多类型,[③]另有"牓据"类等公文若干种。[④] 这些多姿多彩的文书,成为元代行政体制运行的重要载体和手段。本章选取了黑水城文献中与元代地方行政运行有密切关联的付身、札子、解由三类文书作为研究对象,探讨这些文书的性质、内容、形态特征及其使用、管理等方面的运作情况,以期认识元代公文制度、行政管理制度的特点以及相关制度在历史进程中的变化。

第一节 元代付身文书考

元代用于官员任命的公文,按《元史》所载,有宣、敕两种,以五、六品为界:一品至五品往往用宣授,六品至九品则为敕授。宣要加盖皇帝的玺印(玉宝或金宝),敕则只由中书省宰相签署。宣敕又称为制敕,在元朝除了用于人事的除授外还用于封赠。[⑤]但在实际的人事任免过程中,元朝政府除了采用宣敕以

---

① 张帆:《元朝诏敕制度研究》,《国学研究》第十卷,北京大学出版社,2002年,第108页。
② (元)徐元瑞著,杨讷点校:《吏学指南(外三种)》,第35—36页。
③ (元)徐元瑞著,杨讷点校:《吏学指南(外三种)》,第38—39页。
④ (元)徐元瑞著,杨讷点校:《吏学指南(外三种)》,第42—43页。
⑤ 张帆:《元朝诏敕制度研究》,《国学研究》第十卷,第116页。

外,还使用到了"付身"等多种形式的公文。对于元代的宣敕,张帆先生已经进行了非常深入的探讨,但对于元代的"付身",目前仅李逸友先生在介绍黑水城元代文书时有所涉及。① 李先生首次指出了黑水城文献中存在"付身"文书,并对其性质和内容做了解读,其贡献值得充分肯定。然其解说尚有不确之处,而对付身的渊源等问题则未予讨论,所以,关于元代的付身制度还有进一步探讨的余地。本节将在前人研究的基础之上,以黑水城文献为中心,结合传世文献及其他出土材料,就元代付身文书及付身制度的一些问题再做进一步的探索。

一、关于黑水城文献中元代付身类文书的说明

黑水城文献中除李逸友先生提及的"Y1：W131"文书外,李先生主编的《黑城出土文书(汉文文书卷)》一书中还载有编号为"Y1：W19""F131：W7"的两件文书,其内容均与"付身"有关。② 以上3件文书除收录于该书外,还载于《中国藏黑水城汉文文献》一书中,后者将它们重新编号、拟题为M1·0757[F13：W131]《吴政宗充本屯仓官状》、M1·0769[Y1：W19]《人事与选官文书》、M1·0773[F131：W7]《朵立只巴充拦头状》。③ 下面对这3件文书试做初步的分析。

(一) M1·0757 [F13：W131]文书

此件图版、录文如下：

1. 皇帝圣旨里,管领新附屯
2.   田军百户所,今拟吴
3.   政宗充本屯仓官
4.   勾当。所有付身,须议

---

① 李逸友先生在《元代文书档案制度举隅——记内蒙古额济纳旗黑城出土元代文书》一文中提到,付身"为任命吏目发给的证书,分别由亦集乃路总管府或司属发出,加盖有官印及押印。开头都用'皇帝圣旨里'以示昭重,正文结尾写'所有付身,须议出给者',另提行低两字书写'右付某某准此',再提行低两字书写'付身'二字,再提行用仿宋体书写年款并加盖官印及押印"。然后李文列举了黑水城编号为Y1：W131文书的内容(参见《元代文书档案制度举隅——记内蒙古额济纳旗黑城出土元代文书》,《档案学研究》1991年第4期)。

② 以上三件文书载李逸友：《黑城出土文书(汉文文书卷)》,第89—90页。

③ 塔拉等：《中国藏黑水城汉文文献》,第984、994、998页。

5.　　　出给者。
6.　　　　右付吴政宗。准此。

7. 付身
8. 至治叁年柒月（印章）日　　　（签押）（签押）

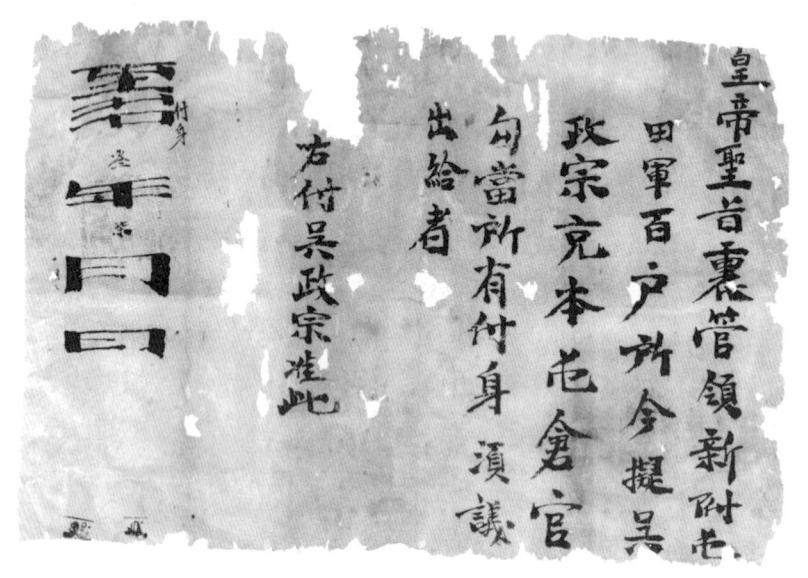

M1·0757［F13：W131］文书图版①

此件首尾完整，共存文字8行，用正楷书写，第7行"付身"二字及第8行的"叁""柒"等字字号特小，但"至治""年""日"等字字号特大。第8行年月处钤盖印章一枚，该行末尾有签押两处。关于此件文书，吴超在《亦集乃路农业管理初探》一文中已指出，该件为至治三年（1323）亦集乃路文书。② 笔者同意这一意见。文书首行的"皇帝圣旨里"为元代公文的起首语，第1—2行的"新附屯田军百户所"应为文书的发文机关，从第2行的"今"字至第6行的"吴政宗"为此件公文的主要内容，即为"吴政宗"充任仓官一事，出具"付身"。第6行的"准此"，为元代公文结语的标志。第7行的"付身"二字，为此件文书的主要"事

---

① 转引自塔拉等：《中国藏黑水城汉文文献》，第984页。
② 吴超：《亦集乃路农业管理初探》，《吐鲁番学研究》2008年第2期。

由"或"由头",最后一行载录的则是文书的下发时间等信息。据以上判断,此件主要记载了元至治三年(1323)七月,亦集乃路新附屯田军百户所为任命吴政宗充本屯仓官而发放付身一事。由于此件文书的由头为"付身",且文书末尾既钤盖印章又有相关签押,故此件应为一件向吴政宗发放的正式"付身"公文原件。

(二) M1·0769[Y1：W19]文书

此件录文如下：

1. 吏礼 房
2. ☐呈：准本司前巡检秃花迷失
3. ☐于天历元年八月受本路付身,
4. ☐系巡检,至顺二年十一月得代,

（后缺）

此件上残下完,首全尾缺,现存文字4行,用行草书写,第1行的"吏礼房"为其发文机关,第2行至第4行主要说明"前巡检秃花迷失"在天历元年(1328)八月至至顺二年(1331)十一月间的任职情况。因此推测,此件应与"前巡检秃花迷失"迁转出具的说明或证明有关。在此"说明"中,记载了秃花迷失被任命为巡检的方式,即是受自"本路付身"。由于元代亦集乃路的职能部门之中有吏礼房,故可推知,此处的"本路"当指亦集乃路总管府,此件可能是吏礼房向总管府做出的说明。文书第2行的"本司",应为前巡检秃花迷失的所属机构,元代巡检的所属机构为"巡检司",故此处之"本司"当指巡检司。之所以吏礼房的呈文中又出现了巡检司,有可能在此件文书中,吏礼房对巡检司的文书进行了转引。文书中的"至顺二年十一月",为秃花迷失任巡检的最后日期,据之推定,此件文书当形成于此后不久,其形成时间似可暂定为"至顺二年"(1331)。文书虽因残损未见印章及签押痕迹,但通过文书的发文机关"吏礼房"可知,此件也应为一件公文。综上,我们可以对此件的主要内容做出判断,其应为元至顺二年(1331)吏礼房向亦集乃路总管府呈文,汇报巡检司前巡检秃花迷失任官一事。

(三) M1·0773[F131：W7]文书

此件图版、录文如下：

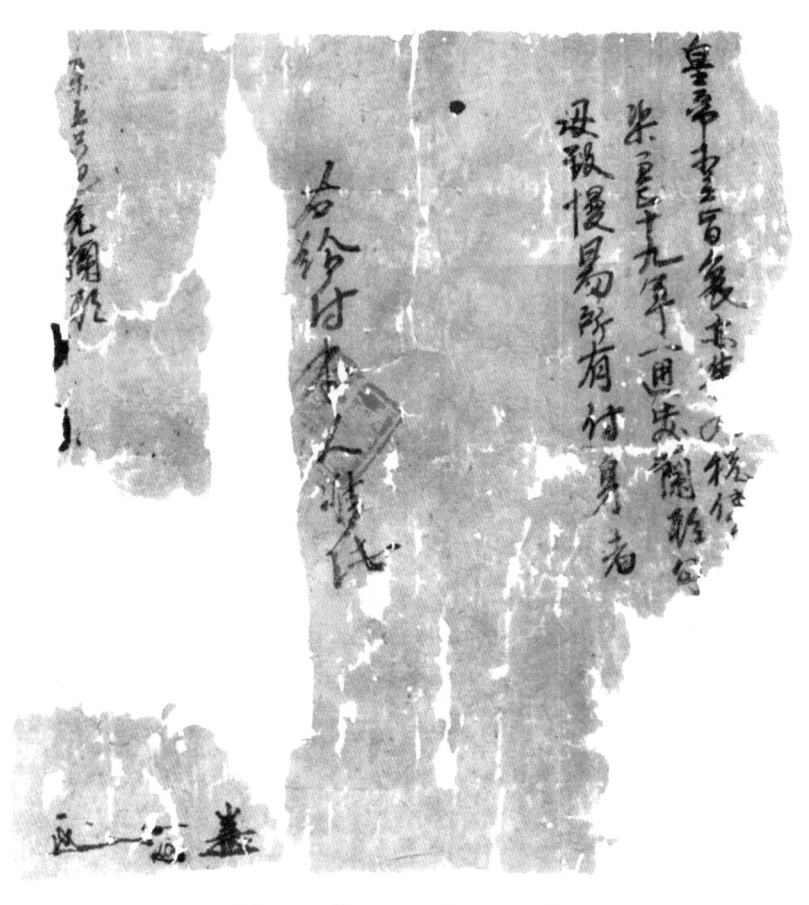

M1·0773[F131：W7]文书图版①

1. 皇帝圣旨里,亦集乃路税使 司
2. 渠,至正十九年一周岁栏头勾
3. 毋致慢易,所有付身者。

4. 右给付本人(印章)。准此。

(签押)

① 转引自塔拉等:《中国藏黑水城汉文文献》,第998页。

5. 朵①立只巴充拦(印痕)头。(签押)
                    (签押)
           (后缺)

此件首全尾缺,现存文字5行,除前两行下残外,其他各行均保存完整,文书用行楷书写。第4行钤盖印章一枚,第5行末尾有签押三处,在"充拦"二字右侧有红色印痕,疑为印章。此件的结构与"M1·0757[F13∶W131]"文书相似,由此可以判断,文书"后缺"的内容应为此件的撰拟时间。文书首行的"亦集乃路税使司"当为此件的发文机关,第5行的"朵立只巴充拦头"一语,则为此件文书的由头,第2行提到的"至正十九年一周岁栏头"反映出,此件的撰拟时间应在"至正十九年"(1359)左右,似可暂定本年。第3、4行提到的"所有付身者""给付本人"等语表明,此件也应与发放付身有关。文书的主要内容,应为元至正十九年(1359)左右,亦集乃路税使司为朵立只巴充任栏头而向其本人发放付身一事。由于此件拥有公文起首语"皇帝圣旨里",又有印章以及相关人员的签押,故可以确认,此件文书也应为一件"付身"公文原件。

综上,笔者认为,黑水城文献中的上述3件文书,有2件为元代"付身"文书原件,有1件为元代"付身"相关文书。

二、元代付身的性质及渊源

关于元代付身的性质,元人徐元瑞在《吏学指南》中称"付身:谓给授其文也",②李逸友先生则认为付身"为任命吏目发给的证书"。③ 通过黑水城M1·0757[F13∶W131]文书可知,拟定吴政宗充本屯仓官,须出给"付身",这说明,"付身"是吴政宗充任本屯仓官的重要凭证。M1·0773[F131∶W7]文书所载内容与之相似,朵立只巴充任栏头,须将"付身"给付其本人。这里不仅表明"付身"是朵立只巴充栏头的重要凭证,且要求由其本人保管。而M1·0769[Y1∶W19]文书也表明,巡检秃花迷失曾受过本府的"付身",本府"付身"应是其充任巡检的凭证或委任书。由以上黑水城文献可知,"付身"应是一种由官方出给的

---

① "朵",原文作"朶",今释作"朵"。
② (元)徐元瑞著,杨讷点校:《吏学指南(外三种)》,第36页。
③ 李逸友:《元代文书档案制度举隅——记内蒙古额济纳旗黑城出土元代文书》,《档案学研究》1991年第4期。

用于官吏任命的凭证、委任书或委任状之类的公文。至于是否如李逸友先生所说的"付身"是用于"任命吏目"时所用,将在下文讨论。

元代任用官吏时使用付身文书,并非该朝的创造和发明,而可能是借鉴自前代王朝。在前代王朝中,"付身"作为一个词语使用始于唐代,如敦煌文献中编号与拟题为 S. 8262《某老宿斋录见到僧名数》的文书中即有该词的记载,现将业师郝春文先生所做文书录文节录如下:

1. □□□□老宿斋录见到僧名数如后:
　　　　付身　付□□　付身
2. □圣康僧统　梁法律　令孤老宿　张老宿　玄德　常照
　广济勾付身　付身　付身　付□□
3. □俊　顿觉　文晟　文清　智□　法进　张判官　洪藏
　付洪藏　叹付身　付□□　□□□　付身　付身
4. □□　常秘　法海　喜思　龙威　龙赞　智登　弁惠
　付身
5. □惠　宝庆　宝通　□□　□怀　福圆　谈恩
　付欠绁　付绁洪藏　油　粟付坚广
6. □□　坚信　谈意　法晟　恩嵩　法照　法济
　粟　油　付身　付身①

（后略）

由于此件中有"康僧统"一名,郝春文师据荣新江先生所考"康僧统"在位时间为 895 年至 902 年,认为此件文书的形成时间当在此期间。② 所以,该件应是一件唐后期的文书。除该件敦煌文书之外,在吐鲁番所出唐代文献中也发现了一些载有"付身"一词的文书。③ 这说明,从唐代开始,"付身"已作为一个词语开始使用了。至于这一时期的"付身"为何意,郝春文师就上件敦煌文书指出:"一

---

① 郝春文:《唐后期五代宋初沙州僧尼的宗教收入（四）——为他人举行法事活动之所得》,《敦煌学辑刊》1997 年第 1 期。
② 同上。
③ 如《吐鲁番出土文书》第 6 册,文物出版社,1981 年,第 196 页,拟题为《唐龙朔三年（公元六六三年）西州高昌县下宁戎乡符为当乡次男侯子隆充侍及上烽事》的文书第 9 行载有"付身"一词,等等。

些人名旁注有'付身',是表示物品已交付本人"①之意。显然,此时的"付"字是动词,"身"字是名词,"付身"是动宾结构的词语,但该词在以后的使用过程中,似乎出现了名词化的倾向。这一点与"札付"一词的演变过程颇为相似。"'札付'的本意是指'下达札子',属于使动词,但这一用语久而久之变成了名词。"②"付身"至五代时,即成为一个专有名词,专指官吏任官的凭证或委任状。如宋人王明清在《挥麈录·前录》卷三中云:

> 本朝及五代以来,吏部给初出身官付身,不惟著岁数,兼说形貌,如云"长身品,紫棠色,有髭髯,大眼,面有若干痕记";或云"短小,无髭,眼小,面瘢痕"之类,以防伪冒。至元丰改官制,始除之。靖康之乱,衣冠南渡,承袭伪冒,盗名字者多矣,不可稽考,乃知旧制不为无意也。③

此条说明,从五代开始"付身"成为吏部给出身官的文书,也即是说在五代时,官员初任官使用"付身"作为任官凭证或委任状。这显示出,"付身"一词在此时已经名词化,并具有了官员委任状的性质。另外,从该条还可见,五代至北宋前期,"付身"载有官员的岁数、体貌,北宋元丰改制后"付身"关于官员形貌的记载被废除。由"付身",我们必然会联想到与之相似的"告身",两者比较后发现,它们之间是既有联系又有区别的两个概念:一方面,它们都是委任公文;另一方面,它们的出现时间不同,"告身"出现较早,在北朝时期已开始对任官者颁发"告身",而"付身"作为委任状使用至五代时才出现。此外,"付身"在五代、宋时多用于"初授"官。除《挥麈录·前录》所述外,《宋会要辑稿·职官一一》"官告院"条还载,建炎三年(1129)九月二十八日,诏:"今后文臣带直秘阁、武臣带遥郡以上给告,朝奉大夫、武翼大夫给敕,其初补官人依自来条例给付身。"④等等。同时,"付身"又是一种等次较低的委任状,龚延明先生指出,"付身""作为凭证之一种,其等级次于官告、绫纸"⑤等,这些又都是"付身"与"告身"的不同。

除了五代、宋朝外,金朝也使用付身。如《大金吊伐录》所载,天会七年

---

① 郝春文:《唐后期五代宋初沙州僧尼的宗教收入(四)——为他人举行法事活动之所得》,《敦煌学辑刊》1997年第1期。
② 孙继民:《西夏汉文乾祐十四年安排官文书考释及意义》,《江汉论坛》2010年第10期。
③ (宋)王明清:《挥麈录·前录》卷三,中华书局,1961年,第32页。
④ (清)徐松辑:《宋会要辑稿·职官一一》,中华书局,1957年,第2656页。
⑤ 龚延明:《宋代官制辞典》,中华书局,1997年,第628页。

(1129)二月份所发《差刘豫节制诸路总管安抚晓告诸处文字》一文中云："若有劳效,一心归顺,公务干办者,无问士庶,并依宋时例格,椿拟合补资级,就便出给公据,候立新君,别给正行付身。"①通过此条可见,金朝也使用"付身",但金朝使用的"付身"制度,似是从宋朝借鉴而来的。众所周知,元朝所行汉法,多直接继承自金代,"付身"制度似乎亦是如此。由于宋金制度的关联性,因此推断,元代施行的付身之制,可以上溯至宋代,并最终追溯至五代时期。

三、元代付身的发放机构与授予对象

关于元代付身的发放机构,李逸友先生提出付身"分别由亦集乃路总管府或司属发出"②的观点。仅就黑水城文献而言,该判断是准确的,但通过传世文献及其他出土材料则还可以加以补充。关于付身的授予对象,李逸友先生认为付身是使用于"吏目"的。元朝政府在六部所属机构及一些地方官府中设置了吏目一职,吏目一般由司吏考满后充任。如《元史》卷八十三《选举志三》中记载:"至元二十五年呈准,各路司吏六十月吏目,两考升都目,一考升提控案牍,两考正九。"③吏目主要负责"掌官署文书案牍,办理具体事务并管辖吏员"。④ 而黑水城有关付身文书的适用对象包括仓官、栏头、巡检等人,这些人并非掌管案牍、管辖吏员的"吏目",故李先生关于元代付身授予对象的认识还需要重新探讨。

由黑水城文献所见,亦集乃路有发放付身之权(包括其司属)。另外,《庙学典礼》卷六所载至元二十一年(1284)二月中书省札付称:"除教授祗受敕牒,学正受中书省札付,学录并受吏部付身,路、府、州、县各添设直学一员,止受本路付身勾当。"⑤由该条可知,在至元二十一年(1284)时,中书省曾要求路、府、州、县各添设直学一员,"直学""止受本路付身"。此处的"路"当指路总管府,"府"则指路以下直属于行省、宣慰司等处的"散府"。这说明,路总管府似是路、府、州、县等机构中唯一具有发放付身之权的基层官府。路级官府发放付身的对

---

① 佚名编,金少英、李庆善校补整理:《大金吊伐录校补》,中华书局,2001年,第535页。
② 李逸友:《元代文书档案制度举隅——记内蒙古额济纳旗黑城出土元代文书》,《档案学研究》1991年第4期。
③ (明)宋濂等:《元史》卷八十三《选举志三》,第2070页。
④ 邱树森:《元史辞典》,山东教育出版社,2000年,第254页。
⑤ 王颋点校:《庙学典礼(外二种)》卷六,浙江古籍出版社,1992年,第140页。

象,从黑水城文献及以上材料看,他们或品级低微,或根本没有品级。如M1·0769[Y1：W19]文书所载曾于天历元年(1328)八月受亦集乃路总管府"付身"的"秃花迷失",其所任职官为"巡检"。关于"巡检"的品级,据李治安先生考证:"大德十年(1306)以前,州县所属巡检司'系流外之职,掌从九品印信'。所以,大德十年以后一般州县所属巡检司也应该是从九品。"① 如此可知,元代路级官府发放"付身"的对象之一,是品级在从九品左右的流官巡检。

M1·0757[F13：W131]文书主要记载为吴政宗充任亦集乃路新附屯田军百户所仓官,向其颁发付身一事。关于"屯田百户所"的职级,史料不载,但典籍中有关于"百户所"的记载,《元史》卷九十一《百官志七》"诸路万户府"条载:"上百户所,百户二员,蒙古一员,汉人一员,俱从六品,银牌。下百户所,百户一员,从七品,银牌。"② 亦集乃路为元代之下路,③故参照此规定,亦集乃路"屯田百户所"若有职级,也应在七品左右,或者更低。另外从《元典章》等资料来看,凡有品级的仓官多在七品之下,如京仓、都仓的仓官兼支纳正七品,大使从七品,副使正八品。④ 各路平准行用库,提领从七品,大使从八品,行用库大使从八品等。⑤ 这些具有品级的仓库官,要么属于京仓、都仓,要么属于各路府库,亦集乃路新附屯田百户所的仓库并非该路的府仓,该路府仓为广积仓,故由此推见,亦集乃路新附屯田百户所仓官,即使有一定的品级,也必然比较低微,也可能没有品级。可见,元代路级官府颁发"付身"的对象之一,是品级低微的品官或没有品级的基层仓官。

再如,M1·0773[F131：W7]文书的内容是亦集乃路税使司在至正十九年(1359)向"朵立只巴充栏头"发放"付身"。前揭已指出,"栏头"又称"拦头",是我国五代以来出现的专职收税人员,《至顺镇江志》卷十三"杂役"条载有"栏头二十三名",其中"在城、丁角、丹阳、金坛、吕城务各四名,谏壁务三名"。⑥ 此处的"务"当指税务。"栏头"作为元代的一种差役,其本身并无品级。这表明元代路级官府颁发"付身"的对象,包括未授品级的差役在内。

---

① 李治安:《元代政治制度研究》,第224—225页。
② (明)宋濂等:《元史》卷九十一《百官志七》,第2311—2312页。
③ (明)宋濂等:《元史》卷六十《地理志三》,第1451页。
④ 陈高华等点校:《元典章》卷九《吏部三·官制三·仓库官·仓官窠阙》,第318—319页。
⑤ 陈高华等点校:《元典章》卷九《吏部三·官制三·仓库官·平准库官资品》,第324页。
⑥ (元)俞希鲁编纂,杨积庆等点校:《至顺镇江志》卷十三《公役》,第573页。

另外,上条《庙学典礼》的材料中所载各路儒学教授的品级,按元朝规定为从八品,[①]散府上中州儒学教授为正九品。[②] 学录在教授之下,无品级,其任用时要受"吏部付身",而地位更低亦无品级的直学之类,则要受路总管府付身。

除路总管府及其司属外,元代具有发放付身之权的机构还涉及多个方面,下面对这些机构以及它们发放付身的对象略做说明。

其一,行省、宣慰司等地方官府。如作为路吏的"典史",其任用会受自行省"付身",《元典章》卷十二"典史"条载:

  大德七年四月□日,中书吏部:

    承奉中书省判:"江西行省咨:'近准中书省咨:江浙行省咨:县邑典史虽微,亲临百姓,应办钱粮一切事务,至甚繁重。若将考满路吏,本省出给付身,于各县典史内委用,任回理都吏目月日,庶望官事易办,不致淹滞。都省准拟,咨请就便照勘,避贯铨注,三十个月为满,各理本等月日。据革闲典史,依例定夺。准此。'"[③]

通过此条材料可见,"典史"是由行省出给"付身"任命的,而典史是地位最低的吏职,[④]没有品级。

另外,宣慰司也发放付身。宣慰司在至元十五年(1278)后逐渐成为行省等的属下分治机构。[⑤]据《庙学典礼》卷六载:"学正拟受行中书省札付,学录、教谕拘该行中书省亲临路分,拟授本省札付。外,宣慰司所辖去处,并受本司付身。"[⑥]从该记载来看,宣慰司有权发放付身,其授予付身的对象不外乎学正、学录等之类,学正在教授之下,无品级。

再者,"道"级机构所辖的"儒学提举司"也曾是付身的发放机构。元代的"道"有两种:"一种是提刑按察司道(后改肃政廉访司道)","另一种是宣慰使司道"。元朝南方"设置儒学提举司的道,既是提刑按察司道,也是宣慰使司道"。[⑦]《庙学典礼》卷二"差设学官学职"条载:"浙东道宣慰使司,至元二十六年八月十

[①] 陈高华等点校:《元典章》卷七《吏部一·官制一·职品·内外文武职品》,第219页。
[②] 陈高华等点校:《元典章》卷七《吏部一·官制一·职品·内外文武职品》,第222页。
[③] 陈高华等点校:《元典章》卷十二《吏部六·吏制·典史·典史》,第495—496页。
[④] 许凡:《元代吏制研究》,第15页。
[⑤] 李治安:《元代政治制度研究》,第99页。
[⑥] 王颋点校:《庙学典礼(外二种)》卷六,第137页。
[⑦] 陈高华:《元代的地方官学》,《元史论丛》第5辑,中国社会科学出版社,1993年,第168页。

三日札付……卑司今将会到各道儒学提举司学校合行事理……其余学录、县学教谕以下，照在前体例，并从儒学提举司出给付身差役，并免体复，似与近详条画相应。"①此条载明，"道"的下属机构"儒学提举司"有权出具付身，而儒学提举司发放付身的对象是"差役"。

其二，中书省诸部等。赵天麟在《论束利官》一文中提出："伏望陛下载宣天旨，令有司定制，凡仓场库务之诸官，旧系省部出付身者，今并宜以敕牒分品次之高低，视城郭之可否而设之。"②赵天麟此处所说的"省部"，似指中书省吏部，吏部是中书省中主管人事的部门，该部曾向有关仓库官发放过付身。另外，吏部还是向地方官府中"提控案牍"发放付身的机构，如《元典章》卷九"上中州添设首领官"条载：

> 大德四年六月，江西行省准中书省咨该：
> "……准府、州各添知事一员，作从八品，提控案牍依旧受吏部付身，庶几官不缺人，事无耽滞，"得此。都省议得：散府、上州添知事一员，中州添提控案牍一员。③

此条材料说明，元成宗大德四年(1300)后诸府、州中"提控案牍"的任命要"受吏部付身"。大德十年(1306)二月则规定："升行都水监为正三品，诸路提控案牍为九品。"④府、州中"提控案牍"的品级当不超九品。

另，上文《庙学典礼》卷六提到"学录并受吏部付身"，此条亦说明吏部确有出具付身的权力。吏部发放付身似有特殊意义，此举可能旨在表明元政府对该职官的重视，如同是儒学职员，"学录"所受"付身"来自吏部，而级别稍低的"直学"则仅受路总管府发放的"付身"而已，这反映出元廷对"学录"的重视程度超过了"直学"。赵天麟在《论束利官》一文中还说："凡钱谷官系旧随路出付身者，并以行省札付增崇其职。"⑤赵天麟提出，原来诸路钱谷官的付身由各路发放，若以"行省札付"的形式发放，将会"增崇其职"，即对提升这一职位的重要性很有好处。吏部发放付身似乎亦是同理。同时也应当看到，吏部发放付身又有一定

---

① 王颋点校：《庙学典礼(外二种)》卷二，第43—44页。
② 陈得芝辑点：《元代奏议集录》(上)，浙江古籍出版社，1998年，第303页。
③ 陈高华等点校：《元典章》卷九《吏部三·官制三·首领官·上中州添设首领官》，第356—357页。
④ (明)宋濂等：《元史》卷二十一《成宗本纪四》，第468页。
⑤ 陈得芝辑点：《元代奏议集录》(上)，第303页。

的选择性,只有达到一定级别的官吏才有资格被授予吏部付身,如"学录""直学"付身的发放即是一例,且目前也尚未见及吏部向各级官府的胥吏,如令史、典史、书史、司吏等发放付身的记录。这似乎也说明,被授予吏部"付身"的官吏须达到一定的级别。由上文关于有职级的元代仓库官的说明推断,吏部发放付身的对象,即使有一定职级,也不会超过七、八品。

另,属于中书省诸部之一的"礼部"也是发放付身的部门,如《元史》卷八十一《选举志一》载:"中原州县学正、山长、学录、教谕,并受礼部付身。"①由此可见,礼部是付身的发放机构,而该部所发付身的对象如学正之类,均无资品。

另,作为中书省司属部门之一的"宣徽院""秘书监""武备寺"等衙门也发放付身。《元史》卷八十三《选举志三》载,大德三年(1299),省准:"……宣徽院阑遗监令史,准本院依验元准月日挨补,考满同,自行踏逐者降等。遇阙如系籍记令史并常调提控案牍内及本院两考之上典吏内补充者,考满依例迁叙,自行选用者,止于本衙门就给付身,不入常调。"②此条说明,宣徽院有权发放付身,该机构发放付身的对象"令史",属于案牍人员,没有品级。《秘书监志》卷四载:"元贞二年十一月二十六日,秘书监据著作郎呈,保书写孔思逮等五名,系都省准呈月支饮食人员,每日在局编写,未尝少怠,若蒙出给札付,似为激励。得此,奉监官台旨:依准所保,出给付身:孔思逮、王琳、赵由昌、王守贞、冯贞。"③据此条中的"奉监官台旨:依准所保,出给付身"等句可知,秘书监"书写"孔思逮等五人的付身,应是由秘书监发放的,而"书写"亦为案牍人员,无品级。此外,《元史》卷八十三《选举志三》还载:"广胜库子,合从武备寺给付身,考满本衙门定夺。"④由该记载知,武备寺是向广胜库子发放付身的机关,而"库子"为仓库中的差役,也没有品级。由以上推测,元朝中书省诸部及相关司属部门抑或多有出给付身之权,而被授予付身的对象,或品级低微,或无品级。

其三,地方军事机构。万户府和元帅府是元代地方的重要统军机构。⑤ 就目前所能见及的材料来看,这两大机构均有发放付身的记载。《元史》卷八十二《选举二》载:"随朝各卫千户镇抚所提控案牍,已拟受院札,外任千户镇抚所提

---

① (明)宋濂等:《元史》卷八十一《选举志一》,第2033页。
② (明)宋濂等:《元史》卷八十三《选举志三》,第2074页。
③ (元)王士点等编,高荣盛点校:《秘书监志》卷四,浙江古籍出版社,1992年,第79页。
④ (明)宋濂等:《元史》卷八十三《选举志三》,第2081页。
⑤ 吴秀永等:《中国元代军事史》,人民出版社,1994年,第120页。

控案牍,合从行省许准,受万户府付身。"①各地千户镇抚所提控案牍的任用,要受"万户府付身",千户镇抚所提控案牍的职级,当不超行政机构中此职的品级。

另,杨熙所撰《冯氏先茔碑记》记载:"孙氏长曰德,于至元二十八年受元帅府付身,充管百户勾当。"②罗国英所撰《王氏葬亲之记》载:山儿于至元"二十二年五月,继受瓜州本路万户府仍旧百夫长。廿四年,远征交趾,累有战绩,受镇守泰州路管军元帅府百夫长付身"。③ 这两条材料说明,"元帅府"也是"付身"的发放机构之一。前文中的冯德通过"付身"充任了"百户",后文中的王山儿则通过"付身"被任命为"百夫长","百夫长"亦当指"百户"一职。

另,隙鼎所撰《王氏先茔之碑》中载:"……次,那怀独和,气质清明,幼而聪慧,攻习儒书,志行敏达。至元丁亥岁,签充海道运粮,以和应得□□夙夜敬畏,公恕不息。至元己丑岁,受运粮千户付身,充权百户勾当。毕尽□心,于官干办。至元庚寅岁,复保受运粮上万户府札付,充百户勾当。"④这里谈到"那怀独和"曾受"运粮千户付身",充"权百户",即代理百户之职,而"运粮千户"当是"运粮千户所"的简称。

由以上不难发现,上述机构出具付身任命的职官,其品级均较低微。那么,是否有通过"付身"任命更高级军职的情况呢?目前笔者仅见一条此类材料,即姚璲所撰《上参政董孟起书》的记载。据该文云:"闻各处领兵官具有选法……当以十家为户,十户为甲,十甲为头,于本乡材干上户设置一人管摄之,官给付身,授以千户之名,万一效忠,擒获又当抡用。"⑤此条材料说,为了加强对地方管理,应在地方上的上户中选择一人,给予付身,授职"千户"进行管理。但应当看到,这只是仅授以"千户之名"的荣誉而已,并非实职。所以,有权发放付身的元代地方军事机构,其通过付身所任命的有关职官,级别当不会太高。

其四,宗王机构。元代宗王驸马享有特权,可以拥有私属——投下。元代宗王驸马管理私属的官府在蒙古国时期就已出现。⑥诸王驸马位下的私属官府大体分为四、五级。最高的是都总管府(或万户府)。其下有总管府、提举司、户

---

① (明)宋濂等:《元史》卷八十二《选举志二》,第2039页。
② 王金岳等修:《昌乐县续志》卷十七《金石志》,成文出版社,1967年,第655—656页。
③ 常之英、刘祖干:《潍县志稿》卷四十《金石·石类》,铅印本,1941年,第42页。
④ 常之英、刘祖干:《潍县志稿》卷四十一《金石·石类》,第33—34页。
⑤ 李修生:《全元文》第49册,凤凰出版社,2004年,第43页。
⑥ 李治安:《元代分封制度研究》,中华书局,2007年,第162页。

计司、提领所、杂造局等。① 资料显示,元代宗王驸马位下的官府任命官吏时也使用"付身",如《提领刘氏迁葬祖茔之记》载:志主刘惠"自至元十一年四月内,受本投下总管府付身,充本府吏员勾当。至元二十三年正月内,受总管府付身,升充潍州管领秃鲁花□民提领职役"。② 此条载明,投下总管府也出具付身,而志主刘惠通过该付身充任了该府的"吏员",而府吏是没有品级的。

其五,宗教机构。《山右石刻丛编》卷三十《阳曲县太平乡辛庄全真□公道行创建卿云观记》一文载:卿云观创建者张居敬,"至元辛卯春,授太原路都道录所札付,充本宗门下提领勾当。道录王公志广,见其忠勤廉干,癸巳秋,复加荐剡授天下玄门演道大宗师掌教真人管领诸路道教付身,充本宗提点"。③ 此条表明,道教管理机构受到了世俗职官制度的影响,在任命有关人员时,也出具"付身",至于文中提到的王志广所任"本宗提点"的职级,因资料所限,尚难确知。

综上发现,元代有权发放付身的机构,涉及从中央到地方,从行政到军事等不同级别、不用领域的多种部门,而被授予"付身"的对象,从他们的职级看,元代的"付身"往往颁发给职级低微抑或没有职级的官吏、差役等人。

四、余论:关于宋元付身制度的承袭与变化

以上研究表明,元代的"付身"是主要用于委任基层官吏、差役等的官方文书,具有发放付身之权的机构则涉及行政、军事、宗教等多个领域的职能部门。此外还需说明的是,"付身"又是等次最低的委任公文。如前所述,"除教授祗受敕牒,学正受中书省札付,学录并受吏部付身","付身"是较之"敕牒""札付"等次更低的委任公文。通过黑水城文献我们又知,"付身"须给付本人。此外,"付身"作为官吏的委任书,也是官吏迁转时备查的重要档案。M1·0769[Y1:W19]文书是为前巡检秃花迷失迁转时做出的说明,该说明即点出秃花迷失以前受付身的情况。这表明,付身不仅仅是任官依据,同时也是官吏迁转时备查的内容。《元典章》卷十"告叙本路保申"条的记载也证明了此点,其载曰:

---

① 李治安:《元代分封制度研究》,第 163 页。
② 常之英、刘祖干:《潍县志稿》卷四十《金石·石类》,第 27 页。
③ (清)胡聘之:《山右石刻丛编》第 5 册,卷三十,山西人民出版社,1988 年,第 25 页。

至元三年四月,中书省:

> 据随处告叙用官员,今后先于本处官司具入仕根脚、历任月日、停职缘由陈告,勘当别无诈冒,申覆本路官司更为照勘相应,仍录连节次所受付身,保结申部。委有体例,拟定可任名阙,呈省定夺。无得直诣省部呈告施行。①

此条阐明,各处需告叙的官员,不仅要陈告"入仕根脚、历任月日、停职缘由",而且要求"录连节次所受付身,保结申部",即将依次所受"付身"登录、连接,并做出保结,申报吏部。这说明"付身"又是考察官员任官情况,决定其拟任职官的重要依据。另外,通过前文已见,品级极低的官吏及没有品级差役的任用,可能多属初任,这表明元代"付身"对于初任官吏是适用的。通过该条又见,一名官员即能"节次"受"付身",说明元代"付身"在官吏任命中又被多次使用,而不局限于初授了。

元代的付身制度继承自金、宋,然而由于金代的付身制度目前缺乏具体的资料,故我们还不能对金、元两朝的该制度进行比较,以期发现它们的异同,但我们能够对宋元间该制度进行比较。通过这种比较,可以认识和了解宋元之际付身制度的承袭与变化,以及付身制度变化所反映的更深层次的问题。

首先,宋元间的付身制度具有一定的相似性。如元代的付身依然作为官方出具的官吏委任状使用,付身又是等次较低的委任公文,等等。这些特性,显然是元代付身制度对宋代以来付身制度的继承。

其次,付身制度在宋元间却又发生了很大的变化。对于宋代官员发放委任状的情况,苗书梅女士曾指出:"宋代辟属官受中央人事部门严格制约。一方面,奏辟的阙额是有严格的条文限定的,不能任意增辟,也不能占用堂阙、部阙及定差阙,这就从数量上限制了奏辟权的扩大。另一方面,除战争时期极边地区允许被奏辟者先上任然后奏明朝廷外,一般奏辟官属,必须先申报中央,领取吏部或枢密院的正式委任状,然后才能赴任。"并举绍兴四年(1134)诏令规定为例:"诸路帅臣、监司、郡守,今后奏辟官属,并令所举官录白付身、印纸,各委本州通判取真本覆实,结罪保明,缴连申奏。如应参部之人,方行给降付身,以绝伪滥之弊。"②在宋代,包括"付身"在内的所有委任状都由吏部或枢密院掌握,但

---

① 陈高华等点校:《元典章》卷十《吏部四·职制一·告叙·告叙本路保申》,第361页。
② 苗书梅:《宋代官员选任和管理》,河南大学出版社,1996年,第193—194页。

我们看到的元代付身的发放机关却不一而足,这说明宋代以来,付身制度在宋元之间已经发生了不小的变化。

宋元间付身制度的一些变化,似乎又进一步反映出了以下几个方面的问题:一方面,忽必烈上台前后,刘秉忠、徐世隆等人曾向其建议推行汉法,"以马上取天下,不可以马上治",①"陛下帝中国,当行中国事"。② 忽必烈基本采纳了刘、徐等人的建议,在元朝建立后推行汉法,其所设职官、机构及制度等"基本上沿袭了金宋的旧制"。③ 但忽必烈所行汉法并不彻底,一些宋代机构,元廷并未照设,如宋代在中枢设有专门出给官告、付身的机构"官告院",元代未设。正是由于缺少全国的统一管理和控制,致使元代的"付身"出自多门。宋元间付身制度的这一变化,反映出元代所行汉法是有选择的。另一方面,由元代付身的发放反映出宋元间职官任用权限的变化。元代较之宋代,低级职官的任用权限有下放趋势。宋代付身及其他委任状均由中央掌控,在发放数量上、发放程序上都有严格规定,而元代的地方政府及宗王官府等均有发放付身之权,这说明元代的各级官府在任用低级官吏等方面已拥有了一定的自主权力。宋元间付身制度的这一变化,似乎又进一步体现出元代中央集权的程度较之宋代在某些方面有所弱化的现象。当然,元代中央集权在这方面有所弱化的同时,又通过建立起遍布全国各地的肃政廉访司监察制度等进行强化和补充,从而形成了不同于以往政权的行政运作体制。

第二节　关于元代的札子
——以黑水城文献为中心的考察

"札子",或作"剳子",④既是宋代以后产生的一种重要的公文类型,⑤亦是书

---

① (明)宋濂等:《元史》卷一五七《刘秉忠传》,第 3688 页。
② (明)宋濂等:《元史》卷一六〇《徐世隆传》,第 3769 页。
③ 朱耀廷:《论元世祖忽必烈政策的转变》,《北京联合大学学报》1992 年第 1 期。
④ "剳子""札子"常混用,为方便研究,下文均作"札子"。
⑤ 参见《中国历史大辞典·宋史卷》(上海辞书出版社,1984 年)、《宋代官制辞典》(中华书局,1997 年)、《辞源》(商务印书馆,1998 年)、《辞海》(上海辞书出版社,2000 年)等工具书"剳子"或"札子"条。另,张祎:《中书、尚书省剳子与宋代皇权运作》(《历史研究》2013 年第 5 期)一文曾指出,作为公文,宋代有上行文书奏事札子、中书进呈札子和下行文书御前札子、枢密院札子等。

简之一种。① 对于宋代的"札子"学界关注颇多,但对于元代的"札子",却鲜有论及,而对于黑水城文献中的元代"札子"文书,学界更未曾注意。据笔者统计,黑水城共出土载有"札子"二字的元代文书 5 件,这些文书为研究元代的"札子"制度提供了珍贵的实物资料。今在前人研究基础之上,以黑水城文献为中心,对元代的"札子"进行粗浅的探讨。

一、关于黑水城元代札子的说明

黑水城文献中载有"札子"二字的文书为：M1·0216［F116：W594］《阿剌不花口粮文卷》、②M1·0381［F116：W447］《粮斛文书》、③M1·0852《札子残件》、④M1·1818［F116：W102］《文书残件》、⑤M1·0874［HF111(下层)C 正］《提调站赤文书》。⑥ 为方便研究,今将上述文书称为甲、乙、丙、丁、戊件,并逐件说明如下：

(一) 甲件：M1·0216［F116：W594］

此件录文如下：

1. 札子
2. 呈：今蒙
3. 甘肃行省所委官并本路口▢▢▢▢▢
4. 分拣到迤北哄(?)散▢▢▢▢▢
5. 小口数,若便知▢▢▢▢▢
6. 成就人户饥饿▢▢▢▢▢
7. 大小二麦时估低▢▢▢▢
8. 人户自行收籴▢▢▢▢▢
9. 合⑦行具呈者。⑧

---

① 孔凡礼：《孔凡礼文存》,中华书局,2009 年,第 412—413 页。
② 塔拉等：《中国藏黑水城汉文文献》,第 315 页;李逸友：《黑城出土文书(汉文文书卷)》,第 117—118 页。
③ 塔拉等：《中国藏黑水城汉文文献》,第 469 页。
④ 塔拉等：《中国藏黑水城汉文文献》,第 1075 页。
⑤ 塔拉等：《中国藏黑水城汉文文献》,第 2051 页。
⑥ 塔拉等：《中国藏黑水城汉文文献》,第 1096 页。
⑦ "合",《黑城出土文书(汉文文书卷)》漏录,现据图版补。
⑧ 此件共由四纸粘贴而成,第一纸无文字,第 1—9 行为第二纸内容。

10.　　右谨□①

11.　　呈
12.　　　　　延祐四年八月□□□□□□②
　　　　（后缺）

此件首全尾缺，上完下残，《黑城出土文书（汉文文书卷）》《中国藏黑水城汉文文献》二书均指出，该件属于《阿剌不花口粮文卷》中的一件。文书首行单独书写"札子"二字，此二字似乎旨在说明该件文书之名称。宋代中书省、尚书省下达的"札子"，即存在在文书首行书写"札子"的惯例。如张祎《中书、尚书省劄子与宋代皇权运作》一文所举《金石萃编》载录的一件元丰时期的中书札子，其首行即为"中书札子"，而《三朝北盟会编》所载的靖康元年的尚书省札子，其首行则为"尚书省札子"。③ 无疑"中书札子""尚书省札子"表明的均系该件之名称。从此件的形成时间"延祐四年"（1317）可知，其属于元代文书无疑。而元代所行的札子制度，其源头很可能为宋代初创的札子制度。故，元代札子制度不免会受到宋代相关制度的影响。因此，据宋代札子的书写惯例推知，此件黑水城文书首行所写的"札子"二字，亦应为此件之名称。

第2行首先书写"呈"字。按《新编事文类聚翰墨全书》所载元代"呈子首末式"知，元代呈文的次行即书写"谨呈"，④该件札子次行所载的"呈"字与之似有异曲同工之妙。另外，该行还书有"今蒙"二字，此二字当为敬语。第3—8行，载明了"札子"的主要内容，据文书残文推测，这一部分应旨在说明有关甘肃行省所委官并本路有关官员分拣到迤北哄散人口的情况。因该批文书出自黑水城遗址，即元代的亦集乃路，故第3行的"本路"，应指亦集乃路总管府。又，由第9—11行"合行具呈者/右谨□/呈"可知，此语当是古代呈文结尾的惯用套语。因此，由第2行及第9—11行的内容推知，此件当属上行的呈文。文书末行的"延祐四年八月"，无疑是本件的撰拟时间。故由以上可见，此件可能是

---

① 据文义推测，此处所缺文字应为"具"。另，此行文字为第三纸内容。
② 第11—12行为第四纸内容。
③ 张祎：《中书、尚书省劄子与宋代皇权运作》，《历史研究》2013年第5期。
④ 《新编事文类聚翰墨全书》，《续修四库全书》《子部·类书类》第1219册，第419页。

一件向上级部门呈报亦集乃路分拣到迤北哄散人口等情况的"札子"。既然是呈报亦集乃路的相关事项,故推断此札子的呈报者,很可能为亦集乃路总管府,而非某个人。而札子的呈送对象,可能为亦集乃路总管府的上级机构甘肃行省。

(二) 乙件:M1·0381[F116:W447]

此件录文如下:

1. 札子
2. 　承奉
3. 　甘肃等处行中书省札付云□□□□
4. 　路粮斛事。承此。合行具呈者。

5. 右谨具

　　　　(后缺)

此件首全尾缺,上完下残。首行载"札子"二字,第2行载有敬语"承奉",第3、4行载录此件的主要内容,据残文分析,似是甘肃行省札付某路有关"粮斛事"。其中此件中的"某路",与甲件相似,亦应指亦集乃路。第4行的"承此"是元代文书结语的标志,而第4、5行的"合行具呈者/右谨具"等语也与甲件相似,是呈文结尾的惯用套语。此件呈文的发出者无疑也似应为亦集乃路总管府,而呈送对象亦可能为甘肃行省。此件虽然缺失年款,但由于黑水城元代文献以元中后期的文书居多,故推测,此件的形成年代亦或属于这一时期。所以据以上推测,此件很可能是一件元代亦集乃路总管府呈送给甘肃行省汇报有关"粮斛事"的札子。

(三) 丙件:M1·0852

此件如下:

1. 札子
2. 　承奉
3. 　甘肃等□□□□□□□
4. 　□□□□□□□□□

　　　　(后缺)

此件为一残片,能辨识者仅前3行的内容。由此3行可知,此件的行文格式与乙件非常接近。其中第3行的"甘肃等⬚⬚⬚⬚⬚⬚",据乙件文书推断,应为"甘肃等处行中书省"这一机构。因此推测,此件亦可能为亦集乃路总管府呈报给甘肃行省的札子。

(四) 丁件: M1·1818[F116: W102]

此件录文如下:

1. 　札子　奉⬚⬚⬚⬚⬚⬚⬚
2. 　　判在前⬚⬚⬚⬚⬚⬚⬚
3. 　　日锁 过① ⬚⬚⬚⬚⬚⬚⬚
4. 　诏赦节该：⬚⬚⬚⬚⬚⬚

　　　　（后缺）

此件亦为一残件,首全尾缺,上完下残。文书首行先写"札子",然后又书"奉"字,该行的"奉"字应与前几件文书相似,也为文书的敬语。虽然前几件文书中的敬语往往单独一行书写,而在此件中却将敬语与"札子"书于一行,但无论其位置如何变化,"奉"字的性质和所起的作用应当都没有改变。由于文书残缺过甚,此件的主体内容尚难确知,但通过第2行的"判"字,第3行的"锁"字,第4行的"诏赦节该"等文字推测,此件可能与赦免在押犯人有关。鉴于文书的"奉"字与前几件札子类似,因此推测,此件或亦为一件有关机构根据诏赦向上级呈报赦免在押犯人的札子。此札子的发出者,很可能也是亦集乃路总管府。

(五) 戊件: M1·0874[HF111(下层)C正]

此件如下：

1. 札子
2. 　　见②准
3. 　　　河西陇北道③肃④政廉访分司牒⑤：发到

---

① "过",据残笔画补。
② "见",原作"三月一个月⬚⬚",后涂抹于右行改写。
③ "河西陇北道",为右行补写。
④ "肃",该字前原衍一字,后涂抹。
⑤ "牒",该字前原衍"元贞十一年六月初十日"等字,后涂抹。

4. 行省勘合支站放①支本路②各站③

（后缺）

此件为正背双面书写，因《中国藏黑水城汉文文献》未载该件的背面（抑或为正面），故此件的背面内容以及此件与背面的正背关系等均无从判断。但从现有文书图版来看，此件除第1行外，其他各行的勾画、涂改甚多，故推测，此件为公文草稿的可能性很大。目前此件所存文字并非此件的最初内容，如第2行，原作"☐承奉"，据乙、丙件文书推测，该行的原文字亦包括了文书敬语，但经涂抹后又书写了"见准"二字。由于文书首行单独书写"札子"二字，且第2行未涂改之前的文字与黑水城其他札子相似，故推测在未涂改前，此件亦应为一件札子文书。然鉴于目前此件涂改甚多，文句不通，故其经涂改后是否还为札子，尚能确断，因此，该件暂不纳入研究范围。

二、元代札子的类型

下面结合黑水城文献及相关传世文献，对元代札子的类型试做梳理和归纳。虽然元代的"札付"与宋代下行的"札子"相类，但元代的"札付"却已与"札子"属于不同性质的公文。黑水城文献中有多件元代的"札付"，关于此类公文的情况，将在下文讨论，在此不拟赘言。故此处所探讨的元代"札子"的类型，不包括"札付"在内。

（一）作为官府呈文的札子

由前文的分析可知，黑水城元代札子甲、乙、丙、丁件，其性质应为亦集乃路呈送给甘肃行省的公文，而不是以个人名义向甘肃行省呈送的公文札子，更非以个人名义向甘肃行省有关官员呈报的私人启札之类。另外，从该类札子的书式来看，其与宋代以来个人名义向他人呈报，或向皇帝奏事的札子的书式亦有明显区别（关于此点，将在下文详述）。

黑水城文献所载的这种作为官府呈文的元代札子，目前在元代传世文献中还尚未发现，属于一种"新型"札子。因此，黑水城文献一方面提供了元代存在

---

① "放"，该字前原衍一字，后涂抹。
② "本路"，此两字为右行补写。
③ "站"，该字后原衍"元贞☐年☐☐☐"等字，后涂抹。

官府呈文札子的实物资料,另一方面也补充了传世文献的缺憾,使我们认识了一种元代不见于传世文献的札子类型,其文献价值自不待言。

(二) 用于乘驿铺马的札子

除黑水城文献外,元代传世文献中还记载了多种类型的札子,其中记载最多的莫过于"铺马札子"。"铺马札子"是元世祖时期由中书省下发的有关乘驿文书,是元代驿站乘驿公文之一。元世祖前期,普通使臣乘驿,必须持铺马札子,"无文凭而起马、给马者,皆有罪"。① 元世祖后期,虽然铺马圣旨成为主要乘驿公文,但铺马札子还依然被行用。② 据党宝海先生研究发现,在元世祖初期,中书省、行省札子也是乘驿铺马的公文。③ 另外,元代在铺马圣旨成为乘驿公文后,又产生了与之配合使用的乘驿文书,即铺马差札。铺马差札的蒙古语为"别里哥"(belge),意为"验、印、符验、证据、证明"。④ 笔者疑此"差札",可能是"差遣札子"的简称。若此推测能够成立,则铺马差札为另一种用于乘驿铺马的札子。

无论是"铺马札子",还是用于乘驿铺马的中书省、行省札子等,均有特定的用途,即它们是使臣在驿站乘骑铺马时的凭据。而作为乘驿公文的札子,其行文方向,必然应为下行文。

显然,黑水城出土的甲、乙、丙、丁件札子,均与乘驿无关,且该类札子的发出者多系亦集乃路总管府,非中书省或行省。故可以确认,黑水城所出元代札子并不是用于乘驿的"铺马札子"或中书省、行省札子之类。

(三) 作为议案的札子

"元代绝大多数官府实行多员制,而多员正官处理庶政的基本方式,又是圆议连署,简称圆署制。"⑤官员圆署时,最终要在拟定的所议之事的议案上,自上而下题押批判。⑥ 元代官府圆署时产生的议案即札子,其全称似应为"议札子",而或简称"议札",或径称"札子"等。

---

① 《永乐大典》卷一九四一七《经世大典·站赤二》,第 7197 页。
② 党宝海:《蒙元驿站交通研究》,第 216 页。
③ 党宝海:《蒙元驿站交通研究》,第 216—217 页。
④ 党宝海:《蒙元驿站交通研究》,第 223 页。
⑤ 李治安:《元代行省制度》,第 52 页。
⑥ (元)王恽:《秋涧先生大全文集》卷八十一,《元人文集珍本丛刊》第 2 册,第 377 页。

如《元史》卷一百六十三载:"旧法,决事咸有议札。"①这里的"议札",当即官员们在圆署时签署的有关议案札子的简称。另,《元典章》卷五十四"县官擅断军事"条载:

> 皇庆元年二月□日,福建道宣慰司承奉江浙行省札付:准枢密院咨:
> 近据左卫呈:"百户田荣等申:通州〔路〕〔潞〕县于县令、张县尉等,不行约会,将修理仓敖军人李顺断讫三十七下。本人见行杖疮举发肿胤,医工看治。"……"又招:'于闰七月二十三日闻知又发,有司吏孙得荣赍到典史先行书卷完备,虚行扣捏到三次移关约会管军官案札检目、公使人等到状,不合书押了当。又不合于议札子止判写三十七下字样。合得罪犯是实。'"②

该条材料记载,皇庆元年(1312)二月通州路潞县不按规定,擅自处理修理仓敖的军人李顺之事。其中提到的处理不当之一是,有关官员在没有对于此事进行圆议连署的情况下,在虚假的"议札子"上"判写三十七下"等。这里提到的"议札子",应当即官员圆署时需题押批判的议案。

另外,对于有关官员圆署之后签署的"议札子",有时则径称为"札子"。如《元典章》卷四十"有罪过人依体例问"条载:

> 延祐四年正月二十四日,江西行省准中书省咨:
> 延祐三年十一月十三日,奏过事内一件:"今秋奉圣旨:'有罪过的人,指证明白不肯招、合硬问的人,除强盗外,问事的官人每、首领官圆聚着商量了,依着体例,合使甚么杖子,打了多少杖数,明白立着札子,圆押者。不依体例,将人头发鬂揪提着,脚指头上踩着,软肋里搠打着,精跪膝铁索上、石头砖上、田地上一两日跪着问么道,遍行文书禁了者。'圣旨有呵,行了文书来。俺商量来,犯罪过的人每,若是不分轻重,一概都这般行呵,恐怕有窒碍的一般有。今后有罪过的人每,若是赃证明白,避罪不肯招伏呵,除重罪过的依着已了的圣旨,立着札子讯问也者,其余杂犯,问事的官人每量着事情轻重,不教分外了,依在先体例问呵,怎生?"奏呵,"那般者。"么道,圣

---

① (明)宋濂等:《元史》卷一六三《程思廉传》,第 3830 页。
② 陈高华等点校:《元典章》卷五十四《刑部十六·杂犯一·违错·县官擅断军事》,第 1827—1828 页。

旨了也。钦此。都省咨请钦依施行。①

此件公文记载了延祐三年(1316)中书省对审讯有关有罪但不肯招供罪犯的处理意见。最初规定，除了强盗外，在审讯其他犯人时，要求官员们及首领官等圆聚、商量，依据体例，用什么刑具及打多少数量等都要"明白立着札子"。"圆押者"，即要在所有官员全部签押后，再进行审讯。不允许用"将人头发鬃揪提着"等方式，对犯人进行刑讯逼供。后来对有关审讯情况又做出了进一步的规定，即其中除了有关重罪犯要求"立着札子"审讯外，其他杂犯，则可以依据以前的处理体例，由官员们商量决断。这里明白立着的"札子"，正是有关官员及首领官圆署形成的如何审讯犯人的"议案"，此议案即是"札子"。

（四）用于奏事的札子

用于奏事的札子，宋代已经出现，当时有些官员在一定情况下向皇帝奏事，即称作"奏札"，②或又称"殿札"。③ 宋代规定："在外官员仅前两府及奏军机密速者，在京官员仅上殿奏对及大两省，许用札子奏事，其他官员皆用表状。知州以上官员向皇帝告辞，亦用奏札。"④就元代传世文献来看，元代权臣在奏事时亦用到了"奏札"，也即"札子"。但目前笔者仅发现一条史料，即马祖常所撰《进〈千秋纪略〉札子二》：

> 伏以宾赞之官，专以辅导为职。辅导之方，又以毓德为急。古先圣王嘉言善行，日陈于前，所以薰陶渐染，养成至性者，实在乎此。卑职忝居是任，惟惧弗称。今纂集先代储贰故实及为臣子之道，逐一缮写成书，名曰《千秋纪略》，谨用黄绫装背，随咨前去，早为择日，一同进呈，乞依准经筵例，进讲施行。
>
> 当职近纂集到《千秋纪略》一书，用黄绫装背，已尝随咨发去贵院，乞择日进讲去讫。至今四月，未蒙施行。又照得詹事、宾赞等官，俱以辅道为职，理宜叶（该字实当作"协"——笔者案）恭调护，事大体重，责望非轻，除外，更乞早为择日进讲施行。须至咨呈者。⑤

---

① 陈高华等点校：《元典章》卷四十《刑部二·刑狱·狱具·有罪过人依体例问》，第1359页。
② 《中国历史大辞典·宋史》，上海辞书出版社，1984年，第78页。
③ 《中国历史大辞典·宋史》，第323页。
④ 同上。
⑤ （元）马祖常：《石田文集》卷七，《元人文集珍本丛刊》第6册，第610页。

马祖常系元朝中期名臣,曾官居监察御史、礼部尚书等职。据《元史》记载:"祖常立朝既久,多所建明。""编集《列后金鉴》《千秋记略》以进,受赐优渥。"①上文所载的两件札子,正是《元史》所载马祖常为进呈《千秋记略》一书而作的"札子"。由文中第二件札子中"已尝随咨发去贵院,乞择日进讲。去讫至今四月,未蒙施行"等语推知,马祖常呈进《千秋记略》一书的对象,应为"某院",此院负有"辅道""进讲"等责,而《千秋记略》一书的内容也是关于"先代储贰故实及为臣子之道"的。故可知,马祖常呈报的"某院",当是元代负责皇储教育的詹事院。马祖常的《进〈千秋纪略〉札子二》,无疑应属于奏事类的。既然是奏事,至少要在文末书写时间等内容,但以上两件札子均无,据之可知,《进〈千秋纪略〉札子二》在收入马祖常《石田先生文集》之时,当进行过删节,但上述两札子的主体内容却依稀可见。

(五)作为书简的札子

对于宋代的札子,《辞源》曾载:"唐人奏事,非表非状者称牓子,宋人称札子。凡百官上殿奏事或两制以上非时所奏陈,皆用札子。"②孔凡礼先生则指出,《辞源》的解释需要补充和调整,因为宋代还存在很多"不是公文,不是谈公事,而是叙个人生活琐事,和一般书简没有什么区别"的札子。而接受这种普通书简札子的人,一般为官员的"上级"或"朋友"。③元代同样存在这种作为书简的"札子"。

元代文人谢应芳在其文集《龟巢稿》中曾收录了多种书简类的札子,如其中的《贺娶弟妇札子》载:

> 令弟号河东之凤,生有奇才;仙娥乘月下之鸾,来为佳偶。礼成合卺,喜溢连枝。想洞房花烛以欢娱,送野老芹羹而庆贺。埙箎交作一家蔼和气之春;琴瑟和鸣,百岁永齐眉之好。薄言申控,厚望丙融。④

《贺符君彦遇恩札子》载:

> 平地风波,偶罹人祸。覆盆日月,喜获天恩。惟吉直荷天之休,使横逆

---

① (明)宋濂等:《元史》卷一四三《马祖常传》,第3412—3413页。
② 《辞源》,商务印书馆,1998年,第2365页。
③ 孔凡礼:《孔凡礼文存》,第412—413页。
④ (元)谢应芳:《龟巢稿》卷八,景印本文渊阁《四库全书》,《集部》第1218册,第190页。

如冰之释。某有怀燕贺,无奈龙钟。敢将芹曝之仪,少助竹林之宴。叫嚣东西,驩突南北,笑前时悍吏之来,觥筹交错,起坐喧哗,想今日醉翁之乐。①

这些札子的内容都是关于个人生活中所遇到的一些事情的说明,而接受以上札子者,无非是谢应芳之友、之弟等人。故此类札子,当与宋代的书简类札子属于相似的类型。

三、黑水城元代札子的书式

元代传世文献虽然载有多种类型的札子,但这些札子或仅存其名,或因收入文集等时被删改、修订,故多数札子的原书写格式至今都未能保存。黑水城元代札子原件的发现,至少可以为我们认识一种元代札子的书写格式提供帮助。然由前文已知,黑水城的多件元代札子均后缺,但根据本书第七章第三节中关于元代公文结尾类型的研究得知,凡黑水城元代呈文,多为司吏单独署名,且该类呈文的结尾与《新编事文类聚翰墨全书》"呈子首末式"略有区别。关于此点前揭已述,在此不赘。因黑水城元代札子从其结尾用语来看,属于上行的"呈文",故根据前文黑水城元代札子的内容及有关黑水城元代呈文结尾结构、内容的研究,今可将黑水城元代札子的书式试归纳如下:

札子
  呈〔无则缺〕:承奉〔或为"今蒙"等他敬语〕
  〔某司〕札付云云〔无则缺〕:〔为某事〕
······
  承此。合行具呈者。
右谨具
  呈
    〔年号〕〔某数〕年〔某数〕月〔某人〕呈
    〔某数〕日

通过此书式可知,该类札子具有如下重要特征:
其一,首先书写"札子"二字,以表明其名称、性质。

---

① (元)谢应芳:《龟巢稿》卷八,景印本文渊阁《四库全书》,《集部》第1218册,第184页。

其二，结尾采取呈文的结尾样式。

另，据《新编事文类聚翰墨全书》"呈子首末式"条所载元代呈文的基本格式为：

  具衔姓某
  谨呈
  某处某司或某官云云为此合行具
  呈伏乞
  照验施行须至呈者
右谨具
 呈
    年月日姓某呈①

由此呈文的基本书式知，元代呈文首行应"具衔姓某"，但黑水城元代札子将该行变为"札子"。呈文书式第2行书"谨呈"二字，黑水城元代札子则书"呈"字。而黑水城元代札子的结尾，与呈文书式却基本相同。因此，据以上推测，黑水城元代札子的结构，似是由"札子"+"呈文"的形式构成的。

虽然黑水城元代札子作为上行呈文与用于奏事的元代札子行文方向相似，但它们的文体结构、内容等却有所不同。如上文马祖常的奏札，若《进〈千秋纪略〉札子二》为其奏札的首行，则此与黑水城札子不同。另外，马祖常第一奏札以"伏以"开始。我国古代下级官员向上级进行报告时，往往以"伏以"开篇，以示尊崇，且该词语多是以个人名义发出的。这与黑水城元代札子亦有区别。再者，马祖常的第一奏札很可能已删除了结尾，而第二奏札则保存了结尾的部分内容，其中"须至咨呈者"应是该件札子结尾的程式性用语，但也与黑水城元代札子不类，且"须至咨呈者"之前无公文结语词"承此"。由此可知，马祖常的奏札，从严格意义上来讲，似乎不能称为"公文"。再者，就内容而言，马祖常的奏札无疑是以个人名义向上级做出的汇报，其不属于"公事"，而黑水城元代札子则与之亦有所别。

基于以上认识可知，黑水城元代札子与元代奏札虽同属于上行的呈文，但它们的书式不同，文体有异，内容有别，故不应属于同一种类型的札子。

---

① 《新编事文类聚翰墨全书》，《续修四库全书》，《子部·类书类》第1219册，第419页。

四、余论：宋元札子制度的变化

宋代在唐代堂帖制度的基础上，创立了札子制度。① 而金朝在与宋的交往过程，受其影响，也施行了该制度，如《大金吊伐录》记载，宋向金发去《宋三省枢密院札子》，金便回以《回札子》等。② 金代所行札子制度，似多与宋同，目前受资料所限，尚未见及金代所行札子与宋制相左者。元代行用的札子制度又在金后，显然元代的札子制度是受到了宋、金的影响。但元代在继承宋代以来札子制度的同时，却并不墨守成规，而是对其进行了诸多创新和变通，具体如下：

其一，札子类型的不断增多。

宋代札子的类型，正如张祎所云，作为公文，有上行文书奏事札子、中书进呈札子和下行文书御前札子、枢密院札子等类型。此外，孔凡礼先生还指出宋代存在一种非公文的书简式札子。据前文可知，元代亦存在奏事札子及书简式类札子，显然这两类札子明显有宋代札子的影子。然而以黑水城元代札子为代表的"作为官府呈文的札子"，以及"用于乘驿铺马的札子"和"作为议案的札子"等，则是元代的创造。这反映出，元代在保存宋代部分札子类型的同时，又增加了新的札子类型。而这些新型的札子，应是伴随新制度的产生而出现的。如元代创设的驿站制度、圆议连署制度等，故铺马札子和议札因之应运而生，并成为这些制度运行的重要保障。"作为官府呈文的札子"的出现，则应当与元代行省制度的创行有关。宋代作为公文的札子，主要集中在中枢，即中书省、尚书省、枢密院等中央机构使用。元代设行中书省，作为中书省的派出机构代行中书省的职权，以加强对地方的控制与治理。元代施行行省制度，在实现中书省下移的同时，原来在宋代行之于中枢机构的公文札子也随之下移，就不难理解了。因此，元代新出现的几类札子，应是在宋、金等时代相关札子制度的基础上，结合新制度进行的创新。

其二，札子职能的分化。

有元一代，在增加新的札子类型的同时，一些原来宋代札子应承担的职能却又被分离出去，并形成了新的公文制度，即"札付"制度。而关于元代的"札

---

① 李全德：《从堂帖到省札——略论唐宋时期宰相处理政务的文书之演变》，《北京大学学报(哲学社会科学版)》2012年第2期。

② 佚名编，金少英、李庆善校补整理：《大金吊伐录校补》，第113—117页。

付"的具体使用机构,刘晓先生已指出,札付是"元代二品以上机构""发给下级机构的公文"。①黑水城文献中有许多甘肃行省下达给亦集乃路的札付,正是元代"札付"文书在实际生活中运用的真实写照。元代虽然依然行用札子,但在宋代,札子的主要职能为中书指挥政事所用,如徐度在《却扫编》中云"中书指挥事,凡不降敕者曰'札子'。"②札子是仅次于"敕"的重要公文。但元代在保留札子制度的同时,却将宋代札子的这一主要职能分离出去,并使之形成了新的制度。这也从一个侧面反映出,宋元在行政运作体制领域发生了深刻的变化。

第三节　关于元代解由文书的运作

"解由"是我国古代官员迁转时使用的一种重要公文,元人徐元瑞云:"考满职除曰解,历其殿最曰由。"③对于元代施行的解由制度,率先进行研究者,系陈高华、史卫民先生。④此后,日本学者片桐尚及我国学者郑鹏又先后对其进行了专门探讨,⑤惜以上研究未利用黑水城文献。黑水城文献中存在几件元代解由文书原件,为进一步探讨元代解由制度提供了重要第一手资料。对于黑水城元代解由文书,刘广瑞曾发表《黑水城所出元代解由文书初探》一文,首次指出黑水城文献中存在多件元代解由文书,并认为编号为"M1·0756［F64：W2］"与"M1·0755［F131：W1］"的文书符合元代"解由体式"的规定。⑥刘文的学术贡献应值得首肯,然刘文之研究,既有可商之余,又有待进一步阐发之问题。本节即在前人研究基础上,以刘文所涉及的上述两件文书为中心,对相关问题再做进一步的探讨。

一、关于黑水城元代解由文书的说明

刘广瑞《黑水城所出元代解由文书初探》一文认为,黑水城文献中存在5件元代解由文书。为研究方便,现将其中编号与拟题为M1·0756［F64：W2］《沙

---

① 刘晓:《元代公文起首语初探——兼论〈全元文〉所收顺帝诏书等相关问题》,《文史》2007年第3辑。
② (宋)徐度:《却扫编》卷上,《全宋笔记》第3编第10册,大象出版社,2008年,第130页。
③ (元)徐元瑞著,杨讷点校:《吏学指南(外三种)》,第42页。
④ 陈高华、史卫民:《中国政治制度通史·元代卷》,第390—394页。
⑤ ［日］片桐尚:《元代の解由制度について——人事管理機能の一側面》,《鴨台史学》2007年第3期；郑鹏:《虚文与实务之间——元代解由考论》,《内蒙古大学学报(哲学社会科学版)》2014年第2期。
⑥ 刘广瑞:《黑水城所出元代解由文书初探》,《河北民族师范学院学报》2012年第1期。

州路达鲁花赤总管府据税使司呈准本司副使刘住哥历仕状》与 M1·0755[F131：W1]《刘住哥籍贯与祖孙三代历仕状》文书(以下简称为甲件与乙件)，分别录文并说明如下：

甲件"M1·0756[F64：W2]"文书：

1. 皇帝圣旨里,沙州路达鲁花赤总管府：据税史①
2. 司呈："准本司付②史刘住哥关③：'除前历仕,前至 正 ④
3. 廿三年三月内,祗受⑤
4. 甘肃行省⑥札付, 除 ⑦充前役⑧,代兀马儿满阙,自⑨至正
5. 廿四年三月内□役勾当,至至正廿五年三月内有新
6. 任付史唐完者代讫,计历一十二月。缘住哥自到任
7. 至得代,中间并无侵借系官钱粮□□付与□⑩,
8. 亦无公私过犯,接⑪连所需文凭,开坐三代历
9. 仕,关请照验,转达给由施行。'准此。申乞照验。"得此⑫。
10. 付勘无过,办凭⑬无伪。今将本人历仕三代开坐在
11. 前,今用天字五十四号半印勘合书填前去,官吏
12. 保结,合行具申 伏乞
13. 照验施行。 须至申者。
14. ＿＿＿＿＿＿＿＿人氏□计 历 ⑭

---

① "史",李逸友：《黑城出土文书(汉文文书卷)》、刘广瑞：《黑水城所出元代解由文书初探》(以下简称"刘文")均释作"使"。按,"史"为"使"之借字,以下同。本书正文中均用"使"字,特此说明。
② "付",为"副"之借字。
③ "关",《黑城出土文书(汉文文书卷)》、刘文释作"开",现据图版及文义改。
④ " 正 ",《黑城出土文书(汉文文书卷)》、刘文录入下行。
⑤ "受",刘文同,《黑城出土文书(汉文文书卷)》作"侯",现据图版改。
⑥ "行省",《黑城出土文书(汉文文书卷)》释作"行中书省",现据图版改。
⑦ " 除 ",据残笔画及文义补,《黑城出土文书(汉文文书卷)》、刘文径释作"除"。
⑧ "前役",《黑城出土文书(汉文文书卷)》漏录,刘文释作"首役"。
⑨ "自",《黑城出土文书(汉文文书卷)》、刘文释作"至",现据图版改。
⑩ "与□",《黑城出土文书(汉文文书卷)》、刘文释作"正官",现据图版改。
⑪ "接",《黑城出土文书(汉文文书卷)》、刘文释作"按",现据图版改。
⑫ "得此",《黑城出土文书(汉文文书卷)》、刘文释作"将比",现据图版改。
⑬ "办凭",图中原作"凭办",旁加倒乙符号,《黑城出土文书(汉文文书卷)》录正,刘文释作"□办"。"办",据文义似应为"辨"。另,"办"的繁体为"辦","辦"与"辨"在《元典章》中往往通用,故此处可理解为"辨"。
⑭ " 历 ",《黑城出土文书(汉文文书卷)》、刘文释作"祗",现据图版改。

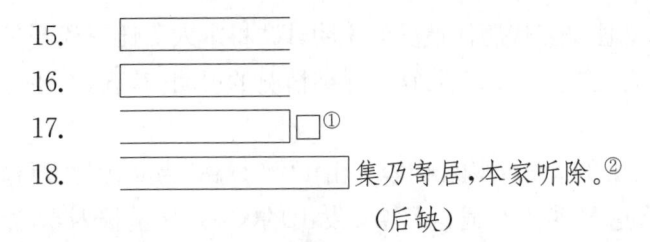

15. ▭
16. ▭
17. ▭ □①
18. ▭ 集乃寄居，本家听除。②
（后缺）

此件已断裂为四片，但断裂处可以拼合，拼合后首全尾缺，③共存文字18行。④ 第7行"与□"等字、第11行"天"字、第12行"乞"字、第14行"计"字等处有裂痕，第14行与第17行之间有2行左右的残缺。文书内容包含多个层次，其中第1行为第一个层次，第1行的"皇帝圣旨里"为元代公文起首语，"沙州路达鲁花赤总管府"为文书的发文机关。

第1、2行"据税使司呈"表明，此后的内容，即第2行至第9行，为"沙州路达鲁花赤总管府"转引的"税使司"呈文，第2—9行可视为第二个层次，但该层又包括了两个层次的内容，其中第一层为"税使司"转引的刘住哥关文的内容。此部分包括第2行的"除前历仕"至第9行"转达给由施行"之间的内容，共有如下几层意思：其一，刘住哥被任命为"税使司付使"的时间、方式，即"至正廿三年三月"，受甘肃行省札付充任；其二，刘住哥任现职时限，即从"至正廿四年三月"至"至正廿五廿三月"，共计十二个月；其三，刘住哥任职期间的表现，即"无侵借系官钱粮"及"无公私过犯"等；其五，开坐刘住哥三代历仕情况的说明，向税使司提出"照验"关文并"转达给由"的申请等内容，其中"给由"，即给予解由之意。另一个层次为第9行"准此。申乞照验"等语，这两句为"税使司"对刘住哥关文的处理意见，即将此关文申请总管府照验。

第9行的"得此"，是"沙州路达鲁花赤总管府"对"税使司"呈文的批复，从第9行的"得此"一语至第18行，为此件文书的第三个层次。该层为"沙州路达鲁花赤总管府"向行省申报的有关问题，共包括了如下内容：其一，"沙州路达鲁花赤总管府"对"税使司"转引的有关刘住哥关文真实性的说明，即"办(辨)凭无

---

① 此行残缺文字，《黑城出土文书(汉文文书卷)》漏录，刘文补录。
② 该文书分别收载于塔拉等：《中国藏黑水城汉文文献》，第983页；李逸友：《黑城出土文书(汉文文书卷)》，第88—89页。
③ 对于此件文书，李逸友先生首先在《黑城出土文书(汉文文书卷)》一书中进行了释录，故其释录前已将文书进行了拼合，《中国藏黑水城汉文文献》载录了拼合后的文书图版。
④ 刘文释为17行。

伪"等；其二，对于刘住哥三代历仕情况的说明，即"将本人历仕三代开坐在前"；其三，所用半印勘合的"字号"；其四，官吏保结情况的说明；其五，刘住哥听除地点的说明等。

以上即此件文书的大体结构和内容。由于"沙州路"为元代甘肃行省所辖，故此件以"沙州路达鲁花赤总管府"名义发出的文书，其呈报对象当为甘肃行省。

乙件"M1·0755［F131∶W1］"文书：

(前缺)

1. 一刘住哥见年卅二岁，□□□系寄居本①
2. 　　路庠序坊，住贯平凉府民籍，自来
3. 　　不曾更名，见 西关 ②寄受路府提领所民③户
4. 　　差役。
5. 一 三代：
6. 　　曾祖父不记名讳。
7. 　　祖父刘文振，钦受④
8. 　　宣命奉议大夫，赠宣 ⑤

(后缺)

此件首尾均缺，现存文字8行，文书的内容可分为两个部分：其一，第1—4行，记载了刘住哥的年龄、住址、籍贯、姓名、服差役等情况；其二，第5—8行，是对刘住哥前三代历仕情况的说明，可以推见，第8行之后载录的当是刘住哥父亲的历仕经历等内容。

由以上可见，甲、乙件文书的内容相关，均围绕"刘住哥"的迁转展开，但又略有区别，前者是沙州路向甘肃行省呈报的有关刘住哥的"给由"文书，后者是关于刘住哥年龄、籍贯、姓名及其三代历仕等情况的说明文书。刘广瑞根据《元典章》"解由体式"的规定，认为这"两件文书符合元代解由体式，应为一件文

---

① "本"，《黑城出土文书(汉文文书卷)》、刘文释作"在"，现据图版及文义改。
② " 西关 "，《黑城出土文书(汉文文书卷)》、刘文同释作"□此"。
③ "民"，刘文录同，《黑城出土文书(汉文文书卷)》释作"军"，此字原作"军"，后涂改为"民"。
④ "受"，《黑城出土文书(汉文文书卷)》、刘文释作"管"，现据图版改。
⑤ 塔拉等：《中国藏黑水城汉文文献》，第982页；李逸友：《黑城出土文书(汉文文书卷)》，第89页。

书"。①笔者同意刘先生关于以上文书性质的判断,但其提出这两件为一件文书的观点则似或可商。笔者认为,这两件文书很可能是一份文卷,②但也不能完全排除是两件文书的可能。甲件第10、11行明确记载"今将本人历仕三代开坐在前",此表明,有关刘住哥三代历仕情况,已在甲件文书书写之前开写。从内容上看,乙件记载的无疑是刘住哥及其三代历仕等情况,按甲件所云,乙件并非在甲件之后,而应在甲件之前。然按元代"解由体式"之规定:"本官年甲籍贯、历仕脚色,同应合申事件,逐一开具于后,官吏保结是实,合行申覆。"③作为一件文书的解由,是将历仕等情况"开具于后"的。另外,从甲件的物质形态来看,甲件的右侧,其纸张完整,这反映出甲件之前并未残损,乙件与甲件无法按一件文书的两件残片直接缀合。所以,这两件文书很有可能原本是书于两纸之上的,只是在呈报甘肃行省时才被粘连在一起,从而形成了一份解由文卷。当然也不能完全排除这两件文书在最终呈报时也是独立的。

刘广瑞认为,黑水城文献中存在5件元代解由文书,除上文可以确认的甲、乙两件外,刘文提及的编号与拟题为M1·0750[F116：W2]④《翰林院经历司呈拟生员尊顺奴充亦集乃路译史》文书,其性质实为吏部下达给甘肃行省任命"尊顺奴充亦集乃路译史"的咨文,⑤因此并非为"尊顺奴"职除后所给的解由,而是一份任命书。另外,其他两件编号与拟题为M1·1134[F77：W1]《至正十五年李时敏代史允充任亦集乃路儒学教授文书》、M1·0425[F2：W201]背《刘连代郑忠充任扎黑税务副使文书》,亦与解由文书有别,关于这2件文书的性质、内容将在下文详述。故黑水城文献中实有元代解由文书2件,而非5件,且这2件解由文书很可能是一份解由文卷,也不排除是两件独立文书的可能。

二、从黑水城文献看元代解由文书的运作流程

元代解由文书的运作,是元代解由制度的核心问题,郑鹏虽对于此问题有

---

① 刘广瑞:《黑水城所出元代解由文书初探》,《河北民族师范学院学报》2012年第1期。
② 元代由多件文书粘连而成的文书,或称"文卷",或称"案卷",而"文卷"之称使用更为普遍,如肃政廉访司往往称为"照刷文卷",不云"照刷案卷"。
③ 陈高华等点校:《元典章》卷十一《吏部五·职制二·给由·解由体式》,第398页。
④ 此件《中国藏黑水城汉文文献》实编号为M1·0750[F16：W2],可参见该书977页。
⑤ 此件的详细录文,可参见李逸友:《黑城出土文书(汉文文书卷)》,第88页;孙继民等:《中国藏黑水城汉文文献的整理与研究》,第723—724页。

所涉及，但因其相关研究所依据者均为传世文献，以至于相关问题的诸多细节和步骤未予揭橥。[①]而黑水城解由文书等恰恰提供了相关细节，为进一步认识该类文书的运作流程，提供了珍贵的实物资料。因此，下面即以黑水城文献为中心，并结合传世文献，对此问题再行讨论。

（一）有关官员在任满之后，无粘带，[②]本人向其所在部门提交申请材料

《元典章》《新编事文类聚翰墨全书》两书均载有元代的"解由体式"，此二书除有部分文字略有出入外，其他内容几乎完全相同。为进一步认识元代解由文书的运作流程，现将《元典章》所载"解由体式"的部分内容转引如下：

> 皇帝圣旨里，某州、府准某官关牒（或据厶司、县申）该，准某官公文："除在前历仕外，于某年月日（钦、祗）受（宣命、敕牒）某散官，充前职。自几年月日礼任署事，至几年月日有某官到任替讫（或因病假等故作阙）。通闰实历请俸勾当过几个月，中间并无侵欺粘带一切不了事件，（请、乞）依例勘会给由"事。得此。寻勒六案并该管司属、仓场、库务、坊里正人等，照勘得本官自到任至得替日（或作阙），中间别无公私过犯、侵欺借贷系官钱粮、粘带一切不了事件，及无被勘住职旷阙虚闲月日诸般违碍公事（如作阙，须云有无规避。若有功过粘带，由头内[③]略说缘故，后项内备细开申），就令本官召到知识保官某人，委保某人前职别无诈冒，委自首领官某人凭籍比照得某官实历请俸勾当过几个月日，并无争差，依例审保相同，及将[④]（宣命、敕牒）（办）[⑤]〔辨〕验无伪，抄录在前。今用厶字号半印勘合书填前去，并将本官年甲籍贯、历仕脚色，同应合申事件，逐一开具于后，官吏保结是实，合行申覆。伏乞照验施行。
>
> 一，本官年甲若干，是何色目人氏，有无疾病。某处祖乡，某处元作，是何名色户计附籍，见存留厶人厶处应当差役（谓军、站、儒、医、僧、道、民、匠

[①] 郑鹏：《虚文与实务之间——元代解由考论》，《内蒙古大学学报（哲学社会科学版）》2014年第2期。

[②] "官吏在任，如果没有侵吞挪用公款公物行为，叫作无粘带，否则叫有粘带"，参见李崇兴：《元代词语拾零》，《语言研究》1995年第2期。

[③] "内"，《新编事文类聚翰墨全书》无，详见《续修四库全书》，《子部·类书类》第1219册，第419页。

[④] "将"，《新编事文类聚翰墨全书》作"受"，详见《续修四库全书》，《子部·类书类》第1219册，第419页。

[⑤] "办"，《新编事文类聚翰墨全书》作"辨"，详见《续修四库全书》，《子部·类书类》第1219册，第420页。

之类),目今厶处居住,识会是何文字(谓蒙古、畏吾儿、汉儿文字),通晓是何言语,自来不曾更名改姓(如曾更名,即云元名厶,于厶年为何缘故给到何处官司改名公据)。

一,本官三代

曾祖某(若曾历仕,直云历仕职名,若不曾历仕,则云不曾历仕)。

祖某。

父某(并依曾祖式开写)。

……①

以上"解由体式"提到,任满官员"无侵欺粘带一切不了事件",才能"请乞依例勘会给由",这说明给官员出具解由的前提是:一、该官员必须"任满";二、该官员在任期间无"粘带"现象。在满足了这两个基本条件之后,该官员方有资格获取迁转所需的"解由"。而给有关官员出给解由的第一步,应是相关官员首先向其所在部门提交申请材料。此道程序,郑鹏在研究解由的流转程序时,并未指出,②但黑水城解由文书却证实了该道程序的存在。

在黑水城甲件文书中所转引的刘住哥关文的内容,即刘住哥向其主管机关"税使司"提交的申请材料。该材料阐明了他本人的任职方式、时限、表现以及申请"税使司""照验"并"转达给由"等内容。此份材料提交之后,才有"税使司"对该材料进行审核等后续的工作。由此可知,给官员出具解由的第一步,应是官员本人首先向其主管机构提交相关材料,申请照验、给由。《元典章》等所载"解由体式"亦表明,在解由体式中,要核准"某官公文",这说明"某官公文"应是在给由之前提交的。换言之,某官提交相关公文是为其出具解由的前提。

此外,黑水城文献中有一件编号与拟题为 M1·1134[F77:W1]《至正十五年李时敏代史允充任亦集乃路儒学教授》的文书,吴超认为,此件为"政府发给任职官员的出任官职的凭证或者付身"。③ 刘广瑞则认为该件文书亦为元代解由原件。④ 笔者认为,以上学者的认识有重新探讨之必要。从此件的行文格式

---

① 陈高华等点校:《元典章》卷十一《吏部五·职制二·给由·解由体式》,第 397—401 页。
② 郑鹏:《虚文与实务之间——元代解由考论》,《内蒙古大学学报(哲学社会科学版)》2014 年第 2 期。
③ 吴超:《黑水城出土文书所见人事变化初探》,《吉林师范大学学报(人文社会科学版)》2011 年第 3 期。
④ 刘广瑞:《黑水城所出元代解由文书初探》,《河北民族师范学院学报》2012 年第 1 期。

及内容看,该文书既非官员的任官凭证或付身,也非为官员迁转出具的解由原件。为方便研究,现将文书录文移录如次:

1. 儒学教授李时敏
2. 谨呈:至正十五年二月内祗受
3. 敕牒,除充亦集乃路儒学教授,代史允满阙,时敏于至正十五年十二月初七日到任
4. 勾当,合行具呈
5. 亦集乃路总管府,伏乞
6. 照验施行。须至呈者。①

(后缺)

通过文书首行的"儒学教授李时敏"以及第4—6行的"合行具呈/亦集乃路总管府,伏乞/照验施行。须至呈者"等语可知,此件文书应是李时敏向亦集乃路总管府提交的呈文。因官府出给的任职官员的"出任官职的凭证或者付身",无疑是官府下达的有关文书,故其应为下行文,就此而言,吴先生所言值得商榷。就行文主体而言,该文书与"解由体式"及甲件文书又有所区别,"解由体式"及甲件文书的行文主体均为某行政机构,而本件文书却为某人,故从此点即可看出,该件文书不应为解由,故刘广瑞所言或亦可商。从该件文书行文的内容看,其第2—4行主要叙述了李时敏本人的任职方式、任何种职官、到任时间等内容,若为解由,则不仅要叙述到任时间,还要写明任满时日,但该件仅述李时敏的到任时间,未说明其何时任满。因此,从此点来看,该件文书亦非解由原件。另外,文书第6行的"须至呈者"一语为元代呈文的惯用语,其可以视为公文结尾的一部分。从李时敏呈文残件中要求亦集乃路总管府照验其本人的任职情况等推见,该件的性质似乎是李时敏向亦集乃路总管府提交的到任报到呈文。

(二)官员所在部门审核申请材料后,转交路总管府等上级部门

通过甲件文书可知,该文书的第二个层次显示,税使司在对刘住哥的关文审核后,将其申报了"沙州路达鲁花赤总管府",这说明官员所在司属部门审核

---

① 塔拉等:《中国藏黑水城汉文文献》,第1412页;李逸友:《黑城出土文书(汉文文书卷)》,第196页。

该官员提交的材料,并将之呈报给上级路总管府审批,应是给由中的一道程序,此程序可视作给官员出具解由的第二个步骤。①

黑水城文献中还有一件类似解由的文书,其编号与拟题为 M1·0425[F2:W201 背]《刘连代郑忠充任扎黑税务副使文书》。对于该件文书,前文虽有涉及,但为研究之需,今将其文再移录如下:

1. 吏房
2. 呈:据扎黑税务申:"准前付史郑忠关:'除前历仕外,至大元年六月
3. 十六日
4. ☐甘等处行中书省将忠发充扎黑汤税务付史。"奉此。于至大三年
5. 七月初一日到任勾当。至至大四年七月初一日有新任官付史刘连
6. ☐了当差历,勾当过壹拾式月,界内收到课程钞定☐☐
7. ☐了当,中间并无隐匿漏报不实,亦无侵借系官
8. ☐外,尽由☐边远酷寒重(?)
   (后缺)

从文书第1、2行知,此件应为吏房的一件呈文,"吏房"为亦集乃路总管府的职能部门之一,足见该呈文的呈送对象当为亦集乃路总管府。通过文书第2行"据扎黑税务申"一语可知,该语之后的内容应是吏房转引的"扎黑税务申"状,而此申状又转引了郑忠的关文。据此可知,关于"扎黑汤税务付使""郑忠"的任职时限、任职表现等内容,首先由郑忠提供给"扎黑汤税务",然后再由"扎黑汤税务"审核后提交给吏房。本件文书的内容与甲件文书的第二个层次非常相似,但又较之甲件文书多了一个层次。刘广瑞认为此件文书也是一件解由文

---

① 对于该道程序,郑鹏在其文中指出:"解由的出给主要有两步,首先要'于本衙门官司随即依例照勘完备,出给依式解由',然后'申覆合属上司,更为照勘无差,倒给完备解由。'"但至于其中"衙门""上司"等为何指,并未予以说明。参见氏著:《虚文与实务之间——元代解由考论》,《内蒙古大学学报(哲学社会科学版)》2014年第2期。

书。① 然将此件文书与"解由体式"及甲件解由文书比较后发现,"解由体式"及甲件文书均载有公文起首语"皇帝圣旨里",这说明公文起首语当为元代解由文书的必备要素,但此件文书却无此内容。从这一角度讲,该件文书不应为解由。笔者认为,此件应是吏房为向郑忠开具解由,而向亦集乃路总管府申报的呈文。从此件文书可知,作为郑忠所在单位的"扎黑税务",以及"扎黑税务"的上级部门"吏房",只有验证相关材料之权,并无开具解由的权力。另,通过甲件文书可见,甲件文书中,刘住哥在其关文中明确请求其主管部门税使司"照验""转达给由",这也表明,甲件文书中的"税使司"有验证材料之权,但无开具解由的权力。另,据"解由体式"首行的"某州、府准某官关牒(或据厶司、县申)该"一语可知,"州""府"为解由体式中的发文机构,也即是出给解由的最基层单位,而司(即录事司)、县只有向州、府呈报关牒的义务,并无出具解由之权。综上可知,在地方行政机构中,有出给解由之权的最基层单位,仅限于路、州、府等机构,而路总管府的司属部门以及录事司、县等机构则无此权限。

(三)路总管府等部门,照验相关呈文,出具解由,并将其交付使用人

通过甲件文书可见,"沙州路达鲁花赤总管府"对"税使司"呈报的刘住哥的相关材料审核后,"用天字五十四号半印勘合书填前去",即用带有天字五十四号的半印勘合文书书写解由的相关内容。这表明在收到司属部门提交的给由申请后,"沙州路达鲁花赤总管府"重新书写了相关内容,这些内容如甲件文书所载,包括给由官员提交的关文,官员所在部门的审核意见,总管府的意见等,以及对给由官员历仕材料、相关官员所做保结、给由官员听除地点等问题的说明。由于这种解由文书带有勘合字号,所以,完整的解由文书应是由解由与勘合字号两部分构成,而勘合字号无疑是用于勘验与比对之目的,以防止解由欺弊现象的发生。

解由文书开具完成之后,还需交付给使用人。通过甲件文书可知,此件文书是"沙州路达鲁花赤总管府"为本路税使司副使刘住哥出具的解由文书,但该件文书的出土地点却在黑水城遗址,即元代亦集乃路总管府驻地。亦集乃路总管府官府档案的收藏地是架阁库,架阁库遗址中所出文书编号为"F116",②而甲

---

① 刘广瑞:《黑水城所出元代解由文书初探》,《河北民族师范学院学报》2012年第1期。
② 李逸友:《黑城出土文书(汉文文书卷)》,第84页。

件文书的编号为"F64",从而可知,甲件文书并非亦集乃路总管府的官府档案。而乙件与甲件相似。另,据甲件第16行"▢▢▢▢▢▢▢集乃寄居,本家听除"等语推断,刘住哥似乎是在其亦集乃路的家中等待除授的消息。基于以上信息推测,甲件文书有可能是由刘住哥从沙州路携带回亦集乃路的,这或许是该件沙州路文书出现在亦集乃路,却又非为该路官府档案的原因所在。当然,这也进一步反映出,"解由"可能与一般意义上的"公文"是有所区别的。

另外,《元典章》的有关记载也反映出,解由文书在开具完成后,是要交付给使用人的。如该书"给由开具收捕获功"条载:"照详付诸官员解由,多有开陈远年军功。"①这里载明,"解由"是要"付诸官员"的。此外,郑介夫在《上奏一纲二十目》"选法"条中还有如下记载:"及其满替,贪廉无别,一体给由……彼廉介者,衣食所窘,日不暇给,至二三年闲废于家,虽已给由,无力投放。"②据郑介夫所云,有些廉能之人虽得到了解由,但却"闲废于家""无力投放",这似乎也说明"解由"是需要交付给使用者的。

(四)行省照验解由,并重新保结、填写解由,后申报都省

《元典章》卷十一"给由置簿首领官提调"条载:"近闻各处任满官员给由,如职诸州、县申覆府、路,职府、路者呈宣慰司,比至自下而上转达行省,得起咨文,方赴都省。"③该条说明,各地的解由文书,最终要到行省进行集中,并由行省以咨文的形式交付都省。④ 按前揭推知,各地官员的解由,应由解由的使用人亲自送至行省。《元典章》卷十一"任满勘合给由"条载:"至元二十三年十二月,行中书省札付:准都省咨:'今后所辖路、府、州、县任满求仕人员,依例召知识保官,委行省左右司官辨验无伪,重行保结,然后书填年月半印,须要明白开写保官,于当月终通行类咨报,'事。准此。已经札付各处,依上施行。"⑤该条内容中虽未出现"解由"二字,但通过该条的标题即知,路、府、州、县任满人员向行省提交的当为解由。此条又进一步说明,各地任满人员的解由送至行省后,行省左右

---

① 陈高华等点校:《元典章》卷十一《吏部五·职制二·给由·给由开具收捕获功》,第409页。
② 邱树森、何兆吉辑点:《元代奏议集录》(下),第59页。
③ 陈高华等点校:《元典章》卷十一《吏部五·职制二·给由·给由置簿首领官提调》,第412页。
④ 笔者推测,因行省与路、府之间为上下级关系,故路、府等处申报行省的解由,用呈文或申状等类公文文体,而行省与都省之间,为平级关系,故行省申报都省的解由用"咨文"文体。
⑤ 陈高华等点校:《元典章》卷十一《吏部五·职制二·给由·任满勘合给由》,第401页。

司官要对其进行辨验。所谓辨验,当是对解由文书中的勘合字号等进行比对,①以确定有关人员提交解由的真伪。当确认了解由文书的真实性之后,行省官员需重新保结,然后书填"年月半印",此处的"年月半印"似为一种半印勘合的别称。该条说明,行省似乎要重新填写解由,使用新的半印勘合,然后再呈报都省。如该条下文又云:"去后,今据各处除任满给由人员止用勘合外,据远年入仕应告叙定夺人员,各处往往备词申覆,并不依式勘会,亦不行用勘合关防,事属不当。省府拟自至元二十四年正月为始,已后应有任满给由并应叙定夺人员,须要依式勘会完备,召到知识保官辨凭无伪,重行保结,书填勘合,申呈施行。"②这些内容即说,各地一些"远年入仕应告叙"人员,往往不使用勘合文书,因此元都省规定,自至元二十四年(1287)之后,所有任满及需应叙定夺等人员的解由,经行省照验无误后,需重新保结,书填勘合,再申呈上级。这说明,行省将各地解由集中后,要重新填写,使用新的勘合,然后再行申报,而非径直将路、州、府等机构开具的解由文书申报都省。③

(五) 吏部审查解由文书,对官员进行除授④

各地官员的解由文书经行省重新填写后,送至都省,都省中的实际接收单位则是吏部。吏部经审查,无误,然后"考其功过,以凭黜陟"。⑤ 当需查看有关人员解由之中的"过名"⑥时,还需"行移刑部"。⑦ 然后吏部会"依体例委用"。⑧至此,一件解由文书,从官员向其所在部门提交申请材料,然后经相关部门层层审核,到路、州、府等部门开具解由,行省审核解由,重新填写后,最终呈报至吏部,并由吏部根据解由的内容,按官员迁转体例,对官员进行除授委用,一份解由文书这样才算完成了它的使命。当然解由文书在撰拟、申报过程中,各地还需接受肃政廉访司、御史台等监察部门的监督。如《元典章》卷十一"官员给由

---

① 至于如何比对勘合字号等以确定真伪,可参见本书第七章第二节。
② 陈高华等点校:《元典章》卷十一《吏部五·职制二·给由·任满勘合给由》,第401页。
③ 以上步骤之细节,郑文亦未揭示,其仅指出"在解由写好后,呈给上级官司'申覆',经上级官司勘核后,即可倒给完整解由"等等。参见郑鹏:《虚文与实务之间——元代解由考论》,《内蒙古大学学报(哲学社会科学版)》2014年第2期。
④ 对于该道程序,郑鹏之文已有所涉,为说明解由文书完整之使用流程,今简要述之。
⑤ 陈高华、史卫民:《中国政治制度通史·元代卷》,第391页。
⑥ 所谓"过名",当指处分记录。
⑦ 陈高华等点校:《元典章》卷十一《吏部五·职制二·给由·给由开公罪名》,第408页。
⑧ 同上。

开具过名"条载:"凡任满给由人员,必须子细照勘,备细回报,解由内明白开写。廉访司官每遇巡按,与文卷一体照刷。其经监察御史断者,申台呈省。"①

总之,黑水城文献中共存在元代解由文书原件 2 件,而并非前人所说的 5 件。这 2 件文书可能属于一份解由文卷,当然也不能完全排除它们是各自独立文书的可能,但它们似乎不是一件文书。通过以上文书,并结合《元典章》等典籍所载的元代"解由体式"及其他黑水城文献和相关传世资料等,我们可以复原出元代解由文书运作的大致流程。黑水城元代解由文书的发现,为我们进一步认识元代解由制度,提供了重要的实物资料。

---

① 陈高华等点校:《元典章》卷十一《吏部五·职制二·给由·官员给由开具过名》,第 411 页。

第七章
黑水城文献所见元代公文运作机制研究(下)

黑水城文献中保存的元代公文异彩纷呈,本章选取其中非常典型的"信牌文书""勘合文书"以及公文的结尾作为研究对象,试图通过对有关公文内容、形态、特征、书式结构等的分析,以把握其性质和特点。又通过与传世文献相结合,展开了对各类公文及其涉及行政制度的动态性探索,以期认识相关公文及行政制度在元代的运作实态。

第一节 关于元代的信牌文书

对于元代施行的牌符制度,国内外学者业已进行了非常精深的探讨,[①]涉及元代的"金符""金虎符""青海符""银符""驿卷""圆符"等多种牌符。[②] 但对于元代的另一种牌符——"信牌",除吴铮强先生在研究宋至清代的信牌、差票制度之时,及阿风先生在探讨明代信牌制度、白牌制度的渊源时有简略的介绍外,[③]

---

① [日]箭内亘著,陈捷、陈清泉译:《元朝牌符考》,载《元朝制度考》,商务印书馆,1933年,第159—186页;丁彦博:《元代虎符考》,《中华文史论丛》1963年第4辑;乔今同:《元代的符牌》,《考古》1980年第6期;蔡美彪:《元代圆牌两种之考释》,《历史研究》1980年第4期;蔡美彪:《叶尼塞州蒙古长牌再释》,《中华文史论丛》2008年第2期;照那斯图:《释蒙元时期长方形圣旨牌文字》,《民族研究》2007年第4期;齐木德道尔吉:《西南大学历史博物馆藏元代蒙古语八思巴文牌符释读及其他》,《中央民族大学学报(哲学社会科学版)》2008年第6期。另外还有一些学者,如波兹德涅夫、孟库耶夫、德韦利等人也探讨过元代的牌符问题,详见蔡美彪《叶尼塞州蒙古长牌再释》一文介绍。
② 参见:[日]箭内亘著,陈捷、陈清泉译:《元朝牌符考》,载《元朝制度考》,第159—186页。
③ 吴铮强:《信牌、差票制度研究》,《文史》2014年第2辑;阿风:《明代"信牌"渊源考》,《第十七届明史国际学术研讨会纪念明定陵发掘六十周年国际学术研讨会论文集》,北京燕山出版社,2018年,第211—215页;阿风:《明代的"白牌"》,《安徽史学》2018年第4期。

其他学者鲜有言及。目前对于元代信牌制度的研究不仅尚缺专论之文,且已有的研究并未利用丰富的黑水城文献。在黑水城文献中,有5件文书与元代的"信牌"相关。① 另外,在《吐鲁番考古记》一书中,还载有1件疑似与元代"信牌"相关的文书。这些文书,现姑且称之为"信牌文书"。对此学界在相关研究中虽有所征引,②但未做专门探讨。这些文书对于认识元代广为施行的信牌制度,具有非常重要的价值和意义。因此,本节将在吸收、借鉴前人研究成果的基础上,以有关黑水城"信牌文书"为中心,结合传世典籍等材料,对元代信牌文书的性质、特征、书式结构以及元代信牌制度的实际行用情况等,进行粗浅的探究。

一、关于黑水城元代信牌文书内容的说明

黑水城文献中有一件编号与拟题为M1·0616［Y1：W64］《赡站地典与阔阔歹耕种案》的文书,今据其图版,释录如下:

1. 奉
2. 总府官台旨:"据撒兰伯告:'李典病故,伊□□抵奴将
3. 赡站地典与阔阔歹耕种,将 站③□□□应当事。'凭
4. 今发信牌壹面,仰□□□抵奴限十一月初九日早赴
5. _____。"奉此。
6. 　　　右仰
7. 　　　　　　忙不及印。

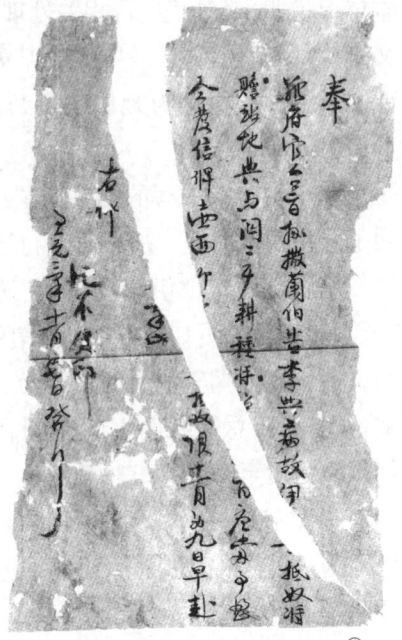

M1·0616［Y1：W64］文书图版④

---

① 其中2件为残片,且残损严重,另外的3件则相对完整。这两个残片中,其一收录于《中国藏黑水城汉文文献》第1025页(右),另一残片收录于《中国藏黑水城汉文文献》第1034页。前者仅存文字一行,上下残缺,后者虽存文字4行,但亦上下残缺。由于残缺过甚,这两件文书暂不纳入本文的研究范围。
② 霍红霞:《元代亦集乃路水利管理初探》,《农业考古》2012年第4期。
③ "站",据残笔画及文义补,《黑城出土文书(汉文文书卷)》径释作"站"。
④ 转引自塔拉等:《中国藏黑水城汉文文献》,第759页。此件文书的录文收录于李逸友:《黑城出土文书(汉文文书卷)》,第154页。

8.　　　　　至元三年十一月初七日发行。

此件首尾完整，中部略残，由于第 7 行的文字笔迹与其他各行明显不同，可知此件经过了两次书写。第 1—6 行及第 8 行应属于首次书写的内容，第 7 行则应属于第二次书写的内容。文书第一次书写的内容，基于第 5 行所载的公文结语词"奉此"可以推断，该词之前的内容应为一个层次，该词之后的内容则为另一个层次。第一个层次主要说明了某司所承奉的总府官旨意：总府官因撒兰伯状告，在李典病故之后，发生了"伊□□抵奴"将赡站地典与阔阔歹耕种之事，赡站地系官方拨付给站户耕种用于支持站赤运转的土地。为此事，总府官要求凭借当今发出的壹面信牌，令"伊□□抵奴""限十一月初九日早""赴"某处做情况说明，或对其进行相关处理等。因上述内容是总府官的旨意，据此推测，文书中"伊□□抵奴"所"赴"的某处应为总府官的官府，即总管府。又，鉴于此件文书的出土地点为元代亦集乃路总管府驻地，故该总管府当为亦集乃路总管府。

文书第一次书写的第二个层次，即第 6 行与第 8 行的内容，这两行主要阐明了"发行"的时间。那么，"发行"者为何呢？据第一层次中总府官提出的"凭今发信牌壹面"令"伊□□抵奴"按限期赴府的要求推知，"发行"的当是信牌。"至元三年十一月初七日"应是信牌的发出时间，这也应当是此件文书的成文时间。由于元代拥有前后两个"至元"年号，而此件文书属于亦集乃路总管府的公文，亦集乃路总管府设立的时间在前"至元二十三年"，[①]故文书中的"至元三年"，应为后至元三年(1337)。

据文书第二次书写的"忙不及印"一语可知，此件文书按要求应钤盖印章，但因为"忙"而"不及印"。可以推见，若钤印，此印章似应钤盖于此(下件文书即证明了此点)。

总之，此件应为某司奉亦集乃路总管府总府官的旨意，凭后至元三年(1337)十一月初七日发行的一面信牌，前去根勾"伊□□抵奴"，令其于后至元三年(1337)十一月初九日早赴府说明情况等的文书。

另，黑水城文献中还有一件文书编号与拟题为 M1·0782《总府发天字号信牌前去莎伯渠根勾文书》，与上件文书有相似之处。此件图版、录文如下：

---

① 　(明)宋濂等：《元史》卷六十《地理志三》，第 1451 页。

第七章　黑水城文献所见元代公文运作机制研究（下）　239

1. 总府今发天字□□
　　 □信①牌壹面，前去莎伯渠
　　 根勾河渠
2. 司官汝中□、渴□□②狗，立
　　 便同元发信牌一就赍来赴
3. 府缴纳，如违依
4. 条断罪。奉此。　　汝
　　 中□　　渴九月狗。

5. 　　　右仰
　　　　　　（印章）
6. 　　　至正二十一年三月十
　　　　 九日发行。③

此件首尾完整，第1—4行表明，总府发出天字某号信牌壹面，令相关官吏前去莎伯渠根勾河渠司官"汝中□""渴九月狗"二人，并要求此二人及将元发信牌一并带回"总府"。所谓"元发"，即"原发"之意，"元发信牌"当指前去根勾河渠司官的官吏所携带的信牌。由于此件与上件文书均出土于亦集乃路总管府遗址，故可知文书中的"总府"也应指亦集乃路总管府。亦集乃路总管府的司属机构中有"河渠司"，故此件中之"河渠司"应为亦集乃路总管府的司属。

M1·0782文书图版④

文书显示，如若总管府派遣的人员不能完成上述任务，他们将会被"断罪"。有学者曾认为此件的这些内容是"亦集乃路总管府发放的'天字号信牌'，前去'莎伯渠根勾河渠汝火□'。并要求同'同原发信牌'勘合"。⑤显然，这一判断有违文书的本意。因文书第4行的"奉此"二字是公文结语标志，这反映出"奉此"

---

① "信"，据残笔画及文义补。
② 据下文可知，此处所缺文字应为"九月"。
③ 塔拉等：《中国藏黑水城汉文文献》，第1012页。
④ 转引自塔拉等：《中国藏黑水城汉文文献》，第1012页。
⑤ 霍红霞：《元代亦集乃路水利管理初探》，《农业考古》2012年第4期。

之前的内容为一个层次,而此后的内容又为另一个层次。可以看出,以上内容与上件文书非常相似,但也有一丝细微的差别,如此件第4行书写了被根勾的对象,而此项内容上件未载。当然,也不能排除是上件因残缺而导致这一信息的缺失。

另外,此件第5、6行的内容与上件相似,只不过在5、6行之间钤盖了印章,虽然该印章的印文模糊不清。由于此件是以亦集乃路总管府的名义发出的,故有理由相信,文书中所钤盖的印章可能为"亦集乃总管府印"。

从以上得知,此件是一件亦集乃路总管府发出信牌令某官吏前去根勾河渠司官人的文书。信牌发出的时间应为"至正二十一年三月十九日",而事情完成的时限为"立便",即相关人员完成有关任务后,要立刻返回。由于此件与上件文书相似性很强,因此,据此件可以推见,上件中之"忙不及印"处,当正是钤盖印章之处。

另,黑水城文献中还有一件与M1·0782结构相似的文书,现收录于陈炳应先生所撰《黑城新出土的一批元代文书》一文中,编号为78:2,其录文如下:

1. 总府今发天字　　号□▢
2. 站□▢　　如。得①此。即将②各站▢
3. 　　毡单、绳索赍来赴府。□□
4. 究治。奉此。
5. 马□ 站 ③　盐池站 普竹站 狼心站 即的站▢

6. ▢限十二日到付。

7. ▢发□④

此件上下残缺严重,由于陈文所附文书图版清晰度较低,故文书首尾完整与否通过图版难以确断,但从行文的内容看,文书的首尾似乎是完整的。此件除较上件M1·0782文书多出第6行这1行的内容外,其他各行的内容多与上

---

① "得",《黑城新出土的一批元代文书》释作"府",据图版及元代公文格式改。
② "将",《黑城新出土的一批元代文书》释作"得",现据图版改。
③ "站",据残笔画及文义补,《黑城新出土的一批元代文书》径释作"站"。
④ 陈炳应:《黑城新出土的一批元代文书》,《考古与文物》1983年第1期(图版:附图版拾贰,左上)。

第七章 黑水城文献所见元代公文运作机制研究(下) 241

件 M1·0782 文书相似。如此件第 1 行之"总府今发天字　号"一语与 M1·0782 文书"总府今发天字"相似;第 3 行之"赍来赴府"等文字,与 M1·0782 文书中的相关文字相同;第 4 行之"奉此"二字,也载于 M1·0782 文书;第 7 行的倒数第 2 字为"发"字,这与 M1·0782 文书之尾行亦同。据以上推断,此件也是一件与 M1·0782 文书相同的信牌文书。其内容为总管府某年月日发出信牌,令相关官吏提调各站赤的"毡单""绳索"等物品,并限他们在十二日内完成一事。

由于此件中所载的"盐池站""普竹站""狼心站""即的站"等站名,亦见于黑水城其他元代文书,为亦集乃路所辖蒙古八站之一,[①]据此可以确认,此件的发文机关也应是亦集乃路总管府。另外补充一点,从图版看来,此件第 6 行的文字字体较之其他各行墨色浓、字号大。这反映出,第 6 行的文字似乎应属于第二次书写,由于此件发文机关为亦集乃路总管府,故推测,该行文字可能是总管府的批语,其中的"到付"二字,或为"到府"之意。该行文字反映出,总管府对信牌的使用设定了一定的期限。

此外还需要再补充一点,即《吐鲁番考古记》一书载有拟题为《屠行哈三批示》的文书一件,今据其图版将该件释录如下:

(前缺)
1.　仰唤[②]下项人等,依限赴[③]
2.　府,如违治罪。奉此。
3.　　税使司付使朱彦成
4.　　屠行哈三

《屠行哈三批示》文书图版[④]

---

① 李逸友:《黑城出土文书(汉文文书卷)》,第 30 页。
② "唤",据《黄文弼先生所获元代汉文文书浅识》一文补。
③ "赴",《吐鲁番考古记》《黄文弼先生所获元代汉文文书浅识》释作"到",现据图版改。
④ 转引自黄文弼:《吐鲁番考古记》图版,中国科学院印行,1954 年,第 50 页。

5. 右仰
6.　　　六月　　日 发①行。

此件《吐鲁番考古记》一书标注为"吐鲁番雅尔湖旧城"所出,②但该件与以上诸件从文书内容到书写格式等都非常相似。如第1、2行载有仰某人"依限赴府"且"如违治罪",然后载公文结语词"奉此"。第3、4行列出人名,其中有"朱彦成",而"屠行哈三"中的"屠行"二字,疑指相关行铺。"哈三"则当系一人名,党宝海先生认为"哈三"应是一位穆斯林。③ 第5、6行载录公文发语词"右仰"以及"发行"的时间。虽然此件阙载纪年,也未载"信牌"二字,但可以发现,文书的内容及书写格式与黑水城信牌文书基本一致。另外,元代亦集乃路总管府司属机构中确有"税使司",且此件"税使司副使"写作"税使司付使",其书写格式也与黑水城元代相关文书相似。另外,此件文书中其他文字的书写笔迹与黑水城元代文书亦类。据以上比较来看,此文书有可能也是一件原出土于黑水城遗址的元代亦集乃路信牌文书残件。④《吐鲁番考古记》推定此件内容为征收屠宰税事,⑤疑有不确。

二、黑水城元代信牌文书性质的确认

通过以上分析,我们大体了解了3件黑水城元代信牌文书的基本内容,至于文书的性质,则还需进一步讨论。由于上述文书都涉及"信牌",可知其均应与元代施行的信牌制度有关。元代施行信牌制度,始于中统二年(1261),《元典章》卷十三"公事置立信牌"条与王恽《中堂事记》所载内容基本相同,现将《元典章》的记载转引如下:

中统二年四月二十日,中书省:
奏准条画内一款节该:"置信牌事。缘为各路遇有催督差役、勾追官吏

---

① "发",《吐鲁番考古记》《黄文弼先生所获元代汉文文书浅识》释作"批",现据图版改。
② 黄文弼:《吐鲁番考古记》,第47页。
③ 党宝海:《黄文弼先生所获元代汉文文书浅识》,《西域考古·史地·语言研究新视野:黄文弼与中瑞西北科学考查团国际学术研讨会论文集》,第314页。
④ 对于此件文书,党宝海先生认为"依文字内容,文书属元代",但对于文书的性质及所属区域并未作出进一步的认定。参见氏著:《黄文弼先生所获元代汉文文书浅识》,《西域考古·史地·语言研究新视野:黄文弼与中瑞西北科学考查团国际学术研讨会论文集》,第314页。
⑤ 黄文弼:《吐鲁番考古记》,第47页。

等事，多用委差官并随衙门勾当人及曳剌、祗候人等投下文字，不唯搔扰民间，转致迟悮官中事务。为此，拟定今后止用信牌催办一切公事。据置到信牌，编立字号，令长、次官圆押，于长官厅示封锁收掌。如总管府行下州、府科催差发并勾追官吏等事，所用信牌随即附簿，粘连文字上明标日时，定立信牌限次，回日勾销，并照勘稽迟限次，究治施行。若虽有文字无信牌，或有信牌无文字，并不准用。回日即仰本人赍擎前来，赴总管府当厅缴纳。当该司吏不得一面接受文案，如违究治。据州、府行下司、县，司、县行下所管地面，依上施行。"钦此。①

  这是目前传世文献所见关于元代信牌制度最为详细的一条记载。根据该材料知，中统二年（1261）四月二十日，中书省公布了一条"条画"，所谓"条画"主要是"以皇帝颁行圣旨的形式发布，或对朝廷各职能机构所涉国家各项重大事务进行的规定性指示"。② 该条画的主要内容，是中书省要求各路及州、府、司、县等地方行政机构实行信牌制度，实行该制度的原因在于各路在"催督差役、勾追官吏等事"时，所差之人往往"搔扰民间，转致迟悮官中事务"。因此，要求实行信牌制度"催办一切公事"。此条画还进一步规定了信牌的使用原则，如信牌需编定字号、令长、次官圆押、长官厅示封锁收掌，以及缴回制度等。同时也记载了信牌的形态与特征，即"信牌"要与"粘连文字"共同构成，并与之同时使用。

  以上"公事置立信牌"条画也收入王恽所著《中堂事记》中，在王著中除无起首之"中统二年四月二十日，中书省奏准条画内一款节该"及结语"钦此"外，主体内容与《元典章》的记载几乎完全一致。③ 据此推知，此道圣旨条画当实由时任翰林修撰等的王恽所撰。

  据上文对黑水城信牌文书内容的分析可知，前两件文书均与催促相关人员依限赴府有关，后一件则与催促相关人员依限完成提调站赤任务有关。亦集乃路总管府催促相关人员完成上述任务的措施，即是发放"信牌"。这些内容符合中统二年（1261）信牌"条画"所载，实施信牌制度是为了"催办一切公事"的规定。可见，黑水城信牌文书应与元代亦集乃路发行信牌催办公事有直接关联。由于元代施行的信牌，实由"信牌"与"粘连文字"共同构成。显然，黑水城信牌

---

① 陈高华等点校：《元典章》卷十三《吏部七·公规一·公事·公事置立信牌》，第507页。
② 吴海航：《中国传统法制的嬗递：元代条画与断例》，知识产权出版社，2009年，第4页。
③ （元）王恽：《秋涧先生大全集》卷八十一，《元人文集珍本丛刊》第2册，第372页。

文书与"信牌"既相关，又不是作为牌符的"信牌"，而应与"信牌"的"粘连文字"有一定关系。据《元典章》上述记载可知，信牌在使用过程中"随即附簿，粘连文字"，而这种"粘连文字"需"上明标日时，定立信牌限次，回日勾销，并照勘稽迟限次，究治施行"。黑水城信牌文书不仅都标明了信牌发行的"日时"，且载明了"限次""回日"，如M1·0616[Y1：W64]文书载明需相关人员"限十一月初九日早赴"府，M1·0782文书载明需"立便""赍来赴府缴纳"，78：2文书则载明需"限十二日到付"，这些内容都应是交回"信牌"的期限。此外，M1·0782文书还载明"如违依条断罪"，78：2文书则载有"□□究治"。显然，这些术语又与"粘连文字"中"究治施行"等有关。

综上可知，黑水城信牌文书，应属于在元代亦集乃路与"信牌"一起使用的"粘连文字"部分，亦即是说，黑水城信牌文书是目前难得一见的信牌"粘连文字"文书的原件，这是笔者对黑水城元代信牌文书性质的认定。

三、从黑水城文献看元代信牌"粘连文字"的特征与书式

关于元代信牌"粘连文字"的特征，据《元典章》的相关记载我们已略知一二，通过黑水城元代信牌文书，我们则可以获得更进一步的认识。

首先，信牌"粘连文字"行文简练，总文字行数约6、7行。M1·0782文书行数最少，为6行；78：2文书为7行，其中第6行可能为第二次书写；0616[Y1：W64]文书行数最多，共8行，其中第7行为第二次书写，若按原始文字行数计算，此件应为7行。由此可知，一件信牌"粘连文字"文书的文字行数并不多，其文字总行数在6—7行之间。

其次，信牌"粘连文字"文书首先要载明是何机关或奉何人旨意执行此项任务。M1·0782文书及78：2文书均在首行载明"总府"二字，即说明文书的以下内容是总管府发出的指令；0616[Y1：W64]文书所载"奉/总府官台旨"云云，表明文书以下内容是总府官的旨意，也即总管府的旨意。信牌"粘连文字"文书在起首处载明总管府的机构名称，或载明是奉总府官旨意的做法，应旨在表明信牌持有者所要完成的是总管府公事。显然，这是为了表明信牌的权威性与重要性，以要求执牌者必须将相关任务按时限完成。这也反映出信牌及其"粘连文字"的发出者是总管府，或是奉总管府旨意例行公事的司属或其他部门。

再次，信牌"粘连文字"文书多数情形下要载明发出信牌的字号和数量。

《元典章》记载,在地方政府中使用的信牌均需"编立字号",但既未说明"粘连文字"中是否需载明字号,也未说明信牌的字号如何构成。据M1·0782及78:2文书可知,这两件信牌文书均载录了总管府发出信牌的字号,且信牌字号均为"天字"某号。元代信牌的这种编号方式,与元代其他牌符相似。如在扬州出土的一件元代圆牌,牌面上有"玄字拾号"①数字,蔡美彪先生指出,该字号与元代"所谓'防奸'令牌的'地字五十号'一样,系沿袭金朝的旧制,以《千字文》作为编号的顺序。于此也可见,这种铜牌,当时必已铸发了相当多的数量"。② 由元代其他牌符字号编排的原则推见,黑水城元代信牌文书中所载的信牌"天字"某号,也应当是采用了《千字文》作为编号顺序。换言之,亦集乃路的信牌编号是以《千字文》为顺序,且"粘连文字"中亦需载录信牌的字号信息。

另外,信牌"粘连文字"文书还需对发出的信牌数量有所交代,如M1·0782、M1·0616[Y1:W64]文书都载明总管府所发出信牌为"壹面"。这两件文书针对的各是一件事情,这似乎反映出,亦集乃路总管府执行的是一事一信牌的使用原则。之所以信牌"粘连文字"中需载明信牌的字号、数量,笔者推测,可能是因为"粘连文字"书写在前、发放信牌在后的缘故。需执信牌者,可能是根据"粘连文字"中所载信牌字号、数量去领取信牌,然后再执行相关任务。③

但具体案例也有无信牌字号者,如0616[Y1:W64]文书即仅载面数,未载信牌字号。同时,此件所载信牌"壹面"的位置与其他两件亦有区别,由此可见,同属于信牌"粘连文字"文书,此件较之其他两件有一些不同,尤其此件因情况紧急竟"忙不及印"。笔者推测,此件在撰写时可能因情况特殊,尚不清楚具体需发出信牌的字号,故未能将字号写入信牌"粘连文字"之中,也是有可能的。

再次,信牌"粘连文字"需载明所办理公事的事由。通过黑水城以上3件信牌文书可见,在信牌文书中还需载明所办理事务的事由。无论是0616[Y1:W64]文书中需"伊□□抵奴"赴府,还是M1·0782文书中需根勾河渠司官二人,以及78:2文书中要将各站"毡单、绳索赍来赴府"等,无一不是在说明发去

---

① 蔡美彪:《元代圆牌两种之考释》,《历史研究》1980年第4期。
② 同上。
③ 关于"粘连文字"的性质,吴铮强先生认为"即发布行政命令的公文",似大体不误,但他又进一步认为"信牌与'文字'连用的意义,即以信牌为凭证,将作为行政公文的'文字'传递至当事人手上,此即元代信牌制度取代差人的含义",则似有可商。通过黑水城信牌文书及《元典章》的记载可知,"粘连文字"是和信牌一起使用的文书,此文书是限制持牌人的,并非为了用信牌将"公文"传递到当事人手上。参见氏著:《信牌、差票制度研究》,《文史》2014年第2辑。

信牌需办理的主要事项。而且0616［Y1：W64］文书还进一步载明了要"伊□□抵奴"赴府的原因。这些内容反映出，在使用信牌的过程中，需通过信牌"粘连文字"来载明办事的内容及缘由。据此，信牌的使用者得以明确自己所要完成的主要任务等，想必这正是"粘连文字"的价值所在。

最后，信牌"粘连文字"的结尾处需钤印，且有较为固定的结语格式和内容。黑水城信牌文书中，有一件文书在最末两行之间钤盖了印章，另一件没有钤盖，但载明了不钤盖的原因，还有一件因图版缺残的原因，不清楚是否钤盖。通过已钤盖和虽未钤盖印章但交代未钤原因的文书可以看出，信牌"粘连文字"结尾处是需钤盖印章的。另外，这些信牌文书的结尾处所载文字的格式基本一致，即使用"奉此""右仰"等公文程式性用语，又在最后一行载明信牌的发行日期。以上说明，信牌文书的结尾所书程式性用语及信牌发行日期等，当为"粘连文字"较为固定的书写内容。

基于以上对黑水城元代信牌文书特征的分析，我们可以将此类"粘连文字"文书的书式进行概括。从现有的黑水城元代信牌文书来看，信牌"粘连文字"似有两种既相近，又略有区别的书式，其中之一为：

奉
　总府官台旨：〔因某事〕凭今发〔某号〕信牌〔某数〕面，仰〔某人〕〔限某日期〕赴府〔处置以及违例处置的情况〕
　　　奉此
　　右仰
　　　　（印章）
　　〔某日期〕发行

之二为：

　总府今发〔某号〕信牌〔某数〕面，〔何事或何人〕〔限某日期〕赍来赴府缴纳〔违例处置情况〕
　　　奉此
　　右仰　　〔根勾对象〕
　　　　（印章）
　　〔某日期〕发行

以上书式中,括号中的内容可根据实际情况填写,而其他文字则相对固定。之所以信牌"粘连文字"文书会出现两种略有区别的书式,主要是由于文书的撰写者不同,如0616[Y1：W64]文书的撰写者似乎是亦集乃路的下级某司属部门,而其他两件的撰写者则是亦集乃路总管府。这也反映出,元代的信牌"粘连文字"文书虽然有基本的书式,但在运作过程中又可根据实际情况做出灵活的处理,正如关于信牌归还期限的书写,其他几件文书都书于文书前面,而78：2文书则书于文末。

四、元代信牌制度的渊源、特点及其施行情况

以下对元代信牌制度的渊源、特点及其施行等情况试做探讨。

(一) 元代信牌制度的渊源及其特点

元代信牌制度,其渊源可上溯至宋金时期。宋代在军队中曾使用了一种"传信牌",如《宋史》卷一九七《兵志十一》载:

> (咸平)六年十月,给军中传信牌。其制,漆木为牌,长六寸,阔三寸,腹背刻字而中分之。置凿柄令可合;又穿二窍容笔墨,上施纸札。每临阵则分而持之,或传令,则署其言而系军吏之颈,至彼合契,乃书复命。[①]

宋代的传信牌可中分为二,传信牌的这一特征应滥觞于我国古代施行的兵符,但传信牌中间又可"容笔墨""施纸札",能够传递"笔墨"和"纸札"想必正是此类牌子的独特价值所在。

至金代时,"信牌"成为了专有名词。如《金史》卷一记载:"初,诸部各有信牌,穆宗用太祖议,擅置牌号者置于法,自是号令乃一,民听不疑矣。"[②]然而,关于金代信牌的形制,由于缺乏资料记载,我们目前还无法获知更多的信息,但可以肯定的是,金代也施行了信牌制度。

吴铮强先生也认为,"宋金元时期的牌符制度"是元代信牌制度创置的"重要背景";"元代的信牌也是一种牌符,名称上与宋代军中传递情报时作为交割凭证的'传信牌'一字之差,与金朝作为身份牌的'信牌'同名"。[③] 但对元代信牌

[①] (元)脱脱等:《宋史》卷一九七《兵志十一》,第4910—4911页。
[②] (元)脱脱等:《金史》卷一《世纪》,中华书局,1975年,第15页。
[③] 吴铮强:《信牌、差票制度研究》,《文史》2014年第2辑。

与宋代"传信牌"的关系,吴先生却言之未详。其实通过前文研究可以发现,元代信牌的形态、特征与宋代的传信牌有一定的相似性,如宋传信牌由"牌子"与"信"构成,元代的信牌由"信牌"与"粘连文字"构成,在构成要素上两者相近。可以推见,元代的信牌制度是从宋代或金代的相关制度发展而来的,但宋元信牌在设计理念及使用目的上却有所不同。就信牌的设计而言,宋代的传信牌可中分,由能够拼合的两部分构成,其设计理念未脱离兵符的构造原理。元代的信牌,不仅前揭材料没有指出其可以中分为二,其他元代文献亦未见信牌可中分的记载,由此可知,元代信牌应是一个整体,而非由两部分拼合而成。就使用目的而言,宋代的传信牌也与兵符相类,主要用于传递军事信息,元代信牌的主要用途并非传递信息,而是作为一种用于执行催办公务的凭证,且用于非军事领域。元代施行的信牌,既对相关执行公务者具有限制作用,又是执行公务者的执法凭证。因此,元代的信牌制度虽继承自前代,但又对前代的该类制度进行了创新和发展。

就元朝自身施行的牌符制度而言,信牌制度亦有其特点。蔡美彪先生曾对元代施行的牌子制度的类型做过总结:

> 关于元代的牌子制度,中外研究者多有探讨,也引起过一些误解和混淆。依据现存文物和文献记载,元代由朝廷铸作、颁发的牌子,应当区分为性质完全不同的两类。第一类,是所谓"做官底牌子"。元制规定,各级军官按照不同等级佩带牌子,以表示其身份、地位和权力……第二类是遣使牌子。此类又可区分为两种。一种是蒙古皇帝或元朝朝廷直接派遣负有特殊使命的使臣临时颁发的牌子……金牌都应当属于此类……另一种是军务遣使的圆牌……是应军事急需遣使之用,它的作用是取信于驿站。圆牌由朝廷掌管、颁发,但可以发给外地蒙古官长,由各地官长遣发使用。[①]

蔡先生按牌子的性质将元代牌子分为两类,比较科学。然而,"信牌"显然不是由各级军官按照不同等级佩带的,其不具有"身份、地位和权力"的象征,故信牌不属于"做官底牌子"。同时,信牌与"遣使牌子"既有区别又有联系,区别之处在于:信牌是在路、府、州、县等地方官府中使用的,发放信牌之权在地方官府,但无论是向"特殊使命的使臣临时颁发",还是作为"军务遣使"的"遣使牌子",

---

① 蔡美彪:《元代圆牌两种之考释》,《历史研究》1980年第4期。

都是由元"朝廷"掌管、下发,也就是说,此类牌子发放权在元中央政府,这是信牌与"遣使牌子"的区别之一。区别之二在于,因信牌主要行用于地方政府,故其主要应用领域是行政,这与"遣使牌子"还用于"军务"也有所不同。当然,此二者之间似乎又非全无联系,信牌是元代地方政府中为推动行政事务如期完成,向公务执行者颁发的具有限制和约束性质的牌子,其带有完成临时性交办任务的性质,而"遣使牌子"无疑是朝廷因特殊任务和军务临时差遣有关人员时使用的牌子。就性质而已,此二者似有某些相通之处,信牌似乎可看作是"遣使牌子"在地方中的应用和发展。但无论如何也不能将"信牌"与"遣使牌子"等而同之,故自有其特点的信牌,应是对蔡美彪先生所划分的元代牌子体系的一项重要补充。

(二) 元代信牌制度的实施及其效果

元代信牌制度在中统二年(1261)确立后是否立即得到了实施,目前还尚缺证据,从现有资料来看,至少有部分地区直到中统五年(1264)才开始实行。如中统五年(1264)八月份,元廷曾下达了一道圣旨:"京、府、州、县,自来遇有科征差税、对证词讼,及取会一切公事,多令委差及曳刺、祗候人等勾摄,中间不无搔扰。今仰各置信牌,毋得似前差人搔扰作弊。"①此道圣旨载明,在一些地区,中统五年(1264)才开始"置信牌",以防止"差人搔扰作弊"情况的发生。这反映出,元代信牌制度的全面实施,至早要在中统五年(1264)之后。在黑水城元代信牌文书中,M1·0782 文书所载的时间为"至正二十一年"(1361),这显然说明,信牌制度在元末的亦集乃路依然得到了施行。这反映出,元代的信牌制度在一些地区伴随了元朝的始终。

元代信牌制度的实施毫无疑问对于扭转地方胥吏等"搔扰作弊"现象起了一定作用。但通过现存资料来看,实际效果却差强人意,其表现主要体现在以下几个方面:

其一,泛滥给牌,对百姓造成了新的危害。信牌制度的施行本为防止官吏扰民,然而,在施行的过程中却出现了一些泛滥给牌的现象。如《张侯去思碑记》载,张信在元统癸酉年(1333)上任满城县尹时,该县"信牌数越三百,随事勾摄,为害居多"。② 在满城县,信牌并没有起到约束官吏的作用,反而成为他们借

---

① 陈高华等点校:《元典章》卷十三《吏部七·公规一·公事·公事置立信牌》,第508页。
② (清)李培祜:《保定府志》卷四十七,刻本,1886年,第26页。

官府名义危害百姓的工具。因此,张信在上任伊始,便将信牌"毁去"。①

其二,使用人员庞杂,导致信牌沦为相关人员欺压百姓的工具。关于有权使用信牌的人员,上引《元典章》"条画"中并未明确规定,我们通过信牌制度施行之前各路遇有催督差役、勾追官吏等事时,催督之人多为"差官并随衙门勾当人及曳剌、祇候人等"推断,在信牌制度行用之后,各路催办一切公事之人员,亦不外乎是这些人。诚然,"差官并随衙门勾当人"当指官府的官员及胥吏、衙役等,而"曳剌、祇候人等"则被称为"公使人",元朝政府"从中央到地方,各级官府都设有名目不同、数目不等的公使人,供官员们差遣"。② 黑水城信牌文书显示,这几件文书的执行者也应为亦集乃路总管府的官吏:0616[Y1:W64]文书载明是奉"总府官台旨"行事,故使用信牌执行此项任务者应为亦集乃路总管府某机构的官吏;M1·0782文书要求使用信牌去根勾河渠司官,其执行任务者则应是亦集乃路总管府的官吏;78:2文书则是要求使用信牌提调亦集乃路总管府的站赤,故该使用者也应为总管府官吏。这说明,在元代地方政府中信牌的使用者主要是政府的官吏、衙役以及公使人等。但在一些地区却并不受限于此,其中里正、主首等差役也拥有信牌的使用权。如元人刘安仁所撰《邑令朱公去思碑记》中载:至元四年(1267),朱文英遥授同知营州事兼平乡县尹时,曾要求"罢革里正行用信牌催纳月课契外,一切无征"。③ 这说明,在平乡县里正是有使用"信牌"的权力的。元张友谅所撰《章邱县尹李彦表德政碑》载:至正五年(1345)李彦表任职章邱县后,经过其治理,"凡有追呼,里正赍牌,依期而至,一无鸡犬之忧"。④ 此条中里正所赍之"牌",很可能就是"信牌"。若此判断不误,则说明在章邱县的里正也有使用"信牌"的权力。元人魏初在《论盐货桩配》一文中提道:至元八年(1271)"比闻朝廷以山东蝗旱,多阙食,已差官给粮赈济,及倚阁悬欠税粮,其民固已幸矣。外据盐货见行桩配,其法施之丰穰之岁犹有所不堪,况其蝗旱之余,阙食之际,岂可不为之更张哉!……又立主首,赍信牌,立限约,催督民户赴州县官局关买,远者离城三百余里,正于农忙时分,往复不下十日,每年四季如此"。⑤ 这里提到,在山东盐货桩配过程中,曾让主首"赍信牌,立限约,

---

① (清)李培祜:《保定府志》卷四十七,第26页。
② 陈高华:《元史研究论稿》,第25页。
③ (清)杨乔等:《平乡县志》卷十《艺文上》,刻本,1751年,第6页。
④ (清)吴璋:《章邱县志》卷十四《金石录》,刻本,1833年,第78页。
⑤ 陈得芝辑点:《元代奏议集录》(上),第172—173页。

催督民户赴州县官局关买",显然在至元八年(1271),主首在山东盐货桩配过程中有使用信牌催督民户之权。以上说明,凡是纳入元朝地方政府管理的官吏、衙役、公使人、差役等人员,都有权使用信牌。而元代地方政府对信牌使用者身份不加约束和限制的后果,必然导致与元廷颁行信牌制度的初衷相忤,致使信牌沦为这些使用者欺压百姓、鱼肉人民的工具。如元人范朝列在上任婺源州知州时,立便"严信牌",此后才使得"走卒不得肆其毒"[①]就是最好的说明。

(三) 元代信牌制度对后世的影响

元代的信牌制度,又为后来的明清王朝所继承,明清两朝均将信牌制度纳入明律与清律之中。如《大明律》卷三"信牌"条载:

> 凡府州县置立信牌,量地远近,定立程限,随事销缴。违者,一日笞一十,每一日加一等,罪止笞四十。若府州县官,遇有催办事务,不行依律发遣信牌,辄下所属守并者,杖一百。谓如府官不许入州衙,州官不许入县衙,县官不许下乡村之类。其点视桥梁圩岸,驿传递铺,踏勘灾伤,检尸、捕贼、抄札之类,不在此限。[②]

从此条可以看出,明代所施信牌制度中"定立程限,随事销缴"的规定与元代如出一辙,但明代信牌制度在继承元代信牌制度的基础上,又有了进一步的发展,如明代对使用信牌的违限惩罚措施等做出了更进一步的规定。[③] 而清代的律令《大清律例》中关于"信牌"制度的规定,与明代的信牌制度几乎完全相同,这无疑反映出,清代又继承了明代的相关制度。元代的信牌制度对明清两朝的影响,由此可见一斑。

第二节 元代勘合文书的形态、特征与运作流程

元代在行政体制运行过程中广泛采用一种勘验制度,即勘合制度。学界

[①] 李修生:《全元文》第17册,第120页。
[②] 怀效锋点校:《大明律》卷三,法律出版社,1999年,第44页。
[③] 关于明代的信牌制度,可参见阿风:《明代"信牌"渊源考》,《第十七届明史国际学术研讨会暨纪念明定陵发掘六十周年国际学术研讨会论文集》,第211—215页;阿风:《明代的"白牌"》,《安徽史学》2018年第4期。

已对其起源、出现时间、特点、管理、使用范围等问题进行了探讨,[①]亦有学者关注到黑水城元代勘合文书,[②]但有关元代勘合制度及黑水城元代勘合文书的研究,仍有剩意可寻。就笔者所见,黑水城共出土元代勘合文书原件3件,[③]这为我们了解元代勘合文书的形态、特征提供了珍贵的实物资料。依据这些原件及其他相关文书,可进一步考察元代勘合文书的运作流程等问题。本节拟在前人研究基础上,对元代勘合文书的形态、特征及运作流程做进一步考察。

一、黑水城元代勘合文书原件的确认

胡光明已指出,"勘合"一词最早出现于唐代,当时"勘合"仅作动词使用,其以纸质文书形态出现是在元代,而元代的勘合制度又深刻影响了明代的相关制度。[④] 然而在黑水城文献公布之前,学界一直无缘得见元代"勘合文书"的原貌。《中国藏黑水城汉文文献》第5册第1037—1042页收录文书7件,该书将这7件文书称为"勘合文书",其编号与拟题分别为:M1·0807[F13∶W104]《宙字壹号半印勘合文书》、[⑤]M1·0808[84H·F125∶W41/1891]《黄字号半印勘合文书》、M1·0809[84H·F116∶W141/1313]《勘合文书残件》、M1·0810[84HF146 正]《文书残件》、M1·0811[84HF146 背]《勘合文书残件》、M1·0812[84H·F19∶W50/0587]《勘合文书残件》、M1·0813[84H·采∶W17/2957]《勘合文书残件》。《中国藏黑水城汉文文献》首次指出黑水城文献中存在勘合文书,并对其进行了归类,其学术贡献值得肯定。但该书对于这组文书的定性不甚准确,之所以该书将这组文书称为"勘合文书",可能主要基于在这组文书中,有的文书完整记载了"今用某字某号半印勘合书填前去,合下仰照验,比对元发号簿墨迹、字样相同"[⑥]等文字,有的文书则残存了其中的部分文字。[⑦] 需要指

---

① 胡光明:《勘合考释》,《重庆工商大学学报(社会科学版)》2009 年第 1 期,该文与其西南大学 2009 年硕士学位论文《明代勘合制度考》第 8—14 页内容相同。
② 潘洁:《黑水城出土勘合文书种类考》,《内蒙古社会科学(汉文版)》2013 年第 4 期;潘洁:《试述黑水城出土勘合文书》,《西夏学》第 10 辑,第 210—214 页。
③ 《中国藏黑水城汉文文献》原载 4 件相关文书,经拼合后,实为 3 件,故称之。
④ 胡光明:《勘合考释》,《重庆工商大学学报》2009 年第 1 期。
⑤ 该件文书还收录于李逸友:《黑城出土文书(汉文文书卷)》,第 142 页,编号为 F132∶W104。
⑥ 如其中的 M1·0807[F13∶W104]《宙字壹号半印勘合文书》载有"总府今用宙字壹号半印勘合书填前去,合下仰照验,比对元发号簿墨迹、字样相同,更"等文字。
⑦ 除 M1·0810[84HF146 正]《文书残件》外,其他 5 件文书即是。

出的是,这些文字所表述的内容是如何使用勘合文书,而文书本身非"勘合文书",它们的性质应为"勘合相关文书"。此外,潘洁指出,黑水城文献中存在"钱粮收支勘合""站赤提调勘合""官吏给由勘合"三大类勘合文书,其中"钱粮收支勘合"又分为"抽分勘合""军粮勘合""俸禄勘合""祭祀勘合""分例勘合""其他钱粮物勘合"等六小类。① 潘洁所划分的各类"勘合",也是记载如何使用"勘合"的文书,非元代的勘合原件。另外,潘洁还指出,黑水城"勘合"文书共三件:一件为M1·0140[HF193A正],"大致可以将其推断为半印勘合";其他两件为M1·0170[F111:W54]、M1·0172[84H·F111:W13/1091]。至于这两件为何种勘合,潘文并未确定。② 可见,在有关勘合原件的确认及文书性质的判断上,尚存探讨空间。

元人徐元瑞在《吏学指南》"牓据"条云:"勘合,即古之符契也。"③ 众所周知,我国古代最早的"符契"莫如战国时期的虎符,虎符分两半,君王、外任将领各执其一,只有当两个半符相合之时才能发出调兵命令。可见,勘合亦应由两部分构成,且这两部分分别具有虎符的"半符"特征。就笔者查勘,黑水城文献中确有文书具备这一特征,它们的编号与拟题分别为:M1·0140[HF193A正]《广积仓支黄米文书》、M1·0141[HF193A背]《广积仓支黄米文书》、M1·1542[84H·F13:W70/0421]《押印》、M1·0170[F111:W54]《天字号收米文书》、M1·0172[84H·F111:W13/1091]《杨三宝收米文书残件》。这几件文书可分为两种情况:其中第一、二件分载于一纸的两面,从书写笔迹及其内容看,它们应属于同一件文书,为方便研究,我们称这一纸两面的文书为甲件;第三件称为乙件,甲、乙件属于一种类型;第四、五件,可称为丙件、丁件,丙、丁两件属于一种类型。下面按类型分别予以说明。

其一,第一种类型的勘合原件。

甲件:M1·0140[HF193A正]、M1·0141[HF193A背]

---

① 潘洁:《黑水城出土勘合文书种类考》,《内蒙古社会科学(汉文版)》2013年第4期。
② 潘洁:《试述黑水城出土勘合文书》,《西夏学》第10辑,第210—214页。
③ (元)徐元瑞著,杨讷点校:《吏学指南(外三种)》,第43页。

M1·0140[HF193A 正]《广积仓支黄米文书》图版①

M1·0141[HF193A 背]《广积仓支黄米文书》图版②

① 转引自塔拉等：《中国藏黑水城汉文文献》，第231页。
② 转引自塔拉等：《中国藏黑水城汉文文献》，第232页。

第七章　黑水城文献所见元代公文运作机制研究（下）　255

正面

1.　　　　　眩忽帖木　　阿妞不即　　古急义
2.　　　　　怯都麻　　　眩忽眩你　　刘赛姐
3.　　　　　忽来真　　　阿忒古思　　法都麻
4.　　　　　阿汝。

5. 照过①　实支黄米伍（印章）硕肆斗整（印章）。
　　　　　　　（印章）

6.（八思巴蒙古文）（印章）　　□□□□□□（印章）

7.　　□右②下广积仓官满殊失厘。准此。
　　　　　　　（后缺）

背面

　1. 七月初二日全支讫。

乙件：M1·1542［84H·F13：W70/0421］

（前缺）

1.　　　　　□□□□□硕③（印章）
　　陆斗整（印章）。
2.　　　　　准此。
3.　　　□□□□□（印章）
　　　　（签押）（签押）

M1·1542［84H·F13：W70/0421］《押印》图版④

---

① "照过"，此二字系朱书。
② "右"，据残笔画及文义补。
③ "硕"，据残笔画及文义补。
④ 转引自塔拉等：《中国藏黑水城汉文文献》，第1845页。

甲件相对完整，正面存文字7行，背面1行，背面还有图案一幅，图中有马、象等图案，另有男性人物两个，其墨色均匀，可能为版画。这幅版画似是利用文书的背纸进行印刷的，属于对该纸张的二次利用。可以推测，版画与文书内容并无直接关系。

文书正面第1—4行书写10个人名。第5行可分为两部分，前两字"照过"为朱笔，后"实支黄米伍硕肆斗整"为墨书，两者笔迹不同，可知此件文书至少又经过了两次书写。该行文字之上还钤盖多枚印章，其中"支"字与"伍"字之间钤盖一枚，"硕"字与"整"字之间钤盖一枚，这两枚印章均为正方形朱印，大小相当，钤盖上下工整，印文相同。该印文与照那斯图、薛磊先生所著《元国书官印汇释》一书中八思巴文"亦集乃总管府印"[①]的摹写本相同，可以确认，这两枚印章为"亦集乃总管府印"。由此可知，此件中支取黄米的数量"实支黄米伍硕肆斗整"是经过亦集乃路总管府批准的，而前4行的人名，是"黄米"的支取人。

第5行除钤盖两枚八思巴文"亦集乃总管府印"外，还斜钤一枚长方形印章，印文为汉字，共分4行，能辨识者为第4行的"至正柒年　　　　"，通过该行印文推测，这枚印章载有支取粮食的时间等内容。

第6行分为两部分，上部为八思巴蒙古文字，下部为汉字。八思巴字与汉字均存左半部分，汉字为"洪字玖拾贰号"。关于此行八思巴字，吉田顺一、チメドドルヅ（齐木德道尔吉）所编《ハラホト出土モンゴル文書の研究》一书指出，该行八思巴字翻译成汉字亦为"洪字玖拾贰号"，"洪字玖拾贰号"是此件文书的识别号码。[②] 该行除载有半字八思巴字与汉字外，在八思巴字与汉字之上还分别钤盖印章一枚，印章存左半部分。八思巴字上的印文极为模糊，不能辨识，汉字上所钤印章为八思巴文。该印章与《元国书官印汇释》一书所载"亦集乃总管府印"的摹写本左半部分完全吻合，由此判定，汉字"洪字玖拾贰号"之上所钤盖的亦是"亦集乃总管府印"。由汉文"洪字玖拾贰号"为亦集乃路总管府所书、印章为该府所钤推知，该行的八思巴字及其印章也当为亦集乃路总管府所书、所钤。

第7行的字体、墨迹与第5行相同，其中的"广积仓"为亦集乃路总管府的司属机构之一。此行文字表明，亦集乃路总管府向"眩忽帖木"等10人"实支黄

---

① 照那斯图、薛磊：《元国书官印汇释》，辽宁民族出版社，2011年，第193页。
② ［日］吉田顺一、チメドドルヅ（齐木德道尔吉）：《ハラホト出土モンゴル文書の研究》，第125页。

米伍硕肆斗整",一是在广积仓支取,二是由该仓仓官满殊失厘负责。

背面的"七月初二日全支讫",应当是对正面文书中支取粮食的记录。这说明,在使用正面文书支取粮食后,该件文书交给了粮食的支取机关广积仓,广积仓核实了支取情况。

由以上内容判断,这件文书的内容涉及元至正七年(1347)七月"眩忽帖木"等10人凭"亦集乃路总管府"下发的公文,在该路广积仓支取粮食一事。该件支取粮食文书的一个重要特征,是第6行载有半字号与半印章。

乙件为残尾,仅存文字3行。第1行的文字与甲件第5行的后4个字,从书写格式到内容都极其相似,且该行所钤盖的两枚印章,经与甲件比勘后发现,它们完全相同,亦为"亦集乃总管府印"。第3行载有半字号与半印章,半字号与半印章的形态与甲件第6行相同,均存左半部分,该行的半字号由于残存较少,可辨识者似为"□字廿捌号",其墨色较之其他各行要淡,可以推知,此行文字与其他各行非一次书写完成,该行的半印章也为"亦集乃总管府印"。第2行的"准此"二字,与甲件第7行的"准此"亦类。由此断定,乙件实与甲件相似,也应是一件元代用来支取粮食的文书。但该件文书的背面无图案,这进一步说明,甲件背后的版画与该类支取粮食文书的内容无关。乙件的重要特征也在于其载有半字号与半印章。

元代对于钱粮的收支有着严格的规定,《通制条格》卷十四"司库"条载:"至大四年六月,中书省。户部呈……照得凡收支钱物,必须半印勘合。"①这说明,元代要求仓库收支钱粮时均须使用半印勘合。黑水城文献中一些与钱粮发放有关的文书,亦载明了此点。如《中国藏黑水城汉文文献》第2册《钱粮储运收支文书》第273页编号、拟题为M1·0194[F74:W2]的《往字九十八号支黄米小麦大麦文书》。今将其释录如下:

(前缺)
1. _____ 合书填②前去,
2. 　　　合下仰照验③,比对元号④簿相同,更

---

① 方龄贵校注:《通制条格校注》卷十四《仓库·司库》,第434页。
② "合书填",《黑城出土文书(汉文文书卷)》未释。
③ "验",《黑城出土文书(汉文文书卷)》漏录,现据图版补。
④ "号",《黑城出土文书(汉文文书卷)》释作"呈",现据图版改。

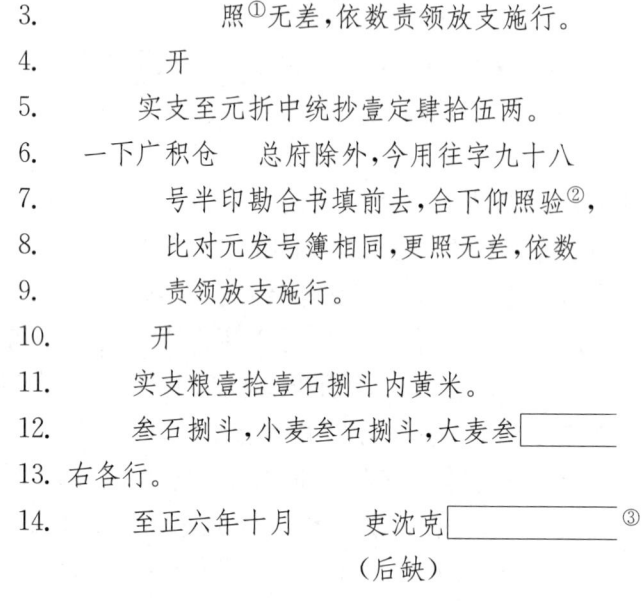

3.　　　　　　照①无差，依数责领放支施行。
4.　　　开
5.　　　实支至元折中统抄壹定肆拾伍两。
6.　一下广积仓　　总府除外，今用往字九十八
7.　　　号半印勘合书填前去，合下仰照验②，
8.　　　比对元发号簿相同，更照无差，依数
9.　　　责领放支施行。
10.　　开
11.　　实支粮壹拾壹石捌斗内黄米。
12.　　叁石捌斗，小麦叁石捌斗，大麦叁☐
13.　右各行。
14.　　至正六年十月　　吏沈克☐☐☐③
　　　　　　　　　　（后缺）

此件文书提到，至正六年（1346）十月在广积仓放支粮食时，要求使用"往字九十八号半印勘合书填前去"，"比对元发号簿"后，放支粮食"壹拾壹石捌斗"。这说明带有字号的"半印勘合"是在广积仓支取粮食的凭证。甲件文书不仅是一件元代在广积仓支取粮食的文书，且其所载的半字号与半印章无疑是用来勘验与比对的，可以确认，甲件应是一件支取粮食的元代"半印勘合"文书原件，乙件亦是如此。

当然还需要补充一点，元廷所要求的"凡收支钱物，必须半印勘合"的规定，在实际执行过程中可能存在灵活处理的情形。如黑水城文献显示，亦集乃路在放支钱粮时往往会用到"半印勘合"，但在收纳税粮时则不用，如M1·0945〔F193：W13〕《票据》文书所示。④ 此件文书，前揭已述，其包括粘连在一起的文书两件，其一是"以总管府（亦集乃路总管府——笔者案）的名义发给农户的税粮通知书"，其二是"广积仓收到税粮后的仓票"。⑤ 若按元廷规定，此件作为元

---

① "照"，《黑城出土文书（汉文文书卷）》将上行"更"字误录于本行，且在"照"字后衍录一"验"字，现据图版改。
② "验"，《黑城出土文书（汉文文书卷）》释作"及"，现据图版改。
③ 李逸友：《黑城出土文书（汉文文书卷）》，第128页。
④ 塔拉等：《中国藏黑水城汉文文献》，第1215页。
⑤ 李逸友：《黑城出土文书（汉文文书卷）》，第76页。

代亦集乃路总府及其广积仓下发的收纳税粮文书,也应是半印勘合。但该件的图版却未见用于勘验的字号与印章。类似此件的元代收纳税粮文书,在黑水城文献中还有10余件。这说明,元代"收支钱物,必须半印勘合"的规定,在实际操作过程中可能存在灵活运用的情况。

其二,第二种类型的勘合原件。

丙件:M1·0170［F111:W54］

M1·0170［F111:W54］《天字号收米文书》图版①

（前缺）
1. ▢▢▢▢▢伍拾▢▢▢▢▢
2. ▢▢▢▢▢▢▢▢▢▢
3. 忙古歹,米壹伯②式拾▢▢▢▢
4. ▢▢▢▢▢▢▢

---

① 转引自塔拉等:《中国藏黑水城汉文文献》,第253页。
② "伯",当为"佰"之借字。以下同,不另说明。

5. 初一日 支①米肆伯陆拾石☐
6. 　　何惠月，米捌☐
6. 　　☐☐☐☐☐
8. 　☐文进，米陆拾玖☐
9. 　　☐☐☐☐☐
10. ☐伯石整。
11. ☐递告☐②

（后缺）

丁件：M1·0172[84H·F111：W13/1091]

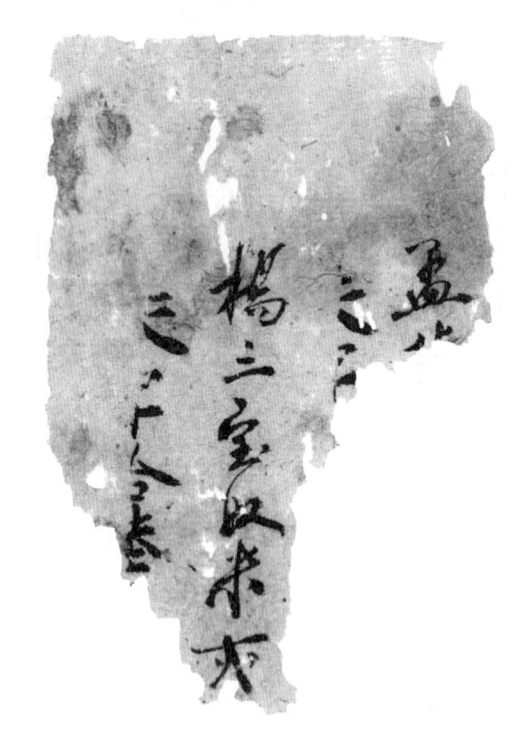

M1·0172[84H·F111：W13/1091]《杨三宝收米文书残件》图版③

---

① "支"，该字残缺，《黑城出土文书（汉文文书卷）》释作"收"，现据图版改。
② 该行文字，《黑城出土文书（汉文文书卷）》缺录。此件录文还收录于《黑城出土文书（汉文文书卷）》，第114页。
③ 转引自塔拉等：《中国藏黑水城汉文文献》，第254页。

　　　　　　　　（前缺）
1. 孟□▭
2. 　　元子▭
3. 杨三宝奴①米贰▭
4. 　　元子合旨▭
　　　　　　　　（后缺）

丙件与丁件均为残件,从以上文书录文可见,丙件第1—2行、3—4行、6—7行、8—9行均采用了先述"人名""米""石数",再书写"天字某号"的形式,且"天字某号"从"天字拾柒号"连续排列至"天字贰拾号",而"天字某号"均存右半部分。丁件第1—2行、3—4行亦与丙件上述各行的书写格式及内容相同,且丁件所用纸张颜色、文字笔迹及墨色等与丙件完全吻合,由此断定,丙、丁两件文书实为同一件文书。由于丁件第4行为"天字拾陆▭",与丙件第2行"天字拾柒号▭"中的数字相连,据此推断,丁件应在丙件之前。我们可将丁件、丙件文书拼合、复原如下:

　　　　　　　　（前缺）
1. 孟□▭
2. 　　元子▭
3. 杨三宝奴米贰▭
4. 　　元子合旨▭
5. ▭伍拾▭
6. 　　元子合旨▭
7. 忙古歹,米壹伯贰拾▭
8. 　　元子合别旨▭
9. 初一日 支 米肆伯陆拾石▭
10. 　　何惠月,米捌▭
11. 　　元子合次旨▭
12. □文进,米陆拾玖▭
13. 　　元子弍合旨▭

---

① "奴",据《中国藏黑水城汉文文献》定名可知,"奴"字该书释读为"收",现据图版改。

14. ▭伯石整。
15. ▭递告▭▭▭▭
　　（后缺）

复原之后的丁、丙件文书我们今称之为戊件。从文书形式上看,第1—8行,第10—13行排列有一定规律,第9、14、15行,所载内容与其他各行不同。从现存文字看,第9行当为"初一日"支"米"总数,该行似为第1、3、5、7等行所载粮食数额的总和;第14行应与第9行相似,亦应是第10、11行的支粮总数;第15行因残缺过甚,其意不明。如此我们可以将戊件前14行的书式概括如下：

1. 人名＋米＋石数
2. 天字某号
3. 人名＋米＋石数
4. 天字某号
5. 人名＋米＋石数
6. 天字某号
7. 人名＋米＋石数
8. 天字某号
9. 某日支粮总数
10. 人名＋米＋石数
11. 天字某号
12. 人名＋米＋石数
13. 天字某号
14. 某日支粮总数

从以上得见,戊件不仅载有多名支取人的姓名、支粮种类、支取数量,且载有多日支取粮食总数。由此推断,此件文书应为某机构放支粮食的登记簿。

此件虽残缺年款,但由于此文书来自"中国藏"黑水城文献,而"在黑城内发掘所得的汉文文书中,凡是属于公文及民间交往的世俗文书,都是元代和北元遗物"。[①] 另外,从文书所用纸张、文字笔迹、人名等方面的信息判断,此件与黑水城其

---

① 李逸友：《黑城出土文书（汉文文书卷）》,第10页。

他元代文书无二,可以确认,此件文书为一件元代支取粮食的登记簿。该文书的特殊之处在于,在每名支取人后面均载有"天字某号"的文字,且"天字某号"均存右半。无疑,戊件中的半字号应与甲、乙件文书所载半字号的功能相似,是用于勘验与识别的。我们可以初步判断,戊件应为一件与甲、乙件形式不同的元代勘合文书原件。

元代在放支钱粮过程中,不仅需使用到如甲、乙件等半印勘合支取凭证,还需使用"号簿"或"半印号簿"等予以对勘。如前文 M1·0194［F74：W2］《往字九十八号支黄米小麦大麦文书》中记载,在广积仓放支粮食时要"比对元发号簿"后,放支粮食"壹拾壹石捌斗。"《中国藏黑水城汉文文献》第 5 册《提调站赤类文书》第 1092 页编号与拟题为 M1·0870［84H·F19：W107/0647］《提调站马文书》中,第 1、2 行记载"今用收字伍号〇〇〇〇〇〇〇〇〇〇半印号簿相同,更照无差,依数责领放〇〇〇〇〇〇〇"等,载明放支钱粮时需用载有"收字伍号"的某物比对"半印号簿"无误后,才能依数放支。显而易见,载有"收字伍号"的某物,即是"收字伍号半印勘合"。"号簿"或"半印号簿"当是"半印勘合号簿"的简称,它们与"半印勘合"相对,"半印勘合"是领取粮食的凭证,"号簿"则为放支粮食的登记簿或底簿,只有将领取凭证与放支登记簿比对无误后,才能放支钱粮。换言之,"半印勘合号簿"应是半印勘合的底簿。戊件是一件元代放支粮食的登记簿应无异议,其与作为半印勘合文书的甲、乙件有共同之处,即该件文书也载有用来识别和比对的半字号。通过以上分析,我们认定戊件文书应是一件元代放支钱粮的"半印勘合号簿"原件。虽然戊件可能是一件"半印勘合号簿"原件,但其并无"半印",甲、乙件作为"半印勘合"不仅有半印,还有半字号。若"半印勘合"中的"半印"为实指,则"半印勘合"应称为"半印半字号勘合",但无论元代传世典籍还是出土文献中,我们都未见所谓的"半印半字号勘合"这一术语。这似乎反映出,"半印勘合"中的"半印"二字,只是半印与半字号的代称而非实指。因此,将带有半字号的戊件称作"半印勘合号簿"是可行的。

综上可知,黑水城文献中的甲、乙件载有半字号、半印章,戊件载有半字号,这些半字号与半印章,无疑与古代符契中"半符"的特点和功能相似。可以确认,以上 3 件文书属于极为罕见的元代勘合文书原件。

二、从黑水城文献看元代勘合文书的形态与特征

对于元代勘合的形态、特征等问题,胡光明据《元典章》"检尸法式"所载:"本

部令参酌定立尸帐，图画尸身，一仰一合，令各路（一）〔依〕样板印，编立字号勘合，用印钤记，发下州县，置簿封收。"① 推测得出"'板印'即雕版印刷"，"可知勘合为纸质印刷品，其上编有字、号，既表明勘合的编排体例，又用于校勘比对"②的结论。胡先生关于"勘合为纸质印刷品"的推测似可商榷，③而其所云勘合之上"编有字、号"的观点无疑正确，但其又云"因史料的欠缺，我们还无法考证其字、号的形式、顺序等"，④则又略显遗憾。通过黑水城文献，我们一方面可以补充和纠正前人对元代勘合文书形态与特征的认识，另一方面还会得出一些新的发现。

其一，元代勘合文书，实由"半印勘合"与"半印勘合号簿"两部分构成。

黑水城文献中的甲、乙件与戊件文书，分别属于"半印勘合"与"半印勘合号簿"文书，它们密切相关，无疑是"勘合文书"的两个重要组成部分。这两部分共同的形态、特征是，它们均载有半字号，而细微的差别则是，"半印勘合"的字号存左半，"半印勘合号簿"的字号存右半。可以推见，若甲、乙件与戊件文书所载内容为同一事项，它们的字号必能相合，这即印证了徐元瑞所谓"勘合，即古之符契也"的论断。然除徐氏所云外，元代传世文献对其却缺乏更为详尽的描述，但我们可以从明代勘合的记载中得到一些启示。如《明太祖实录》卷一百四十一载：洪武十五年（1382）春正月"始置诸司勘合，其制以簿册合空纸之半而编写字号，用内府关防印识之，右之半在册，左之半在纸"。⑤ 明代勘合文书由两部分组成，一为"簿册"，一为"纸"，两者之间用字号与印章关联，字号与印章的右半在册、左半在纸。明代勘合文书的"簿册"与"纸"正好对应黑水城文献中的"半印勘合号簿"与"半印勘合"，其字号与印章的存在方式，也与黑水城文献中"半印勘合号簿"与"半印勘合"相同。另外，笔者在《中国明朝档案总汇》⑥一书中找到两件与甲、乙件相似的明代徽州文书。该书第1册第114页载有一件"嘉靖

---

① 陈高华等点校：《元典章》卷四十三《刑部五·诸杀二·检验·检尸法式》，第1482页。
② 胡光明：《勘合考释》，《重庆工商大学学报（社会科学版）》2009年第1期。
③ 由于胡先生未明确"检尸法式"中"板印"的对象，故而得出的结论有待商榷。"检尸法式"中"令各路（一）〔依〕样板印"的对象，应是尸身仰面、合面的"图画"。《元典章》此条处的确附有尸身仰合画图两张，新出点校本《元典章》著者在此条处，据《永乐大典》等典籍，将"令各路（一）〔依〕样板印"中"一"字，校改为"依"。可知，"各路依样板印"的应为"尸身""图画"，而非勘合。其实"检尸法式"开篇即云："某路某州某县处，某年月日某时，检验到某人尸刑〔形〕，用某字几号勘合书填，定执生前致命根因，标注于后。"检验尸体中所用的勘合是手写"书填"的公文，而非印刷制品。
④ 胡光明：《勘合考释》，《重庆工商大学学报（社会科学版）》2009年第1期。
⑤ 《明太祖实录》卷一四一"洪武十五年春正月甲申"，台湾"中研院"史语所校印，1962年，第2222—2223页。
⑥ 中国第一历史档案馆、辽宁省档案馆：《中国明朝档案总汇》第1册，广西师范大学出版社，2001年。

二十年四月十七日"契约,契约尾部有"□字□百三十一号"一行,该行文字存左半部分,文字之上的半圆形印痕亦存左半。该册第202页载有"直隶徽州府歙县契尾"一件,这件"契尾"的中上部,载有"麻字三□□十号"一行,该行文字及其印章形态与上件相似。这两件徽州契约文书中半字号的内容与形态,无疑与甲、乙件文书中的字号相似,印章亦如之。由此推断,这两件明代徽州契约似乎也是"半印勘合"文书。据之又可进一步推见,用来与这两件契约相比对的,也很可能是类似于戊件的"半印勘合号簿"类的文书。据明代传世文献及上述"半印勘合"类文书也可以看出,明代的勘合文书实由两部分构成。元明相因,由明代勘合文书的构成形式,也可以看到元代勘合文书的影子。由此亦可推测,元代勘合文书很可能是由"半印勘合"与"半印勘合号簿"两部分构成的。

同时,通过黑水城两类勘合原件可见,作为勘合文书的两个组成部分,甲、乙件"半印勘合"的字号与印章并非居于文书的边缘,戊件"半印勘合号簿"中的字号亦如此,两者的字号与印章,似乎是通过叠压后完成书写与钤盖的,并非由一纸钤盖骑缝印章后分成的两部分,这说明"半印勘合"与"半印勘合号簿"本身即是两纸文书。将这两纸文书的字号、印章进行勘验、拼合之后,则可以称之为"勘合",但有时元代传世文献或将"半印勘合"简称"勘合"。

其二,元代勘合文书,似有双语勘合和汉语勘合两种形式。据甲件"半印勘合"及戊件"半印勘合号簿"文书可知,甲件是一件用八思巴文和汉文两种语言书写字号的"半印勘合"文书,而用八思巴文、汉文两种文字书写的半字号居于一行,且它们所表达的内容相同。可以推见,与此件半印勘合相对勘的"半印勘合号簿"亦应为双语字号。这种双语勘合,一方面具有双重验证功能,另一方面则反映出,此类勘合能适用于蒙古人、汉人等不同的群体。戊件是一件仅有汉文勘合字号的"半印勘合号簿",可以推测,与之相对勘的"半印勘合"的字号亦应仅为汉文。可见,元代的勘合文书存在双语字号勘合与汉文字号勘合两种形式。显然,前者复杂,后者简单,前者的验证效果要优于后者。

其三,元代勘合文书,似又存在有印章与无印章两种形式。甲、乙件"半印勘合"均有半印章,且印章存左半部分,钤盖于字号之上。可以推见,与这两件文书相对勘的"半印勘合号簿"亦有半印章,且印章钤盖于字号之上,存右半部分。此类勘合中,印章与字号结合使用,起到了双重验证效果。戊件"半印勘合号簿"无半印章,可见与之对勘的"半印勘合"亦无半印。由此推测,元代的勘合文书又存在有印章与无印章两种形式。显然，有印章的勘合文书，其验证效果更佳。

另外，甲、乙件文书作为亦集乃路总管府下达的支取钱粮半印勘合文书，其字号之上所钤印章，均为八思巴文"亦集乃总管府印"，这又说明了两个方面的问题：一方面，元代勘合文书中字号处所钤印章，并非为勘合文书所专制；其二，由哪一机构制作、下达的勘合，即钤盖哪一机构的印章。

其四，元代勘合文书中，汉文字号是必备的要素。甲、乙件文书与戊件文书共同的特征在于，它们均载有汉文半字号，这说明作为勘合文书的两个组成部分，汉文字号是不可或缺的内容。甲、乙件作为半印勘合文书，均仅载有一个汉文字号，戊件文书作为半印勘合号簿，载有多个汉文字号。这反映出：一方面，一件"半印勘合号簿"要对应多件"半印勘合"，而非一件"半印勘合号簿"仅对应一件"半印勘合"；另一方面，戊件文书中多个汉文字号，对应着不同的支取人以及支取粮食种类和数量，而甲、乙件文书的字号仅对应着一项支取粮食的内容，由此可知，元代勘合可能是一事一勘合。《至正条格》卷二十四"抽分羊马"条载："抽分羊马，本以供给内府支持，不为不重。每岁差官各处抽分，不行从实交纳，以小抵大，作弊多端，拟合设法关防……每勘合一纸，止填羊一口，或马一疋、牛一只，开写膘分斤重，给付客旅收执，不许多添数目。"①这表明，在抽分羊马时，一纸勘合只能对应羊一口或马一匹、牛一只，不能使用一份勘合抽分多羊或多马、多牛，亦即所谓一事一勘合。

通过黑水城文献还能发现，元代勘合文书的汉文字号是由"以字系号"的形式构成，即"某字"+"多号"的形式，字号中的"字"有特定的来源。甲件文书中的字号采用了"洪"字，戊件文书采用了"天"字，黑水城与元代勘合相关的其他文书，还涉及"者""张""往""玄""宙""辰""黄""收"等多字。② 其中除"者"字出

---

① ［韩］韩国学中央研究院编：《至正条格（校注本）》卷二十四《条格·厩牧·抽分羊马》，Humanist 出版社，2007 年，第 38 页。

② 如《俄藏黑水城文献》第 4 册，第 216 页，编号与拟题为 TK211《放支口粮状》第 4 行有"者字式拾号半印勘合"等字；《中国藏黑水城汉文文献》，第 117 页，编号与拟题为 M1·0079［84H·采：W9/2949］《河渠司及张字二十七号勘合文书》残片一第 1 行有"张字廿七号半印勘合"等字；第 273 页，编号与拟题为 M1·0194［F74：W2］《往字九十八号支黄米小麦大麦文书》第 6、7 行有"往字九十八号半印勘合"等字；第 426 页，编号与拟题为 M1·0319［F20：W20］《寒字八十二号钱物账》第 2 行有"寒字八十二号勘合行下"等字；第 497 页，编号与拟题为 M1·0401［F209：W60］《玄字号俸禄文卷》第 3 行有"至顺四年闰三月廿六日玄字七十三号勘合"等字；第 1037 页，编号与拟题为 M1·0807［F13：W104］《宙字壹号半印勘合文书》第 2、3 行有"用宙字壹号半印勘合"等字；第 611 页，编号与拟题为 M1·0488 ［F116：W367］《卜鲁罕妃子分例米面文卷》残片一第 2 行有"今用辰字　　号半"等字；第 1038 页，编号与拟题为 M1·0808［84H·F125：W41/1891］《黄字号半印勘合文书》第 2 行有"今用黄字　　号半印勘合"等字；第 1092 页，编号与拟题为 M1·0870［84H·F19：W107/0647］《提调站马文书》第 1、2 行分别有"今用收字伍号勘""半印号簿相同"等字。

自《千字文》最后一句"谓语助者,焉哉乎也"①外,其他"字"多出自《千字文》的前三句:"天地玄黄,宇宙洪荒。日月盈昃,辰宿列张。寒来暑往,秋收冬藏。"②这说明,勘合字号中的"字"多来自《千字文》。勘合字号中"号"的排列也似有规律可察,如丙件文书涉及同一事项,即此件是一件放支"米"的半印勘合号簿,其所用号数前后相连。可以推见,与该件半印勘合号簿对勘的多件半印勘合的"号数"亦应前后相连。而丙件文书所有"号数"之前,均使用了统一的"天"字,这似乎又反映出,涉及同一事项的勘合文书的字号,是在统一的"字"下,连续排列"号数"。

其五,元代勘合文书,除载有用于勘验的字号、印章之外,还载有其他需办理事务的内容。如甲件文书作为一件支取粮食的半印勘合凭证,除载有字号、印章外,还载有放支粮食的种类、数量、放支机构、发放官吏、领取人等多项内容;戊件文书作为一件放支粮食的半印勘合号簿,也载有支取人、支取粮食种类、数量等内容。这反映出,勘合文书中的字号、印章并非独立存在,只有将勘合字号、印章等与其他相关事务结合使用,这些字号与印章才有了实用价值。

或许正是由于勘合文书载有需办理的事务,而相关事务的内容可以有别,因此,元代勘合文书能够在不同行政领域加以运用。如胡光明指出,元代的吏、户、兵、刑、工部及中书省均有使用勘合的情况存在。③ 通过黑水城文献还发现,在涉及元代路总管府等机构的诸多行政事务时,如抽分、酿酒、钱粮放支、分例、祭祀、俸禄发放、提调站马、官吏选用等,也大量使用了勘合文书。④ 或许又因为勘合文书中所载各类事项的文体有异,所以元代勘合文书又具有了不同的类别,如元代还存在"半印勘合公据""勘合关牒""半印勘合帖子"等多种名称。大德四年(1300)九月,湖广行省准中书省咨文载:"凡有诸人典卖田地,开具典卖情由,赴本管官司陈告,勘当得委是梯已民田,别无规避,已委正官监视,附写元告并勘当到情由,出给半印勘合公据,许令交易。"⑤至大三年(1310)十一月,江

---

① 李逸安译注:《三字经·百家姓·千字文·弟子规》,中华书局,2009年,第175页。
② 李逸安译注:《三字经·百家姓·千字文·弟子规》,第135页。
③ 胡光明:《勘合考释》,《重庆工商大学学报(社会科学版)》2009年第1期。
④ 关于抽分,如《中国藏黑水城汉文文献》,第101页,编号与拟题为M1·0065[F111:W72]《天字号抽分文卷》;关于酿酒,如第341页,编号与拟题为M1·0240[F9:W105正]《酿酒钱粮文卷》;关于钱粮放支,如本文提及的甲、乙、戊件文书等;关于分例,如上文的《卜鲁妃子分例米面文卷》;关于祭祀,如第1404页,编号与拟题为M1·1129[F116:W193]《支祭祀费用》;关于俸禄发放,如上文的《玄字号俸禄文卷》;关于提调站马,如上文的《提调站马文书》;关于官吏选用,如第983页,编号与拟题为M1·0756[F64:W2]《沙州路达鲁花赤总管府据税使司呈准本司副使刘住哥历仕状》等。
⑤ 陈高华等点校:《元典章》卷十九《户部五·田宅·典卖·典卖田地给据税契》,第701—702页。

西行省准尚书省咨文载："令各户亲赴见住地面官司陈告,体覆保勘是实,各用勘合关牒,行移元籍官司,以凭查勘除苦。"[1]此处的"勘合关牒",似是"半印勘合关牒"的简称。黑水城 M1·0240[F9：W105 正]《酿酒钱粮文卷》中使用了"半印勘合贴子"。[2] 等等。至于勘合文书中的字号、印章与需办理事项等内容是如何完成书写的,将在下文详述。

三、从黑水城文献看元代勘合文书的使用流程

关于元代勘合文书的使用流程,前人尚未涉及,下面以黑水城文献为中心,试做探析。

第一步,制作勘合。

在勘合文书使用之前,首先应完成勘合文书的制作。通过上文对黑水城元代勘合原件形态、特征的分析,笔者认为,在勘合的制作过程中,似乎是先将折叠好的半印勘合纸放于号簿之上,放置的位置是既要使两纸的重叠处在号簿中居右,又不使两纸重叠于号簿的右边缘,然后以两纸交接处为中心书写《千字文》与号数,或再钤印。《千字文》与号数及印章左半存于半印勘合纸上,右半则存于号簿之上,最后将半印勘合纸移开。这样,一张写有左半部分字号和印有左半印章的半印勘合文书即制作完成,而号簿之上则留有同一行字号和印章的右半部分。然后如法炮制,再将叠好的另外一张半印勘合纸置于号簿之上,并向左侧移动,留出一定的空间,制作出下一张半印勘合。这样在半印勘合号簿之上存有多个勘合字号,而每一件半印勘合文书又可以将字号与半印勘合号簿一一对应。在半印勘合号簿上的这种书写与排列字号方式,符合我国古代汉语从右往左、纵向书写的传统习惯。用上述方法制作完成的勘合文书,因仅有字号和印章,我们可以称之为"空勘合文书"。"空勘合文书"的两个组成部分,可称作"空半印勘合"与"空半印勘合号簿"。

以上关于元代勘合制作方法的推测,虽无法直接从元代传世典籍中得到证实,但可以通过明代勘合的制作过程加以印证。郑梁生先生《再论明代勘合》一文,记载了日本学者田中健夫据《荫凉轩日录》复原的明代勘合制作方法,其制作方法为：首先准备空纸 A、B,一为底簿,一为勘合,在纸张 A、B 相叠的中心按

---

[1] 陈高华等点校：《元典章》卷十七《户部三·户计·籍册·灾伤缺食供写元籍户名》,第 597 页。
[2] 塔拉等：《中国藏黑水城汉文文献》,第 341 页。

"本字　号"印,然后在"本字　号"印中,填写数字"壹",后再将 A、B 两纸分开,尊此法,再制作下一张勘合,填写数字"贰",等等。① 郑梁生先生认为"田中的说法比较接近事实"。② 田中先生对明代勘合制作方法的解说,与笔者对元代勘合的制作方法的推测相类,不过田中先生所说的明代勘合底簿与勘合空纸折叠处钤盖的是"本字　号"印章,然后再书填数字,③而元代则需手写《千字文》与编号。

第二步,下发"空半印勘合号簿"到勘合机构。

黑水城文献显示,在使用勘合文书过程中,需事先下达半印勘合号簿到有关机构。如前文《中国藏黑水城汉文文献》第 5 册"勘合文书"所载"今用某字某号半印勘合书填前去,合下仰照验,比对元发号簿墨迹字样相同"等语。这里提及,在使用半印勘合时,要用其与"元发号簿"比对。所谓"元发"即"原发"之意,这说明在半印勘合使用之前,半印勘合号簿已经事先下达到了勘合使用机构。《永乐大典》所载《经世大典·赋典》云:至元二十五年(1288),"京畿都漕运使司。站车赴各马头仓般(搬)运粮斛,仰本司先将半印勘合支簿开发都漕运使司收管,然后押印勘合关文,开坐所运粮数,分付押运官,赍擎前去。都漕运使司投下比对元发半印号簿相同,都漕运使司亦同勘合,下仓支拨交装"。④ 此条说,在下发半印勘合文书,即"勘合关文"之前,要先将"半印勘合支簿"开发"都漕运使司收管",然后才将"押印勘合关文""付押运官"。这里的"半印勘合支簿"当是"半印勘合号簿"的别称。

黑水城文献及《经世大典》均显示,在使用勘合文书前,需事先下发"半印勘合号簿"到勘合使用机构进行保管,但这两条材料均未记载事先下达的是否为"空半印勘合号簿"。《元典章》补充了这一细节,据《元典章》卷二十二"新降盐法事理"条载:大德四年十一月,两淮都转运盐使司承奉中书省札付:钦奉圣旨节该:"……盐仓从运司置立关防号簿,每号余留空纸半张,印押过,预发诸仓收掌。如承运司勘合,比对元发字号相同,辨验引上客名印信别无诈冒漏落,即于簿上附写'几年月日,承奉运司几年月日某字几号勘合,放支客人某人盐若干',

---

① 郑梁生:《中日关系史研究论集(十)》,文史哲出版社,2000 年,第 19—22 页。
② 郑梁生:《中日关系史研究论集(十)》,第 28 页。
③ 通过前文《中国明朝档案总汇》第 1 册所载两件明代契约文书可见,这两件文书中的半字号为手写,且《明太祖实录》卷一四一所载明代勘合的制作过程中要"编写字号"。因此推测,明代的勘合字号除钤盖印章后填写外,亦有手写情况的存在。
④ 《永乐大典》卷一五九四九《经世大典·赋典》,第 6969 页。

然后照依资次,拨袋支盐。"①此条载明,放支盐时,盐仓需"从运司置立关防号簿""预发诸仓收掌",然后再勘合支盐。这里说得很清楚,盐仓发付各仓收掌的号簿"每号余留空纸半张",经勘验后,在号簿上写明勘合时间、勘合字号、放支某人、盐数等内容。显然,事先发至各仓收掌的"号簿",应为"空半印勘合号簿"。由此推见,黑水城文献中的"元发号簿"及《经世大典》中的"半印勘合支簿",亦似为"空半印勘合号簿"。

第三步,下达勘合使用通知。

黑水城文献表明,在勘合文书使用之前,可能还会有相关公文下达到勘合使用机构。如前揭引用的编号与拟题为 M1·0426 [F26：W101 正]《至大四年七月阿黑不花宁肃王分例文卷》载:

1. 皇帝圣旨里,亦□□路总□□据都思帖木畏兀儿文
2. 　字译该：
3. 　　一下广积仓,除将总府今□字□□号半印勘合
4. 　　　　书填前去,合下仰照验,比对 元 □□簿墨迹、字样
5. 　　　　相同,更照无差,依数责□放支施行。
6. 　　开
7. **实支白米**(朱印)**壹拾贰硕**。(朱印)
8. 　　一下支持 库 　除米另行放支外,据白面合折小麦,
9. 　　　　□□无见在,总府拟照依巡检司报到至大四年
10. 　　　　□月分面货实直时价扣算,合□□□□□
11. 　　　　字十四号半印勘合书填前去,合下仰照□
12. 　　　　发号簿墨迹字样相同,更照无差,依数责
13. 　　　　领放支施行。
14. 　　开
15. **实支中统钞**□ 拾 (朱印)**肆定式拾两**。(朱印)
16. 　右各行
17. 　　至大四年七月　吏刘大明(签押)张诚(签押)

---

① 陈高华等点校:《元典章》卷二十二《户部八·课程·盐课·新降盐法事理》,第 820—826 页。

18.　　　　　　提控案牍史☐☐☐☐☐
19.　阿黑不花宁肃王分例米面
20.　　　　　　知　　　事
21.　　　　　　经历亦黑迷失（签押）
22.　廿二日（朱印）
23.　　　　　　　　　　　（签押）

从以上文书录文可知，此件是至大四年（1311）七月廿二日，亦集乃路总管府下达给广积仓、支持库等部门，要求它们使用勘合放支阿黑不花宁肃王分例米面的公文。显然，此件文书是在广积仓、支持库等部门使用勘合放支分例之前下达的。这种由上级部门下达的使用勘合公文，应类似于现在的"通知"之类的文件，我们似可称之为"勘合通知"。此件"勘合通知"包括了如下内容：其一，要求使用勘合的机构；其二，将要使用的半印勘合字号；其三，勘合的使用要求；其四，放支钱粮的数额等。据前揭，M1·0194［F74：W2］《往字九十八号支黄米小麦大麦文书》的内容与该件文书相似，亦应是"勘合通知"。这类"勘合通知"表明，在某机构使用勘合之前，有关部门可能会预先下发相关文件，告知勘合使用机构予以照验，有关机构接到通知后，才使用勘合文书进行钱粮放支等各项活动。

第四步，填写"空半印勘合"，并交付使用人。

通过上文"勘合通知"类文书可以看出，每一次勘合之前，都要求用某一字号的半印勘合文书"书填前去"。之所以要进行"书填"，主要因为此时的半印勘合文书尚属于"空半印勘合"，即其仅有字号和印章而已，而"书填前去"的内容，则应为需办理的事项，如甲件中所载的领取人姓名等诸多内容即是。同时可以推见，有权对"空半印勘合"进行"书填"者，无疑为半印勘合的发文机构。这说明，一件半印勘合文书能够进行使用，至少要经过两次书写，上文乙件文书中的字号与其他内容的墨色不同，也证实了此点。

半印勘合书填完成之后，即可交付使用人，并由其携带，赴勘合机构进行钱粮支取等各项活动。如上文《经世大典》所载，将"勘合关文""开坐所运粮数"之后，再将其"分付押运官"。

第五步，比对勘合，填写"空半印勘合号簿"，完成勘合活动。

勘合活动的中心内容即比对勘合。《通制条格》卷十四"关防"条载："如有收支钱物,须要本库色目、汉儿库子、攒典眼同开库,比对勘合,明白销附,书押收支,如违痛行治罪。"①这表明,在收支钱物过程中,使用勘合文书主要进行"比对"活动,但不载比对的细节。上文《元典章》卷二十二"新降盐法事理"条记载,"承运司勘合"时,需"比对元发字号"。显然,这里提及的"元发字号",应是原发半印勘合号簿的字号。该条进一步说明使用勘合文书过程中主要比对的内容,即要比对半印勘合号簿的字号,而与半印勘合号簿进行比对者,当是半印勘合文书。

黑水城"勘合通知"类文书,更进一步说明了如何比对半印勘合与半印勘合号簿的字号。此类文书显示,在勘合时,需将半印勘合与半印勘合号簿相关联的部分"合"在一起,对其"墨迹"和"字样"进行比对。所谓比对"墨迹",应是检查两件墨迹是否相同;所谓比对"字样",应是检查两件之上各有的半个字号和印章能否合二为一。经比对,当半印勘合与半印勘合号簿的字号与印章能够合二为一,而"墨迹"也相同时,则表明该件半印勘合为真。所谓"勘合","勘"为比对,"合"则指合二为一。若勘合使用机构所收掌的勘合号簿为"空半印勘合号簿",则还需在其上记录有关半印勘合的内容。如上文《元典章》"新降盐法事理"所载,当比对完成之后,要在"簿上附写'几年月日,承奉运司几年月日某字几号勘合,放支客人某人盐若干'"。据此可以推知,戊件文书中的支取人、支取粮食种类、支取数量等内容,可能是在勘合活动进行过程中,根据每一字号对应的半印勘合文书的内容所填。当以上内容完成之后,则可以进行钱粮放支等各项活动。

第六步,对勘合文书进行保管与审查。

勘合活动完成后,勘合文书似由相关使用机构加以保管。如《元典章》卷二十一"准除钱粮事理"条载:大德元年七月"……将本省所辖去处,但奉上司文字及各路关文,应副军人行粮、工匠口粮及造作、递运、和雇和买钱帛等各项,年终差拨人吏,赍所支数,抄连许支,并下仓库勘合关钱粮人收管一切文凭,于上使讫关防条印,令照算人吏赍回,就分付各仓库收贮照勘相应"。② 这里提到,向各个仓库下达的"勘合"等一切文凭,都需由各仓库收贮。上文甲件文书亦显示,该件半印勘合文书在放支钱粮结束后,广积仓对放支情况进行了核实。这说明该件半印勘合文书使用完成后,交付给勘合使用机构广积仓,而用来与甲件进行比对的甲件文书的号簿,则亦应在该仓保留。

---

① 方龄贵校注:《通制条格校注》卷十四《仓库·关防》,第 404 页。
② 陈高华等点校:《元典章》卷二十一《户部七·钱粮·支·准除钱粮事理》,第 768 页。

勘合文书由相关机构保管后,元政府对于勘合文书的管理还未停止,如黑水城文献显示,在勘合使用完成后,还要由专门的部门对其进行审查。如甲件文书,该文书的第5行有用朱笔书写的"照过"二字,"照过"为元代肃政廉访司照刷案牍的专用术语,这一术语是该件半印勘合文书经过肃政廉访司检查的标志。肃政廉访司"照刷检核案牍,涉及诸色地方官府所办理的庶务",①从中也可看出,一件半印勘合文书,在使用完成后,要和其他行政公文一样,接受肃政廉访司的审核,既然半印勘合如此,而勘合文书的另一部分半印勘合号簿亦应如此。至此,元代勘合文书的使用才告一段落。

总之,黑水城文献中现有元代勘合文书原件3件,这3件勘合原件可分为两种类型,一为半印勘合,一为半印勘合号簿。通过这两种类型的勘合原件,可以认识元代勘合文书的具体形态与特征。这些勘合原件及其他相关文书,又为揭示元代勘合文书的使用流程等问题,提供了至为珍贵的一手资料,具有重要补史意义。

第三节 元代公文结尾的类型与公文运作

如所周知,黑水城元代文献数量众多,对于元史研究具有重要价值和意义。当前已有诸多学者利用这批文献以研求元代政治、经济、法律、社会、宗教等相关问题。其中,有学者关注到了黑水城元代公文的结尾。如张重艳《黑水城所出元代军粮文书杂识》②一文,对元代军粮文书中的"札付"文体进行了探讨,通过考察相关札付结尾的形式,提出了"在元代札付中,凡引用圣旨、诏敕或令旨时,文书末尾都用汉字书写由头,反之则不用"③的观点。另外,陈朝辉等的《黑水城出土元代文书押印制度初探》④一文,首次以黑水城元代公文结尾中的押印为研究对象,指出相关押印由"官印"与"私印"组成,"印文常见于文中或末尾,前者多为骑缝印,后者主要为日期印和签署印"。⑤ 以上研究,虽涉及黑水城元代公文结尾的一些问题,但对于黑水城元代公文结尾的类别与特征,公文结尾

---

① 李治安:《元代政治制度研究》,第311页。
② 张重艳:《黑水城所出元代军粮文书杂识》,《兰州学刊》2009年第12期。
③ 同上。
④ 陈朝辉等:《黑水城出土元代文书押印制度初探》,《西夏研究》2013年第4期。
⑤ 陈朝辉等:《黑水城出土元代文书押印制度初探》,《西夏研究》2013年第4期。

反映的元代公文运作机制等重要问题却尚未涉及。黑水城元代公文结尾及其反映的有关问题，对于黑水城元代文书，以及元代文书制度、行政制度等的研究都具有非常重要的意义。因此，本节拟在前人研究的基础上，对有关黑水城元代公文结尾进行初步的考察，对公文结尾反映的文书运作机制试做专题讨论。

一、黑水城元代公文结尾的类型与特征

黑水城元代汉文文献总数在 5000 件左右，其大部分为官文书，也有少部分为民间文书以及古籍等社会历史文献，本节研究主要是针对官文书，即行政公文展开。黑水城元代公文虽然数量众多，但真正完整者却寥寥无几，这也注定了黑水城文献中具备完整结尾的元代官文书数量非常有限。据笔者统计，具有署名、签押、墨戳印、时间等公文结尾内容的黑水城元代文书仅 120 余件，而结尾相对完整者则在 40 件左右，其中"俄藏"5 件、[①]"英藏"1 件、[②]"中国藏"35 件。[③] 本节即以这 40 余件具有相对完整结尾的文书为研究对象。通过《黑城出土文书（汉文文书卷）》《中国藏黑水城汉文文献》两书对有关文书的归类可知，在最大宗的"中国藏"35 件文书中，有 29 件来自相关"文卷"（以下"文卷"之名称，对以上两书拟题兼而采之），包括《提调钱粮文卷》1 件、《大德十一年税粮文卷》4 件、《至正十一年考校钱粮文卷》4 件、《大德四年军用钱粮文卷》4 件、《至大四年七月阿黑不花宁肃王分例文卷》1 件、《桑哥失里大王分例羊酒文卷》2 件、《卜鲁罕妃子分例米面文卷》2 件、《签补站户文卷》2 件、《至正二十四年整点站赤文卷》9 件。这说明"文卷"所具有的多件文书粘连在一起的物理特性，对于保存文书的完整性具有一定的优势。

黑水城元代公文涉及的行政机构主要是亦集乃路以及与之相关的甘肃行省、河西陇北道肃政廉访司等。其中，具有比较完整结尾的公文，主要涉及亦集乃路和甘肃行省。经笔者辨析，这些相对完整的黑水城元代公文结尾主要存在以下三种类型：

[①] 其中《俄藏黑水城文献》4 件，它们的编号为 TK249、TK305、B53、Дx2158；《俄藏敦煌文献》1 件，编号为 Дx19075。为方便研究，仅述文书编号。以下同，不另说明。

[②] 编号为 Or. 8212/736K. K. 0150(a)。

[③] 原始编号为：F270：W11、F116：W522、F116：W616、F116：W617、F116：W614、F116：W555、F116：W554、F116：W556、F116：W557、F116：W552、F116：W553、F116：W566、F116：W565、F79：W46、F26：W101 正、F116：W595、F116：W509、F116：W573、F116：W65、F111：W86、F79：W42、F197：W33、F116：W433、F116：W544、F116：W560、F116：W396、F116：W558、F116：W579、F116：W580、F116：W577、F116：W150、F116：W615、F116：W578、F116：W570、F116：W361a。

(一) 无人署名的公文结尾

中国藏编号、拟题为 M1·0297[F116：W566]《大德四年军用钱粮文卷》的文书,收录于《黑城出土文书(汉文文书卷)》第 138 页及《中国藏黑水城汉文文献》的第 407 页,内容如下:

1. □①肃等处行中书省来申有:
2. ☐鲁灰②经过,赴
3. ☐勾当。本路见在粮斛止有小麦二千余石☐
4. ☐储,利害非轻。今差☐
5. ☐近据来申亦为此事。本路☐
6. ☐无支用去处,已行照会去☐
7. ☐议札付者。
8. □③札付亦集乃路总管府。准此。

9. (亦思替非文字)

10. (年款墨印,墨印中书八思巴字)(朱印)
11. (签押)   (签押)
    (后缺)

此件首全,尾部略残,从起首处"□(甘)肃等处行中书省来申有"及结尾处"□(右)札付亦集乃路总管府。准此"等句可知,此件当为甘肃行省下达给亦集乃路总管府的札付。

该札付结尾的特征在于,其不同于其他一般意义上的呈、状、牒等类公文。该札付的结尾处载明了札付的下达对象"亦集乃路总管府",以及公文的结语词"准此"。此语之后载录了 1 行民族文字,李逸友先生认为该行文字为"亦思替非文字"。所谓的"亦思替非文字",韩儒林先生认为"可能就是波斯文",⑤而伊朗学者

---

① "□",据《中国藏黑水城汉文文献》中所收《大德四年军用钱粮文卷》其他文书推知,此处所缺文字应为"甘"。
② "鲁灰",《黑城出土文书(汉文文书卷)》释作"曾承",现据图版改。
③ "□",按元代公文之格式,此处残缺文字当为"右"。
④ 转引自塔拉等:《中国藏黑水城汉文文献》,第 407 页。

M1·0297[F116：W566]的文书尾部图版①

穆扎法尔·巴赫蒂亚尔先生进一步指出"'亦思替非'的创造者是古代伊朗人",在萨珊王朝时期(226—652年),"'亦思替非文'的使用情况可以找到确切的记载","'亦思替非'乃是一种特殊的文字符号,用于国家文书之中,它有特定的写法与规则,国王及政府有关财务税收的诏书,清算单据,税务文书等都用这种文字书写"。② 但对于此民族文字,日本学者吉田顺一先生等则认为是阿拉伯文。③ 如此看来,该类民族文字之属性尚存争议。

此件公文结尾还载录了时间及签押,时间的载录形式也比较特殊,该处的时间是用墨戳钤印的,而墨印之间又有八思巴文字。黑水城元代文献中还有类似此件的文书,用墨戳钤印时间,在墨印间书写汉文年款,如M1·0772[F209：W53]《也先不花充拦头状》,其图版如下：

---

① 韩儒林：《所谓"亦思替非文字"是什么文字》,《考古》1981年第1期。
② [伊朗]穆扎法尔·巴赫蒂亚尔：《〈亦思替非〉考》,《伊朗学在中国论文集》,北京大学出版社,1993年,第44页。
③ [日]吉田顺一、チメドドルヅ(齐木德道尔吉)：《ハラホト出土モンゴル文書の研究》,第223—224页。另外,笔者还曾专门请教萨仁高娃女士,她认为该行及其他文书相似之文字,可能为粟特文。

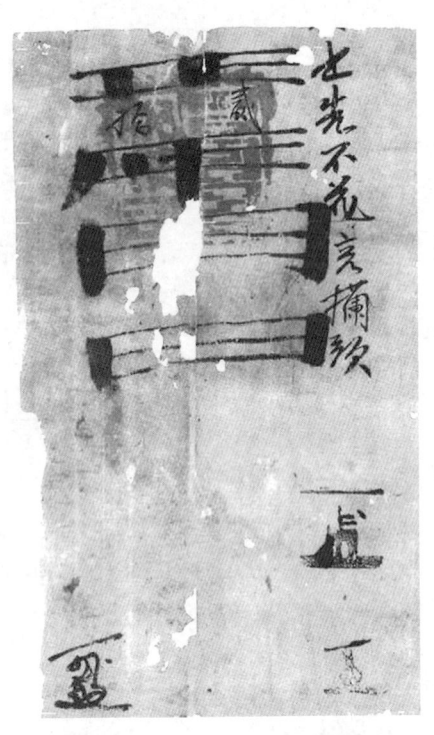

第七章 黑水城文献所见元代公文运作机制研究（下） 277

M1·0772[F209：W53]文书图版①

由此件可以推见，上件札付中的八思巴文字也很可能为具体时间。上件札付结尾还有一处与其他文体的公文不同，即该结尾没有相关官吏的署名，仅有签押。类似于 M1·0297[F116：W566]结尾的文书还有几件，如 F116：W556 文书，其结尾数行录文如下：

13. ▭▭▭▭ 乃路② 总管府。准此。

14. （亦思替非文字）

15. （畏兀儿体蒙古文）

16. 　　　　（签押）（签押）③

---

① 转引自塔拉等：《中国藏黑水城汉文文献》，第 997 页。
② "乃路"，据残笔画及文义补，《黑城出土书（汉文文书卷）》径释作"乃路"。
③ 塔拉等：《中国藏黑水城汉文文献》，第 309 页，该书将此件新编号为 M1·0213[84H·F116：W556/1730]；李逸友：《黑城出土文书（汉文文书卷）》，第 119 页，该书将其编号为 F116：W556。

F116：W556 文书图版①

F116：W582 文书，其结尾为：

  6. _____总管府。准此。

  7.（蒙古文字）②

      （后缺）

F116：W565 文书，其结尾为：

  7. _____□亦集乃总管府。准此。

  8. （亦思替非文字）

  9. （畏兀儿蒙古文）

  10. （朱印）

  11. （签押） （签押）③

---

① 转引自塔拉等：《中国藏黑水城汉文文献》，第 309 页。
② 塔拉等：《中国藏黑水城汉文文献》，第 311 页；李逸友：《黑城出土文书（汉文文书卷）》，第 119 页。
③ 塔拉等：《中国藏黑水城汉文文献》，第 408 页；李逸友：《黑城出土文书（汉文文书卷）》，第 139 页。

以上公文结尾具有相似的内容和特征,结尾中均出现了"亦集乃路总管府。准此"等文字,据 M1·0297[F116:W566]文书可知,此当是指札付的下达对象及公文结束语。以上札付的结尾均无官吏署名,仅有墨印或签押两处,同时还书有民族文字两行(少数为一行)。札付结尾的这些内容和特征,与其他类型的公文结尾不同,当是该类文书的一个特色。

(二) 仅有司吏署名的公文结尾

如 F116:W555 文书,现将有关内容节录如下:

F116:W555 文书结尾图版①

1. 钱 粮房
2. ___ 承 奉
3. 甘肃等 处行中书省札付:准
4. 中书省咨:照得近为考较行省、腹里至正九年

(中略)

36. 右谨具
37. 呈

38.　　　　至正十一 年二月　　吏张世雄　　　呈

---

① 转引自塔拉等:《中国藏黑水城汉文文献》,第 299 页。

　　　　　　　　　　　　　（签押）
39.　　　　十八日　　（墨戳印）①
　　　　　　　（墨戳印）

此件首尾完整，从首行的"钱粮房"可知，此件当为亦集乃路"钱粮房"的公文。"钱粮房"为亦集乃路的中枢诸"房"之一，从结尾的"右谨具/呈"等呈文惯用语进一步得知，此件当为钱粮房的呈文。此结尾只有司吏的署名，在其名后书有一"呈"字，但没有签押。而在另行书写的日期前后，则有签押符号"▲"及墨戳印符号"▓"两处。类似该件结尾特征的文书尚有多件，如 F116：W573 文书第 11—14 行：

11. 呈

12.　　　延祐四年四月　　吏沈天禄☐☐☐☐
13.　　　　　　　　（签押）☐☐☐
14.　　　廿九日（印章）②

F116：W367 文书第 3—6 行：

3. ☐③

4.　　　延祐四年正月　　　吏张文兴④呈
5.　　　　　　　　　　（签押）（签押）

6.　　　初九日（印章）⑤

F116：W522 文书第 11—14 行：

11.　　☐☐☐☐☐☐申（印章）

---

① 塔拉等：《中国藏黑水城汉文文献》，第 299—303 页；李逸友：《黑城出土文书（汉文文书卷）》，第 119—120 页。
② 塔拉等：《中国藏黑水城汉文文献》，第 592—593 页；李逸友：《黑城出土文书（汉文文书卷）》，第 130 页。
③ 此字《黑城出土文书（汉文文书卷）》未释，现据图版补。据元代公文格式可知，此处所缺文字应为"呈"。
④ "文兴"，《黑城出土文书（汉文文书卷）》释作"世恭"，现据图版改。
⑤ 塔拉等：《中国藏黑水城汉文文献》，第 611 页；李逸友：《黑城出土文书（汉文文书卷）》，第 132 页。后者所载此件的编号为 F116：W65。

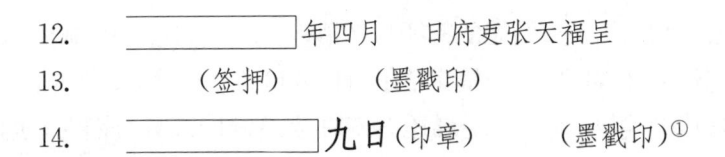

第七章　黑水城文献所见元代公文运作机制研究(下)　281

12. ▭▭▭▭▭年四月　日府吏张天福呈
13. 　　（签押）　　（墨戳印）
14. ▭▭▭▭九日（印章）　　（墨戳印）①

　　上述公文结尾的特征在于仅有一名司吏署名,然后在司吏署名之后书写"呈"字,另行书写日期,在日期前后有签押和墨印符号1至3处不等。由此不难发现,凡是仅有一名司吏署名的文书,都在署名后书写了"呈"字。这反映出,凡是仅有司吏署名的文书,都应当为呈文。以上几件除F116：W555文书明确载有发文机关外,其他文书均缺载发文机构,然而据另外的同类文书可发现,此类仅有一名司吏署名的文书多为亦集乃路各房及司属部门呈报的呈文。如Or.8212/736 K.K.0150(a)文书,首行载发文机构"刑房",文末载"至元四年正月　日吏龙世英呈"。② F79：W46文书,首缺,但文中载有"司狱""狱典",这些官典为"司狱司"所属,文尾载有"吏高仲德呈",③此件无疑应为亦集乃路司属机构司狱司的呈文。④　要而言之,通过考察黑水城元代文书发现,凡文尾仅署名司吏者多为呈文,且多为亦集乃路总管府的诸房及司属的呈文。

　　另,《新编事文类聚翰墨全书》"呈子首末式"条载有元代呈文的基本程式,前揭虽有引文,为方便说明,今再转引如下：

　　具衔姓某
　　谨呈
　　某处某司或某官云云为此合行具
　　呈伏乞
　　照验施行须至呈者
右谨具
呈
　　　　年月日姓某呈⑤

---

①　塔拉等：《中国藏黑水城汉文文献》,第212页；李逸友：《黑城出土文书(汉文文书卷)》,第108页。后者所载此件的编号为F116：W52。
②　沙知、[英]吴芳思：《斯坦因第三次中亚考古所获汉文文献(非佛经部分)》第1册,第212页。
③　塔拉等：《中国藏黑水城汉文文献》,第498页；李逸友：《黑城出土文书(汉文文书卷)》,第121页。
④　可参见前揭有关论述。
⑤　《新编事文类聚翰墨全书》,《续修四库全书》,《子部·类书类》第1219册,第419页。

由此可知,黑水城元代呈文结尾的特征与之稍有不同:首先,黑水城呈文结尾的"年月日"非书于一行,且黑水城呈文结尾"日"处钤盖了印章,这些内容,呈文程式未予说明;其次,黑水城呈文结尾还有签押或墨戳印多处,该程式也没有说明。相对于元代呈文的程式,黑水城元代呈文结尾内容更为丰富,这说明黑水城元代呈文的运作过程较此程式更为复杂。这使我们认识到,在实际使用文书的过程中,元代地方政府可能对呈文的程式进行了修改和完善。

(三) 司吏、首领官联合署名的公文结尾

司吏、首领官联合署名的公文结尾,可见如 F116:W553 文书,其部分录文如下:

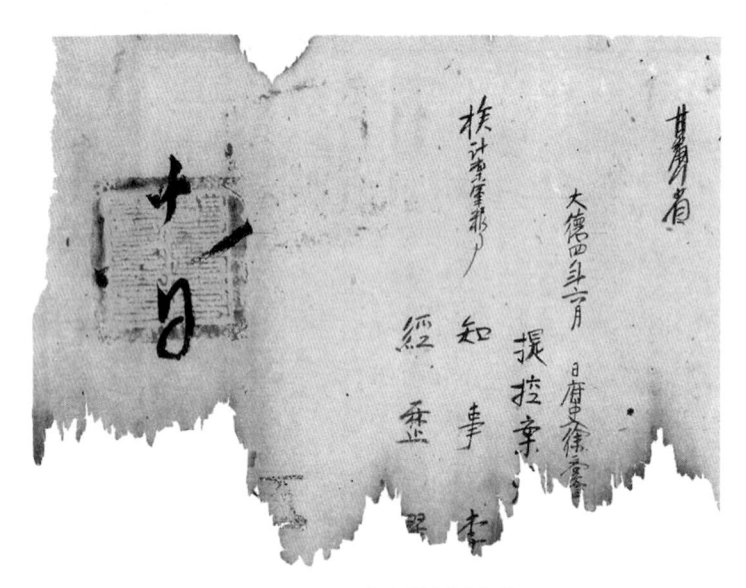

F116:W553 文书结尾图版①

1. 　皇帝圣旨里,亦集乃路总管府今月十八 日 ②
2. 　蛮子歹驸马位下使臣帖失兀、
3. 　海山太子位下使臣阿鲁灰本路经　　　③
　　　　　　(中略)
27. 　右申

---

① 转引自塔拉等:《中国藏黑水城汉文文献》,第 406 页。
② "日",据残笔画及文义补,《黑城出土文书(汉文文书卷)》径释作"日"。
③ 由 F116:W552 号文书相关内容推知,此处所缺文字应为"过赴"等。

28.　　　甘肃行省

29.　　　　　大德四年六月　　日　府吏徐文贵(签押)
30.　　检计禀军粮事。　　　　提控案牍☐
31.　　　　　　　　　　　　知　　事李☐
32.　　　　　　　　　　　　经　　历翟☐
　　　　　　　　　　　　　　　(墨戳印)☐

33.　　十八日(印章)①

此件首尾完整,从其首行的"皇帝圣旨里,亦集乃路总管府"可知,此件当为亦集乃路总管府的公文。从第27、28行的"右申/甘肃行省"等又知,此件应是亦集乃路总管府向甘肃行省呈报的申状,属于上行文。由文书图版及录文可以看出,此件结尾的主要特征在于,府吏、提控案牍、知事、经历联合署名。提控案牍、知事、经历在元代被称为"首领官"。另外,在吏员及首领官署名后,又书写了日期,在日期之前至少存有一个墨戳印符号。由于文书下残,不排除还有另外签押或墨戳印的可能。诸如此件由司吏及首领官联合署名的公文,在黑水城文献中还有一些,如前揭已经提到的F26∶W101文书,现节录如下:

1.　皇帝圣旨里,亦☐☐路总☐☐据都思帖木畏兀儿文
2.　　字译该:☐
3.　　一下广积仓,除将总府今☐字☐☐号半印勘合
　　　　　　(中略)
8.　　一下支持 库 　除米另行放支外,据白面合折小麦,
　　　　　　(中略)
16.　右各行
17.　　　至大四年七月　吏刘大明(签押)张诚(签押)
18.　　　　　　　提控案牍史☐
19. 阿黑不花宁肃王分例米面
20.　　　　　知　　事

---

① 塔拉等:《中国藏黑水城汉文文献》,第402—406页;李逸友:《黑城出土文书(汉文文书卷)》,第138页。

21.　　　　　　　经历亦黑迷失(签押)

22.　　廿二日(朱印)

23.　　　　　　　　　　　(签押)

由以上录文可见,此件是以亦集乃路总管府的名义下达给"广积仓""支持 库"的文书,属于下行文。文尾由司吏及首领官联合署名,在日期后有一签押符号。

再如 F197：W33 文书,现节录如下：

1. 皇帝圣旨里,亦集乃路总管府案呈云云：
2. 　一申甘肃行省　　府司除已牒呈
　　　　　(中略)
7. 　一牒呈宪司　　　府司除已备申
　　　　　(中略)
12. 　至元五年五月　吏赵彦明(签押)
13. 　提控案牍兼照磨承发架阁倪　　文通(签押)
14. 许顺和等告擅放军役。
15. 　　知　　事　袁　亦怜只(签押)
16. 　　经　　历　王　(签押)
17. 　　　　　(签押)　　(签押)
18. 　廿九日(印章)　　(签押)(签押)①

从以上录文可知,此件文书应是以亦集乃路总管府的名义发出的上行文,而此件文尾署名、签押等的特征与前几件相似。

由以上不难发现,凡是公文结尾由司吏及首领官联合署名的,均为亦集乃路总管府的公文,且所署首领官并非一名,而是包括了"提控案牍""知事""经历"。此类公文有上行文和下行文两种。

综上,就目前具有相对完整结尾的黑水城元代公文而言,黑水城元代官文书的结尾,存在无署名、仅司吏单独署名、司吏与首领官联合署名三种类型。这三种类型的公文发文机构不同,第一种为甘肃行省,第二种为亦集乃路的诸房及司属机构,第三种为亦集乃路总管府。这三种不同类型结尾的文书,其文体

---

① 塔拉等:《中国藏黑水城汉文文献》,第 1005—1008 页;李逸友:《黑城出土文书(汉文文书卷)》,第 98 页。

有别,行文方向有异:第一种为札付,属于下行文体;第二种为呈文,属上行文;第三种则上行、下行文兼而有之。

二、黑水城元代公文结尾所见公文运作机制

公文结尾是公文处理的最后环节,虽然元代传世文献不乏与文书内容相关的一些记载,但并不载公文结尾的形式与特征。因此,从这一角度讲,黑水城文献所保留的元代公文结尾,对于研究元代文书制度以及行政制度等,具有无可替代的文献学价值和意义。以上三类公文结尾,几可揭橥出三种不同的文书运作机制。

(一) 第一类公文结尾所见元代札付的出台与下达

"札付",据有关学者研究,是在宋代下行札子的基础上形成的新的文书形式,并为明清所沿用。[①] 如此得见,元代的"札付"与宋代的"札子"当颇有渊源。学界对于宋代的札子已深有研究,但关于元代的札付却鲜有讨论。张祎的《中书、尚书省劄子与宋代皇权运作》一文[②]是新近出现的有关宋代札子研究的重要成果。该文指出:"中书札子是北宋前期宰相机构中书门下处理日常政务、下达行政指令使用的一种文书形式。"[③]据元人《吏学指南》"公式"条载:札付"《演义》曰:'梆也。以木为牒,简笺之属。'又刺著为书曰札,以文相与曰付。犹界赐也"。[④] 可见,元代的札付也是下行文,与宋代的"中书札子"相似。关于宋代札子的结尾,张祎曾举《六和塔尚书省牒碑》进行说明,该碑之结尾为:

13.   右札付僧智昙

            押

14. 隆兴二年十二月 日(尚书省印)

            押[⑤]

这一札子的结尾与黑水城元代札付结尾非常相似。就宋代下行札子结尾的特征,张先生总结道:"札子末尾的宰臣签署都使用押字,而不书名";"札子需由在

---

① 裴燕生等编著:《历史文书》,中国人民大学出版社,2009年,第287—289页。
② 张祎:《中书、尚书省劄子与宋代皇权运作》,《历史研究》2013年第5期。
③ 同上。
④ (元)徐元瑞著,杨讷点校:《吏学指南(外三种)》,第35页。
⑤ 张祎:《中书、尚书省劄子与宋代皇权运作》,《历史研究》2013年第5期。

职的宰臣集体签发,而非由个别宰执分工负责";"札子末尾通常并不列出宰臣的职衔、姓氏,而是以押字的排列方式,体现一定的'秩序'格局。"① 黑水城元代札付文书的结尾与宋代中书札子(或尚书札子等)结尾的特征相似度非常高。黑水城元代札付也"不书名",仅有签押或墨戳印,而且签押或墨戳印往往有两处,这似乎也体现了"集体签发",而非由个别人分工负责的特征。同时签押等又有先后顺序,这似乎也体现了"一定的'秩序'格局"。同时也应当看到,元代的札付结尾与宋代的札子结尾亦有一定的区别,即在"右札付×××"之后,宋代札子紧跟时间,而元代札付则还有"亦思替非文字"(抑或为阿拉伯文)及"蒙古文字"1至2行。这说明,凡是行省下达的札付,均为双语文书,这是元代札付与宋代札子的不同。

那么,一份元代行省札付是如何出台及下达的呢?

第一步,拟定文书。在元代行省的组织机构中,左右司"是行省长贰正官之下的第二个层次","掌案牍、统吏员"。② 李治安先生推测,行省左右司中的都事可能有"奉行省长官之命办理案牍、起草公文"③的职责。不管是都事起草还是左右司郎中撰拟,我们判断,元代行省下达的札付应由左右司的官吏拟定。由黑水城元代札付公文结尾可知,撰拟人并不出现在文书之中,他们仅有向有关官员提供所撰相关文书文本的职责。

第二步,添加民族文字。按《事林广记》"官制类"所载,元代行省设有通事两员,译史八名④,负责少数民族语言文字的口译及书面翻译。在黑水城元代札付中,往往在"右札付×××"之下书写民族文字,此民族文字一般又包括亦思替非文(抑或为阿拉伯文)及蒙古文两种,且为另笔添加。添加此民族文字者,当为行省中负责民族文字书面翻译工作的译史。至于这些文字的内容,吉田顺一先生等在《ハラホト出土モンゴル文書の研究》一书中曾做过解读,如M1·0297[F116:W566]中的阿拉伯文,该书认为是"この地域(の…?)を…18袋(尊重するように?)"之意;⑤F116:W556 的阿拉伯文为"求められている…を(得るように)"之意,蒙古文为"…のため"之意;⑥F116:W582 的蒙古文则为"大麦

---

① 张祎:《中书、尚书省劄子与宋代皇权运作》,《历史研究》2013 年第 5 期。
② 李治安:《元代行省制度》,第 31 页。
③ 李治安:《元代行省制度》,第 34 页。
④ (宋)陈元靓:《事林广记》,中华书局,1999 年,第 121 页。
⑤ [日]吉田顺一、チメドドルヅ(齐木德道尔吉):《ハラホト出土モンゴル文書の研究》,第 223 页。
⑥ [日]吉田顺一、チメドドルヅ(齐木德道尔吉):《ハラホト出土モンゴル文書の研究》,第 222 页。

の征收について、…するように。…の勅令にて"之意;①F116；W565 阿拉伯文作"この地域の谷物の…を(整えるように?)",蒙古语作"の仓【仓粮】るため"之意②;等等。虽然该书中所释的"阿拉伯文"未必称是,但其蒙古语的解读却大体不误。从这些蒙古语可见,这些民族文字当与文书的主要内容有关。然而,因这些文字残损过甚,且有关文字的性质尚存异议,故书写这些民族文字的真正目的,还有待进一步探讨。

第三步,签署文书。文书写毕后,若想生效,必须经过相关人员的签署,《元典章》卷十三"凡行文书圆押"条载:

> 至元二十八年正月,行尚书省札付:尚书省咨:
> 会验在先内外诸衙门,凡行文字,多不圆签,事有差池,皆因此弊。自立尚书省以来,事无巨细,右丞相以下皆须圆押。其余诸衙门尚依前弊,若不遍行照会,深为未便。都省除外,今后应有大小公事,官员别无差故,自上至下,须要圆书圆押。③

此份至元二十八年(1291)正月尚书省发给行尚书省的咨文明确要求,除都省之外,今后大小公事,所有官员自上而下,"须要圆书圆押",即必须书写姓名并进行签押。虽然元廷要求所有官员都要署名、签押,但通过黑水城的札付文书发现,此类文书一般仅有两处签押,且无署名。元代行省机构官员众多,"每省丞相一员,从一品;平章二员,从一品;右丞一员,左丞一员,正二品;参知政事二员,从二品,甘肃、岭北二省各减一员"。④ 这反映出,黑水城元代札付的署名、签押情况并未严格执行元廷所有官员都要"圆书圆押"的规定。按《元典章》之记载,各衙门发行文书,官员签押的顺序是"自上而下",按照这一思路,黑水城元代札付的签押者当为行省的丞相与一名平章。据《元史》所载,甘肃行省所设官员较其他地区均少一员,即是说,甘肃行省无丞相,仅一名平章和一名右丞或左丞等。黑水城元代札付是下达给亦集乃路总管府的,而总管府的上级为甘肃行省,故上述黑水城元代札付均为甘肃行省下发应无疑议。综上推测,黑水城元代札付中的签押者有可能为甘肃行省的平章与右丞或左丞,而这些官员正是行省的正官之一。

---

① [日]吉田顺一、チメドドルヅ(齐木德道尔吉):《ハラホト出土モンゴル文書の研究》,第224页。
② [日]吉田顺一、チメドドルヅ(齐木德道尔吉):《ハラホト出土モンゴル文書の研究》,第223页。
③ 陈高华等点校:《元典章》卷十三《吏部七·公规一·署押·凡行文书圆押》,第503页。
④ (明)宋濂等:《元史》卷九十一《百官志七》,第2305页。

第四步,下达文书。在行省,宣使是专职的传达吏员,在行省公文、指示向各地的传递过程中,宣使起了重要作用。刘基《赠宣使王民则诗序》云:"今之宣使,将省府之号令,以旁达于所属。"①由此推测,作为甘肃行省下达给亦集乃路的札付,很可能是由甘肃行省的宣使完成的。

(二) 第二类公文结尾所见亦集乃路诸房及司属呈文的形成与递送

亦集乃路诸房及司属呈文又是如何形成与递送的呢?

第一步,拟定文书。由黑水城第二种元代公文结尾可见,具有该类结尾特征的文书仅有一位署名人,即司吏,或称"府吏",或简称"吏"。在该人名后再书写一"呈"字。毫无疑问,该类呈文是由司吏撰拟的。元代规定,路总管府"司吏无定制,随事繁简以为多寡之额"。②另外,路总管府还设有译史、通事各一人。译史、通事属于负责翻译的吏员,他们应不参与此类呈文的拟定。

第二步,文书的签署。此类呈文,在日期前后往往有 2 至 3 个签押或墨戳印符号,这反映出,此类文书又经过某些人员的签署。由于该类文书的发文机构是亦集乃路诸房及司属,故对于文书签署者,首先想到的当然是亦集乃路诸房及各司属机构的长官。然,通过黑水城文书却发现,亦集乃路所属"刑房""钱粮房"等诸房的公文中均未出现所谓的"房官"。另,元代传世文献也未见路总管府之中枢机构设置专门官吏的记载。据此,亦集乃路诸房文书中签押者应该另有其人。关于此点,将在下文另述。需要指出的是,作为路总管府的司属机构,往往设有相关官员,如司狱司设"司狱一员,从八品",平准行用库设"提领一员,正、从七品"等。③由此推断,亦集乃路司属呈文似是由该机构的官员签署的。

第三步,书写日期,钤盖印章。这一类型的公文结尾,主要涉及两类机构:其一为亦集乃路的司属机构,如司狱司、河渠司、税使司等;其二为亦集乃路的中枢各房,即户房、钱粮房、刑房等诸房。就目前所知,黑水城文献中亦集乃路司属机构呈文的结尾多不完整,它们均缺失日期等信息,但按黑水城元代官文书的通行格式,公文结尾均应书写日期,故该类文书亦当载之。同时,按元代相关规定,路总管府的司属机构,如儒学教授司、司狱司、平准行用库等皆有印。④

---

① (明)刘基著,林家骊点校:《刘基集》,浙江古籍出版社,1999 年,第 97 页。
② (明)宋濂等:《元史》卷九十一《百官志七》,第 2316 页。
③ 李治安:《元代行省制度》,第 640 页。
④ 同上。

据之推测,亦集乃路司属机构呈文中可能会钤盖本机构的印章。在目前保存相对完整的第二类公文结尾中,亦集乃路诸房的呈文,最后均用大字书写日期并钤盖印章。这反映出,书写日期、钤盖印章当为该类文书下发前的最后一道程序。由相关公文结尾还发现,该类文书中的日期分作两行,其中,在撰拟人司吏署名行书写了"年月",而最后又另行书写了"日子"。之所以日期分作两行,可能是因为文书的撰拟和发行的具体日期不同使然。在文书撰拟时,司吏即已书明年月,但由于此时文书的发行时间尚不确定,故未书填具体的"日子"。另外,在该类文书的"日子"上,往往会钤盖印章,也有少数文书未钤。这说明,"日子"书写在前,钤盖印章在后,只有钤盖印章之后,文书才真正生效。据照那斯图等先生研究,该类印章当为八思巴文"亦集乃总管府印"。[1] 元代路总管府的达鲁花赤被称为镇守者,其职责即"掌印信,以总一府一县之治"。[2] 因此,最终钤盖"亦集乃总管府印"需要经过达鲁花赤的许可。另外,《元典章》卷十三"印信长官收掌"条规定:"一应京、府、州、县官员,凡行文字,与本处达鲁花赤一同署押。"[3]此处达鲁花赤"署押"的当是印信。故又推测,在文书末尾钤盖印章不仅需要知会亦集乃路达鲁花赤,还可能要其在场"一同署押"。

第四步,呈送呈文。该类呈文仅涉及一类人——司吏,且司吏的署名后书写了"呈"字。毋庸置疑,司吏当是该类呈文的呈送人。由于元代公文施行逐级呈送、传递的制度,故属于亦集乃路中枢诸房及司属机构的呈文,其呈送对象当为亦集乃路总管府。当相关呈文呈送至总管府官员处后,该类文书走完了其运作的全部流程。

(三) 第三类公文结尾所见亦集乃路总管府文书的运作

从第三类公文结尾可见亦集乃路总管府文书运作的流程如下:

第一步,撰拟文书。该类文书与第二类公文结尾具有一定的相似之处,即它们均载有司吏之名,且该类公文结尾中首先书写司吏,然后再写其他人员。这一方面说明,亦集乃路总管府文书中官吏的署名是按照职位的高低从低到高依次书写的;另一方面说明,该类文书中的司吏可能依然是文书的撰拟人。为便于说明,今将F116:W617文书图版、录文移录如下:

---

[1] 照那斯图、薛磊:《元国书官印汇释》,第193页。
[2] (明)叶子奇:《草木子》卷三《杂制篇》,中华书局,1959年,第64页。
[3] 陈高华等点校:《元典章》卷十三《吏部七·公规一·掌印·印信长官收掌》,第505页。

F116∶W617 文书图版①

① 转引自塔拉等∶《中国藏黑水城汉文文献》,第 282 页。

（前缺）

1. □呈
2. 　　六月初五日承奉
3. □□等处行中书省札付为大□①　　　
4. 年税粮事。承此。本房合行具呈者。

5. 右谨具
6. □②
7. 　　至大元年六月　　吏赵震呈。
8. 　　　　　　（签押）　（墨戳印）
9. 　　**初七日**（印章）

---

10. □帝圣旨里,亦集乃路总管府承奉
11. 　　甘肃等处行中书省札付云云。承③□
12. 　　总④府合下仰照验,照勘实收各色 税粮⑤
13. 　　□仓,收足月日保结呈来。

14. 右下地税仓官也火苟站秃。
15. 　　　　　　　　　　赵震（签押）
16. 　　　　　提控案牍罗　孝祥（签押）
17. 照勘十一年税粮。
18. 　　　　知⑥　事孟　　　集（签押）

---

① 此处所缺文字《黑城出土文书(汉文文书卷)》推补为"德"。
② "□",《黑城出土文书(汉文文书卷)》漏录,现据图版补,据文义推断,该字应为"呈"。
③ "承",据残笔画及文义补,《黑城出土文书(汉文文书卷)》径释作"承"。
④ "总",据残笔画及文义补,《黑城出土文书(汉文文书卷)》未释。
⑤ "税粮",据残笔画及文义补,《黑城出土文书(汉文文书卷)》径释作"税粮"。
⑥ "知",该字残缺,《黑城出土文书(汉文文书卷)》推补为"知",今据之补。

19.　　　　　经　　历①▭▭▭▭▭▭▭▭
20.　　　　　　　　（签押）　　（墨戳印）
21.　　　　**十二日**（印章）②

　　此文卷首缺尾全，属于《大德十一年税粮文卷》之一。该文卷共由两纸粘连而成。第9行与第10行之间有明显的粘结线，同时第9行之前的文书既有署名人，又有撰拟时间、印章，第10行之后的文书亦有署名人、撰拟时间、印章，由此可知，此文卷实由两件完整且独立的文书粘连而成。

　　由第一件第4行的"本房合行具呈者"及文末印章可知，此件当为某房的公文。且其结尾的特征与黑水城第二类公文结尾相同，故可知此件应为亦集乃路某房的呈文。其撰拟者当为司吏"赵震"。第二件首行出现了"亦集乃路总管府"等字样，且结尾与黑水城第三类公文结尾特征相同，故可知此件属于第三类公文结尾的亦集乃路总管府文书。从文字笔迹看，此文卷的两件文书笔迹相同，由于第一件确认是由司吏赵震所书，第二件中亦书有赵震之名，故可以推断，第二件文书也应当是赵震所书。同时又发现，第二件中保存比较完整的职名"提控案牍"，其笔迹与文书其他内容相同，由此可以确认，第二件公文结尾之前的内容不仅是司吏所写，且结尾部分的首领官职名也是司吏所书。通过F116：W617文书图版、录文发现，第二件文书中司吏赵震书写其名后进行了签押，但第一件却书写了"呈"字，这反映出了黑水城第二类与第三类公文结尾在书写者一行的细微差别。

　　第二步，首领官署名、签押。在该类文书中，在司吏之下书写了提控案牍、知事等首领官职名，且在相关首领官职名后，分别书写了相关官员的姓名。这反映出，亦集乃路总管府文书在由司吏撰拟完成后交给了首领官，并由其进行签名。由F116：W617文书图版可见，该文卷第二件文书中的提控案牍、知事等职名后书写的人名笔迹与文书其他各行有别，可见这些首领官的人名很可能是由他们本人书写的。这些人名之后又有签押，这些签押亦应由相关首领官所押。黑水城第三类公文结尾反映出，该类文书需要总管府首领官进行确认，这

---

① "经历"，据残笔画及文义补，《黑城出土文书（汉文文书卷）》径释作"经历"。
② 李逸友：《黑城出土文书（汉文文书卷）》，第117页。此文卷包括两件文书，《黑城出土文书（汉文文书卷）》将其分别编号为F116：W616、F116：W617。

应当是相关文书出台前的一个必需的环节。此即反映出,该类文书的出台较上一类文书要更为复杂和严格。

第三步,文书的签署。该类公文结尾显示,在首领官署名、签押之后,还有相关的签押或墨戳印。这反映出,文书的真正签署者并非首领官,而应当是在首领官之后签押或钤盖墨戳印之人。叶子奇在《草木子》中说:"元路州县各立长官曰达鲁花赤,掌印信,以总一府一县之治。判署则用正官。"① 此处之"正官",按照对元代官制的通常认识,往往是指"首领官"之外的路、府、州、县的达鲁花赤、长官、佐贰官等主要官员。另外,据前文《元典章》"印信长官收掌"条知,凡行文字,各级官府的官员要与达鲁花赤一同署押,而达鲁花赤又掌印信,故推测一份公文中一般需有达鲁花赤的签押。由此推见,一份路总管府文书只有在该路正官达鲁花赤等人签署之后才能生效。故笔者蠡测,黑水城第三类公文结尾中首领官后的两处签押或墨戳印可能有一处为亦集乃路达鲁花赤所押。而另一处签押或墨戳印,据元廷"应有大小公事,官员别无差故,自上而下,须要圆书圆押"之规定推知,在达鲁花赤署押之外,另外的签押者或为总管。而元代路"总管"之下设"同知"一员,其"责任较之达鲁花赤、总管稍轻。总管空缺时,同知又可'独署府事'"。② 因之,当总管空缺之时,同知又可代其署押。

通过观察 F116:W617 文书图版还可发现,在该文卷第一件中的签押和墨戳印与第二件的签押与墨戳印完全相同。这说明,第一件文书似乎也是经过亦集乃路总管府达鲁花赤与总管等人签署的。这对于认识黑水城第二类公文结尾中诸房文书的签署者提供了重要信息。因作为亦集乃路总管府中枢的诸房并没有相应的长官,故总管府的长官亦即诸房之"房官",诸房的呈文由总管府的正官签署也在情理之中。

第四步,书写日期,钤盖印章。该类公文结尾处书写日期,钤盖印章的形式与第二类公文结尾完全相同,故亦应遵循前制,在此不赘。

第五步,文书的呈送与下达。文书在走完上述程序后,就进入了呈送与下达环节。由于亦集乃路总管府文书有上行文与下行文两种,故该类文书需要向上级部门呈送或向有关司属机构等传达。因元代路总管府不设宣使,其吏员主要由司吏与通事、译史组成,而后二者是翻译人员,因此推测,最终完成文书传

---

① (明)叶子奇:《草木子》卷三《杂制篇》,第64页。
② 李治安:《元代行省制度》,第635页。

递者可能还是总管府的司吏。

  总之,相对完整的黑水城元代文书的结尾,存在无人署名、仅司吏署名、司吏与首领官联合署名等三种类型。不同类型结尾的公文分别对应不同的发文机构及文书文体,而不同结尾的公文又展现出了不同的文书运作流程。黑水城不同类型公文结尾的确认,一方面,为我们认识和判定黑水城相关文书残件的属性、名称,进而为有关文书的缀合,提供了重要依据;另一方面,以上对有关公文运作流程的复原,又为我们进一步了解黑水城相关文卷的整体运行机制,以及元代地方行政制度的运作实态,提供了有益的线索。

结　语

　　如所周知，黑水城文献作为出土新资料，对于宋、西夏、金、元等朝代的历史与文化研究，具有非常重要的价值和意义。业师孙继民先生指出，在黑水城文献中，"西夏文献绝对值最多，相对值最高，有效值最大，在黑水城各个朝代文献中史料价值和文献意义最大"。① 元代文献次之，"在黑水城各个朝代文献中史料价值和文献意义总体上居第二位"。② 就近年新发现的元代纸本文献，如徽州元代契约、河北隆化鸽子洞元代文书、新疆若羌县元代文书，以及上海图书馆藏公文纸本《增修互注礼部韵略》纸背元代户籍等而言，无论在数量还是在内容上，都无法与黑水城元代文献相匹敌。与上述元代新发现文献相比，黑水城元代文献对于元史研究的贡献，无疑也是非常巨大的。本书主要以黑水城文献中数量众多的元代行政文书作为切入点和研究对象，以此来探求元代地方行政运作中的诸多问题。经各章之论述，大致可对相关研究的推进得出如下几个方面的总体性认识。

一、有效地补充了元代地方行政体制的诸多细节，丰富了元代地方行政体制的内涵

　　经中外学者的深入探讨，③元代的地方行政体制架构日渐清晰，内容日趋丰

---

①　孙继民：《黑水城文献与中国古代史研究》，《西夏研究》2013年第2期。
②　同上。
③　如丁昆健：《元代行省制度之形成及其职权提要》，《华学月刊》第76期，1978年；陈高华、史卫民：《中国政治制度通史·元代卷》；陈高华、史卫民：《中国经济通史·元代经济卷》；王颋：《行省制度浅谈》，《文史知识》1985年第3期；张金铣：《元代地方行政制度研究》；胡其德：《元代地方的两元统治》，蒙藏委员会，2002年；李治安：《元代政治制度研究》；李治安：《元代行省制度》；[日]青木富太郎：《元初行省考》，《史学雜誌》第51编第4、5号，1940年；[日]前田直典：《元朝行省の成立過程》，《史学雜誌》第56编第6号，1945年；[日]丹羽友三郎：《元代の地方行政系統に関する一研究》，《名古屋商科大学論集》第十四卷，名古屋商科大学商学会，1970年；[日]杉山正明：《モンゴル帝國と大元ウルス》，京都大学学术出版会，2004年等。

满。对黑水城文献的进一步研究，为元代地方行政体制研究注入了新鲜血液，带来了新的活力。黑水城文献的内容涉及元代多种地方行政机构和行政制度，仅元代的派出机构而言，就涉及宣政院派出机构朵思麻宣政院、河西陇北道肃政廉访司派出机构河西陇北道肃政廉访司分司、甘肃行省派出机构亦集乃分省、甘州分省等多种。黑水城文献涉及的这些机构和制度等，此前虽已有一些为学界所关注，但黑水城文献为这些机构和制度的研究提供了许多学界所不知的细节。如关于元代的肃政廉访司分司，本书通过对黑水城文献中相关文书的研究，一方面使人们认识到河西陇北道肃政廉访司曾设置过的分司名称，另一方面又使人们认识了廉访司分司录囚的具体过程，以及廉访司总司、分司与路总管府之间的互动关系。这些收获，无疑可以深化此前学界对于廉访司"总司坐镇，分司出巡"体制的认知。再如，关于地方职官的选任制度，学界的研究颇多，但对于差役的选任机构、任职时限、任职方式等问题，因受传世文献所限，前人的研究则相对较少。本书通过对黑水城相关文献的研究，使我们认识了包括栏头等类人员的具体选任情况，使元代地方职官选任制度的内容更加丰富。黑水城文献在延伸我们对于元代地方行政体制认识的同时，也为元代地方行政体制增添了新的内涵。如关于元代的公文制度，因传世文献或付之阙如，或语之不详，以至于此前学界对于元代施行的付身、札子、勘合、信牌等公文制度不甚了然。本书通过对黑水城文献以及相关文书的探讨，不仅确认了元代付身、札子、勘合、信牌等多种类型的公文原件，总结归纳了相关文书的形态与特征，还深入研究了上述公文制度的施行情况。以上公文制度的研究，在一定程度上进一步丰富了元代地方行政体制的内涵。

二、充分展现了元代地方行政运作的实态

近年来，学界在制度史研究中呈现出注重研究制度"动态"的新趋势，邓小南女士就是其中的倡导者之一，她在《走向"活"的制度史——以宋代官僚政治制度史研究为例的点滴思考》一文中提道：

> 官僚政治制度不是静止的政府型态与组织法，制度的形成及运行本身是一动态的历史过程，有"运作"、有"过程"才有"制度"，不处于运作过程之中也就无所谓"制度"。[①]

[①] 邓小南：《走向"活"的制度史——以宋代官僚政治制度史研究为例的点滴思考》，《浙江学刊》2003年第3期。

对于元代地方行政研究而言,也莫不如此。进行元代地方行政的动态研究,黑水城文献自具优势。黑水城文献作为未经史官裁切、过滤、整理的原始资料,真实地记录了元代地方行政运行时的一些细节。黑水城文献中对于同一问题的记载,往往会涉及多件文书,通过对多件文书的综合研究,可以发现相关机构及有关制度等的运行状况。如关于元代勘合文书的使用流程问题,此前我们通过传世典籍所获得的信息非常有限,甚至连勘合文书的形态都无从确知,通过对黑水城文献中多件勘合文书写本形态的分析,本书判定了元代勘合文书实由半印勘合与半印勘合号簿两部分构成的事实。在此基础上,本书又进一步根据文书的内容、印章以及有关传世文献等多方面的信息和资料,探讨了元代勘合文书使用过程中包括制作、下达、比对、保管、审查等的一系列步骤,从而实现了对勘合制度由静态描述到动态研究的转变。再如,关于元代解由文书的运作程序问题,虽然传世文献中有相关的"解由体式",但这仅是对解由文书及其制度的官方规定,并不是其实际的运行情况。本书在深入分析黑水城元代解由文书文本特征、性质等的基础上,再结合传世典籍,复原了解由文书经本人申请,所在部门审核、转呈,路总管府照验、下达,行省再照验、填写、申报,吏部审查,对官员除授的复杂程序,展现了解由文书在实际使用中的真实状态。若对解由文书的文献学解读属于"静"的研究,对其运作流程的考察则属于"动"的探索,借助于黑水城文献,本书实现了对相关文书制度等"动""静"结合、以"动"为主的探索。可以说,本书在研究过程中,尽可能地激活了黑水城文献等所蕴含的内在信息,对相关行政机构、行政管理、行政制度、行政公文等开展了动态性研究。如此一来,元代地方行政运行过程中一些生动、鲜活的侧面得以充分展现。

三、深入揭示了元代地方行政体制的多方面变化

本书在利用黑水城文献开展元代地方行政研究过程中,注意分析和探索元代地方行政体制在多方面的变化情况。一方面,对于元朝自身而言,元朝施行的一系列行政制度由于多方面的原因,在其中后期可能已发生了一些变化。黑水城元代文献的时代主要集中在元中后期,从大德到至正时期的各个时代都不曾短少,而尤以"至正及至正以后的文书为多"。[①] 黑水城元代文献的这一时段

---

① 李逸友:《黑城出土文书(汉文文书卷)》,第10页。

特色，为我们考察元代地方行政体制的前后变化提供了契机。如本书通过对黑水城元代仓库官文书的研究发现，元代施行的仓库官选任制度，在元代前后期并不相同，仓库官选任制度中选任机构、仓库官的身份性质等在元代中后期发生了一系列的变化。

另一方面，就元朝与其他朝代而言，通过将黑水城文献所见的元代行政制度与唐、宋、金等朝代相关制度比较后发现，元朝的相关制度在继承前代有关制度的基础上又进行了调整和变革，如考较钱粮制度、付身制度、信牌制度等无不如此。在这些制度中，一些是在实施过程中进行的局部调整，如元代考较钱粮制度相对于唐代的勾检制度而言即是；有一些则是进行了实质性的改变，如元代的信牌制度相对于宋代的传信牌制度等，显然是制度的创新和发展。

总之，本书通过对黑水城文献等的研究，力图揭示有元一代以及元代与其前后王朝之间相关制度的一些关联与变化，以期为我们进一步认识元代行政体制的时代特点提供一些线索。

当然，因黑水城文献中元代行政类文书数量众多，本项研究无法在短期内做到面面俱到，故本书对于元代地方行政运作情况的探讨，仅限于元代行政体制中的几个方面，至于黑水城文献所涉及的与元代地方行政运作相关的其他问题，唯待来日再行研讨。

附 录

一

黑水城元代《肃州路官员名录》文书研究

《俄藏黑水城文献》第4册第228—229页收录一件编号、拟题为"俄TK226"《肃州路官员名录》的文书,此件分书于一纸的两面。《俄藏黑水城文献》的编者在该册将此件文书拟题后,又在《俄藏黑水城文献》第6册所载《附录·叙录》中将此件文书称之为《肃州路改官名录》。同一件文书,该书之前后拟题并不统一。此件文书虽然《俄藏黑水城文献》称之为《肃州路官员名录》或《肃州路改官名录》,但实际上文书中改任的官员并非仅仅涉及肃州一路。因此,对于此件文书的性质还有进一步探讨的空间。另外,文书原编者对于文书录文的说明也存在一些不确之处,需做进一步的补正。此件文书中关于元代"行詹事院"的记载非常珍贵,这一机构为传世文献所不载,具有一定的补史价值。同时,文书还反映元代曲先答林都元帅府、北庭都元帅府及其他机构职官的选任情况,这些珍贵的记载也多有补史意义。因此,笔者拟在前人研究基础之上,就此件文书反映的有关问题,试做粗浅的探讨。

（一）关于文书录文的说明

对于俄TK226《肃州路官员名录》文书的写本、纸张及录文等情况,《俄藏黑水城文献》第6册《附录·叙录》有较为详细的介绍,兹转述如下:

元写本。未染麻纸,厚。高19.8,宽29.3。共16行,行17字。行楷,墨色浓淡不均。首尾缺。下部残损。分列各官员前官职与今改任官职。可辨的人名有:锁南朵立只、郭斌、张从政、孟仲祥、大黑奴、完者秃、见你立克、赛因帖木〈儿〉、也里帖木儿、伯忽、只住、藏不行中、不颜等。可辨识的前任官职有：行詹事院都事……今改任官职完整并可辨识者有：肃州路治中……顶格起头，均用"一名"某某的形式，并用折线勾出。

背为同一文书续文。共8行，行15字。可辨的人名有：伯家奴、蘾肃州奴、也里赤不花、哈三、也先不花、也立赤怯等。可辨识的前任官职有：总管、肃州判官、肃州路知事、沙州同知等。今改任官职有：肃州同知、治中、经筵、肃州推官、北庭元帅等。①

为便于研究，笔者根据文书图版并参照《附录·叙录》对录文的说明，将此件文书释录如下：

正面

1. 一名：锁南朵立只，前行詹事院都事，今举②
2. 　　　　肃州路治中。
3. 一名：郭斌，本院掾史，今举肃州路推官。③
4. 一名：张从政，本院掾史，今举肃州路☐☐☐
5. 一名：孟仲祥，前本院宣史，今举肃州☐☐☐
6. 一名：大黑奴，前本院照磨，今 肃 ④ ☐☐☐
7. 一名：完者秃，前本院管勾，今肃州路☐☐☐
8. 一名：贝你立克，前甘肃省理问，今肃州路 同知 ⑤
9. 一名：赛因帖木，前理阳县达鲁花赤，今 举 ⑥
10. 　　　　肃州路判官。
11. 一名：也里帖木儿，前甘肃省郎中，今举亦集乃达。
12. 一名：伯忽，肃州路 总 ⑦，今沙州路⑧ ☐☐☐
13. 一名：买住，肃州路达，今曲先答林都元帅。
14. 一名：藏不，行中书省右，今本省 ☐☐☐

---

① 史金波等：《俄藏黑水城文献》第6册《附录》，第27—28页。
② "举"，原文作"夆"，按，"夆"实为"举"之俗字，今改正。以下同，不另出校。
③ 该处原书"亦集乃路都事"等字，后涂抹。
④ " 肃 "，据残笔画及文义补。
⑤ " 同知 "，据残笔画及文义补，《俄藏黑水城汉文非佛教文献整理与研究》径释作"同知"。
⑥ " 举 "，据残笔画及文义补，《俄藏黑水城汉文非佛教文献整理与研究》径释作"举"。
⑦ " 总 "，《俄藏黑水城汉文非佛教文献整理与研究》未释。
⑧ "沙州路"，《俄藏黑水城汉文非佛教文献整理与研究》释作"☐一正"。

一 黑水城元代《肃州路官员名录》文书研究　303

15. 一名：卜颜，甘省员外郎，今肃州□□
16. 一名：绰思吉，本省理，今肃州同知。

背面

17. 一名：也先不花，诸迭①总管，今肃州同知。
18. 一名：伯家奴，肃州判官，今治中。
19. 一名：蒾肃州奴，肃州路知事，今经历。
20. 一名：也里赤不花，甘理问案牍，今肃州
21. 　　　　　推官。
22. 一名：哈三，沙州同知，今北庭元帅。
23. 一名：也先不化，甘州同知，今肃州□□
24. 一名：也立赤，怯薛丹，今肃州□□□

此件首尾完整，由正背两面构成，由于这两面文书内容相关，笔迹相同，行文格式一致，故它们属于一件文书应无异议，因之将它们连续释录。从以上录文得见，此件共存文字 24 行，其中正面存 16 行，背面存 8 行，这与《俄藏黑水城文献》第 6 册《附录·叙录》的记载相同。但就每行录文的字数而言，正面文书字数最多者为第 11 行，共 19 字，最少者第 2 行、第 10 行，行皆 5 字，而且各行能够识别的字数不一，非《附录·叙录》所言的"行 17 字"。背面文书的各行字数也非《附录·叙录》所言的"行 15 字"，其中字数最少的第 21 行仅 2 字。

就文书具体的录文而言，《附录·叙录》的一些说明也有一些可商榷之处。如关于文书中涉及的一些人员姓名，《附录·叙录》指出，文中有一人名曰"只住"，该人名在文书的第 13 行。此人名的第一字在图版中作"㕚"，该字字形与黑水城西夏汉文"南边榷场使"文书中的"买"字非常相似，该组文书中"买"字或作"㕚"，②或作"㕚"，③从黑水城西夏汉文榷场使文书中"买"字字形与此件文书中相关文字的相似性推知，此件文书中所谓的"只"字，似应为"买"。另，《宋元以来俗字谱》中的"买"字有的字形作"㕚"，④这一字形与此件文书讨论的"买"字也有一定的相似

---

① "诸迭"，据残笔画补，《俄藏黑水城汉文非佛教文献整理与研究》径释作"诸迭"。
② 史金波等：《俄藏黑水城文献》第 6 册，第 279 页。
③ 史金波等：《俄藏黑水城文献》第 6 册，第 286 页。
④ 刘复共、李家瑞：《宋元以来俗字谱》，"中研院"历史语言研究所，1930 年，第 86 页。

性。另,据《元史》所载,元代有多人名曰"买住",如该书卷二十二《武宗本纪一》载,至大元年(1308)夏四月"加铁木迭儿右丞相,都护买住中书右丞"。① 该书卷二十六《仁宗本纪三》载,延祐五年(1318)春正月"湖广平章买住加鲁国公、大司农"。② 等等。但《元史》中没有记载有人名曰"只住",基于以上认识,可以确认文书中的该人名当为"买住"而非"只住"。此件文书为元写本,而黑水城西夏汉文中"买"字的书写方式却与之相似,这也反映出西夏王朝受中原王朝汉文化影响之深,汉文的书写方式并没有因西夏王朝的独立,而走向另外的发展道路。

《附录·叙录》曾提到在文书正面有一人名为"藏不行中"。第14行的录文为"一名:藏不,行中书省右,今本省＿＿＿＿＿"。通过文书录文可知,此人似应为"藏不"或"藏丕"。众所周知,元代施行了"行省"制度,"行省"即"行中书省"之简称,故此处"藏不"之后的"行中书省右"等文字,应是该人的官职,而"行中"非其姓名的一部分。这说明《附录·叙录》有关第14行人名的判断不确。

第15行的人名,《附录·叙录》认为是"不颜",但通过图版可见,该人名实为"卜颜"。

另外,《附录·叙录》关于背面文书人名"也立赤怯"的判断也不准确。通过图版可见,在文书第24行"也立赤怯"之后尚有"薛丹"二字,而"怯薛是蒙古语(Kešig)的音译,是轮流值宿守卫之意,指蒙古帝国和元朝时期守卫宫廷的禁卫军。怯薛成员称为怯薛歹(Kešig dei),复数作怯薛丹(Kešig ten)"。③ 因此可知,"怯薛丹"是元代禁卫军怯薛的成员复数称谓,因此将"怯"字归入人名亦属不当,此处之人名应为"也立赤"。此处人名释录有误,关于文书涉及的"行中书省"和"怯薛丹"在《附录·叙录》中则没有提及。

除了人名释读不确之外,对于文书中职官的释读《附录·叙录》也存在可商讨之处,如文书第9行"甘肃省理问"等字,《附录·叙录》将其识读为"甘肃省理司"。④ 元代行省设有理问所,设"理问二员,正四品;副理问二员,从五品;知事一员,提控案牍一员"。⑤ 理问所是元代行省属官中级别最高的一个,相当于行省之下的"刑部""法部"或"法曹议府"。⑥ 元代确曾设有"征理司"这一机构,如

---

① (明)宋濂等:《元史》卷二十二《武宗本纪一》,第497页。
② (明)宋濂等:《元史》卷二十六《仁宗本纪三》,第582页。
③ 马冀:《"衙内"和怯薛歹之类》,《内蒙古大学学报(哲学社会科学版)》1989年第3期。
④ 史金波等:《俄藏黑水城文献》第6册《附录》,第27页。
⑤ (明)宋濂等:《元史》卷九十一《百官志七》,第2308页。
⑥ 李治安:《元代行省制度》,第44页。

《元史》卷十五《世祖本纪十二》至元二十五年(1288)九月,尚书省臣言:"自立尚书省,凡仓库诸司无不钩考,宜置征理司,秩正三品,专治合追财谷。"①至元二十八年(1291)即"罢征理司",同时行中书省不设"理司"一职。由此可知,《附录·叙录》识读不确,此处应为"甘肃省理问"。同样,第21行也应是"理问"二字。

最后,还需要指出,文书每行"一名"的右上方均有一"¬"形符号,该符号在敦煌文献中比较常见。在敦煌文献中,该符号常用在段首文字的右上方,或表示段落、层次等的转换,或表示相关人、事、物的勘验。此件文书中的"¬"形符号,勾画于每一个人名之前,显然这不是用来表示段落、层次等的转换,而应当表示对相关人员的勘验,亦即是说,这一符号是有关部门审查、勘验的标志。这反映出此件文书经过了两次书写,第一次为文书书写的原文,第二次则是有关部门对文书进行的勾检、审核。另外,通过该符号可见,黑水城文献的写本形态与敦煌文献具有一定的相似性,不排除两者之间有一定的继承关系。

(二)关于文书的形成时间及性质

关于此件文书的形成时间,《附录·叙录》没有具体介绍,仅说其属于"元写本",从文书涉及的职官等名称如"达鲁花赤""怯薛丹""曲先答林都元帅""北庭元帅"等可以确认,此件为元代文书无疑,但具体成文时间尚不明晰。下面可以通过对文书所包含的有关信息的考证,做出相应的判断。

文书第6行载"一名:大黑奴,前本院照磨,今 肃 　　　　　",这里提到大黑奴在迁转前的身份为"照磨"。据《元史》卷九十一《百官志七》载,各省属官"照磨所,照磨一员,正八品"。②"照磨"于何时出现?李治安先生研究认为:"照磨,原名为提控案牍,大德十年(1306)改兼照磨承发架阁,简称照磨。"③由此可以初步推测,此件文书的成书时间当在大德十年(1306)之后。从文书第3行"一名:郭斌,本院掾史,今举肃州路推官",及第20、21行中"一名:也里赤不花,甘理问案牍,今肃州推官"所载"肃州推官"一职,可使我们对文书撰拟时间的判定继续向前推进。关于"肃州推官"的设置时间,《元史》卷三十《泰定帝本

---

① (明)宋濂等:《元史》卷十五《世祖本纪十二》,第315页。
② (明)宋濂等:《元史》卷九十一《百官志七》,第2308页。
③ 李治安:《元代行省制度》,第637页。

纪二》载：泰定四年（1327）冬十月"增置肃州、沙州、亦集乃三路推官"。① 由此可知，本件文书出现的"肃州推官"一职，当是在泰定四年（1327）冬十月之后设置的。据此可知，此件文书的撰拟时间应在泰定四年（1327）之后。可以初步推断，此件文书的形成时间，当在元朝的中后期。

另外，还可以根据文书中的重要信息——有关"行詹事院"的记载，对文书的形成时间做出更进一步的推定。然而，就笔者所及，传世文献中却并不见"行詹事院"的记载，目前除内蒙古师范大学2007级硕士研究生阿伦的硕士学位论文《回鹘式蒙古文文献中汉字的蒙文转写特点研究》所引《中原音韵音系》中有"行詹事院"②一语外，哈斯巴根在回鹘式蒙古文文献《西宁王碑铭》中也发现了这一机构。③ 另外，在《中国藏黑水城汉文文献》一书第992页载有一编号、拟题为M1·0765[F61：W4]《品官名录》文书，其第7行有"行院詹事"这一职官，显然这里的"行院"当是"行詹事院"的简称。以上记载可与此件文书相印证，因之确认"行詹事院"在元代确曾存在。然而，据以上记载尚不能确定"行詹事院"的设置时间。虽然正史中不见"行詹事院"的记载，但却有与之相似的"分詹事院"的记载。如《元史》卷九十二《百官志八》"詹事院"条载："詹事院。至正十三年六月，立詹事院，罢宫傅府……十七年十月，置分詹事院。詹事一员，同知、副使各一员，詹事丞二员，经历一员，都事二员，照磨兼架阁一员，断事官二员，知事一员。"④从此条记载来看，元代确曾设置过分詹事院，该院的属官至少有"都事""照磨"等。而这两类属官与此件文书所载"行詹事院"的属官相同，如文书第1行载"一名：锁南朵立只，前行詹事院都事"，第6行载"一名：大黑奴，前本院照磨"，第6行中的"本院"指"行詹事院"当无疑议。又，由上文可初步推断，文书的形成时间在元代的中后期，而元代分詹事院的设置时间是在元末顺帝的至正十七年（1357）十月。这说明，分詹事院的存在时间与"行詹事院"的存在时间有共同之处。另外，分詹事院是詹事院的下属部门或者是派出机构，而"行詹事院"无疑也应当是詹事院的派出机构（关于此点将在下文详述）。鉴于以上两机构的诸多相似性，我们有理由相信，文书中的"行詹事院"可能即是元代的"分詹

---

① （明）宋濂等：《元史》卷三十《泰定帝本纪二》，第683页。
② 阿伦：《回鹘式蒙古文文献中汉字的蒙文转写特点研究》，内蒙古师范大学硕士学位论文，2007年。
③ 哈斯巴根：《回鹘式蒙古文文献中的汉语借词研究》，《中央民族大学学报（哲学社会科学版）》2012年第3期。
④ （明）宋濂等：《元史》卷九十二《百官志八》，第2331—2332页。

事院"。

在得到了以上认识之后,我们可以将文书撰拟的时间范围进一步缩小,通过"分詹事院"的设置时间"至正十七年十月",以及文书中"行詹事院"与之的相关性,可以推测,此件文书的成书时间可能是在元末至正十七年(1357)之后。另外,张笑峰认为黑水城文献中编号、拟题为 M1·0192[F14：W6A]《粮食储运文书》中所载的"郎中也里帖木"一人名,与《肃州路官员名录》第 11 行所载的"前甘肃省郎中""也里帖木儿"系同一人,由《粮食储运文书》进一步断定此件《肃州路官员名录》的形成时间"晚于至正三十年八月,属于北元时期的文书"。[①]张先生所言很有道理,但也不能完全排除此二人同名的可能。总而言之,将此件文书的形成时间定位于至正后期应该是可以成立的。

关于文书的性质,通过《俄藏黑水城文献》的定名——《肃州路官员名录》或《肃州路改官名录》不难发现,该书认为此件文书是有关肃州路官员的名单或该路官员改任官的名单。然而,从文书内容得见,一方面,此件文书中的官员并非仅仅涉及肃州路,如第 11 行载"也里帖木儿,前甘肃省郎中,今举亦集乃达",这里的"亦集乃达"当是亦集乃路达鲁花赤之简称。该行文字是在说明甘肃省郎中的迁转情况,与肃州路无关。此外,第 14 行所载的"藏不,行中书省右,今本省　　　　　",第 22 行的"哈三,沙州同知,今北庭元帅"等,也均与肃州路没有关系。另一方面,此件文书也并非仅仅记载肃州路官员的名单或改任官情况,更多的则是由其他机构的职官改任肃州路职官的情况,如文书第 1—7 行涉及行詹事院职官的迁转,虽然他们新任官职的地点是"肃州",但不是"肃州"官员改任,"肃州"只是改任的对象或目的地,而非迁转的主体。另外,文书的第 8、9、10、17、20、21、23、24 等行,也是对其他机构官员今改任肃州路职官情况所做的说明。因此,此件文书的性质并非仅仅是肃州路官员的名单或该路官员改任官的名单。

另外,《元史》卷九十一《百官志七》"诸路总管府"条载:

> 诸路总管府,至元初置。二十年,定十万户之上者为上路,十万户之下者为下路。当冲要者,虽不及十万户亦为上路。上路秩正三品。达鲁花赤

[①] 张笑峰:《黑水城所出〈肃州路官员名录〉新考》,《元史及民族与边疆研究集刊》第 29 辑,第 85—86 页。

一员,总管一员,并正三品,兼管劝农事,江北则兼诸军奥鲁。同知、治中、判官各一员。下路秩从三品,不置治中员,而同知如治中之秩,余悉同上。至元二十三年,置推官二员,专治刑狱,下路一员。经历一员,知事一员或二员,照磨兼承发架阁一员,司吏无定制,随事繁简以为多寡之额;译史、通事各一人。①

由此可知,元代的诸路总管府无论上下路均仅设置"同知"一员,但考察此件文书,至少有3人今为肃州路同知,如第8行的"贝你立克",第16行的"绰思吉",第17行的"也先不花"。元代各路设置"推官"亦为一员,但此件文书中却有多人今为肃州路推官,如第3行的郭斌"今举肃州路推官",第20行的也里赤不花"今肃州推官"。文书中有多人充任肃州路同知及推官的现象,存在多种可能,一种可能是,该路确实同时设置了3名同知或2名推官,而也有一种可能是,此件文书是对肃州路历任同知及推官等任官情况的汇总说明。笔者推测,第二种可能性或许较大。

另外,由于文书涉及行詹事院、甘肃行省、肃州路、沙州路、甘州路等行政单位官员的任职情况,因此推测,此件文书可能是对行詹事院等多个机构中相关职位的多任官员任官情况做出的汇总性报告。又由于文书各行均有勾画痕迹,而此勾画痕迹很可能是对上述官员任官情况所做的审核和勾检,故推知,此件文书又是经过有关部门审核的官员任官情况的汇总性报告。

(三) 关于文书的价值和意义

对于此件文书的价值,黑水城文献的编者并未详谈。此件作为一件元末官员任官情况的汇总性报告,涉及一些具体的行政部门,如行詹事院。另外,第13行还载,买住"今曲先答林都元帅",显然,买住所任此职应属于"曲先答林都元帅府"。第22行的哈三今任职官为"北庭元帅",哈三所任职官应来自"北庭都元帅府"。这反映出,此件文书也涉及"曲先答林都元帅府""北庭都元帅府"等军事机构。这些记载对于研究这些机构具有一定的价值。另外,此文书对认识元末官员的选任制度等也有重要意义。

---

① (明)宋濂等:《元史》卷九十一《百官志七》,第2316页。

首先，文书反映了元代行詹事院及其属员的设置情况。元代施行行省制度，在中央设中书省，以行中书省作为它的派出机构，当然该机构后来成为地方上的最高行政单位。除设置行中书省外，元代还设有行枢密院、行御史台、行宣政院、行都水监等机构，这些机构大都是原机构的派出机关。如《元史》卷九十二《百官志八》载："行枢密院。至元三年，伯颜右丞相奏准，于四川及湖广、江西之境，及江浙，凡三处，各置行枢密院，以镇遏奸乱之民。"①"行御史台。至正十六年九月二十八日，命太尉纳麟为江南诸道行御史台御史大夫，以次官员，各依等第选用。是日，御史台奉旨，移置行台于绍兴。"②"行宣政院。元统二年正月，革罢广教总管府一十六处，置行宣政院于杭州。"③"行都水监。至正八年二月，河水为患，诏于济宁郓城立行都水监。"④这些机构均设置于地方，按照这一建制模式，行詹事院的设置似为同理，应当是在地方上设立，是詹事院的派出机构，因此，称其为分詹事院也是可行的。对于行詹事院的设置地点，从文中涉及的地区可以作出一定的推测。由于文书中涉及的地名，如肃州、沙州、瓜州、亦集乃路等，都属于甘肃行中书省所辖，故有理由相信，此件文书涉及的行詹事院不大可能偏离这一区域，其应当是设置于元末的甘肃行省。

詹事院最早设置于辽代，金承之，元代又沿置。⑤ 对于它的职能，如《元史》卷八十九《百官志五》所云，其"备左右辅翼皇太子之任"。⑥ 元代继承辽金之制的同时又有所创新，即设置了行詹事院或分詹事院。此件提供了元代设置行詹事院的第一手资料，是这一机构曾经有过设置的有力证据。从这一角度讲，此件文书具有重要的文献学价值。

另外，对于行詹事院或分詹事院属官的设置情况，此件文书又有重要的补史作用。关于行詹事院或分詹事院的属官，《元史》卷九十二《百官志八》载："分詹事院。詹事一员，同知、副使各一员，詹事丞二员，经历一员，都事二员，照磨兼架阁一员，断事官二员，知事一员。"⑦文书中有关"都事"和"照磨"的记载，可以与《元史》相印证，但文书提供的行詹事院其他属官的设置情况，则为《元史》

---

① （明）宋濂等：《元史》卷九十二《百官志八》，第2333页。
② （明）宋濂等：《元史》卷九十二《百官志八》，第2334页。
③ （明）宋濂等：《元史》卷九十二《百官志八》，第2335页。
④ 同上。
⑤ 《中国历史大辞典》，第3051页。
⑥ （明）宋濂等：《元史》卷八十九《百官志五》，第2243页。
⑦ （明）宋濂等：《元史》卷九十二《百官志八》，第2332页。

所不载,如第 3、4 行的"掾史",第 5 行的"宣史",第 7 行的"管勾"等。对于这些胥吏的执掌,前人已有论述,无复赘言。通过以上可以看出,元代的行詹事院不仅设置了与詹事院相同的属官,同时还设置了有关吏员,其职官的设置相对比较完整,这无疑增进了我们对于该派出机构的认识。

其次,文书反映了元代西北军事机构及其职官来源的一些信息。文书涉及的军事机构主要有两个,一是曲先答林都元帅府,一是北庭都元帅府,这两个机构的设置时间均在元成宗元贞元年(1295)春正月。据《元史》卷十八《成宗本纪一》载:元贞元年(1295)春正月"壬申,立北庭都元帅府,以平章政事合伯为都元帅,江浙行省右丞撒里蛮为副都元帅,皆佩虎符。立曲先塔林都元帅府,以衅都察为都元帅,佩虎符"。① 关于曲先答(或作"塔")林都元帅府,刘迎胜等先生已经进行了非常深入的探讨。② 对于以上两府的设置原因,有学者指出:"随着两军战线由南向北的转移,南边无战事,至元二十六年(1289),元政府'罢斡端宣慰使司元帅府'。几年后,即元贞元年(1295),元朝在别失八里立北庭和曲先塔林(今库车、塔里木周围地区)二都元帅府,分别镇护天山南北各地。"③关于这两大都元帅府后来的去向,田卫疆先生在其文章中说:"大德元年(1297),元朝'罢蒙古万户府入曲先塔林都元帅府'。虽然史书未曾见撤销北庭元帅府的记载,但是或罢或与北庭都护府合并是自然的,因为自此再无见有此机构。"④通过本文所探讨的此件文书可见,这两大都元帅府即使到了元末也未被合并、罢黜,它们依然存在于元代的西北地区。此件文书对于纠正学界关于曲先答林都元帅府、北庭都元帅府设置时限的认识,具有一定价值。

另外,关于曲先答林都元帅府、北庭都元帅府职官的来源,史无明载,学界前贤也未予提及,此件文书具有一定的补史作用。关于元代都元帅府的职官设置情况,《元史》卷九十一《百官志七》载:都元帅府,设"都元帅二员、副元帅二员、经历、知事各一员"。⑤ 另,《元史》在该条又载:"北庭,隶土番宣慰司。曲先塔林,都元帅三员。"⑥由此可知,除曲先答林都元帅府所设"都元帅"较之普通都

---

① (明)宋濂等:《元史》卷十八《成宗本纪一》,第 390 页。
② 刘迎胜:《元代曲先塔林考》,《中亚学刊》第 1 辑,中华书局,1983 年;刘迎胜:《察哈台汗国史研究》,上海古籍出版社,2011 年,第 277—286 页。
③ 田卫疆:《西汉至清代新疆军政管理机构沿革述略》,《新疆地方志》1996 年第 2 期。
④ 同上。
⑤ (明)宋濂等:《元史》卷九十一《百官志七》,第 2309 页。
⑥ 同上。

元帅府多一员外,这两处都元帅府其他职官的设置应与其他同类机构无异。关于这两处都元帅府的职官来源等问题,《元史》并未记载。而通过本件文书第13行"一名:买住,肃州路达,今曲先答林都元帅",及第22行"一名:哈三,沙州同知,今北庭元帅"的记载则可知,曲先答林都元帅府与北庭都元帅府的"元帅"一职,分别来自肃州路达鲁花赤和沙州路同知。由此可以看出,以上两大都元帅府的职官选任途径,有一些是从当地政府的官员中迁转而来的,这为认识上述军事机构的职官来源提供了线索,补充了传世文献记载的缺憾。

最后,文书还反映了元代地方官员迁转及任职制度的一些内容。此件所涉及的迁转官员均在地方任职,按元代职官的分类,应属于外任官的范畴。关于元代外任官的迁转情况,李治安先生在《元代政治制度研究》一书中指出:"世祖至元元年罢汉世侯以后,路总管府官员率先实行了定期迁调制度。上自达鲁花赤、总管、同知、治中、判官、推官,下至经历、知事、照磨以及司吏、通事、译史,均须按照国家规定三年任满迁转任调,不得久任一地。"[①]从本件文书来看,多数官员的前任之地与今任之地并不相同,这说明元代地方官"不得久任一地"的规定在元末还能基本得到落实。但文书又反映出,元末官员的迁调并非完全执行"不得久任一地"的制度,如文书第18行"一名:伯家奴,肃州判官,今治中",第19行"一名:貌肃州奴,肃州路知事,今经历",可知伯家奴和貌肃州奴分别以肃州判官、知事的身份改任本路的相关官职。之所以出现官员在同一路改任的情况,可能存在以下几方面的原因:一方面,不能完全排除文书反映的内容属于元代外任官迁调的特例;另一方面,可能是元末官员迁调的规定在执行期间并没有完全得到落实,抑或是异地任官的规定没有得到彻底的执行。随着元末政治形势的发展,第二种可能性更大。

---

① 李治安:《元代政治制度研究》,第161页。

二

黑水城元代府学文书及其相关问题

在黑水城文献中，收录于《中国藏黑水城汉文文献》第7册第1413页编号、拟题为M1·1135［F234：W10］《亦集乃路儒学教授劝学事迹》的文书，收录于第7册第1419页编号、拟题为M1·1142［正］《府学文书》的文书，以及收录于第9册第1948页编号、拟题为M1·1671［正］《落款》的文书，均为双面书写。其中，M1·1142［正］、M1·1671［正］明显属于双面书写文书的正面，《中国藏黑水城汉文文献》一书对于这两件文书正背关系的判断是准确的。另外，编号为M1·1135［F234：W10］的文书，虽然《中国藏黑水城汉文文献》并未加是否为正面的标注，但通过该面的文书图版可见，此件文书的纸背有墨痕，故可知该文书亦应为双面书写。对于此件文书，《黑城出土文书（汉文文书卷）》一书不仅载有录文，同时进行了简要介绍："竹纸，残，楷行书，背面墨书'赡仰'二字。"[①]据此可知，此件亦应为双面书写文书的正面。以上几件文书不仅都是双面书写文书的正面部分，且它们的文字笔迹、行距相同，文字大小相当，文书的内容又息息相关，因此可以初步确认，它们应为同一件文书。由于以上文书中出现了"亦集乃路"的字样，可以判定这几件文书应为元代文书。

关于上述文书的研究情况，最初《黑城出土文书（汉文文书卷）》一书除对其中的M1·1135［F234：W10］文书进行释录外，还在"亦集乃路的儒学和文化"部分，对该件文书中的主要人物"胡文整"的职官问题，以及文书涉及的"学课钱"问题做过简单的介绍。[②] 此后，吴超发表《亦集乃路的儒学管理初探》，孙广文、

---

① 李逸友：《黑城出土文书（汉文文书卷）》，第196页，该书将此件编号为"F234：W10"。
② 李逸友：《黑城出土文书（汉文文书卷）》，第48—49页。

二 黑水城元代府学文书及其相关问题 313

兰天祥发表《元代亦集乃路儒学教育初探》等文,[①]均谈及该件文书所涉及的"学课钱"等问题。学界对于以上文书的研究,主要围绕《黑城出土文书(汉文文书卷)》释录的 M1·1135[F234：W10]文书展开,对于其他文书以及上述文书之间的相互关系等均未谈及。即使对 M1·1135[F234：W10]文书中涉及的有关问题,前人的研究亦有未逮之余。因此,有必要在借鉴前人研究成果的基础上,对上述文书再做进一步的探讨。

（一）关于文书录文的说明

为研究方便,下面将以上文书据《中国藏黑水城汉文文献》的图版进行逐件释录,并做简要说明如下:

其一,M1·1135[F234：W10]。

1. 亦集乃路儒学教授所学□胡文整
2. 谨呈：自到任以来,为本路急阙儒学教授,学校堕废□
3. 总府劝谕儒户人民良家子弟学习诗书,去后至四月
4. 杨只[②]立古前来向文整诉说：杨[③]只立古有学生一名汝勇布,交□府[④]学读书
5. 日[⑤]将来为文整不肯收接,却将钱一十两分付本学生员许仲明收接,随有耳卜渠
6. _____□,如今这张太平奴有孩儿一个,名昌娥儿,入学读书,后头[⑥]选日将来_____
7. _____从回说：你每学生不来,没体例要你钞两,当_____
8. _____□不见生员前来习学诗书,_____社长王朵[⑦]只巴并杨

---

① 吴超:《亦集乃路的儒学管理初探》,《阴山学刊》2009 年第 3 期;孙广文、兰天祥:《元代亦集乃路儒学教育初探》,《宁夏社会科学》2009 年第 5 期。除以上两文外,还有来云琴:《元代亦集乃路儒学教育研究》,宁夏大学硕士学位论文,2011 年;苏力:《元代亦集乃路儒学浅探》,《兰州学刊》2012 年第 5 期等文,亦有所涉及。
② "只",据残笔画补,《黑城出土文书(汉文文书卷)》径释作"只"。
③ "杨",《黑城出土文书(汉文文书卷)》未释。
④ "府",《黑城出土文书(汉文文书卷)》漏录,现据图版补。
⑤ "日",《黑城出土文书(汉文文书卷)》释作"见",现据图版改。
⑥ "头",《黑城出土文书(汉文文书卷)》漏录,现据图版补。
⑦ "朵",原文作"朶",今释作"朵"。

只立古、胡不鲁罕、张太平▭▭
9. ▭▭说嘱,实是不便。今将各人元与学课钱▭▭
（后缺）

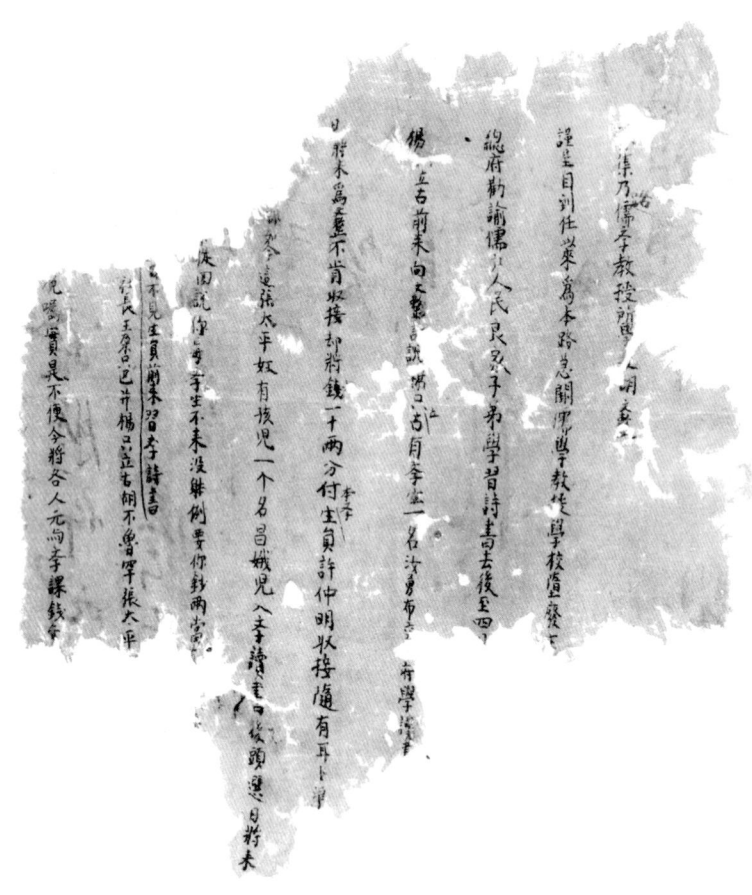

M1·1135[F234：W10]文书图版①

此件首全尾缺,除第1行外,其他各行全部下残,除第1—5行外,其他各行全部上残。其中第1行的"路"字,第4行的第2个"立"字,第5行的"本学"二字,以及第8行的"▭不见生员前来习学诗书"等文字,均系补写于原行右侧的插入语,且有关插入语的墨色与原文书有异。由此推断,此件文书可能经过了

---

① 转引自塔拉等:《中国藏黑水城汉文文献》,第1413页。

修改，属于两次书写的文书。但这些插入的文字与文书第一次书写的文字笔迹相同，故又可推知，这些插入语也应为文书的撰写者所书。通过文书第2行的"谨呈"二字可知，此件文书应为一件呈文，而呈送人应为第1行的"亦集乃路儒学教授所学□胡文整"。同时，据之推测，此件很可能为文书的呈送人胡文整所书。文书第2—9行，是胡文整呈文的内容，主要涉及因接收生员、收受学课钱一事。文书第4、5行说明，杨只立古将生员汝勇布送至府学读书时，怕胡文整不肯接收，于是将有关学课钱让其中的生员许仲明收受了。从第6、7行可知，此后又有一名"昌娥儿"的拟来府学学习，从回说"你每学生不来，没体例要你钞两"等语推断，似乎该语为胡文整所说，即说明学生不来上学，不能收受学课钱，这反映出"昌娥儿"等可能尚未到府学读书，抑或最终也未到府学读书，因此胡文整要求退回有关钞两。此件呈文正是胡文整就此事向某机关进行的汇报。由于文书后缺，尚不清楚具体的汇报对象，但由于文书首行署名中先载"亦集乃路"，说明胡文整所在的机构属于亦集乃路总管府的下属部门，因之推测，胡文整的呈文可能是呈送给亦集乃路总管府的。

另，由于此件文书《中国藏黑水城汉文文献》并未载其背面图版，故目前无法准确判断此件背面文字的内容，因此其背面文字不录。

其二，M1·1142[正]。

A

（无文字残留）

B

（前缺）

1. 向文整□　　　　　　　　　　　　如今先与你学课钱□□
2. 两，文整亦思①　　　　　平□等将　　　两分付　　　　仲明
3. 收接□散②□□□文整思忖得　　　交与文整学课钱中统□□
    十两却将生员不行
4. 赴府讫□　　　　　　　　　　　此出首前去，合行具呈
5. 亦集乃路总管府，伏乞

---

① "思"，据残笔画补。
② "散"，据残笔画补。

6. 详察施行。合行具呈。
7. 右谨具

（后缺）

M1·1142[正]文书图版①

  此件文书的图版共由两件残片组成：残片 A 较小，并无文字痕迹；残片 B 前后均缺，中部亦残，且中部残缺的面积较大。残片 A 即摆放于残片 B 的中缺之处。然而，从图版中却无法看出这一摆放方式的具体缘由。此外，由于残片 B

---

① 转引自塔拉等：《中国藏黑水城汉文文献》，第 1419 页。

二　黑水城元代府学文书及其相关问题　317

已经破损,《中国藏黑水城汉文文献》编者在摆放此残片的过程中,未将文书出现的错位和扭曲复位。如文书的上部,第 5、6 行这 2 行文字,目前已交错成了 4 行文字,显然第 5、6 行文字有错位现象。另外,文书的下部又出现了严重的扭曲现象,从图版可见,此件文书第 1—4 行的下半部分向右上方倾斜接近 30 度角,可以推见,文书的原始状态应当是文字与纸张的下沿成 90 度角,而非现在的这种状态。造成文书右下方向上倾斜的原因,可能是在整理图版时,未将其恢复原状。另外,残片 B 的图版左侧边缘,还有明显的裁切痕迹,此裁切痕迹非常整齐,造成这一现象的原因,仅通过该件文书尚不能得出准确的判断。

另,此件文书的文字形态方面亦有值得我们注意之处,如残片 B 第 3 行的"□散□□□"等字,系右侧插入语,这说明此件文书也经过了修改,存在二次书写的可能。从残片二第 1 行的"向文整""如今先与你学课钱",以及第 3、4 行"与文整学课钱中统□□十两却将生员不行赴府"等语可知,此件文书的内容也涉及胡文整接收学生学课钱,而学生并未赴府学学习一事。同时,该件文书所载学课钱的钱数与上件 M1·1135[F234：W10]文书亦相关。前件所载生员许仲明所收汝勇布的学课钱为"一十两",此件中提及与胡文整的学课钱为"中统□□十两",从残文字可知,这两项学课钱数的最后一个数字是相同的,且"中统钞"是元代的通行货币之一,故可知"中统"二字后所缺文字当为"钞"。该件中的学课钱亦应为两位数,因此推见,该件中的学课钱与 M1·1135[F234：W10]文书所载学课钱是一致的,亦为"一十两"。

同时,该件第 4—7 行中的"合行具呈""右谨具"等语,均为元代呈文结语的惯用套语,据此可知,该件亦应为呈文,且当为呈文的后半部分。通过以上对该件内容及该件文体等的分析可知,该件与 M1·1135[F234：W10]文书内容、文体都是一致的。此外,通过文书图版可见,这两件文书的文字笔迹和行距等也相似,故判断以上两件文书应属于同一件文书。[①]

该件的第 4—5 行载明文书的呈送对象为"亦集乃路总管府",这也进一步证实 M1·1135[F234：W10]文书的呈送对象正是该机构。

该件的背面文书,《中国藏黑水城汉文文献》编号为 M1·1143[背],收录于

---

① 以上两件文书能够缀合,笔者得到了宋坤先生的提示,在此深表感谢。

该书第 7 册的第 1420 页,拟题为《文书》,录文如下:

A 背

(前缺)
1. ☐☐☐☐☐☐☐王行
2. ☐☐☐☐☐☐☐☐行
(后缺)

B 背

(前缺)
1. 德☐日月照临有物皆新☐正☐☐
2. 高①拱无为致治一☐②同☐爱☐,③
3. ☐咸☐☐☐☐☐☐阻趋☐④阙,
4. ☐☐☐☐☐☐☐☐称觔☐昏
5. ☐☐☐☐☐☐☐☐寿。⑤
(后缺)

从文书图版可见,残片 A 背面的文字较之残片 B 背面的文字字号要小得多,且笔迹不同,可以判定,残片 A 的背面与残片 B 的背面应不属于同一件文书。既然残片 A 背与残片 B 背不是同一件文书,又可推知,残片 A 与残片 B 的正面亦不应属于同一件文书,《中国藏黑水城汉文文献》编者将残片 A 置于残片 B 的中缺之处,似亦值得商榷。

残片 B 背面的文字有勾画痕迹,其中第 1 行文字中的绝大部分被整齐裁切,由于整件文书的文字墨色较淡,且文字书写较为潦草,具体内容尚难确断,但可以肯定的是,该部分内容与正面文书无关。

---

① "高",据残笔画补。
② 此字前有墨笔勾画痕迹。
③ 此字前有墨笔勾画痕迹。
④ 此字前有墨笔勾画痕迹。
⑤ 此字前有墨笔勾画痕迹。

二　黑水城元代府学文书及其相关问题　319

其三,M1·1671[正]。

M1·1671[正]文书图版①

(前缺)

1. 亦集乃路总管府,伏乞
2. 详察施行。须至呈者。
3. 右谨具
4. 呈
5. ☐☐☐亦集乃☐☐☐☐☐

(后缺)

---

① 转引自塔拉等:《中国藏黑水城汉文文献》,第1948页。

此件首缺尾全，上部完整，左下方残缺。文书的右侧被整齐裁切，现存文字5行，其中第1—4行的内容与上件M1·1142[正]完全一致，且第1、2行的文字亦存在错位现象，文字错位的位置和状态与M1·1142[正]完全相同。此外，从文书图版可见，这两件文书的纸张颜色亦同，残损部位等可以重合，可以确认，这两件文书应属同一件文书。故可推见，《中国藏黑水城汉文文献》对这两件文书的分类、编号和拟题均不甚准确。

此外，M1·1671[正]的背面文书，收录于《中国藏黑水城汉文文献》第9册第1949页，其编号、拟题为M1·1672[背]《文书》，录文如下：

（前缺）

1. 伏以
2. 朱明肇序万姓□□□□□
3. 详□□□升□□之□□□□
4. 瑞霭□兴孚□以仁□□□□
5. 德□日月照临有物，皆新□正□□
6. 高拱无为致治一□同□爱□
7. □咸□□□□□□阻趋□阙，

（后缺）

此件首全尾缺，左侧边缘有明显裁切痕迹，其中第5—7行与M1·1143[背]B件内容完全相同，由此可确认，此件与M1·1143[背]B亦应为同一件文书。之所以同件文书被分为两类，且被单独编号、单独拟题的现象，应当与此件文书正面所出现的情况类似，不复赘述。

（二）文书的缀合与复原

通过对M1·1135[F234∶W10]、M1·1142[正]、M1·1671[正]所做录文以及对其录文的分析说明，可知这三件文书实际上应属于同一件文书，且M1·1142[正]、M1·1671[正]的背面内容也应该为同一件文书。基于以上认识，我们可以将这些文书加以缀合、复原。

首先，可以将M1·1142[正]与M1·1671[正]进行缀合。

二　黑水城元代府学文书及其相关问题　321

由于这两件文书原件即是同一件文书,但现今它们已分裂为两件,故对这两件文书缀合,可将它们的重合部分仅做一次性的释录,然后再载录其他不同之处即可。据此原则,这两件文书可缀合如下:

(前缺)

1. 向文整☐☐☐☐☐☐☐☐☐☐☐☐☐☐如今先与你学课钱☐☐
2. 两,文整亦思☐☐☐☐☐平☐等将☐☐☐两分付☐☐☐仲明
3. 收接☐散☐☐☐文整思忖得☐☐☐☐交与文整学课钱中统☐☐十两却将生员不行
4. 赴府讫☐☐☐☐☐☐☐☐☐☐☐☐此。出首前去,合行具呈
5. 亦集乃路总管府,伏乞
6. 详察施行。合行具呈。
7. 右谨具
8. 呈
9. ☐☐☐☐☐☐☐亦集乃☐☐☐☐☐☐☐

(后缺)

缀合之后的文书,应当是首尾均缺,存文字 9 行,是胡文整呈文的后半部分,这应当是此件文书的原始状态。为研究方便,现将此缀合之后的文书称为甲件。

其次,甲件文书可以与 M1·1135[F234∶W10]文书进行缀合。

甲件文书虽然可以确认与 M1·1135[F234∶W10]文书属于同一件文书,但它们的原始状态确已分裂为两件,缀合则必须考虑两件文书的内容、文书图版的状态、文书中相关文字、符号的痕迹等因素。

通过考察两件文书的内容可知,M1·1135[F234∶W10]文书属于胡文整呈文的前半部分,甲件文书属于后半部分。因此,这两件文书的缀合顺序应为 M1·1135[F234∶W10]在前,甲件文书居后,即 M1·1135[F234∶W10]文书在右侧,甲件文书在左侧。再者,通过两件文书图版可知,甲件文书右侧有大面积中残,M1·1135[F234∶W10]文书的右侧第 7—9 行则上下残缺,按照图版的大小,可以将 M1·1135[F234∶W10]文书的右侧插入甲件左侧的中缺之处,但无法直接与甲件文书边缘处完全缀合。甲件文书与 M1·1135[F234∶W10]之间,当还有部分残缺文字。另,又通过比较两件文书图版可见,甲件文书第 3 行的

上部有插入文字,且有插入文字符号,M1·1135[F234：W10]文书第8行也有插入符号和插入文字,且插入符号与甲件一致。同时还可发现,甲件第2—3行及第3—4行上部的行距与M1·1135[F234：W10]文书第7—8行及第8—9行的行距相同,故据之可以推定,甲件的第2—4行正是M1·1135[F234：W10]文书的第7—9行。最终,将具有倾斜角度的甲件文书第1—4行的下部内容复原至原始位置后,可以发现,甲件的第1—4行行距与M1·1135[F234：W10]文书的第6—9行的行距相同。基于以上对两件文书内容、图版及文字、插入符号等信息的分析和判断,可以确认,甲件文书的第1—4行即M1·1135[F234：W10]的第6—9行的内容。现将两件文书缀合、复原如下:

1. 亦集乃路儒学教授所学□胡文整
2. 谨呈：自到任以来,为本路急阙儒学教授,学校堕废□
3. 总府,劝谕儒户人民、良家子弟学习诗书,去后至四月
4. 杨只立古前来向文整诉说：杨只立古有学生一名汝勇布,交□府学读书
5. 日将来为文整不肯收接,却将钱一十两分付本学生员许仲明收接,随有耳卜渠
6. 向文整□□□,如今这张太平奴有孩儿一个,名昌娥儿,入学读书,后头选日将来□□如今先与你学课钱□□
7. 两,文整亦思□□□从回说：你每学生不来,没体例要你钞两,当□□平□等将□□两分付□□仲明
8. 收接。□散□□□□□不见生员前来习学诗书,①文整思忖得,社长王朵只巴并杨只立古、胡不鲁罕、张太平□□交与文整学课钱中统□□十两,却将生员不行
9. 赴府,讫□□□说嘱,实是不便。今将各人元与学课钱□□此。出首前去,合行具呈
10. 亦集乃路总管府,伏乞

---

① 该行中的"□散□□□□□不见生员前来习学诗书"一语,为插入语,因插入符号的起始点为"文整",故将此语置于此处。

11. 详察施行。合行具呈。
12. 　　右谨具
13. 　呈
14. 　　　　　☐亦集乃☐
　　　　　（后缺）

这两件文书缀合、复原后，为方便研究，现称其为乙件。乙件现有文字14行，虽然依然首全尾缺，但作为呈文的基本框架已经非常清晰。同时，据《新编事文类聚翰墨全书》"呈子首末式"条所载元代呈文的基本格式：

　　具衔姓某
　　谨呈
　　某处某司或某官云云为此合行具
　　呈伏乞
　　照验施行须至呈者
右谨具
　呈
　　　年月日姓某呈①

可以推知，若补全文书第14行的残文，该行文字似乎应为"☐(年月)亦集乃路儒学教授所学☐胡文整呈"。文书结尾所残缺文字，应为此件文书呈报的具体日期。"呈子首末式"中所载文书的呈报时间是与呈送人书写同一行的，但在黑水城文献的元代公文中，呈文的时间往往分作两行，即"年月"与呈报人写作一行，具体日期写于文书的最末行。如黑水城文书中一件较为完整的编号为F116：W555的呈文文书，其首尾如下：

1. 钱粮房
　　　　（中略）
36. 　　右谨具

---

① 《新编事文类聚翰墨全书》，《续修四库全书》，《子部·类书类》第1219册，第419页。

37.　呈

38.　　　至正十一　年二月　　　吏张世雄　　呈
　　　　　　　　　　　　　　　　　　　（签押）

39.　　　十八日　　　　　　　　　　（墨戳印）
　（墨戳印）①

　　基于此件黑水城文献的元代呈文结尾又可推断,乙件文书末尾残缺的部分,似乎还应包含呈文的具体日期以及胡文整的签押等内容。

　　以上是对黑水城文献中几件元代文书正面部分缀合与复原的基本情况。对于以上三件文书的背面文字,因《中国藏黑水城汉文文献》未收 M1·1135[F234:W10]文书的背面图版,故该件文书的背面无法与其他两件文书的背面进行缀合,但可以将 M1·1142[背]与 M1·1671[背]进行缀合。现根据前文对这两件文书形态、内容的说明,缀合、复原如下:

1. 伏以
2. 朱明肇序,万姓□
3. 详□□□升□□之□
4. 瑞霭□兴孚□以仁□
5. 德□日月照临有物皆新□正□□
6. 高拱无为致治一□同□爱□
7. □咸□　　　□阻趋□阙,
8. 　　　　　　□称觞□昏
9. 　　　　　　□寿。
　　　　　（后缺）

　　缀合、复原之后的文书,首全尾缺,共存文字 9 行。从其内容推断,此件似乎是一件文学作品。

---

① 塔拉等:《中国藏黑水城汉文文献》,第 299—303 页;李逸友:《黑城出土文书(汉文文书卷)》,第 119—120 页。

（三）关于文书涉及的几个问题

下面重点对乙件文书涉及的几个问题加以讨论。

其一，关于乙件文书的定名问题。

《黑城出土文书（汉文文书卷）》载录了乙件中的 M1·1135[F234：W10]文书的录文，但未拟题。《中国藏黑水城汉文文献》将以上文书拟题为三，显然，将 M1·1142[正]拟题为《府学文书》、将 M1·1671[正]拟题为《落款》是不甚准确的，因为这所谓的"两件"文书，原本为一件文书，故不宜将这"两件"文书分别拟题。对于乙件文书的另一部分 M1·1135[F234：W10]，《中国藏黑水城汉文文献》拟题为《亦集乃路儒学教授劝学事迹》亦有可商。原因在于，通过考察 M1·1135[F234：W10]文书的内容不难发现，《亦集乃路儒学教授劝学事迹》一题中的"儒学教授"，显然是指此件文书的撰拟者、呈送人"胡文整"，但文书第 1 行清楚地写道："亦集乃路儒学教授所学□胡文整。"胡文整的身份应当为"亦集乃路儒学教授所学□"，而非儒学教授。该行"学"字之后的文字残缺，李逸友先生提出此缺字可能为"正"字。① 李先生所言有一定的道理，如据《元史》卷九十一《百官志七》载：诸路总管府，"儒学教授一员，秩九品。诸路各设一员及学正一员、学录一员"。② 很明显，胡文整的身份是"学□"，并非儒学教授。由此可知，将 M1·1135[F234：W10]文书拟题作《亦集乃路儒学教授劝学事迹》有可商之余。

另外，尽管李逸友先生对胡文整的职官所做的判断有一定的道理，但据上文又可知，胡文整既有为"学正"的可能，亦有为"学录"的可能。由于无论"学正"还是"学录"，在元代都统称为"学官"，故我们称胡文整为"亦集乃路儒学教授所学官"，应当问题不大。

按照敦煌吐鲁番文书的定名惯例，一件文书的拟题，除了应包括文书的撰写者外，通常还需包含文书的主要内容、撰拟时间、所用文体、呈送对象等几方面的要素。关于乙件文书所用文体及呈送对象前文已述，无需赘言。由于文书多处残损，这造成了我们对文书细节内容理解的困难，但通过文书中多次出现的"学课钱"一语可知，此件文书应当是胡文整因为接收生员学课钱一事而向亦

---

① 李逸友：《黑城出土文书（汉文文书卷）》，第 48 页。
② （明）宋濂等：《元史》卷九十一《百官志七》，第 2316 页。

集乃路总管府进行的说明。对于文书的形成时间,虽然文书结尾处残缺,具体时间不详,但此件作为元代文书是没有疑议的。由于亦集乃路总管府设立的时间为"至元二十三"年(1286),①可知此件文书必然形成于此时间后,又由于黑水城文献中的元代文书多数为元中后期文书,故此件文书形成于这一时期的可能性很大。

基于以上对乙件文书的认识和判断,似可将该文书拟题为:《元亦集乃路儒学教授所学官胡文整呈该路总管府文为详察生员学课钱事》。

其二,关于文书中的"学课钱"。

乙件围绕接收学生的"学课钱"一事展开。基于 M1·1135[F234：W10]文书,李逸友先生提出了"亦集乃路儒学对入学生员收取学课钱"的观点,②吴超则在其论文中指出:"据笔者查阅元代相关文献,并没有发现元政府关于学课钱的规定,这可能是亦集乃路总管府的规定,或是儒学自身的规定。"③学界前贤对于"学课钱"的认识虽有一定的道理,但仍值得进一步探讨,现分析如下。

首先,关于乙件文书所载的"学课钱"是亦集乃路的特例,还是元代的普遍现象问题。

通过乙件文书可知,亦集乃路的儒学管理机构存在接收学生"学课钱"的现象,其实除了该件文书对这一现象的记载外,元代相关文献中存在一些类似的记载,这些记载主要集中在《元杂剧》中。如关汉卿的《状元堂陈母教子》第二折载:"(正旦云)师父多教孩儿几遍。(唱)我去那师父行陪了些下情,则要你工课上念得滑熟；我甘不的这厮看文书一夜到三更后!(三末云)母亲,你打我,则是疼你那学课钱哩!(正旦唱)且休说你使了我学课钱,哎,贼也,你熬了多少家点灯油!"④第四折载:"学的他那有仁有义孝连天,使了我那无岸无边学课钱。"⑤此出戏曲中多处提到了"学课钱"。再如,秦简夫的《晋陶母剪发待宾》第一折载:"小生姓陶名侃字士行,祖居丹阳人氏,年方二十岁。父亲辞世,有母湛氏,抬举小生,成人长大,训课读书。争奈家贫,母亲与人家缝联补绽,洗衣刮裳,觅来钱物,与小生做学课钱。虽则学成满腹文章,何日是峥嵘发达之时？今日太学中

---

① (明)宋濂等:《元史》卷六十《地理志三》,第 1451 页。
② 李逸友:《黑城出土文书(汉文文书卷)》,第 48 页。
③ 吴超:《亦集乃路的儒学管理初探》,《阴山学刊》2009 年第 3 期。
④ 王季思主编:《全元戏曲》第一卷,人民文学出版社,1999 年,第 311 页。
⑤ 王季思主编:《全元戏曲》第一卷,第 321 页。

有一老先生,姓范名逵,来到府学……"①这出戏曲记载,陶侃家贫,其母通过给"人家缝联补绽"来给他挣取"学课钱"。同时,这里还提到一日有太学先生"来到府学",这说明陶侃为"府学"的生员。《元杂剧》中还有一些类似的记载,在此不一一列举。可见,府学生员缴纳学课钱并非仅仅是元代亦集乃路一路的特殊现象,而应当是元代各地比较普遍的现象。

其次,是否所有生员都需交纳"学课钱"问题。

我们对李逸友先生的观点似可理解为:在亦集乃路的儒学生员都需交纳学课钱。通过乙件文书第 5 行"随有耳卜渠　　　",第 8 行"社长王朵只巴并杨只立古、胡不鲁罕、张太平　　　"等语可以推知,文书中的两名学生"汝勇布""昌娥儿"应当都是来自亦集乃路的耳卜渠的某一社,该社的社长为"王朵只巴"。这些信息给我们的启示是,这些交纳学课钱的学生,并非亦集乃路总管府驻地的儒户及官僚子弟,而是来自基层农村的儒户或良家子弟,此件文书反映的正是这些出身的学生交纳学课钱的现象。因此仅据此材料,我们还不能得出所有亦集乃路生员都需交纳学课钱的结论。但通过上文《元杂剧》的材料却不难发现,生员陶侃家境贫困,这说明陶侃也是一名来自基层的生员。基于以上认识推断,来自基层的生员可能是需要交纳学课钱的,但这并不能代表所有生员都需交纳此钱。

第三,从文书看亦集乃路的社学。

乙件文书显示,亦集乃路存在路一级的儒学,并拥有专门的机构。儒学是元代在路一级机构设置的官学之一,除此之外,元代路、府、州、县等地方官学通常还包括"蒙古字学""医学""阴阳学""书院""社学"等。② 黑水城文献显示,亦集乃路还存在"蒙古字学""医学""阴阳学"等官学,③然而该路否存在"社学"等官学则不甚了然。通过乙件文书,似乎可以看到元代"社学"的身影。

元朝在至元二十八年(1291)"劝农立社事理"中规定。"诸县所属村疃,凡五十家立为一社",④"今后每社设立学校一所,择通晓经书者为学师,于农隙时

---

① 王季思主编:《全元戏曲》第五卷,第 60 页。
② 陈高华:《元代的地方官学》,《元史论丛》第 5 辑,第 164—165 页。
③ 如编号为"F111:W55"的文书中载有"蒙古教授"[《黑城出土文书(汉文文书卷)》,第 121 页];编号为"F9:W101"文书中载有"医学教授"[《黑城出土文书(汉文文书卷)》,第 196 页];编号为"Y1:W30"文书中载有"阴阳学"[《黑城出土文书(汉文文书卷)》,第 94 页]。
④ 陈高华等点校:《元典章》卷二十三《户部九·农桑·立社·劝农立社事理》,第 916 页。

分各令子弟入学"。① 陈高华先生则指出,"社学,也就是农闲学校","农隙只能在冬季,所以社学又叫冬学"。② 乙件文书提到了欲赴府学读书的耳卜渠某社的两名生员。显然,这两名生员汝勇布与昌娥儿本身不是府学的学生,而是来自社级机构,其中"汝勇布"还是杨只立古的学生。这反映出,在耳卜渠以王朵只巴为社长的社中,很可能有社学的存在。亦集乃路社学的发现,使我们进一步增强了对该路官学的认识。此前学界已知亦集乃路拥有儒学、蒙古字学、医学、阴阳学等官学,若再加上社学,则说明,亦集乃路的官学已经具备了比较完善的体系,虽然当前还没有发现有关该路设置书院的直接证据。

此外,通过乙件文书我们还可以对元代社学学生的出路问题有所认识。关于元代社学学生的出路,陈高华先生提出"社学的学生没有任何优待,也不存在出路问题"的观点。③ 通过乙件文书可以对陈先生的认识做进一步的深化。由此件可知,作为社学学生的汝勇布与昌娥儿是有机会去儒学进一步学习的,只不过需要交纳一定的学课钱。这反映出,亦集乃路的社学学生尚存一定的出路,而其出路之一,即是赴儒学学习。这些内容对于我们认识元代社学学生的出路及其发展问题,提供了一些有益的启示。

---

① 陈高华等点校:《元典章》卷二十三《户部九·农桑·立社·劝农立社事理》,第920页。
② 陈高华:《元代的地方官学》,《元史论丛》第5辑,第165页。
③ 陈高华:《元代的地方官学》,《元史论丛》第5辑,第187页。

三
关于几件黑水城元代文书性质的再探讨

黑水城元代汉文文献作为元史研究的新史料，广受学界关注，其绝大部分内容目前已整理出版，其中包括图版类的整理成果，如《俄藏黑水城文献》、①《中国藏黑水城汉文文献》②等。以上诸书在整理相关文献的过程中，往往在载录文书图版的同时，又对其加以定名。此外，则有文字类的整理成果，如《黑城出土文书(汉文文书卷)》、③《俄藏黑水城汉文非佛教文献整理与研究》、④《中国藏黑水城汉文文献的整理与研究》、⑤《中国藏黑水城汉文文献整理研究》、⑥《英藏及俄藏黑水城汉文文献整理》⑦等。这些成果中，有一些专门对相关文献进行了释录、定名等。⑧ 此外，学界在研究相关文书的过程中，也涉及对有关文献性质的判断、名称的拟定等问题。可以说，经过学界的多方努力，多数文献的性质已明，这为推动黑水城文献及元史研究的不断发展，均作出了重要贡献。然笔者近期在进一步考察相关文书时却发现，此前学界，也包括笔者在内，对于一些文书性质的判定，仍有可探讨的余地。众所周知，文书性质判断的准确与否，直接影响到以此为据的相关研究结论的准确性。有鉴于此，今拟在前人研究基础上，对数件黑水城元代文书的性质再做粗浅的探讨，以期增进对该类文书的进

---

① 史金波等：《俄藏黑水城文献》第1—6册，上海古籍出版社，1996—2000年。
② 塔拉等：《中国藏黑水城汉文文献》，国家图书馆出版社，2008年。
③ 李逸友：《黑城出土文书(汉文文书卷)》，科学出版社，1991年。
④ 孙继民等：《俄藏黑水城汉文非佛教文献整理与研究》，北京师范大学出版社，2012年。
⑤ 孙继民等：《中国藏黑水城汉文文献的整理与研究》，中国社会科学出版社，2016年。
⑥ 杜建录：《中国藏黑水城汉文文献整理研究》，人民出版社，2016年。
⑦ 孙继民等：《英藏及俄藏黑水城汉文文献整理》，天津古籍出版社，2015年。
⑧ 也有一些成果是图录结合的，如沙知、[英]吴芳思：《斯坦因第三次中亚考古所获汉文文献(非佛经部分)》，上海辞书出版社，2005年。其中涉及英藏的黑水城元代汉文文献等。

一步认识。

（一）俄藏 TK201 号文书

此件内容如下：

1. 亦集乃路 巡 检司
2. 呈：照得前元朵立赤等合得衣装,除天历二年夏衣不□
3. 当□□冬衣末糸毡台儿未曾支付,当官令行人哈速丁□□司管 □
4. 照依天历二年十月分时估□,实估计到各各价钱,中间并无高 借□
5. □捏合不实,如虚当□。除已取讫行人哈速丁甘结文状在官外,今将物色
6. 价直开坐,卑司保结,合行具□
7. 亦集□□总管府,　伏乞
8. 照验施行。须至呈者。
9. □_____实在孤老男子、妇女陆拾三名,例支末糸毡台儿,照依天历二年十月
10. 　　　　　　　时估各价不等,计中统钞壹拾玖□□拾
11. 　　　　　　　两伍钱。
12. □_____核中改机末糸每名例支式拾官尺,为无依中 改 机末糸每
13. 　　　　　　　名支回回地面壹疋,长式拾官尺,计末糸肆 拾
14. 　　　　　　　三疋,每疋价钱壹拾伍两,计中统钞壹拾式
15. 　　　　　　　定陆拾伍两
16. □_____毡台儿每 名 支壹块,长壹丈,阔肆尺半□□□三块,每块价

（后缺）

三 关于几件黑水城元代文书性质的再探讨　331

　　此件图版收录于《俄藏黑水城文献》第4册第204页,该书第6册《附录·叙录》将其定名为《天历二年呈亦集乃路官府文》;孙继民师等的《俄藏黑水城汉文非佛教文献整理与研究》一书,将其拟题为《元天历二年(1329)亦集乃路巡检司呈路总管府文为朵立赤合支冬衣及毡台儿等物计价事》。① 以上二著均认定此件为官府文书。此后周永杰研究认为,其性质"是巡检司对朵立赤等应支付物资核查后的保结文书",并指出文书的背景与天历二年(1329)西北局势混乱,亦集乃路孤老养济物资不能按时放支有关。② 宋坤研究后则认为:"从本件文书写本形式及内容来看,本件文书也应属于有关养济院之官文书。"③

　　由以上可以看出,学界对于此件文书性质的判断,随着研究的深入而不断向前推进,但现在还可做出更进一步的认定。首先,虽然文书第6行提到了"卑司保结",但从文书第1行的"合得衣装",第2行的"未曾支付",以及第8行"须至呈者"后所胪列的内容来看,此件主要是巡检司向亦集乃路总管府汇报孤老"应支付物资"一事,并非为了"应支付物资"而汇官吏们缔结的"保结文书"。

　　其次,此件第1行载有文书的发出者为"巡检司",虽然此件涉及孤老的生活物资发放问题,而元代收养孤老的机构为"养济院",但显然,"巡检司"与"养济院"属于不同的机构,故此件应系一件"巡检司"的文书,而非"元代养济院之官文书"。同时,据文书第1、2行,以及第9行所载的"例支"(即"按定例放支"之意)一语可知,此件所"须至呈者"的相关物资,是按照"定例"应该支给的,故"巡检司"向亦集乃路总管府汇报,要求总管府发放相关物资,其性质当系该司申请孤老"该支"物资的文书。

　　目前在新发现的国家图书馆藏《魏书》纸背元代文献中,也有相关司县向路总管府汇报孤老"该支"物资的文书,如编号为GT·WS[J106(2):69]的文书第1行,即载有"▢▢▢▢▢▢▢▢管府据录事、④丹徒、金坛县各状申,照勘到至元三年五月分孤老该支柴粮,行移提调官诣院给散外,乞照验。得此,府司合行开坐,牒呈上,伏请"等语。由此可知,此件即为录事司、丹徒、金坛县等向其上级部门状申,汇报孤老"该支"柴粮情况的文书。因"丹徒县""金坛县"

---

① 孙继民等:《俄藏黑水城汉文非佛教文献整理与研究》,第414页。
② 周永杰:《黑水城出土亦集乃路孤老养济文书若干问题研究》,《西夏学》第10辑,第218页。
③ 宋坤:《俄藏黑水城所出〈天历二年呈亦集乃路官府文〉考释》,《元史论丛》第14辑,第439页。
④ 据文义此处脱"司"字。

在元代属于镇江路所辖,故此件"丹徒县"等的状申对象当为"镇江路总管府"。由于元代的亦集乃路总管府未设置司县,故其司属"巡检司"在一定程度上承担了"司县"的某些职能,其中即包括向路总管府汇报孤老"该支"钱粮物资等事项。无疑,俄藏黑水城 TK201 号文书与 GT·WS[J106(2):69]文书的性质是相似的。

(二)俄藏 Дx19072 号文书(正)

此件文书的"正面"录文如下:

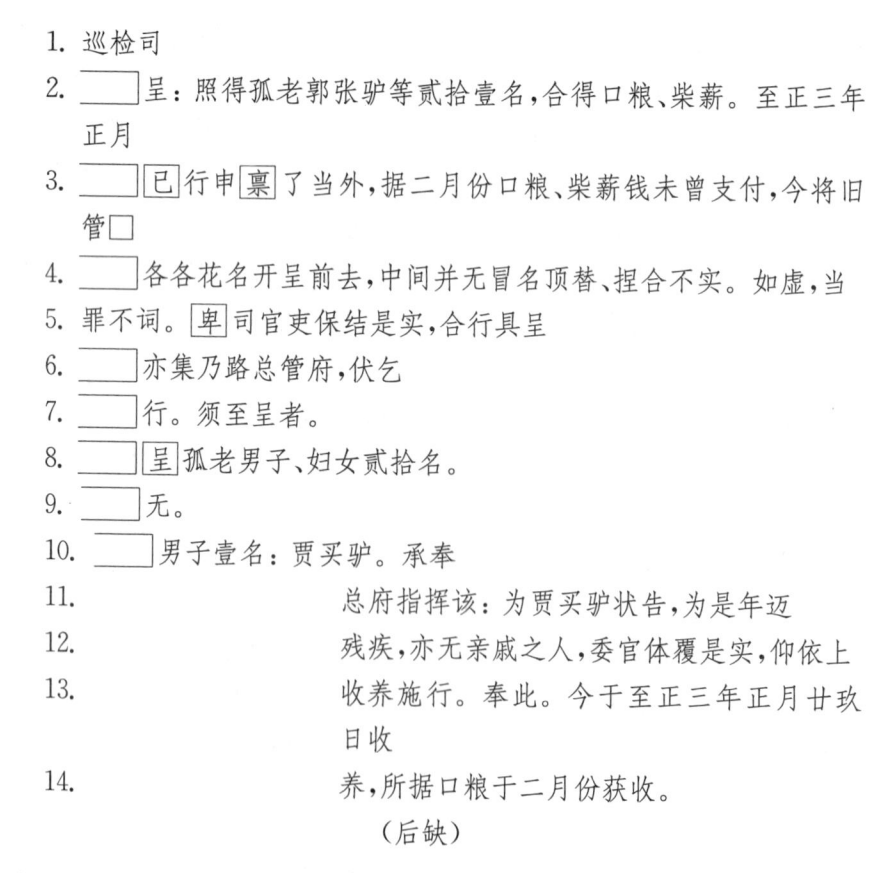

1. 巡检司
2. ☐呈:照得孤老郭张驴等贰拾壹名,合得口粮、柴薪。至正三年正月
3. ☐已行申稟了当外,据二月份口粮、柴薪钱未曾支付,今将旧管☐
4. ☐各各花名开呈前去,中间并无冒名顶替、捏合不实。如虚,当
5. 罪不词。卑司官吏保结是实,合行具呈
6. ☐亦集乃路总管府,伏乞
7. ☐行。须至呈者。
8. ☐呈孤老男子、妇女贰拾名。
9. ☐无。
10. ☐男子壹名:贾买驴。承奉
11. 　　　总府指挥该:为贾买驴状告,为是年迈
12. 　　　残疾,亦无亲戚之人,委官体覆是实,仰依上
13. 　　　收养施行。奉此。今于至正三年正月廿玖日收
14. 　　　养,所据口粮于二月份获收。

(后缺)

此件的图版收录于《俄藏敦煌文献》第 17 册第 334 页,无拟题。孙继民师等所著《英藏及俄藏黑水城汉文文献整理》一书,将其进行了释录并拟题为《元至正三年(1343)巡检司呈亦集乃路总管府状为收养孤老事》。① 由此可知,此件之性质孙师等判定为有关"收养孤老"的状文。郭兆斌则认为其为"亦集乃路总管府司属下的巡检司上呈给总管府的一份为收养老人的保结文书"。②

首先,通过文书第 2 行的"孤老郭张驴等贰拾壹名,合得口粮、柴薪",以及第 3 行的"二月份口粮、柴薪钱未曾支付"等语可知,"郭张驴等贰拾壹名"等"孤老"均已经被收养,且第 13、14 行更详细记载了"郭张驴"的收养时间"至正三年正月廿玖日"。同时,第 2、3 行也载有"至正三年正月□□已行申禀行了当外"等内容。由此可知,此件所涉及的孤老已经被收养,且对于收养情况"已行申禀行了当",故此件之性质不是汇报有关"收养孤老"的问题。

其次,文书第 5 行所载的"卑司官吏保结是实"一语,其意旨在说明,巡检司所呈报的孤老花名,经过本司官吏的审核,可以保证其"中间并无冒名顶替、捏合不实"。因此,呈报有关孤老花名等是文书的主体内容,不能因为文中载有"保结是实"等文字,就将此件定性为"保结文书"。

最后,文书第 2、3 行已经说明了巡检司提交此呈状的真实意图,即相关孤老在至正三年(1343)正月份虽然已经收养"了当",但"二月份口粮、柴薪钱"却"未曾支付"。据此可以看出,此件当与申请孤老未曾支付的至正三年(1343)二月份口粮、柴薪钱有关。且第 7 行"须至呈者"以下载明了此件呈报的具体内容,包括男女孤老的总人数,以及男子孤老的数量、姓名、收养过程、收养时间、二月份口粮的支付情况等问题。据第 3 行可知,第 14 行主要表达的当是二月份口粮未曾支付之意。可以推见,第 14 行后所缺者,当有对另外"妇女贰拾名"孤老的姓名、收养时间、二月份口粮支付情况等的记载。

总之,通过以上分析不难得见,此件与前件俄藏 TK201 号文书非常相似,都是因为孤老"该支"的生活物资没有支付,巡检司因之状申亦集乃路总管府申请放支孤老"该支"钱粮物资的文书。

(三) 中国藏 F175: W7 号文书

此件录文如下:

---

① 孙继民等:《英藏及俄藏黑水城汉文文献整理》,第 867 页。
② 郭兆斌:《黑水城所出两件与养老制度有关的文书研究》,《西夏学》第 8 辑,第 252 页。

(前缺)

1. ☐☐☐☐☐☐ ☐ 石① 捌斗，
2. ☐☐☐☐☐☐ 小② 麦叁石捌斗。
3. 　　支持库支：每名月支钞贰两伍钱，计钞壹定肆拾伍两；
4. 　　　　柴薪：每名月支硬柴伍秤，计柴壹伯玖
5. 　　　　　　拾秤。每秤③价钱钞叁钱，计钞壹定
6. 　　　　　　令柒两；
7. 　　　　添支钞：每名壹两，计钞叁拾捌两。
8. 　　男子壹拾陆名：
9. 　　　　火者王　　李即兀束　　朵④立赤　　宋忽芦
10. 　　　　苍失蛮　　马合麻　　　怯伯　　　拜都

(后缺)

此件图版收录于塔拉等先生所著《中国藏黑水城汉文文献》第2册《军用钱粮文书》第372页，并拟题为《支持库支钱粮柴文书》。另，李逸友先生《黑城出土文书(汉文文书卷)》一书《军用钱粮类》第138页，载有此件最初的录文，但无拟题。从以上二书对该件文书的类型划分可知，上述诸书均将此件定性为"军用钱粮类文书"。孙继民师等的《中国藏黑水城汉文文献的整理与研究》一书，将其重新释录，并拟题为《元支持库放支钱粮柴薪等文书》，此定名并未指出相关"钱粮柴薪"的接收对象。⑤ 此外，石坤在《从黑水城出土汉文文书看元亦集乃路的西夏遗民》一文中认为，文书所载的相关人名均为"军人名"，文书记载的是政府给军人发放钱粮等内容。⑥ 不难发现，石坤也认为此件为一军用钱粮文书。张重艳在《黑水城所出元代军粮文书杂识》一文中，则认为此件记载的是"给这批杂色人组成的军人放支钱粮，这支军队应属于阔端赤无疑"。⑦ 张文也认为此件是给军人放支钱粮的文书。

---

① "石"，据残笔画及文义补，《黑城出土文书(汉文文书卷)》未释。
② "小"，据残笔画及文义补，《黑城出土文书(汉文文书卷)》径释作"小"。
③ "每秤"，《黑城出土文书(汉文文书卷)》漏录，现据图版补。
④ "朵"，原文作"朶"，今释作"朵"。
⑤ 孙继民等：《中国藏黑水城汉文文献的整理与研究》，第254页。
⑥ 石坤：《从黑水城出土汉文文书看元亦集乃路的西夏遗民》，《敦煌学辑刊》2005年第2期。
⑦ 张重艳：《黑水城所出元代军粮文书杂识》，《兰州学刊》2009年第12期。

然，徐丹在《元代的孤老养济制度》一文中则将此件中涉及的"柴薪""添支钞"等视为元政府向孤老提供的养济物资。① 可以看出，徐丹认为此件为一孤老文书。

笔者看法如下：

首先，不能因为此件涉及的钱粮物资是由"支持库"放支的，就认定其为"军用钱粮文书"。"支持库"是"亦集乃路钱钞的出纳机构，分例、俸秩、军用钱钞、官府用钱钞均从此放支"。② 所以，因文书所载的钱钞是从"支持库"放支的，就认定为军用钱粮文书，值得商榷。

其次，因所载的"苔失蛮"等人为西夏人遗民，将文书认定为军事文书，亦有可商。李逸友先生已指出，元朝立国后，原西夏人"世世代代居住在亦集乃路，以从事农牧业生产为主，应是当地的主要居民"。③ 故将当地的主要居民"西夏遗民"视作军人，进而将文书定性为军事文书，似乎证据不足。

再次，文中所载"柴薪""添支钞"等项内容，并不见于军人放支的钱粮物资之中。据《元典章·户部·禄廪》《元史》《至顺镇江志》《析津志辑佚》《事林广记》等史料所载，及史卫民先生《中国军事通史·元代军事史》④一书，张国旺《元代军官俸禄制度考论——〈元典章·户部·禄廪〉研究之一》等文⑤研究可知，元代军官放支的禄廪，虽然随着时代的变迁在不断调整和变化，但其主要内容却依然是"俸钞"和"禄米"两类。亦即是说，在元代军官放支的禄廪中，未见发放"柴薪""添支钞"者。故由此推断，文书涉及的发放物资，并不是军用钱粮。

最后，"柴薪""添支钞"确为元代孤老放支的生活物资之一。其中，"添支钞"的发放，始于大德三年（1299）。该年的一道诏书云："中书省议得，除常例给衣粮等，今拟自大德三年正月为始，每名添中统钞一两，如遇天寿圣节，每名支给中统钞二两，永为定例。"⑥诏书显示，从该年开始，向每名孤老按月添支中统钞"一两"，但在天寿圣节的月份，可多支一两。从此之后，对于每名孤老每月放支"添支钞""一两"成为元代的"定例"。而文书第 7 行所载的"添支钞"放支数量，正好为"每名壹两"。

---

① 徐丹：《元代的孤老养济制度》，《理论界》2014 年第 7 期。
② 李逸友：《黑城出土文书（汉文文书卷）》，第 15 页。
③ 李逸友：《黑城出土文书（汉文文书卷）》，第 11 页。
④ 史卫民：《中国军事通史·元代军事史》，军事科学出版社，1998 年，第 341—343 页。
⑤ 张国旺：《元代军官俸禄制度考论——〈元典章·户部·禄廪〉研究之一》，《中国经济史研究》2016 年第 3 期。
⑥ 陈高华等点校：《元典章》卷三《圣政二·惠鳏寡》，第 98 页。

另外,"柴薪"或作"烧柴""薪""柴"等,也是元政府每月向孤老放支的物品之一。从至元二十一年(1284)开始,每名孤老每月可以得到"日支柴伍斤"。① 当然,文书中所载的是"每名月支硬柴伍秤",因所载的计量单位不同,故尚不能将其与元政府的规定做进一步的比定,但不能因之而否认文书中所载的"柴薪"是向孤老放支物资的事实。

另外,通过新近发现的国家图书馆藏公文纸本《魏书》纸背元代孤老文书所见,元代对于孤老放支的"烧柴"及"添支钞",均统一核算为钞两放支,如编号为GT·WS[J21(上):32]的文书第 11—17 行载:

11. ☐孤老大口肆名:
12. 　　　　　　　　　男子残疾叁名;
13. 　　　　　　　　　妇女寡壹名。
14. 　　　　　口粮壹石壹斗陆升;
15. 　　　　　中统钞壹拾捌两伍钱;
16. 　　　　烧柴伍伯捌拾斤,折钞壹拾肆两伍钱;
17. 　　　　　　　添支钞肆两。

此件第 15 行所载的"中统钞"即包括"烧柴"钱及"添支钞"两项内容,而 F175：W7 号文书的登载格式、内容等与之相似。因此据之推断,F175：W7 号文书第 1、2 行所载的小麦石数,当系对孤老放支"口粮"的记载,而第 8—10 行所载者,系男子孤老的名单,而第 10 行后所缺者,当有"妇女"孤老的花名。

故基于以上可以断定,此件实为一件亦集乃路总管府向有关孤老"放支"钱粮的文书。

(四) 中国藏 F20：W20 号文书

此件录文如下:

　　　　　　　　　　　(前缺)
1. _____☐十☐_____②

---

① 方龄贵校注:《通制条格校注》卷四《户令·鳏寡孤独》,第 184 页。
② 该行文字《黑城出土文书(汉文文书卷)》未录。

三　关于几件黑水城元代文书性质的再探讨　337

```
2.           拾定令①肆②两。
3.    □寒字八十二号勘合以下支
4.    老柴薪钱中统钞壹定令③
                （后缺）
```

此件图版收录于《中国藏黑水城汉文文献》第 2 册《官私钱物账》第 426 页，并定名为《寒字八十二号钱物账》。《黑城出土文书(汉文文书卷)》一书《杂类·官私钱物账》第 205 页载有此件最初的录文，但无拟题。《中国藏黑水城汉文文献的整理与研究》一书将其重新释录，并拟题为《元寒字八十二号勘合支柴薪等钱物文书残片》。④

笔者认为，首先，以上拟题均未载明文书所涉"钱物"的授予对象；其次，第 4 行载有"柴薪钱"一语。据前文可知，"柴薪"是元代按月向孤老放支的生活物资之一，且此行在"柴薪"前尚有一"老"字。可以推见，"老"字之前所缺之字，当为"孤"。基于以上推断，此件当系一件向孤老放支"柴薪钱"的文书。

（五）中国藏 F14：W102 号文书

此件录文如下：

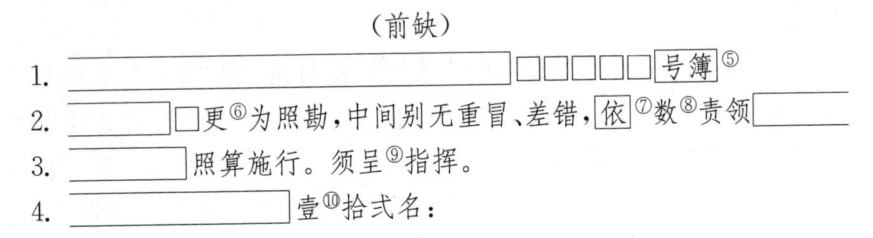

```
                （前缺）
1.                      □□□□号簿⑤
2.        □更⑥为照勘，中间别无重冒、差错，依⑦数⑧责领
3.        照算施行。须呈⑨指挥。
4.              壹⑩拾式名：
```

---

① "令"，当为"零"之借字，下文该字同此。
② "肆"，《黑城出土文书(汉文文书卷)》释作"捌"，现据图版改。
③ "令"，该字残缺，《黑城出土文书(汉文文书卷)》释作"今"。
④ 孙继民等：《中国藏黑水城汉文文献的整理与研究》，第 299 页。
⑤ 该行，《黑城出土文书(汉文文书卷)》漏录，现据图版补。
⑥ "更"，《黑城出土文书(汉文文书卷)》释作"至"，现据图版改。
⑦ "依"，《黑城出土文书(汉文文书卷)》未释。
⑧ "数"，《黑城出土文书(汉文文书卷)》释作"取"，现据图版改。
⑨ "呈"，《黑城出土文书(汉文文书卷)》释作"至"，现据图版改。
⑩ "壹"，《黑城出土文书(汉文文书卷)》于其前释一"人"字。

5. ☐陆①名；妇人陆名。
6. ☐☐②妇人壹拾贰名，每名月支粮叁斗，大尽卅日该支粮☐
7. ☐陆③斗；柴薪钱每月支钞弍两伍钱，该支钞叁拾☐
8. ☐名：
9. ☐剌④ 吉木　哈智　脱欢　掌吉义儿　耿定儿☐
（后缺）

此件图版收录于《中国藏黑水城汉文文献》第2册《官用钱粮物文书》第356页，并将其拟题为《支用钱粮柴薪文书》。《黑城出土文书（汉文文书卷）》一书《官用钱粮类》第143页载录此件的最初录文，无拟题。《中国藏黑水城汉文文献的整理与研究》一书将其重新释录，并拟题为《元某司呈指挥文为照算妇人吉木等六人支粮食、柴薪钱事》。⑤

对此文书，笔者认为：

首先，《中国藏黑水城汉文文献》一书对此件的定名未说明"支用钱粮柴薪"的具体对象，而《中国藏黑水城汉文文献的整理与研究》一书则未进一步明确"妇人吉木等六人"的具体身份。

其次，文书第7行载有所支的物品"柴薪钱"，由前文已知，"柴薪"为元政府向孤老每月固定放支的生活物资之一，由此可证，文书所涉"妇人"等当系"孤老"。

其次，文书第6行载有向妇人支"粮"的标准，即"每名月支粮叁斗"，且该行明确载明本次所支天数为"大尽卅日"。故可知，相关人员日支粮数应为"一升"。按《通制条格》卷四记载："至元三十一年，中书省。江浙行省咨：'孤老户郑千三等口粮贰斗不敷，拟合日支米壹升，小口减半。'都省准拟。"⑥从至元三十一年（1294）开始，孤老的口粮是按"日支米壹升"发放的。由此可知，文书所载的日支粮数正与之相合，此亦可证文书所载相关妇女的身份当为"孤老"。

---

① "陆"，据残笔画及文义补，《黑城出土文书（汉文文书卷）》径释作"陆"。
② "☐"，《黑城出土文书（汉文文书卷）》释作"系"。
③ "陆"，《黑城出土文书（汉文文书卷）》释作"伍"，现据图版改。
④ "剌"，据残笔画补，《黑城出土文书（汉文文书卷）》径释作"剌"。
⑤ 孙继民等：《中国藏黑水城汉文文献的整理与研究》，第241页。
⑥ 方龄贵校注：《通制条格校注》卷四《户令·鳏寡孤独》，第184页。

最后，文中第 6、7 行在载录有关孤老口粮、柴薪放支标准后，均载明了"该支"一语，可以推见，相关"该支"钱粮数正是根据有关口粮、柴薪的放支"定例"计算所得。这也反映出，相关孤老的钱粮尚未放支。

故基于以上判断，此件实为某司为申请孤老"该支"钱粮而提交的文书。

索　引

I. 文书索引

A

《阿剌不花口粮文卷》　211,212
《案件卷宗》　35

B

《百户王才贵总巡检》　75
《卜鲁罕妃子分例米面文卷》　266,267,274
《不兰奚人口案》　62

C

《陈礼状告孙直欠少伊货钱不肯归案》　62
《出郭迎接甘肃行省镇抚状》　47,74,168

D

《大德十一年税粮文卷》　2,13,46,274,292
《大德四年军用钱粮文卷》　274,275
《当直府吏巡检与牢子名单》　74
《盗贼案》　74,75
《段克明等司吏俸钞文书》　174,178
《朵立只巴充拦头状》　105,195
《朵思麻宣政院》　17

F

《放支口粮状》　266

《放支普竹狼心即的三站马料文书》　146
《放支普竹站马料文书残件》　149
《放支站赤马料文书》　148
《放支站赤马料文书残件》　146
《分例文书》　2
《分例羊酒米面文书》　75
《俸禄文书》　2,165,166,179
《俸钱禄米文卷》　166
《府学文书》　312,325

G

《官用钱粮文书》　2
《官私钱物帐》　2
《广积仓仓官选任状》　61
《广积仓票据》　108
《广积仓收到本渠马军吾即阿剌小麦凭据》　108
《广积仓收到大不花下徐大纳大小麦凭据》　108
《广积仓收到大不花下徐五纳大小麦凭据》　108
《广积仓收到沙立渠台不花税粮票据》　108
《广积仓收据》　108
《广积仓支黄米文书》　253

索 引

H

《寒字八十二号钱物账》 266,337
《翰林院经历司呈拟生员尊顺奴充亦集乃路译史》 227
《和籴粮米文卷》 75
《河渠司及张字二十七号勘合文书》 266
《户籍与赋税文书》 2
《花名簿》 75,76
《黄字号半印勘合文书》 252,266

J

《家奴案》 73
《酒课文书》 99
《军事与政令文书》 2
《军政文书残件》 74

K

《勘合文书》 2
《勘合文书残件》 252
《课税文书》 100

L

《粮斛文书》 211
《粮食储运文书》 307
《两屯百户陆文政等》 75
《刘连代郑忠充任扎黑税务副使文书》 44,102,227,231
《刘住哥籍贯与祖孙三代历仕状》 224
《落款》 312,325

M

《某老宿斋录见到僧名数》 200

N

《拟充巴罗巡检状》 73
《酿酒钱粮文卷》 267,268

P

《票据》 108,258

《品官名录》 306

Q

《签补站户文卷》 122,127,128,130,135,139,142,274
《签补站户文书》 2,122

R

《人事与选官文书》 2,73,195

S

《桑哥失里大王分例羊酒文卷》 274
《沙州路达鲁花赤总管府据税使司呈准本司副使刘住哥历仕状》 223,267
《赡站地典与阔阔歹耕种案》 237
《申亦集乃路总管府验粮文》 119
《审理罪囚文卷》 29
《失林婚书案文卷》 50
《肃州路官员名录》 11,301,307

T

《泰定二年税使司文书》 96
《唐龙朔三年(公元六六三年)西州高昌县下宁戎乡符为当乡次男侯子隆充侍及上烽事》 200
《提调农桑文书》 2
《提调钱粮文卷》 274
《提调站赤类文书》 263
《提调站赤文书》 2,211
《提调站赤文书残件》 145,146
《提调站马文书》 263,266,267
《天历二年呈亦集乃路官府文》 73,331
《天字号抽分文卷》 267
《天字号收米文书》 253,259
《偷盗案》 62
《屠行哈三批示》 2,241
《屯田栽树文书》 54

W

《往字九十八号支黄米小麦大麦文书》

257,263,266,271
《魏书》纸背文献　36,44,45
《文牒残件》　74
《文书残件》　122,173,211,252
《吴政宗充本屯仓官状》　195

X

《畜牧管理文书》　2
《宣光元年更换亦集乃路儒学教授》　11
《玄字号俸禄文卷》　266,267
《选有抵业无过之人充仓库官》　152

Y

《押印》　253,255
《杨三宝收米文书残件》　253,261
《杨真宝奴残状》　2
《也火汝足立嵬地土案文卷》　180
《也可倒温人口头足并孳生数目及租课》　75
《也先不花充拦头状》　106,276
《亦集乃路儒学教授劝学事迹》　312,325
《译史俸禄文书》　178
《元代状及判》　73
《元寒字八十二号勘合支柴薪等物钱文书残片》　337
《元河渠司上亦集乃路总管呈文》　53
《元某司呈指挥文为照算妇人吉木等六人支取粮食、柴薪钱事》　338
《元天历二年(1329)亦集乃路巡检司呈路总管府文为朵立赤合支冬衣及毡台儿等物计价事》　331

《元支持库放支钱粮柴薪等文书》　334
《元至元六年(1340)纳税粮凭》　108,113
《元至正三年(1343)为收养郭张驴等孤老状》　73
《元至正三年(1343)巡检司呈亦集乃路总管府状为收养孤老事》　332

Z

《札子残件》　211
《支持库支钱粮柴文书》　334
《支祭祀费用》　267
《支用钱粮柴薪文书》　338
《至大四年七月阿黑不花宁肃王分例文卷》　74,270,274
《至元三年文书残件》　2
《至元三十一年酒醋课文卷》　99
《至元四年十月二十日韩二借钱契》　75
《至元五年军政文卷》　37
《至正二十九年官用羊酒米酪文书》　43
《至正二十四年整点站赤文卷》　20,274
《至正年间提控案牍与开除本官员状》　165,180
《至正十五年李时敏代史允充任亦集乃路儒学教授文书》　227
《至正十一年考较钱粮文卷》　180
《至正十一年考校钱粮文卷》　2,180,183,274
《宙字壹号半印勘合文书》　252,266
《总府差引前去根勾公事》　74
《总府发天字号信牌前去莎伯渠根勾文书》　238

Ⅱ. 地名与机构索引

B

百户所　55,162,195,203
保定　124,128,133,136,249
北庭都元帅府　301,308,310,311
本渠　51—52,79,108

汴梁　67
兵部　20,136—140,143,147

C

财政机构　16,95
辰州　67

索　引　343

成都　67

D

大都　69,309—311
大都陆运提举司　136,143
丹徒　331,332
丹阳　102,203,326
丁角　102,203
朵甘司宣慰使司　21
朵甘思　21,24,25
朵哥麻思　21
朵思麻　21—26
朵思麻宣慰司　21,23
朵思麻宣政院　14,16—27,296

E

额济纳　3
额济纳旗　3,4,6,195,199,202
耳卜渠　2,51,52,80,313,322,327,328

F

分省　9,17,296
分詹事院　306,307,309
丰乐坊　64,68
奉元　67,147
福州　67
府仓　48,107,108,115,117,119,120,162,203
腹里　26,92,136,153,181,185,188,279

G

甘、肃等处分司　30,32
甘肃行省　3,8,9,26,28,30,32,37,38,42,47,74,86,97,99,101,102,136,160,163,168,179,180,184—186,189,191—193,211—215,223—227,274,275,283,284,287,288,296,308,309
甘州路　26,30,32,39,63—68,70,308
甘州路录事司　63—66,68,70—72
巩昌　28

巩昌按察司　28
瓜州　141,207,309
官告院　201,210
广积仓　9,13,16,47,48,51,57—59,61,62,78,95,107,108,110,111,113—120,203,253,255—259,263,270—272,283,284

H

哈拉浩特　3,5
杭州　17,19,22,45,67,107,115,309
和林　26,68,179
和宁　67,68
河南府路　67
河南江北行省　67
河渠司　4,5,9,12,13,47—49,51,53,54,59,61,239,240,245,250,266,288
河西陇北道肃政廉访司　16,27—30,32—34,37—39,274,296
河西陇北道肃政廉访司分司　17,27—30,32,33,296
河州　24—26
黑城　1,2,5,6,8—13,20,26,29—31,35,37,38,40—52,54—59,61—65,72—76,78,81—84,86,88,90,96—103,105—112,114,116,118,122,123,125,127,128,130—135,138,142—148,151—153,162,165—168,174—177,180—185,193,195,199,202,211,212,224—227,230,232,237,240,241,252,257—260,262,274,275,277,278,280—284,291,292,297,312,313,324—327,329,334—338
黑水城　1—17,19,20,27—31,33—38,40—44,46—66,68,72—76,80—82,86—92,95—109,113—123,125,127,128,130,135,136,138—140,142,144—153,156,159,160,162,165,166,168,169,171—180,183,185,186,192—197,199,202,203,208,210—213,215,216,220—232,235—246,249,250,252,253,255,

257—259,261—270,272—288,292—298,301—308,312—320,323—327,329,331—334,337,338
湖广行省　67,192,267
户房　42,288
淮安　189
回回哈的司　9
惠民药局　48

J

即的站　20,240,241
济宁　125,128,134,309
架阁库　232
建德路　45
建康　44
谏壁　102,203
江西行省　67,113,156,161,162,204,205,217,267
江浙行省　45,67,82,153—155,160,163,204,217,310,338
金坛　102,203,331
晋宁　124,128,134
靖州　67

L

阑遗监　70,206
狼心站　2,20,240,241
雷州　67,115
理问所　304
吏部　69,70,92,153—157,161,201—206,208,209,227,229,233—235,243,249,287,289,297
吏房　44,102—104,231,232
吏礼房　42,47,48,57,78,86,89,92,197
廉访司　13,27,28,33—39,107,124,125,132,133,136,235,296
两屯百户所　47—49,55,56
两屯千户所　56
岭北行省　67,68
龙兴　67

陆运提举司　136,143
录事司　14,16,40,62—68,71,72,157,232,331
潞县　217
吕城　102,203
吕城驿　19
落卜剋站　20

M

马木兀南子站　20
满城　249
蒙古教授　10,48,165,179,327
蒙古字学　10,90,165,179,327,328
秘书监　206

N

纳怜道　5,26,144,145,147
宁夏府路　30

P

派出机构　9,14,16,17,22—24,27,28,34,39,222,296,306,309,310
平凉府　226
平乡　208,250
平准行用库　9,48,157,203,288
普竹站　20,146,149,240,241

Q

千户所　54,182,207
钱粮房　42,57,59,61,99,176,177,184—186,192,193,280,288
曲先答林都元帅府　301,308,310,311

R

儒学　11,31,47,48,61,204,205,227,229,230,288,312,313,315,322,323,325—328
儒学提举司　204,205

S

撒思嘉　22

散府　71,90,168,202,204,205
沙立渠　52,79,108,110,113
沙州　30,141,200,223—226,230,232,233,267,302,303,305,307—309,311
莎伯渠　52,238,239
山口站　20
陕西行省　22,28,67,147
陕西诸道行御史台　28
上都　115,179,210
社学　327,328
书院　68,327,328
枢密院　22,209,210,217,222
帅府　93
税使司　16,47,48,95—106,199,203,224,225,229,230,232,241,242,267,288
税务　48,95,102—105,203,231,276
顺庆　67
司吏房　42—44
司狱司　10,34,47,48,61,68,168—173,177,281,288
司属　40,41,44,47—49,51,55—59,61,62,78,85—87,101,102,104,107,168,171,172,195,202,204,206,228,230,232,239,242,244,247,256,281,284,288,289,293,332,333
四川行省　28,67
肃政廉访司　11,13,17,27,28,33,34,37,39,93,204,210,227,234,273,296
肃州　11,30,32,301—303,305—309,311

T

提领所　54,207,226
提刑按察司　28,185,204
通政院　19,123,130,136—140
通州　158,217
桐庐县　45
秃思马　21
吐蕃　14,16,17,19,21—25,27
吐蕃等处宣慰司　23,24
屯田军百户所　55

屯田千户所　56,180,186,190,191,193
脱思麻　21,24
脱思马　21

W

万户府　54,82,203,206,207,310
乌思藏阿里　21,25
乌思藏宣慰司　21
无锡州　49
武备寺　206
武昌　67
兀剌海　30
婺源州　251

X

西宁州　26
西台　28
宪府　93
宪司　37,284
庠序坊　226
新附屯田军百户所　162,196,197,203
刑房　9,42,44,45,281,288
行都水监　205,309
行枢密院　17,309
行宣政院　14,17,21—26,309
行御史台　17,28,309
行詹事院　17,301,302,306—310
行中书省　3,9,26,46,53,66—68,71,96,98,99,103,136,177,181,184,186,193,204,213,214,222,224,231,233,275,279,291,302,304,305,307,309
宣徽院　70,206
宣慰司　21,71,94,96,169,179,189,202,204,217,233,310
宣政院　17,19,21—24,26,71,296
巡检司　16,40,47—49,58,61,71—82,84—87,91,197,203,270,331—333

Y

盐池站　20,240,241

养济院　10,72,76,331
医学　31,47,48,327,328
亦集乃分司　30—33
亦集乃路　2—6,8—13,20,21,24—27,30—32,34,40—42,44—56,59—61,65,72,73,76—78,80,82,84—87,89—91,97,101—108,115—118,120,136,144—150,152,160,165,168,170—172,179,180,184,187,190,191,193,196—199,202,203,212,213,215,223,227,229,230,233,237,239,241—245,247,249,258,274,280,281,284,288,289,292,293,302,307,309,312,313,315,322,325—328,330,331,334,335
亦集乃路分司　30,32,33,59
亦集乃路总管府　2,3,16,20,28,29,31,32,34,35,37—39,41,42,44,45,47—51,53,54,56—59,61,62,64,65,76—79,84—87,92,95,97,100—104,107,109,112,113,116,119,120,125,135,136,140,168,171,172,179,184—186,190—193,195,197,202,203,212—214,216,230—233,238—243,245,247,250,256—258,266,271,275,279,281—284,287,289,291—293,315,317,319,321,322,325—327,331—333,336

阴阳学　47,48,327,328
永昌　26,29,30,32,34
御史台　22,28,107,156,161,170,189,234,309
元帅府　21,93,206,207,310,311
云南行省　28,67
云阳驿　19

Z

杂造局　48,207
在城站　19,20
扎黑税务　44,102—104,227,231,232
詹事院　219,306,309,310
照磨所　95,305
真定　124,125,128,133,134,136
镇江路　49,102,168—170,179,180,332
支持库　9,47,48,57,59,79,85,96,101,102,271,334,335
织染局　48
中庆　67
总府　42,43,47,53,56—58,61—63,65,71,73,74,78,79,82,100,182,237—241,244,246,250,252,258,259,270,283,313,322,332
左右司　95,233,286

Ⅲ. 人名索引

A

阿黑不花宁肃王　59,74,79,270,271,274,283
奥鲁赤　25

B

拔都　89
伯家奴　302,303,311
卜颜　88,303,304
卜颜帖木　74,79,82,88

不答失里　64,68

C

蔡伯英　47
藏不　53,301,302,304,307
昌娥儿　313,315,322,327,328
陈礼　62,65,71
程克廉　47

D

苫失蛮　334,335

答那八贝　　75,84
大黑奴　　301,302,305,306
戴必显　　44
但拜　　52
党兀班　　22
段君杰　　47,86
段克明　　174,175,178
朵儿只班　　106
朵立赤　　60,61,77,84,85,330,331
朵立只巴　　105,106,195,199,203

F

付显　　107

G

高从道　　47
高璋　　43,44
高仲德　　167,172,281
关汉卿　　326
关益卿　　47
郭斌　　301,302,305,308
郭张驴　　73,76,77,84,332,333

H

哈剌　　30,74,86—88
哈剌哈孙　　31,32
哈三　　2,241,242,302,303,307,308,311
哈只　　33
韩二　　51,52,75,80
何高住　　52
忽必烈　　91,121,210
忽儿迷失　　89
胡文整　　312,313,315,317,321—326
胡祇遹　　71,104
黄㴩　　140
辉都　　89

J

吉木　　338
贾才卿　　47

K

渴九月狗　　239
孔齐　　190
孔思逮　　206
阔阔歹　　237,238

L

拉施特　　89
□剌马思吉　　88
李典　　237,238
李汝中普　　52
李时敏　　227,229,230
李崽令普　　52
李彦表　　250
刘基　　288
刘连　　44,102,103,227,231
刘崽令普　　52
刘住哥　　224—227,229,230,232,233,267
龙世英　　281
吕德卿　　47

M

马合穆　　91
马祖常　　218,219,221
买住　　302,304,308,311
满殊失厘　　255,257
忙古台　　89
毛顺礼　　47
貌肃州奴　　302,303,311

N

倪文德　　167,169,170,175

Q

秦简夫　　326

R

汝勇布　　313,315,317,322,327,328
汝中□　　239

S

撒兰伯　　237,238
沙的　　52
申观远　　94
沈天禄　　280
搠思班　　25
宋禧　　92,93
宋孝卿　　47
苏天爵　　20,94
孙直　　62,65,71

T

台不花　　108,113—115
太不花　　110—113,115—117,119
陶侃　　327
铁木儿不花　　25
秃花迷失　　73,78,89,92,197,199,203,208
妥懽帖木儿　　19

W

王从政　　93
王朵只巴　　322,327,328
王明清　　201
王顺　　93
王恽　　185,216,242,243
危素　　93
魏初　　250
吾即阿剌　　51,108
吾即立温布　　90
吾即习布　　90
吾七耳布　　75,81,83,89,90
吾七兴都　　90
吴政宗　　162,195—197,199,203

X

小乌二　　51,80
谢应芳　　219,220
忻都　　81
邢守善　　31

徐大　　108,118,119
徐度　　223
徐文贵　　283
徐五　　108,118,119
徐元瑞　　188,191,194,199,223,253,264,285
徐珍　　107
徐政卿　　47
许存衷　　93
许士贤　　45
许顺和　　38,284
许有壬　　33
眩忽帖木　　255—257

Y

杨耳　　88,90
杨那孩　　167,169,170,175
杨只立古　　313,315,322,327,328
姚进卿　　47
也火　　55,81,180,291
也立赤　　302—304
也先不花　　43,88,106,276,302,303,308
也先忽都　　22
也先帖木儿　　22,23
叶子奇　　289,293
伊□□抵奴　　237,238,245,246
亦黑迷失　　59,79,271,284

Z

张拔都　　89
张二　　51,80
张淮芮　　45
张世雄　　177,183,193,279,324
张天福　　281
张文兴　　280
张信　　249
赵皮鞋　　86
赵天麟　　205
赵彦明　　38,284
赵友文　　74,88,90

赵震	46,291,292	周的吉	98,99
赵仲贤	47	朱文英	250
郑介夫	233	朱彦成	241,242
郑忠	44,102—104,227,231,232	尊顺奴	227

Ⅳ. 职官索引

B

巴罗巡检　73,79
俵水　49,52,54

C

仓官　55,61,107,119,156—159,161—164,195—197,199,202,203,255,257,291
仓库官　16,92,118,151—164,203,205,206,298
差役　52,92,105,141,142,159,162—164,203,205,206,208,209,226,228,242,243,250,251,296
丞相　43,137,158,287,304,309
攒典　105,110,156,161,272
攒拦　104,105

D

达鲁花赤　11,56,69,70,84,90,91,94,115,224—226,230,232,267,289,293,302,305,307,311
大使　48,107,114,115,118,156,157,161,203
祗候　128
典史　156—158,161,164,168,204,206,217
都目　154,158,163,164,202
都事　286,302,306,309

F

坊正　49,50,159

府吏　47,48,74,86,88,208,281,283,288
付使　30—32,113—115,118,225,231,232,241,242,271
副使　33,44,48,102—104,107,154,156—158,161,203,224,227,231,232,242,267,306,309

G

弓手　82,113,123,128,131,135,140,141
公使人　217,250,251
官典　158,166,167,169,173,175,281
管勾　26,79,302,310

J

监支纳　114,115,118
教授　10,31,48,90,165,179,202,204,208,327
经历　46,59,79,160,163,164,226,227,271,283,284,291,303,306,308—311

K

库子　156,159,161,206,272

L

拦头　104—107,195,199,203,276
栏头　104—107,198,199,202,203,296
阑头　104
牢子　74,86
里正　49,70,159,228,250
理问　144,180,302—305
吏目　143,154,158,163,164,195,199,200,202,204

令史　157,189,206

P

牌子头　8
判官　56,187,200,302,303,308,311
平章　22,43,287,304,310
蒲里衍　8

Q

钱谷官　20,152—154,157,158,163,164,205
怯薛　111,131,304
怯薛丹　110,123,124,128,130—132,135,139,141,303—305
渠长　88

R

儒学教授　11,31,48,61,204,227,229,230,288,312,313,315,322,323,325,326
瑞典史　11

S

社长　49,50,52,54,74,79,82,313,322,327,328
首领官　26,38,46,113,182,189,190,192,205,217,218,228,233,282—284,292—294
司吏　20,38,42—47,107,143,152—154,156—159,161,163,164,174,175,178,189,202,206,217,220,243,279—284,288,289,292—294,308,311
司狱　10,34,47,48,61,68,71,167—173,175,177,179,180,281,288

T

提控案牍　10,38,41,59,79,97,165,180,182,202,205—207,271,283,284,291,292,304,305
提领　48,54,156,157,203,207,208,226,288

贴书　44
通事　138,157,286,288,293,308,311
同知　56,91,93,94,250,293,302,303,306—309,311
推官　302,303,305,306,308,311

X

昔宝赤　73,87,123,124,128,130—132,135,139,141
县尉　81,82,87,217
宣使　19,43,157,288,293
宣政同　11
学录　202,204—206,208,325
学正　202,204,206,208,325
巡检　16,40,45,47—49,51,58,61,71—94,170,197,199,202,203,208,270,331—333
巡军　128

Y

曳剌　243,249,250
译史　157,174,178,227,286,288,293,308,311
狱典　167—171,175,179,281
掾令　188
掾史　182,185,187,189,191,192,302,305,310

Z

詹事　17,218,219,301,302,306—310
照磨　26,38,95,97,284,302,305,306,308,309,311
知事　205,283,284,292,302—304,306,308—311
直学　202,204—206
治中　56,302,303,308,311
主首　49,70,159,250,251
总管　2,3,9,12,14,16,20,28—32,34—51,53,54,56—67,69—71,76—80,84—87,91—95,97,99—104,106,107,109,

索　引　351

112,113,115—117,119,120,125,135,
136,140,154,156,157,160—162,164,
168,169,171,172,179,184—186,190—
193,195,197,202—205,207,208,212—
214,216,224—226,230—233,238—245,
247,250,256—258,266,267,271,275,
277—279,281—284,287—289,291—
294,296,297,302,303,307—309,311,
315,317,319,321,322,325—327,330—
333,336

V. 行政运作术语索引

A
按治　　28,29,33,34,37,39,94

B
八思巴蒙古文　　111,112,180,255,256
八思巴文　　33,116,185,236,256,265,266,
　　276,277,289
白牌　　236,251
白帖　　12,118,119
半印勘合　　58,78,117,224,226,228,232,
　　234,252,253,257—259,263—273,283,
　　297
半印勘合公据　　267
半印勘合号簿　　263—273,297
半印勘合帖子　　267
半印章　　117,257,258,263,265,268
半字号　　117,257,258,263—266,269
保结　　12,29,34,35,53,60,63,77,83,84,
　　184,209,224,226—228,232—234,291,
　　330—333
保结答报　　184,186
保结文书　　79,331,333
备马　　19
别里哥　　216
不兰奚　　62,63,68—70,72
不阑奚　　70

C
仓库官例　　152—156,159,161—164
柴薪　　76,77,84,332—339
车户　　136,143

车站户　　143
呈文　　46,53,61,62,77,97,98,100,103,
　　104,143,155,165,167,168,171—177,
　　184,186,192,193,197,212,213,215,
　　220—222,225,230—233,280—282,285,
　　288,289,292,293,315,317,321,323,324
呈状　　12,99,333
呈子首末式　　176,177,212,220,221,281,
　　323
承此　　29,35,46,53,81,83,170,182,213,
　　220,221,291
程序　　8,10,11,13,16,34,40,71,96,97,
　　99,100,102,108,116,165,171,172,181,
　　185,188,190,210,229,231,234,289,
　　293,297
敕牒　　93,202,205,208,228,230
出巡　　28,33,34,37,39,83,296
传信牌　　247,248,298
催粮由帖　　113,116—119

D
得此　　65,100,124,128,134,205,206,224,
　　225,228,331
抵业　　20,123,124,128,131—133,135,
　　137,140,141,152—154,156,158
底簿　　263,268,269
点视　　54,55,80,83,251
牒　　9,29,31,32,34,74,182,194,214,228,
　　232,268,275,285
牒呈　　29,30,35,37—39,284,331
牒文　　9,30,34,35,37
断罪　　34,110,182,189,191,192,239,244

F

发行　170,238,239,242—244,246,287,289

坊巷　41,49,50,68

放支　5,16,48,57—59,61,78,79,85,101,121,144—150,165—168,171—175,178,179,258,262,263,266,267,269—272,283,331,333—339

奉此　47,77,98,99,103,182,184,193,231,237—242,246,332

俸钞　169,170,174,175,178—180,335

俸料　80,88

俸禄制度　10,16,151,165,166,169,171,173,174,178—180,335

俸钱　86,166,167,169—172,174,176,178—180

付身　15,16,55,78,92,105,106,162,194—210,229,230,296,298

复原　11,15,16,102,122,123,130,135,188,235,261,262,268,294,297,317,320,322—324

副马　19,20

覆奉　47,57,124,134,182,184

G

甘结　60,84,182,185,190,191,194,330

告身　201

根勾　74,82,238—240,245,246,250

勾检　187,188,298,305,308

孤老　10,60,73,76,77,84,85,200,330—333,335—339

故牒　31,55,182,184,186

关　1—30,32—47,49—59,61—67,69—73,76—82,84—92,94—113,115—123,125,127,128,130,135—148,150—153,155—168,171—175,179—188,190—197,199,201—203,205—208,210—220,222—229,231—245,247—253,256,257,264,266—274,276,277,279,281,282,285—289,292—298,301,303—315,317,318,325,326,328,329,331,333,334,336,338,339

关文　2—7,10,12,13,15,16,24,29,43,58,61,63,65,72,73,107—109,111,113,117,123,128,130,139,141,145—147,149—152,180,185,188,199,225,229—232,241,242,252,253,269,271—274,286,287,293,294,296,297,303,321,326,329

官马　144—146,149,150

H

合办额　188

户等　140—142

皇帝圣旨里　29,30,37,55,58,63,64,78,105,109,162,195,196,198,199,224,225,228,232,270,282—284

J

急递铺　8,123,128,131,135,140,141

寄居　225,226,233

监察　17,27,28,32,37,39,93,125,134,161,185,210,219,234,235

监临　28,32,37,39

节该　112,158,171,214,242,243

解由　12,16,102,103,192,194,223—235,297

解由体式　223,226—230,232,235,297

酒课钱钞　100

军屯　54—56

K

开读圣旨　48,78,85—87

勘合　112,214,232—234,239,251—253,259,263—273,296,297,337

勘合关牒　267,268

勘合文书　2,12,16,117,234,236,251—253,263—273,297

课程　16,95—103,105,107,187,192,231,

269
口粮　　76,77,84,179,211,212,266,272,
　　　332,333,336,338,339

L

阑遗　　69,70,206
历仕　　103,224—229,231,232,267
粮斛　　143,182,184,185,187,190,191,
　　　211,213,269,275
令牌　　245
六房　　42
录囚　　28,29,33—38,296
禄米　　166,167,170,175,176,178—180,
　　　335

M

马料　　5,16,121,144—150
民户　　71,123,131,135,140—142,159,
　　　163,164,250,251
民屯　　54—56
末系毡台儿　　60,84,85,330
墨戳印　　110—112,116,118,177,183,193,
　　　274,280—283,286,288,291—293,324
墨迹　　53,58,78,252,256,269,270,272

P

牌符　　14,236,244,245,247,248
铺马差札　　216
铺马圣旨　　216
铺马札子　　21,216,222

Q

契约　　7,51,52,79,80,90,265,269,295
起解　　42,96—102,136,137
起数　　29,34—37
迁调　　94,311
迁转　　11,78,89,103,104,106,163,164,
　　　197,208,223,226,229,230,234,305,
　　　307,311
佥补　　123—125,131—136,138—141

签补　　2,8,12,16,121—123,127,128,130,
　　　135—144,274
签押　　31,38,46,47,51,52,55,59,79,80,
　　　83,97,98,101,105,110—112,114—119,
　　　162,167,177,178,183,185,193,196—
　　　199,218,255,270,271,274—284,286—
　　　288,291—293,324
钱帛　　158,184,185,187,190—192,272
钱粮考较　　14,16,151,180,181,186—193
遣使牌子　　248,249
驱口　　64,123,131,132,135,139,141
渠道　　2,49—54
渠社　　41,49,50,52—54,74,79,82

S

赡站地　　237,238
申　　13,37,38,45,63—65,69—72,76,82,
　　　83,93,94,98,99,102,103,107,119,120,
　　　124,133,136,142,143,170—176,178,
　　　182,185—187,189—191,208,209,217,
　　　219,224,225,227—235,264,275,280,
　　　282—284,297,310,331—333,339
审覆　　37
审理罪囚　　29
生员　　227,313—315,317,321,322,325—
　　　328
圣旨　　11,47,69,86,112,136,155,158,
　　　160,163,171,194,217,236,243,249,
　　　273,291
圣旨节该　　69,109,112,171,269
书式　　166,172,177,215,220,221,236,
　　　237,244,246,247,262
书填　　58,78,224,228,232—234,252,257,
　　　258,264,269—271,289
署名　　38,46,55,63,113,115,117—119,
　　　184,220,274,275,277,279—284,287—
　　　289,292—294,315
税粮　　2,6,11,13,14,16,46,51,57,84,
　　　107—113,115—120,250,258,259,274,
　　　291,292

T

台旨　47,57,98,99,182,184,206,237,244,246,250
提调　2,12,57,70,124,133,136,143,145,146,152,154,180—182,184,187—192,211,233,243,250,253,263,266,267,274,331
提调各站赤　241
添支钞　334—336
条画　69,96,158,205,242,243,250
贴马　19
头疋　63,64,69,70,75,83

W

畏兀儿体蒙古文　277
文卷　2,6,8,11,13,20,27,29,33,37,46,50,57,74,75,99,116,122,123,127,128,130,135,139,142,166,180,184,211,212,227,235,266—268,270,274,275,292—294

X

歇役　136,143
信牌　15,236—251,296,298
信牌文书　2,16,236,237,241—246,249,250
学课钱　312—315,317,321,322,325—328

Y

议札　12,216,217,222
议札子　216,217
亦思替非文　275—278,286
译该　58,78,270,383
驿传　19,20,121,251
驿站　5,6,8,14,24,26,121,138,142,144,216,222,248
印信　28,29,33,116,157,203,269,289,293
印章　33,38,46,53,63,105,111,115,117—119,153,162,167,168,175,178,183,196—199,238—240,246,255—257,259,264—269,271,272,280—284,288,289,291—293,297
由头　35,38,59,98,101,148,197,199,228,273
元发号簿　252,258,263,269,270
圆署　216—218
圆议连署　216,217,222
运作机制　16,41,56,58,59,61,62,193,194,236,274,285
运作流程　11,16,27,116,120,227,228,251,252,294,297

Z

攒造文册　142
札付　46,53,91,92,125,135,136,156,161,170,177,181,182,184,188,192—194,201,202,204—208,213,215,217,220,222—225,233,269,273,275,277,279,285—288,291
札子　16,19,189,194,201,210—223,285,286,296
粘连文字　243—248
站赤　2,5,6,8,12,16,19—21,26,57,106,121,122,136—141,143—150,211,216,238,243,250,253,263,274
站户　2,8,12,16,121—125,127,128,130—133,135—144,238,274
站马　20,21,144—147,149,150,263,266,267
诏敕　214
照过　255,256,273
照刷文卷　29,227
照验　29,31,43,53,54,58,60,61,63,78,85,96,97,99—102,119,120,152,154,160,170,173,176,182,185,189,221,224,225,228—230,232—234,252,257,258,269—271,281,291,297,323,330,331

正马	19—21,125,132
职田	169,170,179,180
职役	163,164,208
指挥	53,58,59,61,62,77,194,223,332,337,338
中统钞	59—61,79,85,96—99,101,169,170,179,270,317,330,335—337
朱书	111,115,117,185,255
缀合	15,227,294,317,320—324
准此	64,65,81,101,105,110,112—114,135,154,155,162,182,184,185,189,195,196,198,204,224,225,233,255,257,275,277—279
咨	53,82,92,107,113,147,152—156,161,170,181,182,185—189,192,194,204,205,217—219,221,233,279,287,338
咨文	9,107,147,152,154—156,160—162,184,187—190,227,233,267,268,287
孳生	83
字号	117,167,196,226,228,232,233,238,239,241,243—245,252,253,258,259,264—272,318
字样	34,58,78,143,170,217,252,269,270,272,292,312
罪因	28,29,32,34—37,45
做官底牌子	248

参 考 文 献

一、古籍

1. （宋）陈元靓：《事林广记》，中华书局，1999年。
2. 陈高华等点校：《元典章》，中华书局、天津古籍出版社，2011年。
3. 《大元马政记、大元官制杂记》，文殿阁书庄，1937年。
4. ［瑞典］多桑著，冯承钧译：《多桑蒙古史》，上海古籍出版社，2014年。
5. （元）程钜夫著，张文澍校点：《程钜夫集》，吉林文史出版社，2009年。
6. 方龄贵校注：《通制条格校注》，中华书局，2001年。
7. 冯承钧译：《马可波罗行纪》，上海书店出版社，2006年。
8. ［韩］韩国学中央研究院：《至正条格（校注本）》，Humanist出版社，2007年。
9. （元）黄溍：《金华黄先生文集》，《四部丛刊初编》，上海书店，1989年。
10. （元）胡祗遹著，魏崇武等校点：《胡祗遹集》，吉林文史出版社，2008年。
11. 怀效锋点校：《大明律》，法律出版社，1999年。
12. （元）孔齐：《至正直记》，上海古籍出版社，1987年。
13. ［波斯］拉施特编，余大钧、周建奇译：《史集》，商务印书馆，2009年。
14. （元）刘敏中著，邓瑞全、谢辉校点：《刘敏中集》，吉林文史出版社，2008年。
15. 《明太祖实录》，台湾"中研院"历史语言研究所校印，1962年。
16. （宋）刘应李：《新编事文类聚启札青钱》，《四库存目丛书》，齐鲁书社，1997年。
17. （元）刘诜：《桂隐先生集》，《元人文集珍本丛刊》，新文丰出版公司，

1985年。

18. （元）柳贯：《柳待制文集》,《四部丛刊初编》,上海书店,1989年。

19. （宋）李焘：《续资治通鉴长编》,中华书局,2004年。

20. （元）马祖常：《石田文集》,《元人文集珍本丛刊》,新文丰出版公司,1985年。

21. （清）钱大昕著,孙显军、陈文和点校：《十驾斋养心录》,江苏古籍出版,2000年。

22. 任崇岳：《庚申外史笺证》,中州古籍出版社,1991年。

23. （明）宋濂等：《元史》,中华书局,1976年。

24. （元）宋禧：《庸庵集》,景印本文渊阁《四库全书》,上海古籍出版社,1987年。

25. （元）施惠著,吕薇芬校点：《幽闺记》,辽宁教育出版社,1998年。

26. （元）苏天爵：《元文类》,商务印书馆,1958年。

27. （元）苏天爵著,姚景安点校：《元朝名臣事略》,中华书局,1996。

28. （元）陶宗仪：《南村辍耕录》,中华书局,2008年。

29. （元）脱脱等：《宋史》,中华书局,1977年。

30. （元）脱脱等：《金史》,中华书局,1975年。

31. （清）屠寄：《蒙兀儿史记》,上海古籍出版社、上海书店,1989年。

32. （宋）王溥：《唐会要》,中华书局,1955年。

33. （元）王士点等编,高荣盛点校：《秘书监志》,浙江古籍出版社,1992年。

34. 王国维校注：《圣武亲征录校注》,《王国维遗书》,上海古籍书店,1983年。

35. 王颋点校：《庙学典礼(外二种)》,浙江古籍出版社,1992年。

36. （明）王祎：《王忠文集》,景印本文渊阁《四库全书》,上海古籍出版社,1987年。

37. （宋）王明清：《挥麈录·前录》,中华书局,1961年。

38. （元）王恽：《秋涧先生大全文集》,《元人文集珍本丛刊》,新文丰出版公司,1985年。

39. （元）危素：《危太朴文集》,《元人文集珍本丛刊》,新文丰出版公司,

1985年。

40. （元）许有壬：《至正集》，《元人文集珍本丛刊》，新文丰出版公司，1985年。

41. （清）徐松辑：《宋会要辑稿》，中华书局，1957年。

42. （元）徐元瑞著，杨讷点校：《吏学指南（外三种）》，浙江古籍出版社，1988年。

43. 《新编事文类聚翰墨全书》，《续修四库全书》，上海古籍出版社，1995年。

44. 余大钧译注：《蒙古秘史》，河北人民出版社，2001年。

45. （元）谢应芳：《龟巢稿》，景印本文渊阁《四库全书》，上海古籍出版社，1987年。

46. 《永乐大典》，中华书局，1986年。

47. （元）姚燧著，查洪德点校：《姚燧集》，人民文学出版社，2011年。

48. （明）叶子奇：《草木子》，中华书局，1959年。

49. 杨印民辑校：《大德毗陵志辑佚（外四种）》，凤凰出版社，2013年。

50. 佚名编，金少英、李庆善校补整理：《大金吊伐录校补》，中华书局，2001年。

51. （明）应槚：《大明律释义》，《续修四库全书》，上海古籍出版社，1995年。

52. （金）宇文懋昭著，崔文印校证：《大金国志校证》，中华书局，1986年。

53. （清）张廷玉：《明史》，中华书局，1974年。

54. ［波斯］志费尼著，何高济译，翁独健校订：《世界征服者史》，江苏教育出版社，2005年。

55. （元）赵承禧编，王晓欣点校：《宪台通纪（外三种）》，浙江古籍出版社，2002年。

56. （元）周霆震：《石初集》，景印本文津阁《四库全书》，商务印书馆，2005年。

57. （元）张之翰：《西岩集》，景印本文渊阁《四库全书》，上海古籍出版社，1987年。

二、编著

1. 蔡美彪：《八思巴字碑刻文物集释》，中国社会科学出版社，2011年。

2. 蔡美彪：《元代白话碑集录》(修订版)，中国社会科学出版社，2017 年。

3. 陈得芝辑点：《元代奏议集录》(上)，浙江古籍出版社，1998 年。

4. 杜建录：《中国藏黑水城汉文文献整理研究》，人民出版社，2016 年。

5. 杜建录编：《中国藏黑水城汉文文献释录》，中华书局、天津古籍出版社，2016 年。

6. 国家文物局古文献研究室等编：《吐鲁番出土文书》，文物出版社，1981 年。

7. 郭锋：《斯坦因第三次中亚探险所获甘肃新疆出土汉文文书——未经马斯伯乐刊布的部分》，甘肃人民出版社，1993 年。

8. 国家图书馆善本金石组编：《辽金元石刻文献全编》，北京图书馆出版社，2003 年。

9. 郝春文等：《英藏敦煌社会历史文献释录》(修订版)第一卷，社会科学文献出版社，2018 年。

10. 郝时远、罗贤佑主编：《蒙元史暨民族史论集——纪念翁独健先生诞辰一百周年》，社会科学文献出版社，2006 年。

11. 黄时鉴辑点：《元代法律资料辑存》，浙江古籍出版社，1988 年。

12. 洪金富点校：《元代台宪文书汇编》，台湾"中研院"历史语言研究所，2003 年。

13. (清)胡聘之：《山右石刻丛编》，山西人民出版社，1988 年。

14. 贾敬颜、朱风：《蒙古译语女真译语汇编》，天津古籍出版社，1990 年。

15. ［日］吉田顺一、チメドドルヅ(齐木德道尔吉)：《ハラホト出土モンゴル文書の研究》，雄山阁，2008 年。

16. (清)李培祜：《保定府志》，刻本，1886 年。

17. 李逸友：《黑城出土文书(汉文文书卷)》，科学出版社，1991 年。

18. 李修生：《全元文》，凤凰出版社，1999—2004 年。

19. 刘德昌、叶沄：《商丘县志》，石印本，1932 年。

20. ［法］马伯乐：《斯坦因第三次中亚探险所得汉文文书》，英国博物馆董事会刊行，1953 年。

21. ［俄］孟列夫、钱伯城：《俄藏敦煌文献》，上海古籍出版社，1992—2001 年。

22. [俄]孟列夫著,王克孝译:《黑城出土汉文遗书叙录》,宁夏人民出版社,1994年。

23. 聂鸿音、孙伯君编:《中国多文字时代的历史文献研究》,社会科学文献出版社,2010年。

24. 邱树森、何兆吉辑点:《元代奏议集录》(下),浙江古籍出版社,1998年。

25. 荣新江、朱玉麒主编:《西域考古·史地·语言研究新视野:黄文弼与中瑞西北科学考查团国际学术研讨会论文集》,科学出版社,2014年。

26. (元)单庆修、徐硕:《至元嘉禾志》,《宋元方志丛刊》,中华书局,1990年。

27. 沙知、[英]吴芳思:《斯坦因第三次中亚考古所获汉文文献(非佛教部分)》,上海辞书出版社,2005年。

28. 史金波等:《俄藏黑水城文献》,第1—6册,上海古籍出版社,1996—2000年。

29. (清)杨乔等:《平乡县志》,刻本,1751年。

30. 沈卫荣等主编:《黑水城人文与环境研究——黑水城人文与环境国际学术讨论会文集》,中国人民大学出版社,2007年。

31. [日]松田孝一·オチル编:《モンゴル帝國現存モンゴル帝國·元朝碑文の研究——ビチエース·プロヅェクト成果報告書》,大阪國際大學,2013年。

32. 孙继民等:《俄藏黑水城汉文非佛教文献整理与研究》,北京师范大学出版社,2012年。

33. 孙继民等:《英藏及俄藏黑水城汉文文献整理》,天津古籍出版社,2015年。

34. 孙继民等:《中国藏黑水城汉文文献的整理与研究》,中国社会科学出版社,2016年。

35. 隋树森:《全元散曲》,中华书局,1964年。

36. 塔拉等:《中国藏黑水城汉文文献》,国家图书馆出版社,2008年。

37. 谭其骧:《中国历史地图集》,中国地图出版社,1996年。

38. 王季思主编:《全元戏曲》,人民文学出版社,1999年。

39. (元)王仁辅:《至正无锡志》,《宋元方志丛刊》,中华书局,1990年。

40. 王用舟:《井陉县志料》,铅印本,1934年。

41. 王叔磐：《北方民族文化遗产研究文集》，内蒙古教育出版社，1995 年。

42. （清）吴璋：《章邱县志》，刻本，1833 年。

43. 西北第二民族学院等：《英藏黑水城文献》，上海古籍出版社，2005—2010 年。

44. （元）俞希鲁编纂，杨积庆等校点：《至顺镇江志》，江苏古籍出版社，1999 年。

45. （元）张铉撰，田崇校点：《至正金陵新志》，南京出版社，1991 年。

46. 张应瑞：《平度州志》，抄本，1959 年。

47. 中国第一历史档案馆、辽宁省档案馆：《中国明朝档案总汇》，广西师范大学出版社，2001 年。

48. 郑梁生：《中日关系史研究论集（十）》，文史哲出版社，2000 年。

三、论著

1. ［俄］彼·库·科兹洛夫著，王希隆、丁淑琴译：《蒙古、安多和死城哈喇浩特》，兰州大学出版社，2002 年。

2. 曹永年：《内蒙古通史》，内蒙古大学出版社，2007 年。

3. 陈垣：《元西域人华化考》，上海古籍出版社，2008 年。

4. 陈高华：《元史研究论稿》，中华书局，1991 年。

5. 陈高华、史卫民：《中国政治制度通史·元代卷》，人民出版社，1996 年。

6. 陈高华、史卫民：《中国经济通史·元代经济卷》，中国社会科学出版社，2007 年。

7. 陈高华：《元史研究新论》，上海社会科学院出版社，2005 年。

8. 陈高华：《陈高华文集》，上海辞书出版社，2005 年。

9. 陈高华、张帆、刘晓：《元代文化史》，广东教育出版社，2009 年。

10. 陈高华、史卫民：《元代大都上都研究》，中国人民大学出版社，2010 年。

11. 陈庆英、高淑芬：《西藏通史》，中州古籍出版社，2003 年。

12. 陈子丹：《元朝文书档案工作研究》，中国社会科学出版社，2014 年。

13. 陈得芝：《蒙元史研究丛稿》，人民出版社，2005 年。

14. 党宝海：《蒙元驿站交通研究》，昆仑出版社，2006。

15. 樊保良、水天长：《阔端与萨班凉州会谈》，甘肃人民出版社，1997 年。

16. 方龄贵：《古典戏曲外来语考释词典》，汉语大词典出版社、云南大学出版社，2001年。
17. 方龄贵：《元史丛考》，民族出版社，2004年。
18. 高小平：《行政学》，上海人民出版社，2003年。
19. 高树林：《元代赋役制度研究》，河北大学出版社，1997年。
20. 高荣盛：《元史浅识》，凤凰出版社，2010年。
21. 韩儒林：《元朝史》，人民出版社，1986年。
22. 韩光辉：《宋辽金元建制城市研究》，北京大学出版社，2011年。
23. 黄清连：《元代户计制度研究》，台湾大学文学院，1976年。
24. 胡其德：《元代地方的两元统治》，蒙藏委员会，2002年。
25. 胡小鹏：《西北民族文献与历史研究》，甘肃人民出版社，2004年。
26. 胡兴东：《元代民事法律制度研究》，中国社会科学出版社，2007年。
27. 黄文弼：《吐鲁番考古记》，中国科学院印行，1954年。
28. 何高济、陆峻岭：《域外集——元史、中外关系史论丛》，中华书局，2013年。
29. [日]箭内亘著，陈捷、陈清泉译：《元朝制度考》，商务印书馆，1933年。
30. 景爱：《沙漠考古通论》，上海古籍出版社，2006年。
31. 孔凡礼：《孔凡礼文存》，中华书局，2009年。
32. 李治安：《元代分封制度研究》，天津古籍出版社，1992年。
33. 李治安：《元代政治制度研究》，人民出版社，2003年。
34. 李治安：《元代行省制度》，中华书局，2011年。
35. 李治安：《元史暨中古史论稿》，人民出版社，2013年。
36. 李治安：《元史十八讲》，中华书局，2014年。
37. 李幹：《元代民族经济史》，民族出版社，2010年。
38. 刘迎胜：《察哈台汗国史研究》，上海古籍出版社，2006年。
39. 刘建丽：《甘肃通史（宋夏金元卷）》，甘肃人民出版社，2009年。
40. 苗书梅：《宋代官员选任和管理》，河南大学出版社，1996年。
41. [俄]皮库林等著，陈弘法译：《蒙古西征研究》，内蒙古出版社，2015年。
42. 仁庆扎西：《仁庆扎西西藏学研究文集》，天津古籍出版社，1989年。

43. [日]杉山正明:《モンゴル帝國と大元ウルス》,京都大学学術出版会,2004年。

44. [日]杉山正明著,乌兰、乌日娜译:《疾驰的草原征服者:辽西夏金元》,广西师范大学出版社,2014年。

45. [日]杉山正明著,孙越译,邵建国校:《蒙古帝国的兴亡》,社会科学文献出版社,2015年。

46. 申万里:《元代教育研究》,武汉大学出版社,2007年。

47. 尚衍斌:《元史及西域史丛考》,中央民族大学出版社,2013年。

48. 宋国华:《元代法制变迁研究:以〈通制条格〉和〈至正条格〉为比较的考察》,知识产权出版社,2017年。

49. 史卫民:《中国军事通史·元代军事史》,军事科学出版社,1998年。

50. 仝建平:《〈新编事文类聚翰墨全书〉研究》,宁夏人民出版社,2011年。

51. 王国维:《古史新证——王国维最后的讲义》,清华大学出版社,1994年。

52. 王培华:《元代北方灾荒与救济》,北京师范大学出版社,2010年。

53. 王红梅、杨富学:《元代维兀尔历史文化与文献研究》,甘肃教育出版社,2015年。

54. 王晓欣等:《元代湖州路户籍文书——元公文纸印本〈增修互注礼部韵略〉纸背公文资料》,中华书局,2021年。

55. 王建军:《元代教育管窥》,中国社会科学出版社,2012年。

56. 吴海航:《中国传统法制的嬗递:元代条画与断例》,知识产权出版社,2009年。

57. 吴松弟:《中国人口史》第三卷,复旦大学出版社,2000年。

58. 吴秀永等:《中国元代军事史》,人民出版社,1994年。

59. 魏曙光:《域外文献与蒙古史研究》,科学出版社,2018年。

60. 许凡:《元代吏制研究》,劳动人事出版社,1986年。

61. 薛磊:《元代东北统治研究》,社会科学文献出版社,2012年。

62. 薛磊:《元代官方印章与制度史研究》,人民出版社,2020年。

63. 修晓波:《元代的色目商人》,广东人民出版社,2013年。

64. 萧启庆:《内北国而外中国:蒙元史研究》,中华书局,2007年。

65. 萧启庆:《元史新探》,新文丰出版公司,1983年。

66. 萧启庆:《蒙元史新研》,允晨文化实业股份有限公司,1994年。

67. [日]岩村忍、田中谦二:《校定本元典章刑部》第1册,京都大学人文科学研究所、《元典章》研究班,1964年。

68. 杨印民:《帝国尚饮:元代酒业与社会》,天津古籍出版社,2009年。

69. 杨树藩:《元代中央政治制度》,台湾商务印书馆,1978年。

70. 姚大力:《蒙元制度与政治文化》,北京大学出版社,2011年。

71. 张云:《元代吐蕃地方行政体制研究》,中国社会科学出版社,1998年。

72. 张云:《元朝中央政府治藏制度研究》,黑龙江教育出版社,2013年。

73. 张金铣:《元代地方行政制度研究》,安徽大学出版社,2001年。

74. 照那斯图、薛磊:《元国书官印汇释》,辽宁民族出版社,2011年。

75. 周良霄等:《元代史》,上海人民出版社,1993年。

76. 周芳:《元代云南政区设置及相关行政管理研究》,中国社会科学出版社,2009年。

77. 郑天挺著,王晓欣、马晓林整理:《郑天挺元史讲义》,中华书局,2009年。

四、论文

1. 阿风:《明代"信牌"渊源考》,《第十七届明史国际学术研讨会暨纪念明定陵发掘六十周年国际学术研讨会论文集》,北京燕山出版社,2018年。

2. 阿风:《明代的"白牌"》,《安徽史学》2018年第4期。

3. [日]爱宕松男:《元代的录事司》,《日本学者研究中国史论著选译》第五卷,中华书局,1993年。

4. 白滨:《被遗忘的旷世奇珍——黑水城与西夏遗书》,《瞭望新闻周刊》1999年第51期。

5. 白玉冬:《关于元代地税征收的一篇蒙古文献——释黑城出土F61:W6文书》,《元史论丛》第14辑,天津古籍出版社,2014年。

6. 蔡美彪:《元代圆牌两种之考释》,《历史研究》1980年第4期。

7. 蔡美彪:《叶尼塞州蒙古长牌再释》,《中华文史论丛》2008年第2期。

8. 蔡志纯:《元明蒙汉间赐名赐姓初探》,《民族研究》1989年第4期。

9. 蔡伟政：《黑水城所出元代礼仪文书考释三则》，《西夏学》第 8 辑，上海古籍出版社，2011 年。

10. 蔡春娟：《录事参军与元代的录事司官》，《隋唐辽宋金元史论丛》第 4 辑，上海古籍出版社，2014 年。

11. 陈高华：《"亦集乃路河渠司"文书和元代蒙古族的阶级分化》，《文物》1975 年第 9 期。

12. 陈高华：《元代的地方官学》，《元史论丛》第 5 辑，中国社会科学出版社，1993 年。

13. 陈高华：《黑城元代站赤登记簿初探》，《中国社会科学院研究生院学报》2002 年第 5 期。

14. 陈炳应：《黑城新出土的一批元代文书》，《考古与文物》1983 年第 1 期。

15. 陈庆英：《元代宣政院对藏族地区的管理》，《青海社会科学》1990 年第 4 期。

16. 陈永志：《蒙元时期的牌符》，《内蒙古社会科学（人文社会科学版）》2003 年第 1 期。

17. 陈志英：《〈元皇庆元年（公元 1312 年）十二月亦集乃路刑房文书〉初探》，《内蒙古社会科学（汉文版）》2004 年第 5 期。

18. 陈玉冰：《论元代政教合一制下宣政院对藏区的管辖》，《法制与经济》2011 年第 8 期。

19. 陈瑞青：《黑水城所出元代甘肃行省丰备库钱粮文书考释》，《宁夏社会科学》2012 年第 2 期。

20. 陈瑞青：《河北隆化鸽子洞元代放支官俸文书研究》，《承德民族师专学报》2007 年第 3 期。

21. 陈瑞青：《黑水城所出元代酒醋课程文书研究》，《元史论丛》第 14 辑，天津古籍出版社，2014 年。

22. 陈朝辉等：《黑水城出土元代文书押印制度初探》，《西夏研究》2013 年第 4 期。

23. 陈朝辉：《黑水城出土北元初期汉文文书初探》，《西夏研究》2015 年第 4 期。

24. 陈广恩：《黑水城文书所见元朝对西北的经营——以亦集乃路为考察

中心》,《西夏学》第 16 辑,甘肃文化出版社,2018 年。

25. 陈衍德:《元代农村基层组织与赋役制度》,《中国社会经济史研究》1995 年第 4 期。

26. 丛耕:《也谈元朝在澎湖设巡检司的年代》,《贵州社会科学》1982 年第 1 期。

27. [日]池内功:《元朝郡県祭祀における官費支出について——黒城出土祭祀費用文書の検討》,《四国学院大学論集》第 85 辑,1994 年。

28. [日]舩田善之:《元代の戸籍制度における色目人》,《史観》,第 143 册,2000 年。

29. [日]舩田善之:《元代の命令文書の開読について》,《東洋史研究》第六十三巻 4 号,2005 年。

30. [日]村冈伦著,宫海峰译:《从〈和林兵马刘公去思碑〉谈起——元代和林地区行政机构管窥》,《江海学刊》2016 年第 3 期。

31. 丛海平:《〈黑城出土文书〉所见海都之乱时期亦集乃路的军粮供给》,《云南师范大学学报(哲学社会科学版)》2009 年第 4 期。

32. [日]大岛立子:《元朝官僚俸禄考》,《中国史论集》,天津古籍出版社,1994 年。

33. [日]丹羽友三郎:《元代の倉制に関する一考察》,《名古屋商科大学論集》第 8 卷,名古屋商科大学商学会,1964 年。

34. [日]丹羽友三郎:《元代における官吏の俸禄について》,《名古屋商科大学論集》第十一卷,名古屋商科大学商学会,1967 年。

35. [日]丹羽友三郎:《元代における地方監察官の分巡について》,《名古屋商科大学論集》第十卷,名古屋商科大学商学会,1966 年。

36. [日]丹羽友三郎:《元代における地方監察機構の成立過程について》,《三重法経》16 号,1965 年。

37. [日]丹羽友三郎:《元代における監察官制の特色について》,《三重法経》17 号,1966 年。

38. [日]丹羽友三郎:《元代の地方行政系統に関する一研究》,《名古屋商科大学論集》第十四卷,名古屋商科大学商学会,1970 年。

39. 党宝海:《黑城元代蒙古文、汉文文书拾零》,《西部蒙古论坛》2018 年第

4 期。

40. 丁彦博：《元代虎符考》，《中华文史论丛》1963 年第 4 辑。

41. 丁君涛：《古丝绸之路上黑水城出土元代婚契研究》，《西北民族研究》2019 年第 4 期。

42. 丁昆健：《元代行省制度之形成及其职权提要》，《华学月刊》第 76 期，1978 年。

43. 邓小南：《走向"活"的制度史——以宋代官僚政治制度史研究为例的点滴思考》，《浙江学刊》2003 年第 3 期。

44. 邓文韬：《黑水城出土 Дx19022 元代收付契研究》，《西夏学》第 15 辑，甘肃文化出版社，2017 年。

45. 邓文韬：《一件未刊布的黑水城出土元代借钱契考释》，《西夏研究》2019 年第 2 期。

46. 董丽清：《蒙元时期的牌符》，《内蒙古画报》2013 年第 2 期。

47. 府宪展：《敦煌文献辨疑录》，《敦煌研究》1996 年第 2 期。

48. 冯金忠：《中国古文书学视阈下黑水城汉文文献整理范式与方法刍论——兼评孙继民等著〈中国藏黑水城汉文文献的整理与研究〉》，《宁夏社会科学》2018 年第 2 期。

49. 官蔚蓝：《元代之薄俸贪污与亡国》，《新中华》（复刊）第六卷第 3 期，1948 年。

50. 郭兆斌：《黑水城所出两件与养老制度有关的文书研究》，《西夏学》第 8 辑，上海古籍出版社，2011 年。

51. 郭兆斌：《由黑水城文书看北元时期肃政廉访司更换官吏中的作用》，《元史论丛》第 14 辑，天津古籍出版社，2014 年。

52. 郭明明：《黑水城文书中的孛罗帖木儿大王》，《西夏学》第 14 辑，甘肃文化出版社，2017 年。

53. 高仁：《元代亦集乃路钞库探析——以黑水城出土文书为中心》，《西夏研究》2015 年第 3 期。

54. 高仁、杜建录：《元代地方粮仓探析——以亦集乃路为例》，《中国经济史研究》2015 年第 5 期。

55. 韩儒林：《元朝中央政府是怎样管理西藏地方的》，《历史研究》1959 年第 7 期。

56. 韩儒林:《所谓"亦思替非文字"是什么文字》,《考古》1981 年第 1 期。

57. 韩光辉:《〈元史·世祖本纪〉"巡院三"考察》,《北京大学学报(哲学社会科学版)》2009 年第 4 期。

58. 韩光辉:《宋辽金元建制城市的出现与城市体系的形成》,《历史研究》2007 年第 4 期。

59. 韩光辉:《宋辽金元城市行政建制与区域行政区划体系的演变》,《北京大学学报(哲学社会科学版)》2008 年第 2 期。

60. 韩光辉:《中国元代不同等级规模的建制城市研究》,《地理学报》2010 年第 12 期。

61. 韩光辉:《论中国古代城市管理制度的演变和建制城市的形成》,《清华大学学报(哲学社会科学版)》2011 年第 4 期。

62. 韩光辉等:《〈元史·世祖纪〉"录事司百三"考察》,《中国历史地理论丛》2013 年第 2 期。

63. 郝春文:《唐后期五代宋初沙州僧尼的宗教收入(四)——为他人举行法事活动之所得》,《敦煌学辑刊》1997 年第 1 期。

64. 郝苏民、刘文性:《扬州出土元代圆牌之八思巴文和波斯文再释读》,《西南民族学院学报(哲学社会科学版)》1985 年第 1 期。

65. 侯爱梅:《〈失林婚书案文卷〉初探》,《宁夏社会科学》2007 年第 2 期。

66. 侯爱梅:《从黑水城出土文书看元代亦集乃路的司法机构》,《商丘师范学院学报》2015 年第 8 期。

67. 侯爱梅:《黑水城文书所见元代亦集乃路的社会治安问题》,《殷都学刊》2020 年第 3 期。

68. 胡光明:《勘合考释》,《重庆工商大学学报(社会科学版)》2009 年第 1 期。

69. 霍红霞:《元代亦集乃路水利管理初探》,《农业考古》2012 年第 4 期。

70. 何建庭、李惟芳:《利益关系视野下的元朝宣政院制度研究》,《牡丹江大学学报》2016 年第 7 期。

71. 何德修:《新疆且末县出土元代文书初探》,《文物》1994 年第 10 期。

72. 洪金富:《元代监察制度的特色》,《成功大学历史系历史学报》1975 年第 2 期。

73. 江玉勤:《元代课程(杂税)制度研究》,《中国社会经济史研究》2009 年第 1 期。

74. 金滢坤:《〈俄藏敦煌文献〉中的黑水城文书考证及相关问题的讨论》,《敦煌学》第 24 辑,2003 年。

75. 金滢坤:《从黑城文书看元代的养济院制度——兼论元代的亦集乃路》,《中央民族大学学报(哲学社会科学版)》2003 年第 2 期。

76. 李治安:《元代行省制的特点与历史作用》,《历史研究》1997 年第 5 期。

77. 李治安:《元中叶西北"过川"及"过川军"新探》,《历史研究》2013 年第 2 期。

78. 孔德翊、屈耀琦:《元代亦集乃路祭祀初探》,《西夏研究》2011 年第 1 期。

79. 李逸友:《黑城文书所见的元代纳怜道站赤》,《文物》1987 年第 7 期。

80. 李逸友:《元大德四年军粮文卷》,《文物天地》1991 年第 4 期。

81. 李逸友:《元代文书档案制度举隅——记内蒙古额济纳旗黑城出土元代文书》,《档案学研究》1991 年第 4 期。

82. 李逸友:《黑城出土的元代律令文书》,《文物》1991 年第 7 期。

83. 李蔚:《再论元代西北屯田的几个问题》,《北方工业大学学报》1997 年第 4 期。

84. 李伟国:《宋朝财计部门对四柱结算法的运用——对〈中国会计史稿〉(上册)的一点补正》,《河南师大学报(社会科学版)》1984 年第 1 期。

85. 李晓菲:《新发现元代金牌及元代牌符文献研究》,《西南民族学院学报(哲学社会科学版)》2002 年第 12 期。

86. 李晓菲:《浅议元代赏功符牌的政治功能》,《西南民族大学学报(人文社会科学版)》2013 年第 8 期。

87. 李倩:《元代符牌浅析》,《赤峰学院学报(汉文哲学社会科学版)》2014 年第 1 期。

88. 李春园:《黑水城文书所见元代亦集乃路物价》,《中国经济史研究》2016 年第 2 期。

89. 李靖:《黑城的站赤——亦集乃路所辖纳怜道驿站》,《丝绸之路》2018

年第 3 期。

90. 李全德：《从堂帖到省札——略论唐宋时期宰相处理政务的文书之演变》，《北京大学学报（哲学社会科学版）》2012 年第 2 期。

91. 罗福苌：《俄人黑水访古所得记》，《国立北平图书馆馆刊》第四卷第 3 号，1930 年。

92. 刘晓：《从黑城文书看元代的户籍制度》，《江西财经大学学报》2000 年第 6 期。

93. 刘晓：《元代公文起首语初探——兼论〈全元文〉所收顺帝诏书等相关问题》，《文史》2007 年第 3 辑。

94. 刘迎胜：《宋元时代浙江、福建沿海的巡检司——兼论元澎湖巡检司》，《跨越海洋海上丝绸之路与世界文明进程国际学术论坛文选（2011·中国·宁波）》，浙江大学出版社，2012 年。

95. 刘迎胜：《元代曲先塔林考》，《中亚学刊》第 1 辑，中华书局，1983 年。

96. 刘广瑞：《黑水城所出元代解由文书初探》，《河北民族师范学院学报》2012 年第 1 期。

97. 刘广瑞：《黑水城所出元代"白帖"文书初释》，《内蒙古农业大学学报（社会科学版）》2012 年第 2 期。

98. 刘永刚：《元代亦集乃路酒与社会——以黑水城出土汉文文书为中心》，《陕西历史博物馆馆刊》第 22 辑，三秦出版社，2015 年。

99. 刘志月：《黑水城出土的北元 M1·033[F277：W5 反] 典人契探研》，《西夏学》第 14 辑，甘肃文化出版社，2017 年。

100. ［伊朗］穆扎法尔·巴赫蒂亚尔：《〈亦思替非〉考》，《伊朗学在中国论文集》，北京大学出版社，1993 年。

101. 马彩霞：《关于黑水城所出一件元代经济文书的考释》，《西域研究》2004 年第 4 期。

102. 马顺平：《北元"宣光二年甘肃等处行中书省亦集乃分省咨文"考释》，《内蒙古大学学报（哲学社会科学版）》2008 年第 2 期。

103. 马冀：《"衙内"和怯薛歹之类》，《内蒙古大学学报（哲学社会科学版）》1989 年第 3 期。

104. 苗书梅：《宋代州级公吏制度研究》，《河南大学学报》2004 年第 6 期。

105. 默书民:《大蒙古国驿传研究二题》,《元史及北方民族史研究集刊》第15辑,南方出版社,2002年。

106. 门岿:《论元代的符牌系列——兼论"圣旨金牌"上的汉字之谜》,《东南大学学报(哲学社会科学版)》2007年第6期。

107. 内蒙古文物考古研究所、阿拉善盟文物工作站:《内蒙古黑城考古发掘纪要》,《文物》1987年第7期。

108. 潘修人:《元代达鲁花赤用人述论》,《内蒙古民族师院学报·哲社版(通辽)》1992年第4期。

109. 潘少平:《论元朝俸禄制度》,《南都学坛(人文社会科学学刊)》2002年第1期。

110. 潘洁、陈朝辉:《元代亦集乃路大王妃子分例文书复原》,《宁夏社会科学》2007年第1期。

111. 潘洁、陈朝辉:《黑水城出土元代亦集乃路选官文书》,《宁夏社会科学》2009年第3期。

112. 潘洁:《元代亦集乃路赋税考——黑水城出土税票考释》,《中国经济史研究》2011年第1期。

113. 潘洁:《黑水城出土勘合文书种类考》,《内蒙古社会科学(汉文版)》2013年第4期。

114. 潘洁:《试述黑水城出土勘合文书》,《西夏学》第10辑,上海古籍出版社,2014年。

115. 潘洁:《从出土文书看黑水城渠道变迁》,《西夏学》第15辑,甘肃文化出版社,2017年。

116. [日]青山公亮:《元朝の地方行政機構に関する一考察》,《"台北帝国大学"文政学部史学科研究年报》第6辑,1940年。

117. [日]片桐尚:《元代の解由制度について——人事管理機能の一側面》,《鸭台史学》2007年第3期。

118. 庞琳:《元代入藏驿道考述》,《西藏研究》1999年第4期。

119. 邱树森:《从黑城出土文书看元"回回哈的司"》,《南京大学学报(哲学·人文科学·社会科学)》2001年第3期。

120. 邱树森、默书民:《元代官府公文传输的几个问题》,《河北学刊》2004

年第 2 期。

121. 邱志诚:《黑水城 M1·1229 文书考释与元亦集乃路儒学堕废原因辨析》,《宁夏社会科学》2020 年第 4 期。

122. 齐木德道尔吉:《西南大学历史博物馆藏元代蒙古语八思巴文牌符释读及其他》,《中央民族大学学报(哲学社会科学版)》2008 年第 6 期。

123. 屈耀琦:《对黑城出土的一件祭祀文书的考释》,《西夏研究》2011 年第 4 期。

124. 仁庆扎西:《元代经营朵思麻地区概述》,《元史论丛》第 4 辑,中华书局,1992 年。

125. [日]青木富太郎:《元初行省考》,《史学雜誌》第 51 编第 4、5 号,1940 年。

126. [日]前田直典:《元朝行省の成立過程》,《史学雜誌》第 56 编第 6 号,1945 年。

127. 乔今同:《元代的符牌》,《考古》1980 年第 6 期。

128. 沈卫荣:《元代乌思藏十三万户行政体制研究(一)》,《西藏研究》1988 年第 1 期。

129. 沈卫荣:《元代乌思藏十三万户行政体制研究(二)》,《西藏研究》1988 年 2 期。

130. 沈仁国:《元代的俸禄制度》,《元史及北方民族史研究集刊》第 12—13 期,南京大学历史系元史研究室,1989—1990 年。

131. 申万里:《元代学官选注巡检考》,《中央民族大学学报(哲学社会科学版)》2005 年第 5 期。

132. 石坤:《从黑水城出土汉文文书看元亦集乃路的西夏遗民》,《敦煌学辑刊》2005 年第 2 期。

133. [日]松井太:《カラホト出土蒙漢合璧税糧納入簿断簡》,《待兼山論叢》第 31 号,大阪大学文学部,1997 年。

134. 苏力:《元代亦集乃路蒙古字学补证》,《东北师大学报(哲学社会科学版)》2012 年第 1 期。

135. 孙继民:《敦煌学视野的下黑水城文献研究》,《南京师大学报(社会科学版)》2009 年第 3 期。

136. 孙继民：《西夏汉文乾祐十四年安排官文书考释及意义》，《江汉论坛》2010 年第 10 期。

137. 孙继民、郭兆斌：《从黑水城出土文书看元代的肃政廉访司刷案制度》，《宁夏社会科学》2012 年第 2 期。

138. 孙继民：《黑水城文献所见元代肃政廉访司"刷尾"工作流程——元代肃政廉访司文卷照刷制度研究之一》，《南京师大学报（社会科学版）》2012 年第 5 期。

139. 孙继民：《黑水城文献与中国古代史研究》，《西夏研究》2013 年第 2 期。

140. 苏力：《黑城出土 F116：W98 号元代文书研究》，《古代文明》2011 年第 4 期。

141. 宋坤：《俄藏黑水城所出〈天历二年呈亦集乃路官府文〉考释》，《元史论丛》第 14 辑，天津古籍出版社，2014 年。

142. 宋坤：《黑水城所出识认状问题浅探》，《西夏研究》2014 年第 3 期。

143. 唐耕耦：《敦煌寺院会计文书》，《北京图书馆馆刊》1996 年第 1 期。

144. 唐景福：《谈元代中央政府对西藏地方的军事行政管理问题》，《西北民族学院学报（哲学社会科学版）》2002 年第 5 期。

145. 佟建荣：《〈中国藏黑水城汉文文献〉中的西夏姓氏考证》，《宁夏社会科学》2010 年第 5 期。

146. 仝建平：《〈瀚墨全书〉编纂及其版本考略》，《图书情报工作》2010 年第 21 期。

147. 仝晰纲：《元代的村社制度》，《山东师大学报（社会科学版）》1996 年第 6 期。

148. 王民信：《元朝的"录事司"考》，《宋史研究集》第五集，中华丛书编审委员会，1970 年。

149. 王慎荣：《〈元史〉诸志与〈经世大典〉》，《社会科学辑刊》1990 年第 2 期。

150. 王铭：《〈亦集乃路河渠司上总管府具保结呈〉考辨》，《南京晓庄学院学报》2002 年第 2 期。

151. 王亚莉：《黑城文书所见元代两份整点站赤文书考释》，《内蒙古师范大学学报(哲学社会科学版)》2008年第1期。

152. 王亚莉:《黑城出土元代签补站户文书F116：W543考释》,《宁夏社会科学》2009年第3期。

153. 王亚莉:《黑水城出土元末〈签补站户文卷〉之"急递铺户"考证》,《西夏学》第11辑,上海古籍出版社,2015年。

154. 王艳梅:《元代亦集乃路的渠社》,《今日湖北理论版》2007年第6期。

155. 王晓欣、郑旭东:《元湖州路户籍册初探——宋刊元印本〈增修互注礼部韵略〉第一册纸背公文纸资料整理与研究》,《文史》2015年第1辑。

156. 王阳:《黑水城元代法制文书校读札记》,《北方民族大学学报(哲学社会科学版)》2019年第6期。

157. 王晓晖:《关于黑水城出土北元文书中若干问题的考察》,《西夏学》第14辑,甘肃文化出版社,2017年。

158. 王盼:《麦足朵立只答站户案文卷初探》,《西夏学》第4辑,宁夏人民出版社,2009年。

159. 魏郭辉:《俄藏敦煌文献 Дx16714〈提举司牒〉校释及相关问题考略》,《宁夏社会科学》2008年第4期。

160. 吴晓亮:《从"录事"到"录事司"内涵的变化看宋辽金元区域社会的互动》,《宋史研究论文集2008》,云南大学出版社,2009年。

161. 吴晓亮:《宋代"拦头"专门化、胥吏化问题研究》,《思想战线》2012年第3期。

162. 吴宏岐:《〈黑城出土文书〉中所见元代亦集乃路的灌溉渠道及其相关问题》,《西北民族论丛》第1辑,中国社会科学出版社,2002年。

163. 吴幼雄:《元朝澎湖巡检司隶属考》,《历史教学》1984年第6期。

164. 吴超:《亦集乃路农业管理初探》,《吐鲁番学研究》2008年第2期。

165. 吴超:《〈黑城出土文书〉所见"牌子"考》,《北华大学学报(社会科学版)》2009年第4期。

166. 吴铮强:《信牌、差票制度研究》,《文史》2014年第2辑。

167. 向达:《斯坦因黑水获古纪略》,《国立北平图书馆馆刊》第四卷第3号,1930年。

168. 许生根:《英藏黑水城出土四件元代军政文书初探》,《宁夏社会科学》

2008年第2期。

169. 徐悦:《元代亦集乃路的屯田开发》,《宁夏社会科学》2008年第3期。

170. 徐丹:《元代的孤老养济制度》,《理论界》2014年第7期。

171. 杨讷:《元代农村社制研究》,《历史研究》1965年第4期。

172. 杨志玖:《元代回回人的社会地位》,《回族研究》1993年第3期。

173. 杨彦彬:《试析元末至北元初期甘肃地区的分省设置——以三件黑城出土文书为中心》,《西夏学》第4辑,宁夏人民出版社,2009年。

174. 杨淑红:《浅论两件黑水城民族契约文献的性质——兼谈元代的不动产质押担保》,《黑水城民族文献学术研讨会论文集》,未刊稿,2013年。

175. 杨德华、胡兴东:《元代"约会"制度初探》,《云南师范大学学报》1999年第5期。

176. 于月:《元代俸禄制度新考》,《中国史研究》2018年第4期。

177. 张帆:《元朝诏敕制度研究》,《国学研究》第十卷,北京大学出版社,2002年。

178. 张帆:《〈元史·选举制·铨法〉校读记——与〈元典章〉相关公文的比勘》,《西域历史语言研究集刊》第4辑,科学出版社,2010年。

179. 张云:《关于元代宣政院的几个问题》,《中国藏学》1995年第2期。

180. 张云:《元代宣政院历任院使考略》,《西北民族研究》1995年第2期。

181. 张小稳:《派出机构、王朝兴衰与统县政区——历代中央政府派出机构的演进规律与历史影响》,《四川师范大学学报(社会科学版)》2012年第1期。

182. 张国旺:《俄藏黑水城TK194号文书〈至正年间提控案牍与开除本官员状〉的定名与价值》,《西域研究》2008年第2期。

183. 张国旺:《黑水城文书所见元代地方官吏俸额考论》,《隋唐辽宋金元史论丛》第4辑,上海古籍出版社,2014年。

184. 张国旺:《黑水城文书所见元代站赤祗应文卷(册)释补》,《出土文献研究》第16辑,中西书局,2017年。

185. 张祎:《中书、尚书省劄子与宋代皇权运作》,《历史研究》2013年第5期。

186. 张红英:《黑水城文书所见元代基层孔子祭祀》,《图书馆理论与实践》2014年第7期。

187. 张金铣：《元代路总管府的建立及其制度》，《中国史研究》2001 年第 3 期。

188. 张金铣：《元代庐州路总管考述》，《合肥学院学报(综合版)》2020 年第 4 期。

189. 张笑峰：《黑水城所出〈肃州路官员名录〉新考》，《元史及民族与边疆研究集刊》第 29 辑，上海古籍出版社，2015 年。

190. 张蓓蓓：《黑水城写本〈劝学文〉考释——兼谈亦集乃路的教育问题》，《敦煌学辑刊》2020 年第 2 期。

191. 张恒：《黑水城所出〈宣光二年甘肃等处行中书省亦集乃分省咨文〉再探》，《西夏学》第 16 辑，甘肃文化出版社，2018 年。

192. 张亚英：《元代贵州地方行政机构考》，《贵州民族研究》1982 年第 4 期。

193. 张平：《新疆若羌出土两件元代文书》，《文物》1987 年第 5 期。

194. 邓锐龄：《元代杭州行宣政院》，《中国史研究》1995 年第 2 期。

195. 照那斯图：《关于"宣政院印"》，《民族研究》1995 年第 1 期。

196. 照那斯图、哈斯额尔敦：《元朝宣政院颁给柏林寺的八思巴字禁约榜》，《内蒙古社会科学(汉文版)》1999 年第 6 期。

197. 照那斯图：《释蒙元时期长方形圣旨牌文字》，《民族研究》2007 年第 4 期。

198. 赵秉崑：《达鲁花赤考述》，《北方文物》1995 年第 4 期。

199. 赵文坦：《元朝的狱讼管辖与约会制度》，《中国史论集》，天津古籍出版社，1994 年。

200. 郑彦卿：《黑水城所出一件元代职官文书考释》，《宁夏社会科学》2007 年第 5 期。

201. 郑鹏：《虚文与实务之间——元代解由考论》，《内蒙古大学学报(哲学社会科学版)》2014 年第 2 期。

202. 朱建路：《黑城所出〈至正廿四年司吏刘融买肉面等物呈文〉考释》，《元史论丛》第 11 辑，天津古籍出版社，2009 年。

203. 朱建路：《从黑城出土文书看元代亦集乃路河渠司》，《西夏学》第 5 辑，上海古籍出版社，2010 年。

204. 朱建路:《英藏黑水城所出两件粮食相关文书再研究》,《宁夏社会科学》2010年第1期。

205. 朱建路:《元末与北元初期的分省设置》,《西夏研究》2011年第3期。

206. 朱建路:《黑水城所出〈亦集乃分省元出放规运官本牒〉考释》,《宁夏社会科学》2012年第2期。

207. 朱建路:《黑水城所出元代议札文书探研》,《宁夏社会科学》2018年第2期。

208. 朱建路:《黑水城文献〈麦足朵立只答站户案卷〉再研究》,《西夏学》第10辑,上海古籍出版社,2014年。

209. 朱耀廷:《论元世祖忽必烈政策的转变》,《北京联合大学学报》1992年第1期。

210. 周思成:《黑城文书中所见元代亦集乃路土地占有与租佃关系初探》,《中国经济史研究》2013年第2期。

211. 周永杰:《元代亦集乃路的物价——以黑城出土文书为中心》,《西夏学》第12辑,甘肃文化出版社,2016年。

后　　记

　　弹指之间,在黑水城文献研究领域笔者已经进行了十几年的学习和研究工作,呈现在大家面前的这本小书,既是笔者主持的相关国家社科基金项目及博士论文的进一步修订稿,也是多年来笔者关于黑水城元代文献研究和思考的一个小小的总结。而今天做此小结,除了感念那些只有日期没有星期的日子之外,更对一路走来对自己教诲提携、施以援手的师友、学界同好,充满了深深的感恩之情。

　　笔者在硕士阶段本来是从事唐史和唐志研究的,而在此期间,恰逢硕士生导师孙继民先生开始在黑水城文献这一新兴领域进行开拓性和探索性研究,在硕士论文提前完成之后,孙师便鼓励我尝试从黑水城文献中去寻找一些可研究的问题。非常幸运的是,在不经意间自己竟然从中发现了几件非常珍贵的金代文书。而不久之后两篇习作的顺利完成及其后来与孙师联名在《历史研究》《中国史研究》上的刊发,都给了自己莫大的鼓励,也大大激发了自己对学术的兴趣以及对黑水城文献的研究热情。然而,黑水城文献中的金代文献非常有限,如何再进行下一步的研究,成为自己在参加工作之后面临的非常苦恼的问题之一。而一次孙师的提示令自己茅塞顿开,于是黑水城元代文献成为很长一段时间内自己形影不离的伙伴和学术的耕耘领域。

　　如果说是孙继民师让自己喜欢上了学术,那么则是郝春文师开始令自己敬畏学术。蒙郝师不弃,侥幸忝列门墙,实现了读博夙愿。在读博之始,我曾经拿出一篇比较得意的论文让郝师审阅,本想让郝师有点意外的惊喜,不料却让郝师大失所望,非常生气,而自己也被郝师批得面红耳赤、无地自容。虽然此后郝师很少批评过我,但仅此一次已足以令自己铭记终生。从此之后,我不仅悟得了一点论文写作的方法,且在行文、落笔之间,更加谨慎、小心。郝师不仅常常告诫我们做学问要"如临深渊、如履薄冰、如临大敌",且自己也正是如是乎身体力行。如在跟随其进行《英藏敦煌社会历史文献释录》项目的整理研究过程中,对其中的每一个标点、每一个用字,郝师都要在最后关头逐一落实。虽然有时我们已倾尽全力,但往往总还是被郝师逮个正着,其中的尴尬和羞愧,实在难以言状。可以说,是郝师的身教与严教,对我的学术研究产生了深刻影响。这使得我不仅在此后的研究中,更加"终日乾乾,夕惕若厉",更使得我对学术产生了敬畏之心。

郝师虽然主要从事敦煌学、隋唐史等方面的研究,但对于我选择黑水城元代文献进行研究,持积极支持和鼓励的态度,这使得我能够在读博之时得以延续此前的研究方向。郝师虽并不专门研究这一学术领域,但其用宽广的学术视野和严谨、细致的治学方法,总能发现自己研究的不足和缺陷。在博士论文的写作过程中,他不仅提出了若干宝贵的修改意见,且对有些内容还亲自进行修订。可以说,读博数年在郝师的悉心指导下,自己在黑水城文献研究等各方面又迈上了一个新的台阶。

如所共知,元史在中国古代史研究中堪称难治之学,而进行古写本的黑水城元代文献研究更是难上加难。如何准确地解读这些用行草书写成的残言片语,如何在元代大的历史背景、制度体系之下去认识相关文献,成为摆在自己面前的一道难关。为克服这一难题,我曾冒昧地求教过若干专家,如张帆老师,他虽然工作异常繁忙,但还是多次专门抽出时间,对于自己这名陌生的外校学生给予热情的指导,至今还记得在北大历史系办公室与张老师的长谈,在寒假期间接到的张老师的长途电话。而党宝海老师,不仅在课堂上教授了我元史的专业知识,且在课余还指导了我多篇论文的写作。再如刘晓老师,不仅在参加我的博士论文答辩时指出了研究中的若干"盲区",且在日后的学术研究中,更是不遗余力地予以点拨和帮助。应当说,我能够在黑水城元代文献研究领域取得点滴的收获,着实离不开以上老师们的大力帮助和教诲。

此外,在笔者求学和研究的过程中,还有幸得到过荣新江、宁欣、李华瑞、张金龙、张云、邓小南等诸多老师的教诲和指导。而刘屹、游自勇两位师长,参加了笔者的博士论文开题和答辩,在此过程中,他们均对我的研究提出过诸多建设性意见。此外,赵贞、张国旺、冯金忠、陈瑞青、宋坤、朱建路等师友,对我的研究也提出过很多重要的建议。另外,史睿、陈于柱、聂志军、韩锋、李芳瑶、董大学、宋雪春、李志刚、王晓燕、武绍卫、周尚兵及林生海、毛海明、贺同赏等师友，或帮忙搜集资料，或相互砥砺、相互启发，也均惠吾良多。西夏学界、元史学界、敦煌吐鲁番学界等有关前辈学者、同仁，也在笔者研究的过程中，关心、帮助有加。本书能够忝入国家哲学社会科学成果文库，实蒙诸位国家社科评审专家的肯定和大力支持。此外，在本书的出版过程中，上海古籍出版社的曾晓红师姐还给予了积极支持和帮助。

借此机会，谨向以上师长、朋友、学界同好等致以最诚挚的谢意！

最后，还要感谢我的爱人付春梅，正是她多年来一直默默地牺牲和付出，才使我能有机会心无旁骛地投入到学术研究之中。

十年很长，十年也很短。虽然跟大家在一起的美好岁月还时时浮现于眼前，大家温暖的话语还不时回荡在耳畔，但汽笛之声已经鸣响，我将重拾行装，铭记大家的恩情与教诲，再次踏上旅程去追寻遥远的学术梦想。

杜立晖　谨识

2020 年 11 月 18 日于济南

责任编辑：曾晓红
装帧设计：肖　辉　严克勤
技术编辑：耿莹祎

图书在版编目(CIP)数据

元代地方行政运作研究：以黑水城文献为中心 / 杜立晖著. —上海：上海古籍出版社，2021.3
ISBN 978-7-5325-9883-0

Ⅰ.①元… Ⅱ.①杜… Ⅲ.①地方政府－行政管理－政治制度史－研究－中国－元代 Ⅳ.①D691.22

中国版本图书馆 CIP 数据核字(2021)第 042464 号

元代地方行政运作研究：以黑水城文献为中心
Local Administration in the Yuan Dynasty:
A Study of the Manuscripts from Khara-Khoto
杜立晖　著

上海古籍出版社出版发行

(上海瑞金二路 272 号　邮政编码 200020)
　(1) 网址：www.guji.com.cn
　(2) E-mail：gujil@guji.com.cn
　(3) 易文网网址：www.ewen.co

印刷：北京华联印刷有限公司
开本：710×1000 毫米　1/16　插页 7　印张 25
字数：396 千字
版次：2021 年 3 月第 1 版　2021 年 3 月第 1 次印刷
ISBN 978-7-5325-9883-0/K・2962
定价：118.00 元